〈交感〉自然・環境に呼応する心

野田研一［編著］

ミネルヴァ書房

〈交感〉自然・環境に呼応する心　目次

二 ことば

三　コスモロジー

第Ⅱ部　交感幻想

声

序論

交感と反交感
「自然―人間の関係学」のために

野田研一

1 交感の学にむけて

自然の心的な価値

本書『〈交感〉自然・環境に呼応する心』は、自然と人間のあいだに生成・形成される交感という現象を多面的に浮き彫りにする試みである。

多面的という意味は、現象の多面性のみならずアプローチの多面性を指している。また、人間と自然との関係の原基として交感と呼ぶべき現象が存在するという前提の下で本書は議論を進めていく。ただし、本書は神秘主義の書ではない。これはたんなる信仰告白ではなく問いでもあるからだ。交感と呼ばれる心的相関の現象が自然と人間のあいだに存在するのか否か。そういう問いと探求を内包するからである。

これを問いとして保持する理由は、交感なる現象の存否が（見方によっては）あまりに主観的、心的に過ぎる概念であるために客観的に確定できないという問題のせいでもあるが、それのみならず、「人間にとって自然は必要か」というより根源的な問いにかかわるためでもある。必要でなければ、環境問題は大して重要ではない。また、食や素材やエネルギー源として物質的な必要を満たすだけであれば――それが人口減であれ、技術的な開発もしくは解決であれ――抑制的な消費の具体的な方法を案出すればいい。ことは、交感という現象の客観的な存否とそれを根底から支える必要性の問題にある。

しかも、あえていえば、本書における〈交感論〉が問おうとしているのは、物質的な必要性ではない。自然の、非物質的な必要性のほうである。つまり、自然との心的・非物質的な交感関係を人類はつねに生きてきたのではないかという問いと、近代社会はそのような交感関係を失うか、もしくは切り捨てる世界に突入したのではないか、という問いである。いわゆる環境問題の根源にはこのような交感関係の喪失が深くかかわっており、私たちは心のどこかでこのような関係の恢復を求めているのではないかという問いでもある。もちろん、非物質性／精神性／内面性を強調するあまり、物質的な自然との区分を意識しすぎると事態の本質を見損なう危険がある。非物質的な価値を支えるのが物質的な根拠であるという意味で言えば、本来両者は排他的な関係どころか不可分の関係にあるからである。

とはいえ、本書ではあえて物質的な意味をいったん切り離してでも、〈交感論〉とは、いわば「自然の心的な価値」を測ることをその目的とすると最初に設定しておきたい。人間にとっての、自然の、「心的な」必要性である。さしあたり次の二つの問いを発しておきたい。

心にとって自然は必要・不可欠な存在なのか

そして、それはどのように……

自然と人間のあいだには交感と呼ばれる「心的相関」の現象があり、そこに見られる「自然の心的な価値」の意識が、環境論を展開するに当たってきわめて重要な意味をもっているのではないか。さらには、このかならずしも目には見えない現象は、人間が生きるために必要・不可欠な出来事なのではないか。

これが〈交感論〉の視座である。

交感の問題をめぐって、私自身はかつて、『自然を感じるこころ――ネイチャーライティング入門』（二〇〇七年）という著書のなかで、こう書いたことがある――「人間世界の出来事と自然現象のあいだには、（本気で信じるかどうかはべつとして）何かつながりや関係があるかも知れないという思考」（野田 二〇〇七：一九）と。

人間が自然現象について何か呼応するものが存在すると感じること、これをまずは交感という概念の基本に据えておきたい。しかしながら、右の定義めいたものには、括弧書きで「本気で信じるかどうかはべつとして」という言葉が付してある。これは「本気で信じる場合」もあればそうでない場合もあること、つまりほぼ宗教感情に等しい場合から、もう少し軽度の感覚的経験というべきものまでかなりの幅を見ておく必要があることを示している。

交感の基本概念は、宗教感情あるいは信の問題をかなりの濃さで含みつつも、自然と人間のあいだに生起する呼応・対応関係、つまり両者のあいだの連続性と関係性の感覚・意識・思考のことを指すと言える。参考までに挙げておくと、前掲拙著『自然を感じるこころ』では次のような一種の定義を試みている。

■交感（correspondence）

人間と自然のあいだに何らかの対応関係を見いだす感覚あるいは思考。その内容は感覚的レベル、心理的レベルから民俗的、宗教的レベルまで多様だが、根底には人間と自然のあいだに連続性と関係性を見いだすコスモロジーがある。

照応、呼応、感応といった訳語を使うこともあります。自然との交感という考え方は、欧米のロマン主義期（一八世紀から一九世紀）に成立したと考えられますが、それ以前からあった思想でもあります。ただ、残念ながら、交感という概念に関する総合的な研究はまだ行われていません。これからの大きな課題の一つです。（同：一五二）

交感という言葉

私たちは交感という言葉を知らないわけではない。ただ、じっさいにこの言葉を使って思考したり発言したりする機会はさほど多くはないのではないか。それはその内実があまり明瞭ではないからである。内容が分からなければ使いにくい。

いっぽうで、美術系、環境系、環境教育系の分野などでは、次に挙げるいくつかの文例にあるように、「自然との交感」「大地との交感」「風景との交感」「いのちといのちの交感」といった表現がしばしば使用される場合がある。これらはキャッチフレーズ的に使用されているため、その意味するところを明確に述べているわけではないものの、これらの表現からもおおよその意味理解は得られるだろう。次の文例中の言葉を使うならば、自然と「ふれあい」「とけあう」「関係づけ」の世界を指すと要約してみよう。

「いのちといのちの温かな**交感**は成り立たない。」（倉田百三『愛と認識との出発』より）

野外制作〜自然との**交感**で、新しい造形物を創造する

自然との**交感**　〇〇〇展

交感風景　展

「人と人、人と自然のふれあい＝**交感**」を大切にするまち
春は植物たちと**交感**しよう。
大地と**交感**する暮らし
この土地での日々は、絵を描くことと同様に、自然との**交感**にほかならない。
山の自然ととけあう〜樹や森との**交感**〜
国家や民族を超えたエネルギーが**交感**する場
確かに風景と私は**交感**し、繋がっていた。

（傍点および太字は引用者による）[1]

このように、私たちは交感という言葉についてまったく無知なわけでもない。然るに、改めてこの言葉の意味を説明せよといわれるとやや困惑する、そういった用語なのである。「わかったようでわかっていない」、そんな言葉でもある。本書は、この「わかったようでわかっていない」交感という概念を具体的に理解するとともに、この概念の重要性に着目する多分野からのアプローチを提示する論文集である。

多分野とは具体的には文学、文化人類学、哲学、教育学、歴史学、コミュニケーション学、言語学などの人文諸科学であるが、これらの分野が本書において一堂に会し、交感という出来事に関心をもつとは、いうまでもなく自然環境と人間の関係の根源性への関心が共通して内在していることを意味している。本書は、〈交感論〉とは環境学の一分野であり、なかでももっとも根源的な「自然―人間の関係学」を指向／思考する分野として位置づけ、その学的展開を世に問うことを目的としている。[2]

自然―人間の関係学

さきに述べたように、交感を、自然と「ふれあい、とけあう、関係づけ」の世界としてとらえる以上、本書の議論の根底には、人間にとって、ということは私たちにとって自然とはそもそも何であるのか、どのような存在であるのか、どのような意味をもつのかという問いが不可避的に設定されている。このような問いが重要なのは、それが「環境問題」の根源を穿つものであるからだ。現実に生起している「環境問題」を問題として認識し、危機として理解し、その対応を構想する。これが、二一世紀の私たちの最重要課題であることは言を俟たない。ただし、そのように「認識し、理解し、対応する」ためには、何が必要なのかは改めて、あるいはくりかえし考えてみる必要がある。たとえば、それが「危機」として認識され、その「異常性」が理解されるためには、「危機ではない」「正常性」とは何かを知らねばならない。

この場合、「危機ではない」「正常性」とは、たとえば、人類史上いかなる関係がもっとも安定的・恒常的で理想的な自然と人間の関係であったかを知ることである。「環境問題」は人類の未来を指向／思考する主題ではあるが、じつのところその重要性、緊急性、切迫性を認識するためには過去＝歴史を知る必要がある。そしてそこにこそ、向かうべき未来も予示されているはずなのである。なぜなら、過去＝歴史を参照することにより、少なくとも私たちの現在は何を欠如し、欠損させているのかを知ることができる。

また、私たち人間はどのような意味で自然を必要としているのかをやはり歴史的に知る必要があるだろう。一見迂遠な道と思えるかも知れないが、「環境問題」に取り組む努力のなかに、このように根源的な「自然―人間の関係学」を定位する必要があるのではないか。そうでなければ、何が「正常」で何が「異常」なのか、何が問題なのか、そして何を目ざすべきなのかは解明されないのではないだろうか。

〈交感論〉の研究とは根源的な「自然―人間の関係学」の定位であり、もっと具体的には両者の接触の界面をめぐる問題意識だが、それは今後、環境学における重要不可欠な分野となるだろう。その意味では、本書刊行は、〈交感論〉提唱のためのマニフェスト的な意味と役割を果たそうとする試みでもある。本書の研究上の直接的基盤となった共同研究プロジェクト「文学的交感の理論的・歴史的考察――『自然―人間の関係学』」（科学研究費補助金基盤研究B）では、その目的を次のように記している。参考までに引証しておきたい。

本研究は「自然―人間の関係学」の再構築へ向けた研究の一環として位置づけられる。自然と人間、外部世界と内部世界、フィジックスとメタフィジックス、物理界と精神界、世界と自己などの対応や相関性を指す〈交感〉（correspondence）という概念を、文学における事象＝表象として再検討に付すと同時に、その概念の現在的有効性を文学以外の諸分野からのアプローチを参照することによって明らかにする。このような〈交感〉概念は、一九世紀ロマン主義において定式化されるに至ったが、その後の小説を含む文学表現において、いわば理論的前提として「埋め込まれる」（embedded）に至ったものである。本研究では、このような〈交感〉論を軸とする「自然―人間の関係学」を歴史的に再検討し、その現在的意義を明らかにする。また、この概念を文学的表象論の枠内にとどめることなく、将来的に進められるべき「自然―人間の関係学」の構築へ向かう研究の一環として位置づける。

2　自然の心的な価値を測る

脱アニマの時代

すでに述べたように、〈交感論〉とは「人間にとっての自然の心的な価値」を測ることにあり、かつ「自然―人間の関係学」をより根源的に問い直すことにある。自然と人間のあいだに生起する呼応・対応関係すなわち接触・交流をめぐる〈交感論〉的問題のありかを探ろうとする場合、思想史家今村仁司による次に引用する言明ほどその背景的図式を明瞭に語るものはない。今村仁司『交易する人間《ホモ・コムニカンス》——贈与と交換の人間学』（二〇〇〇年）は、自然をめぐる多様な交渉・交流のことを「交易」という概念で定位し、それを労働過程から経済活動、そして想像過程までを含む包括的な概念として構想しており、ほぼ「コミュニケーション」という用語にも対応する魅力的な用語として提起した上で問題の背景を次のように語る。

近代とは脱アニマの時代《エポック》である。人間の肉体が物体となるとき、それに応じて人間のアニマは「自我」に、あるいは意識をもつ「主体」に転換する。そしてこの意識的主体あるいは自我が、自分の肉体を、生ける肉体としてではなくて、「対象」として、物体《コルプス》として眺めるようになる。近代的自我論と近代的身体論は、同じ根から生まれた。

アニマなき世界論から、アニマなき身体とアニマなき行動が出現する。これがあってはじめて、「機械の時代」と「インダストリの時代」が、およそ西欧の一七・一八世紀に誕生し、それが現在まで持続しているし、他方では現在、まだアニマに充ちている地域も、徐々に脱アニマ的、機械的、物体的世界に包まれようとしている。これが「近代化」ということの世界史的意味である。（今村 二〇〇〇：九八）

今村は近代を端的に「脱アニマの時代」と定義する。アニマとは、今村によれば、霊性、霊的状態を指し、これは「動物的状態」とも結びつく概念だという。したがって、彼は即座にこれを「霊性的／アニマ的世界」と名づけ、「人間の原初の生は、アニマをかかえ、アニマに反応し、アニマに充ちている」と語る（詳細は同：九二参照）。このアニマ的霊性の世界では、自然はいまだ「事物化」（同：九五）されていない。ひとを包んでいるのは「霊的、アニマ的感情がからむ」「生きている自然」（同）であって、今日の私たちが一般的に想定する「物体」としての、モノとしての自然というものは存在しない世界だと考えられている。今村は言う――「生きている自然は、物体ではない。したがって、道具的に処理することは許されない」（同）、そういう世界つまり霊性の世界である。

いっぽう、このようなアニマ的霊性からの離脱によって実現された近代。そこにはまさしく決定的な分離が起こった。近代における自我といい、主体《サブジェクト》という人間の自己意識化は、一元的な霊的自然を、目的論的に「物体化」「事物化」したことにその起点があり、これによって外界が分離的・独立的に客体《オブジェクト》／対象として析出される理路が開かれた。そのとき、霊的／アニマ的自然は解体され、自然は「事物化」された。「死せる自然」（物体的自然）への転換が起こったのである。「脱アニマの時代」、すなわち近代であり現在である。

今村は、このような転換を「霊性の破壊と事物世界の生誕」（同）と呼び、この破壊行為を表徴するのが、供犠あるいは儀礼的な殺害行為であるとする。こうした象徴的破壊行為を通じて、霊性の破壊すなわち自然の「脱霊化」が実現するのだという。そして、この霊性の破壊もしくは自然の「脱霊化」こそが近代化の条件を構成するという。

以上が、自然と近代をめぐる今村仁司の基本的な論点である。そこでふたたび「アニマ」の存否を問うこと。今村が指摘するように、「脱アニマ」が近代という時代（の根源的病弊）であるならば、「自然―人間の関係学」を指向する〈交感論〉とは、アニマの復権を基底としてポスト近代を問うことに繋がっている。私は、このような志向が過去のほうを向いているからといって、それをたんなる先祖返りや楽園ノスタルジーやロマン主義といって済ますことはできないと考える。未来のモデルのいくぶんかは過去に見いだすほかない。私たちは否応なく回顧的、いや「歴史的」にならざるをえないであろう。もちろん、過去がそのまま未来に適用可能だと考えるほど楽観的ではないとしても、少なくとも人類の過去には看過しえない参照すべきモデルがありうるのではないだろうか。今村仁司の「アニマ」をめぐる理論的な枠組みはそのようなモデルを示している。

ポストロマン主義の〈交感論〉

交感（correspondence）とは、自然と人間のあいだに生起する心身上の呼応関係を語るのみならず、それを認識論的に芸術化・思想化した一形態でもある。原初的には万物にアニマの存在を想定するアニミズムに始まり、古代的なマクロコスモス／ミクロコスモスの照応のコスモロジー、中世的な「存在の大いなる連鎖」（a great chain of being）の体系化を経て、近代ロマン主義によって再発明・内化された〈交感論〉に繋がる。アニマこそが万物のあいだ、とりわけ人間と自然のあいだを前提的に繋ぐ交感原理にほかならない。そして文学は自然環境との交感というべき現象をじつに多様に記述・表現してきた。とりわけ、ロマン主義期にはある「定型」ともいうべきその表象のかたちが確立された。それを煎じ詰めていうならば、自然との遭遇→接触→交感といったプロセスの表象である。

むろん、ロマン主義／近代以降の〈交感論〉は、近代的な本性として、共同社会的なコスモロジー／神話としての性格を減じ、個我におけるなかば神秘主義的なコスモロジー／神話として、個人化・内面化された芸術的・文学的原理へと変容している。今村仁司のいう「脱アニマの時代」が近代であるとするならば、ロマン主義的〈交感論〉とは、ある種の先祖返りであり、かつ近代への抵抗の言説であったといってもよい。さらに、現代文学の領域では、一方の極に、ユング心理学的なシンクロニシティ論をロマン主義的かつなかば神秘主義的な思想の変種として置き、他方の極にアラン・ロブ＝グリエの真にラディカルな、神人同性論＝擬人観（anthropomorphism）批判を置きながら、ネイチャーライティングや環境文学におけるアニマの復権ともいうべきネオアニミズム的〈交感論〉

が、自然と人間の関係を再検討するかたちで展開されている。[3]

こうした〈交感論〉の歴史的な経緯を踏まえながら、経験としての交感、観念としての交感、認識としての交感、言語芸術としての交感、心身現象としての交感、場所論としての交感、コスモロジーとしての交感、儀礼としての交感、さらには教育としての交感、芸能としての交感など、交感という現象は多様な側面から分析される必要がある。人間と自然との関係もしくは繋がりの原基ともいうべき交感という概念は、従来、かならずしも充分な検討を経ているわけではない。その意味でも、今後研究が蓄積されるべき文学的・思想的主題であると同時に、自然環境と人間のありうべき関係の様態を構想する環境思想にとっても不可欠な視座だと考える。[4]

とはいえ、〈交感論〉を追跡し位置づけることはかならずしも容易ではない。アニミズム、古代的コスモロジー、神話といった前近代あるいは非近代的な世界把握と、近代ロマン主義的な世界把握がいわば癒合したかたちで概念化されているのが現在における交感という概念であろう。非近代と近代が癒合しているとは、ちょうどT・S・エリオットやW・B・イエイツが二〇世紀に入るとともに、精神分析学や神話学、人類学、民俗学への関心を深めたように、すでに失われた共同観念的世界＝統一的コスモロジー＝神話、そしてその果ての普遍を、個我におけるなかば神秘主義的なコスモロジー／神話として、個人化された芸術的・文学的原理へと変容させた点に顕著に示されている。それは、非近代と近代の根源的な矛盾・葛藤から目を反らし、共同の夢と個我の夢を同致させようとする、いかにもロマン主義的な企てではある。

同時に、私たちが直面している問題はすでにロマン主義以降、すなわちポストロマン主義にある。交感論は一九世紀の「ロマン主義期」に一気に、特定の文学的記述様式＝表象としての完成型を提起し、ある意味で画期的ともいうべき自然象徴論を芸術的認識様式として洗練させていった。文学の領域では「自然詩」が、そして美術の領域では「風景画」がロマン主義的なるものの「定型」を見事に流通させた。これらはフィジックス（physics、モノ＝

自然の学＝形而下学）をメタフィジックス（metaphysics、モノを超えた＝超自然の学＝形而上学）に変換する、大きな認識論的変換のためのメカニズムであった。

しかし、問題は非近代と近代の癒合にある。このような癒合のままでは、無神論と脱魔術化、つまりは「脱アニマの時代」に向かうほかない近代においては、ただの錯誤、先祖返り、無いものねだり、幻想、失われた黄金時代へのノスタルジーとして閑却されるほかない。問題はこの癒合を解除し、矛盾を解きほぐし、交感の原理を二〇世紀的、二一世紀的に再定位することである。筆者はかつてこれを「ロマン主義の遺産と負債」と名づけたことがある。課題はロマン主義を大いなる遺産として継承しながら、いかに乗り越えるかにある。そのとき、本節冒頭に引用した今村仁司の見事な発言が大きな示唆を与えてくれるだろう。「脱アニマの時代」から「アニマ回帰の時代」へという大きな思想的課題として。

3　世界はヒエログリフ――交感の原理

西洋隠秘学

それでは、西欧文化圏とりわけその神秘主義の系譜における交感の原理とはどのようなものであるのか。もっとも簡明に説明したものとして、アントワーヌ・フェーブル『エゾテリスム思想――西洋隠秘学の系譜』（一九九五年）からの引用を見ておきたい。ここではいうまでもなく、「コレスポンダンス」という用語が「交感」に相当する。

可視世界、不可視世界のあらゆる部分のあいだに、象徴的・現実的（ここでは抽象の入る余地は全然ない！）

コレスポンダンスが存在するという。（「上にあるものは、下にあるもののごとく、下にあるものは、上にあるもののごとし」。）ミクロコスモスとマクロコスモスという古代観念、あるいはこういったほうがよければ、普遍的相互依存の原理をここに見いだすこともできよう。これらのコレスポンダンスは一見しただけでは、大なり小なり覆い隠されており、解読しなければならない。世界は鏡張りの大劇場、解読すべき神聖文字《ヒエログリフ》の総体である。そこではすべてが記号であり、すべてが神秘を秘め、神秘の香りを漂わせている。あらゆるものがヒミツを隠しもっているのだ。矛盾律、排中律、線状の因果律はここでは、第三項を認める原理や同時性《シンクロニシテ》の原理に取って代わられることになる。コレスポンダンスを二種類に分けて考えることができよう。第一は、可視、不可視の自然のなかに存在するコレスポンダンスである。たとえば、七金属と七惑星とのあいだに、惑星と人体の各部、性格、社会とのあいだにあるコレスポンダンスで、これが占星術の基礎となっている。あるいは、自然界と天界および上天界の不可視の各セクションとのあいだに存在するコレスポンダンス等々。第二には、啓示聖典と、自然または宇宙《コスモス》と、さらには歴史とのあいだにさえ存在するコレスポンダンスであり、たとえばカバラ——ユダヤ・カバラおよびキリスト教カバラ——や各種の〈神聖自然学〉に見られるようなコレスポンダンス。このような形の啓示的照応主義論によれば、書（たとえば聖書）と自然が必然的に調和の関係にあり、どちらか一方を知れば他方を知る助けになる、このことを「見抜く」ことが重要なのである。要するに世界という舞台は言語現象である。ただし、コレスポンダンスや照応はそれだけで「エゾテリスム」を意味しはしない。これらは多くの哲学思想や宗教思想のなかにも存在し、それぞれが自分の類比《アナロジー》や類似《シミリチュード》のネットワークをもち、大なり小なりその性質を規定しているのだから。コレスポンダンスの原理はまた、各種の占いにおいても、詩においても、妖術においても作用しているが、だからといって、これらがエゾテリスムの同義語であるわけはない。（フェーブル 一九九五：一七—一八）

フェーブルのここでの解説は、西洋隠秘学の説明として行われているものであるが、本章における〈交感論〉は、そのような特殊な枠組みを外したところから思考しようとするものであることは強調しておきたい。とはいえ、この引用部分で、西欧文化における交感の問題を基本的に整理し、かつフェーブル自身がこの問題をある種の「原理」として語っている点はとくに注目に値する。それではこの原理を形づくっているポイントを把握しておこう。引用部分において、フェーブルは次のような説明をしている。

可視世界、不可視世界のあらゆる部分のあいだに、象徴的・現実的（中略）コレスポンダンスが存在する。

基本的に、交感の原理の拠って立つ基盤はここに要約されているだろう。(1)交感的世界とは、「可視世界」と「不可視世界」の両極を含むものであること。この両極にあえて名前を与えれば、形而下（physics）と形而上（metaphysics）の両世界であろう。(2)この二つの世界の「あらゆる部分のあいだ」に生起する出来事であること。あらゆる事象を繋ぐ相関性を示す概念である。(3)その交感・呼応・照応関係は「象徴的」であり、かつ「現実的」であること。「象徴的」でありかつ「現実的」であるとはいささか難解であるが、補足的にいえば、自然は「記号」でありかつ「存在物」であるという二重性の認識と相同的なものであろう。この二重性にこそ交感関係が成立し、体系化される根源がある。後述するが、世界は解読すべき「ヒエログリフ」だとするアイデアに、すべての事象は「記号」にして「存在物」という思考は過不足なく埋め込まれている。「存在物」の物質性は形而下学（physics）に、「記号」性は形而上学（metaphysics）に帰属するのである。

存在物にして記号

一本の樹木はたしかに生物としての「存在物」である。が、同時に、それは交感関係の体系を表象する「記号」としても機能している。一本のビャクシンの木が、特定の場所と時間（いま／ここ）に、固有の姿形をして存在している。（アニー・ディラードのいう「特殊性というスキャンダル」だ。）[5] これは「存在物」としての状態を指す。ただし、この特定の一本のビャクシンは、植物種としての分類属性をもっている。「ヒノキ科ビャクシン属」といった具合に。（カテゴライズはすでに分節化であり記号化である。）これが「記号」としての存在の仕方である。このように認識するとき、すでにビャクシンは二重性を帯びていることが分かる。もちろん、ビャクシンの例は現代の植物学の分類に則ったものであり、古代的遺制というべき交感的世界像とは異なるものであろう。だが、違いは「記号」的存在の部分を埋める体系が西洋隠秘学に属するか、最先端の植物学に属するかの違いに過ぎず、重要なのは「記号」性とは体系の要請に基づく抽象化にほかならず、体系が「存在物」の「記号」化を必要としているという点では、何ら異なるものではない。

このような交感・呼応・照応関係の存在を承認するには、この世界のすべての事象のあいだに相互的な〈関係〉が存在することを根本的な前提としなければならない。つまりあらかじめあらゆる事象のあいだに相互的な〈関係〉の世界が存在するものと想定されており、そのかぎりでは、世界は不条理ではなく、一貫性、体系性を帯びた条理の世界である必要がある。交感の原理の絶対的前提として、世界は所定の一貫性、体系性を有している必要があり、ある種の全体論（holism）がそこには潜在している。この体系性が崩れた場合、〈交感論〉も崩れ、いわば不条理の哲学に転じてしまうであろう。[6]〈交感論〉とは不条理ならぬ、徹底した条理の哲学でなければならない。万物が一定の合理に貫かれて存在するという思想。たとえば、「記号」と「存在物」という対関係を見てもよい。「存在物」は「記号」との癒合があって初めて世界像の中の一部という位置を獲得することができる。もしも自然の事象に「記号」性が賦与されていなければ、それはただのモノであって、コトに変じることはない。まさしく、「記号」性こそが体系や首尾一貫した世界像というものを形成するのであり、逆に体系や世界像が「記号」性を要求するのだともいえる。

フェーブルは、交感概念が全体論的思考、関係論的思考そのものであることを提示した上で、次にこう述べている。

これらのコレスポンダンスは一見しただけでは、大なり小なり覆い隠されており、解読しなければならない。世界は鏡張りの大劇場、解読すべき神聖文字《ヒエログリフ》の総体である。

なぜ交感は秘匿されているのか。それはつまるところ、一貫性、体系性に基づく全体論的世界像が、かならずしも明示的なものではなく、いわば不可視の連鎖関係にあり、ここに隠秘学としての性格を帯びる由縁があるからだ。また、この不可視性、秘匿性は、世界という現象の背後に作動する原理（全体論的、〈交感論〉的世界像）＝形而上学を解読することを人間に要求する。その解読能力というべきものを人間に求めるということは、人間の資質・能力を問う知的かつ宗教的、倫理的要請となり、そのような能力を具備する人間を特権化することに繋がる。この点については、R・W・エマソンが『自然』（一八三六年）で展開しているように、「理性の目」＝「透明な眼球」を獲得すること、そのような特別な存在の究極が「詩人」すなわち「代表的人間」（representative man）とされていることなどに見事に反映されている。

〈交感論〉の基本的な問題構制として、秘匿された全体論的世界像、そしてそのような世界の原理を解読する〈特殊な〉能力が前提として埋め込まれている。先述した言い方を使えば、「存在物」としての自然の彼方に「記号」としての自然を解読することができるかどうか。なぜなら、「存在物」の内部に「記号」があらかじめ埋め込まれているからだ。「詩人」＝「理性の目」＝「透明な眼球」と連鎖するエマソンの〈交感論〉は、いずれも「解読」、すなわち秘匿された全体論的世界像を読み、その個別の存在物を介してそこに埋め込まれた「記号」を読むことに焦点化されている。このように関係の秘匿性、そしてその解読という原理が〈交感論〉的世界像を構造化している。なお、エマソンもまた典型的に神聖文字、象形文字としてのヒエログリフのアイデアを『自然』において提示している。[7]

交感とは、「存在物」としての自然に向き合うのみならず、その「存在物」が表徴＝提示＝指示する「記号」に同時に向き合うことを意味すると述べてきた。そうでなければ交感は生起しない、と。自然はそのとき「存在物」にして「記号」という「二重性」を帯びる。「記号」性が欠如した「存在物」とは不条理にほかならないため、交感の前提を成す体系的な世界像を構築しえないことになる。自然がヒエログリフであるとは、この解読を要する「二重性」を帯びた自然のありかたをよく物語る恰好の比喩となっている。そこにモノのかたちをした「存在物」があり、それは簡単には読み解けない象形文字＝記号である。そして、それを解読できる者こそ至高の存在＝詩人なのである。

以上のように、エマソンを中心として西欧における交感概念をめぐる問題構制を見るならば、そこに明確に読みとれるのは形而上学への指向性であり、多から一へと志向する記号化というプラトニズムへの欲求である。意味への還元に取り憑かれ、一者への還元、現実を超えた究極の存在であり言葉であるもののほうへとつねに向かっている。形而下学（physics）を絶えず形而上学（metaphysics）に変換するメカニズム、これが交感の原理の核心部分であろう。なぜあれほどまでにロマン主義詩人たちは、花を詠み、樹木を詠み、雲を詠み、気象を詠み、風景を詠み、鳥や生き物たちを詠んだのか。それは、すべての自然の事物は詠まれかつ読まれねばならない対象であったからだ。

詠まれることのうちに、読まれることが同時的に含まれている。くりかえしになるが、読みえないものは詠みえないといっても過言ではない[8]。

4　交感、変身、他者性

二重化された変身譚

異なる原理のなかに在る存在者同士（ここでは自然と人間）が、異なる原理を超えて呼応し合う関係を結ぶ。これが交感である。そして、変身譚もまたそのような意味で交感的現象の顕著な事例に違いない。というよりも、変身譚こそがもっとも〈交感論〉的な物語、説話、関係の表象にほかならない。

たとえば、石牟礼道子の自伝的作品『椿の海の記』（一九七六年）に次のような変身の場面が登場する。幼い「みっちん」は、自宅から離れた、「両側を深い芒にかこわれた」「大廻《うまわ》りの塘《とも》」と呼ばれる野生の領域＝自然を歩いているうちに、磯茱萸の林に出遭う。

秋の昼下がり頃を、芒の穂波の耀《かがや》きにひきいれられてゆけば、自生した磯茱萸《いそぐみ》の林があらわれて、ちいさなちいさな朱色真珠の粒のような実が、棘の間にチラチラとみえ隠れに揺れていて、その下蔭に金泥色の蘭菊や野菊が、昏《く》れ入る間際の空の下に綴れ入り、身じろぐ虹のようにこの土手は、わだつみの彼方に消えていた。するともうわたしは白い狐の仔になっていて、かがみこんでいる茱萸の実の下から両の掌を、胸の前に丸くこごめて「こん」と啼いてみて、道の真ん中に飛んで出る。首をかたむけてじっときけば、さやさやとかすかに芒のうねる音と、その下の石垣の根元に、さざ波の寄せる音がする。こん、こん、こん、とわたしは、足に乱れる野菊の香に誘われてかがみこむ。晩になると、大廻りの塘を狐の嫁入りの提燈の灯が、いくつもいくつも並んで通るのだと、婆さまたちから聞いていた。わたしは、耀《かがよ》っているちいさな野菊を千切っては、頭にふりかけ、また千切っては頭にふりかけてみる。自分がちゃんと白狐の仔になっているかどうか。それから更に人間の子に化身しているかどうか。（石牟礼 一九七六：一四三、傍点引用者）

幼いみっちんが狐の仔に変身するこの物語、このシーンは、水俣における「大廻りの塘」という場所の記憶を内包し、また、そこに棲まう狐の眷属《けんぞく》をめぐる説話的なつながりを背負いながら語られている。しかし、私自身はかつて同じ一節をまったく別様に読んでいた。（正確に言えば、誤読していた。）なぜなら、かつての私はいましがた述べたように、幼いみっちんが「狐の仔」に「化身」する物語としてこの一節を読んでしまっており、そのように説明した文章さえ書いたことがあった。しかし、その後、あることに気づいて愕然とした。

それは、引用した一節の最後の一文を完全に読み落としてしまっていたことに気がついたからである。そこにはこう書いてある——「自分がちゃんと白狐の仔になっているかどうか。それから更に人間の子に化身しているかどうか」と。何と最後の文では、「人間の子に化身しているかどうか」と言っているではないか。狐の仔になる、そして「ちゃんと」人間の子になる。あたかもこの二つの出来事が同時に実現したかのような不可思議な記述。これはいったいどのような物語、どのような変身譚なのか。考え込んでしまった。

この一節に示されているのは、いわば二重化された変身譚なのだが、私たちはどうこれを読み解けばいいのだろうか。「白狐の仔」であり、同時に「人間の子」であるという認識。狐への変身という一方向的転生ではなく、なぜか、ほぼ同時に人間への「化身」も想定されている。この難解さ、石牟礼道子という作家特有の難解さが潜んでいるようだ。

この二重化された変身譚を考えるにあたって、さしあたり二つの視点が想定される。一つは、ある種仏教的な転生譚の考え方である。つまり、ここには、狐であることも人間であることも、あるいはこの二つ以外の可能性も含め、すべては可能であり偶発事であり、逆に言えば、人間であることも狐であることも田螺《タニシ》であることも樹木であることも、本源的には転生の一齣にすぎない。人間であること、〈私〉であることの偶発性、相対性、そうした認識の表明として理解することができるだろう。人間中心主義を脱する有力な思想的視座の一つと言ってもよいだろう。

もう一つは、この二重化された変身譚は、他者になりきらない存在論として提起されている可能性である。本節冒頭で述べたように、異なる原理のなかに在る存在者同士（ここでは狐と人間）が、異なる原理を超えて呼応し合う関係を結ぶ、そのようなものとして変身譚を定位するとして、そこで人間が狐に化身してしまう物語であるならば、いわば異なる二つの原理の一方から他方への転移にすぎない。ＡからＢへの転移、転換。ところが、この石牟礼による変身譚は、ＡもＢも保存したままの変身譚として措定されている。それをさきほど、他者になりきらない存在論と述べた。このアイデアには、他者への同化でありながら他者性が保持されるという、きわめてパラドクシカルな事態が想定されていると思われる。言ってみれば、境界を越えながらも境界の存在は依然としてあるといった一種矛盾する事態である。

注目すべきは、他者になりきらない存在論に基づく他者性の保持が明確に認識されていることである。私が問題の一節を読み違えた理由は、この他者性の保持という側面に対応できるだけの思考に至らなかったためである。簡単に言えば、変身とはＡがＢに変わることであるという単純な化身・同化の思考にとどまっていたからである。石牟礼の思考はそのように単純な同一化論にとどまってはいない。むしろこの作家には、変身とは変身でありながらも完全な同一化はありえないという卓越した認識が潜んでいたのだ。だからこそ、「白狐の仔」であり、同時に

「人間の子」であるという二重性の認識が、何ともことともなげに語られることになったのであり、また私たちに、変身とは対象への一元的同一化ではなく、むしろ二元化＝二重化、つまり〈私〉と〈私〉ならぬものの重なりを引き受けることにその本質があることを示唆しているのである。[9]

舞踊と変身

このような変身の二重性による他者性の保持という認識の問題を考えるとき、舞踊の起源をめぐる三浦雅士「舞踊の身体のための素描」（二〇〇一年）がきわめて重要な手がかりを与えてくれる。この論考はタイトルからもうかがえるとおり、三浦による舞踊論の一環を成しているのだが、まず人間の舞踊という身体芸術・芸能表現が、動物への変身をしばしばモチーフにするという事実に着目して、舞踊と変身の根源的類縁性を示唆した上で、石牟礼の二重化された変身／化身譚に対するあたかも解説のような議論を提起している。それも「交感」という概念を使って。

> 「鹿踊りのはじまり」が強い感動を与えるのは、しかし主人公の嘉十が鹿になるからではない。嘉十は鹿の言葉を聞くのであって、鹿になるのではない。感動は、あくまでも鹿との交感、自然との交感からやってくるのだ。鹿踊りのはじまりを夢想した賢治が、それをたんに鹿の模倣からはじまったとしたのではなく、鹿との交感からはじまったとしたことに注目すべきだろう。模倣は、交感の後に、その必然として姿を現わすのである。（三浦二〇〇一：九二―九三、傍点引用者）

宮沢賢治の「鹿踊《ししおど》りのはじまり」という、それこそ舞踊の起源を語る物語をめぐる三浦の議論は秀逸きわまりない。まず第一に、舞踊は動物の身体所作の模倣に起源を有する可能性を示唆すること。第二に、動物の身体所作の模倣はかならずしも変身すなわち動物そのものになり替わることではない（「鹿になるのではない」）こと。第三に、交感と模倣を理論的に峻別していること。以上の三点がとりわけ注目すべき点であると思われる。

改めて、〈交感論〉として三浦の論考を眺め直してみれば、「嘉十は鹿の言葉を聞くのであって、鹿になるのではない」という部分がとくに注目に値する。つまり、三浦のいう「交感」は、「鹿の言葉を聞く」ことであって、「鹿になる」ことではないということだ。三浦は、舞踊論の観点から、「交感」と「変身」とは異なる別種の出来事だと見なしている。嘉十と鹿の接触過程全体を、三浦は、「交感」から「変身」へというある種の不連続的プロセスとして描き出しているのである。「鹿の言葉を聞くこと」あるいはそれが聞こえてくることが「交感」という概念に充当され、「鹿になること」およびそこに含まれる模倣＝憑依＝変身＝舞踊という「変身」プロセスとは峻別される。

鹿と出遭い、鹿を観察し、鹿の踊りの世界に参与するという、この物語の主人公嘉十の変化は、「鹿になる」プロセスではなく、あくまで鹿の「模倣」プロセスだとされている点に注目したい。厳密にいえば、「鹿になる」のではない。あくまで「模倣」の域を出ないのである。「鹿になる」ことを一体化幻想と仮に呼ぶとするならば、三浦のいう「変身」はけっして一体化を指すものではなく、どこまでも「模倣」を強調するものなのである。「模倣」は一体化ではない。むしろ他者性の魅惑である。

三浦の視点が重要なのは、このような交感的出来事を理解する場合、鹿との一体化幻想を理論的に斥けている点にある。三浦は「交感」と「変身」のあいだに不連続を見いだしている。それはいいかえるならば、〈他者性〉の保持（この場合、鹿＝自然の他者性）、自と他の区分の維持、すなわちたんなる自と他の同一化ではないとする認識として提示されていよう。ここに、石牟礼道子における変身の二重性、すなわち「白狐の仔」であり、同時に「人間の子」であるという認識が重なり合う地点を見いだすことができる。

三浦と石牟礼が重なり合う地点とは、いずれも人間が他者である動物になりきる同化・一体化幻想ではないという点にある。同化・一体化幻想ではないということは、両者すなわち自然と人間のあいだに自他の区分が存続し続け、その境界は越えられないこと、つまりは相互にとっての他者性が担保されていることを意味している。他者になりきらない存在論の世界である。石牟礼道子の変身譚は、一見、昔語りの動物変身譚のように見えていながら、さらには仏教的な輪廻転生譚的発想を根底に置きながらも、ある種厳密な他者性の論理を貫いている驚くべき作品である。また、このみっちんの変身譚に、三浦の指向する「舞踊」的なものを読み取る可能性も浮上するだろう。

三浦の論考から得られるもう一つの収穫は、「交感」と「変身」を不連続なプロセスととらえることによって、「交感」という概念をより綿密に提起している点にある。「交感」の指標を「鹿の言葉が聞こえる」（同：九四）点に求め、これを三浦は「同調する能力」、「他者に同調し、他者に同化し、他者に変身する」能力（同：九五）と言い、「この能力の端的な発揮が舞踊にほかならなかった」と説く。いいかえれば、舞踊とは、「鹿なら鹿、鳥なら鳥に同調」し踊る行為、その「同調」に基づいて「他のものを同調させる」行為であり、「鹿なら鹿を観察しぬいて鹿に同調しえたものだけが、今度はその同調しえた鹿の演技を通して、人を同調させることができるのである」（同：九四）。ここには、「同調」という場の生成とともに、舞踊者が一方で動物を「同調」的に観察しぬき、他方でみずからの「同調的」舞踊を通じて他の人間たちを動物世界のリズムに「同調」させ、惹きこむ、自然と人間のあいだの仲介者・芸能者として機能することも示唆されている。

三浦雅士の議論は、変身譚もまたそのような意味で交感的現象であることを示唆しつつ、それが舞踊というジャンルで生起するというきわめて魅力的な立論である。私たちは、今後、この他者性を介した「同調」と「変身」をめぐる三浦の議論を経ずして交感の原理を語ることはできないであろうし、また、舞踊と儀礼などとの関係についてもさらなる考察が必要となるであろう。

5　脱テクスト化の戦略——エドワード・アビー

自然のテクスト化

エマソンは最初の偉大なアメリカ〔のエッセイ〕作家だ。「われらすべての父」と（誰あろう！）スーザン・ソンタグは述べた。エマソンなくして、ソローはあれほどの存在にはなりえず、またウォルト・ホイットマンも登場しなかったことだろう。エマソンの関心事とはほとんどの現代作家の関心事にほかならない。とくにアメリカ作家の場合はそうだ。超越と全一性と真理の探究（transcendence and integrity and truth）、それは今も続いている。とりわけ、アニー・ディラード、ウェンデル・ベリー、コーマック・マッカーシー、ラリー・マクマティー、レスリー・シルコー、ピーター・マシーセン、バリー・ロペス、エドワード・ホグランド、ジム・ハリソンといった作家たちのなかに。（Abbey 1998：216-217、傍点引用者）[10]

「超越と全一性と真理の探究（transcendence and integrity and truth）」という志向が、エマソン以来、アメリカ文学の系譜のなかで連綿と生きており、現代文学の中でも依然として息づいていることを示唆するエドワード・アビーの批評的一文である。いうまでもなく、「超越と全一性と真理の探究」こそが、ロマン主義的〈交感論〉の基本形にほかならなかった。「存在物」がそのいま／ここ性を離脱して「記号」として飛翔する、それこそが「超越と全一性と真理」の獲得にほかならない。アビーは現代のネイチャーライターに向かって、きみたちは所詮ロマン主義に過ぎないと批評の言葉を向けているのだ。

さて、拙論「自然のテクスト化と脱テクスト化——ネイチャーライティング史の一面」（野田 二〇〇三）では、

「テクスト化」という概念を鍵として論を展開したが、この場合の「テクスト化」とは、言説としての自然、言説のなかに囲い込まれた自然の謂である。いいかえれば、言説が「漁《すなど》る」（次の引用参照）ことのできる自然と、その「網」から零れ落ちる自然との差異という問題をこの論考では検討しようとしたものであり、表象（representation）と現存（presence）のあいだの問題でもある。エドワード・アビーの重要性は、つねにこの表象と現存のあいだを見つめた作家である点にある。このことは、アビーが脱ロマン主義＝ポストロマン主義の作家であったことを意味している。

前述の文脈でいうならば、エドワード・アビーとは、自然についての強い脱テクスト化の戦略においてきわだつ作家である。そのことは、『砂の楽園』（一九六八年）の序文にすでに明瞭にうかがえよう。

> 本書は砂漠についての本というわけではない。……砂漠は広大な世界である。ひとつの海のような世界だ。まさしく海さながらに深く、複雑で多様な世界だ。言語というのはひどく目の粗い網なので単純な事実しか漁れない。とくに事実が無限にある場合には。……砂漠をまるごと書物のなかにとりこむことはできない。漁師が海をまるごとその網に捕らえこむことができないように。だから、ぼくがやろうとしたこと、それはひとつの言葉の世界（a world of words）を創造すること。そこでは砂漠は題材というよりもむしろ媒体として登場する。模倣ではなく喚起こそが〔本書の〕目標であった。（アビー　一九九三：xii、傍点引用者）

つまるところ、テクストが再現＝表象《リプレゼント》する自然とは、「ひとつの言葉の世界（a world of words）」にすぎないという。それは一見すると自明のことを語っているように見えるが、けっしてそんな生易しいことではない。拙論「自然のテクスト化と脱テクスト化——ネイチャーライティング史の一面」では、この引用をめぐって次のように述べている。

アビーはここで何を語っているのだろうか。この作品は砂漠＝自然について書いた本ではなく、自然を媒体として形成された「ひとつの言葉の世界」なのだという。なぜなら、言語は「複雑で多様な」自然を掬い取るにはあまりに「目の粗い網」にすぎず、ゆえに言語と自然のあいだに正確な対応関係を構築することは不可能であること、したがって、この作品は、自然を描いた書物、あるいは自然を「まるごと」とりこんだ書物とはなりえないのだと語られている。この自己解説でもっとも特徴的なことは、自然と人間あるいは、自然と言語のあいだに、いかなるアナロジカルな交感関係も想定されていないことだ。それどころか、むしろそのような発想を断ち切ろうとするところにこの解説の意味がある。自然のテクスト化という観点から言うならば、自然とテクストのあいだにはひとつの断絶が存在し、自然がテクストであり、テクストが自然であるというソロー的濫喩構造の往復運動は完全に否定されている。（野田 二〇〇三：一〇六）

脱テクスト

アビーのラディカリズムの面目躍如たるところがうかがえよう。アントワーヌ・フェーブル『エゾテリスム思想』が、コレスポンデンスをめぐる一節で「要するに世界という舞台は言語現象である」と述べていたことを思い出しておきたい。アビーの言う「ひとつの言葉の世界」にすぎないという認識と、フェーブルの「世界という舞台は言語現象である」という認識は同一であるか否か。同一であるどころか、両者は正反対の立場にある。なぜなら、アビーは自然と言語のあいだのコレスポンデンスを否定しており、だからこそ「言葉の世界」にすぎないと言いうるのであって、他方、フェーブルはコレスポンデンスが存在するからこそ「世界という舞台は言語現象である」と言いうるのである。このことは、先ほど見た拙文の最後の箇所を確認すれば明瞭であろう。

自然とテクストのあいだにはひとつの断絶が存在し、自然がテクストであり、テクストが自然であるというソロー的濫喩構造の往復運動は完全に否定されている。

まさしく、アビーの立場は、「自然とテクストのあいだ」の「断絶」にあり、自然と呼応しえない言語世界の孤立を語っている。いっぽう、フェーブルの立場は、「自然がテクストであり、テクストが自然である」という立場にある。いうまでもなく、古典的あるいはロマン主義的〈交感論〉の立場は「自然がテクストであり、テクストが自然である」という立場である。ここで「ソロー的濫喩構造の往復運動」と述べているのは、バーバラ・ジョンソンのソロー論、「猟犬、鹿毛の馬、雉鳩――『ウォールデン』のわかりにくさ」に基づく議論である。ジョンソンは、次のように指摘している。

『ウォールデン』におけるレトリックの倒錯した複雑さは、所与のイメージの、レトリック上の位置関係がどうなっているのかを確定できないという事実にかかわっている。そしてそれは、ウォールデン池に移り住むに際して、ソローが自分自身を、字義どおり、みずからの比喩的言語の世界のなかへと移動させてしまったからである。（ジョンソン　一九九〇：四五〇）

これほどに見事なソロー論は滅多にない。ソローは、ウォールデン池に移住したとき、たんに物理的な転居を実践したのみならず、そのまま「比喩的言語の世界のなかへ」移動したのだという。換言すれば、物理的自然のなかに身を置きながら、同時にソローは言語とテクストのただなかに身を置くという離れ業を演じえたのである。これを可能にしたのは、フェーブルのいうコレスポンデンスの世界、すなわち「世界という舞台は言語現象である」という世界に身を置いていたからであろう。「存在物」でありながら「記号」でもある世界にほかならない。それにひきかえ、エドワード・アビーには、「存在物」が「記号」であるという世界はすでに消滅した世界であっただろう。「存在物」は「存在物」以上でも以下でもなく、「石、植物、砂粒の一つひとつはそれ自身によって、それ自身のために存在し、その明確さを別の次元の存在を示すことによって曇らされることなどはない」(アビー 一九九三：一三五)、そういう世界に身を置いていたし、そのような脱〈交感論〉的な世界における自然へのかまえを提示しようとしたのである。

とはいえ、エドワード・アビーには(脱)〈交感論〉的な観点から大変興味深いポイントが二点ある。簡単にその概要だけ次節で触れておきたい。

6 反〈交感論〉的視座

「過激で野生的な神秘主義」

アビーは至るところでロマン主義の超克という問題を提起している作家である。次の引用などもその典型であろう。

一九八〇年一一月六日

例によって、夜明け前に目を覚ます。口髭と寝袋に霜がついている。東の空に強い光が四つ、縦一列に並んでいる。土星と木星と火星、それに、黒い円盤の上に載った青白い半月、満月を過ぎた細い月だ。三つの巨大な惑星が月の先端から上昇してくるみたいだ。ぼくはしばらく見つめる。この不思議な驚くべき幻影を。地球という惑星に生まれ落ちて以来初めてのスペクタクル。いったいどういうこと。大空に予兆が現れるとは、こういうことだろう。霊が宇宙にかたちを与え、それを導くのだと、ニューイングランドの超越主義者たちは考えた。ソローもその仲間だ。全自然は、その彼方（および内面）に存在する、より大きな霊的リアリティを象徴するものにすぎないと、この連中は考えていた。

　惑星たちを見つめながら、昨夜のキャンプファイアの周辺を歩き回り、枝を折り、コーヒーポットを満たす。水汲みバケツを川に浸す。水に手が凍える。長いこと見つめる。空にあるあの美しくまたたく光たちを。でも、意味なんて分からない。分かるのは、あの光それぞれの美しさだけだ。ぼくに分かるのは、あの惑星たちがみずから以外にはどんな意味作用ももたないことだ。「かくある、真如なり」（Such suchness）と禅宗に帰依する友人は言う。それだけ。それで充分ではないか。それだけでも何が何だか分かりゃしない。

「リアリティは寓意である」とヘンリーは言った。「生であろうと死であろうと、われわれが求めるのはリアリティにほかならない」と。（Abbey 1991：19–20　傍点引用者）[11]

「全自然は、その彼方（および内面）に存在する、より大きな霊的リアリティを象徴するものにすぎない」というアビーの認識は、ロマン主義的〈交感論〉および超越論の核心を的確無比にとらえている。夜明け前、大空に見える星々と〈私〉とのあいだにはなにも交感的な現象は起こらない。ただ、「水に手が凍える」「リアリティ」はある。ところで、ソローは「リアリティは寓意である」と言ったという。その趣旨は、リアリティ（＝事実といってもよい）は、「霊的リアリティ」の象徴すなわち代理物だという意味である。これは『ウォールデン』におけるリアリティ論議を出典とすると思われるが、ここでもまた「存在物」が「記号」に転じる〈交感論〉的／超越論的メカニズムが働いていることが分かる。

　アビーは前述のようにいわば脱〈交感論〉的／反〈交感論〉的視座から自然の問題を把握するというきわめてラ

ディカルな取り組みを示しているが、いっぽうでそのような志向と一見反するような発言も見せている。それが次の引用からうかがえる。

神であれメデューサであれ、じかに向き合うこと。たとえ、それが自分のなかの人間的なものことごとくを危うくすることになろうとも。私は「過激で野生的な神秘主義」(a hard and brutal mysticism)を夢見ている。そこでは、裸形の自己がノンヒューマンの世界と融け合いながら、にもかかわらず、損なわれることなく、個であり、独立した存在として生き延びる。逆説にして基盤。(アビー 一九九三:六)

この引用部分は長いパラグラフ後半部分であり、前半部分では、ポストロマン主義的な発言が明瞭になされており、擬人化の拒否、事物を超えた「霊的リアリティ」への懐疑を語り、たとえば、「ぼくは一本のセイヨウビャクシンの木、一個の石英、一羽のハゲワシ、一匹の蜘蛛をちゃんと見ることができるようになりたい。それらをそれらそのものとして。人間が勝手に与えた属性も、反カント的思考も、科学的記述なる範疇もいらない」(同)といった発言を提示している。

にもかかわらず、この発言の直後、それが「神であれメデューサであれ、じかに向き合う」ことを願望する文章に移行する。もちろん、「じかに」(face to face)という点が重要であって、この「じかに」には、ロマン主義的〈交感論〉の超越論的なメカニズムの否定も含まれている。ここでは、自然との関係を取り結ぼうとする行為が、大変危険な行為であること、そして人間と自然の両者が並び立ちえないきわどいバランスのなかにあること、しかし、それゆえに「基盤」(bedrock)たるにふさわしい存在様態であることを語っている。

「裸形の自己がノンヒューマンの世界と融け合いながら、にもかかわらず、損なわれることなく、個であり、独立した存在として生き延びる」こと。このようなほとんど不可能と思われる存在様態を、アビーは唯物論者にしては珍しく「過激で野生的な神秘主義」と名づけている。もっとも神秘主義から遠いアビーが唱える過激な神秘主義。「神秘主義」などという言葉は、この作家にはもっともふさわしくないとはいえ、ここには、自然と人間がそれぞれ固有の輪郭を保持しながら関係し合う微妙な認識が提示されている。まぎれもない。他者になりきらない存在論の世界、他者性を際立たせつつ向き合う関係の世界がここでも夢見られている。再び引用するならば、「裸形の自己がノンヒューマンの世界と融け合いながら、にもかかわらず、損なわれることなく、個であり、独立した存在として生き延びる」、そのような存在論の世界である。

今村仁司、石牟礼道子、三浦雅士、エドワード・アビーなどを手がかりとして、自然と人間の関係のありかた、そこにおける相互性あるいは他者性の問題を思考していると、交感とは単純な一体化ではないことが見えてくる。〈交感論〉的一体化の観念には空隙すなわち矛盾があるのだ。（それがアビーのいう逆説的基盤である。）同一的にして差異的。この矛盾の統一。AとBのあいだ、自然と人間のあいだ、に存在する、距離とも言うべき空隙。ここに他者性の根源がある。いみじくも歴史学者・北條勝貴は、人間が自然に対して感じる「負債論」というアイデアの延長線上で次のように述べている。

> 人間が自然環境から何らかの債務を担っているという〈負債〉の感覚は、両者の間の微妙な距離感のうえに成り立っていると思われる。人間が自然と一体化している、一体感を抱いている情況では、かかる認識は生じまい。逆に両者が完全に分離し、人間が自然にいかなるシンパシーをも抱かなくなったとしても、やはりこのような心性は保持されないだろう。（北條 二〇一一：六二）(12)

「微妙な距離感」とは何とも見事な評言である。まさに、他者になりきらない存在論の世界、主体の二重化をめぐる論点の重要性が示唆されている。自然と人間の相互性＝他者性の問題は、くりかえし問われるべき問題である。〈交感論〉における安易な一体化論は、じつは根底的にこの問題の本質を見逃すことになるだろう。（もちろん、一体化願望の切実さを否定するものではないが。）アビーによるロマン主義的超越論の否定は、脱超越論というかたちで反〈交感論〉的な様相を二〇世紀的に明確に示すものであるが、同時に新たな課題、つまり他者＝自然との関係にどのような回路を見いだすべきかを模索する試みとして評価することができよう。アビーの反〈交感論〉的視座はかならずしも反自然派的当為ではない。かくて、〈交感論〉と他者論の結合がむしろ新たな思想的課題として浮上しつつある。「自然の心的な価値」としての〈交感論〉の精度をより細密なものにすること。これが私たちの〈交感論〉の課題なのである。

注

（1）これらの文例は、倉田百三を除けば、インターネット上で恣意的に検索して抽出したものである。なお、〈交感論〉のエコクリティシズム的意味の概要については、山田悠介「⑾　交感」を参照されたい。

（2）本章では、「自然―人間の関係学」という表記を意図的に採用しているが、自然を先に、人間を後に置くことで、一種の脱人間中心主義を意識したものである。先例として矢野智司『動物絵本をめぐる冒険』（二〇〇四年）の副題「動物―人間学」が念頭にある。

（3）ネオアニミズム的交感論として、クリストファー・マニス「自然と沈黙――思想史のなかのエコクリティシズム」（ハロルド・フロムほか『緑の文学批評――エコクリティシズム』城戸光世訳、松柏社、一九九八年、所収）を例として挙げておく。

（4）環境思想のなかでも、環境教育の分野にとって〈交感論〉は重要な主題となるはずである。環境教育の実践との照合は今後の課題となるだろう。

（5）ディラード（一九九一：一三四）を参照されたい。

（6）不条理の哲学は、その意味で反〈交感論〉的である。ここで不条理の哲学と呼んでいるものは、たとえば、アルベール・カミュの思想、そしてその発展型としてのアラン・ロブ＝グリエの「自然・ヒューマニズム・悲劇」などを想定している。反〈交感論〉については、本章後半を参照されたい。

（7）自然物をヒエログリフ（象形文字）とみなすアイデアはエマソンに流れ込んだ〈交感論〉の核に当たるものだが、ヒエログリフという比喩そのものはジャン＝フランソワ・シャンポリオンによるロゼッタストーンの解読（一八二二年）が直接的な契機となったと見られている。当代流行現象の一端である。John T. Irwin, "The Symbol of the Hieroglyphics in the American Renaissance," *American Quarterly*, Vol. 26, No. 2 (May, 1974), pp. 103-126. および John T. Irwin, *American Hieroglyphs: The Symbol of the Egyptian Hieroglyphics in the American Renaissance*, Yale UP, 1980 を参照。

（8）風景画と自然詩がある種の姉妹芸術である理由も、まさにこの交感原理への近代的衝迫に起因すると思われるが、この問題については別稿を要する。

（9）交感を媒介とする主体の二重化および変身の問題については、レトリック論的な視座からの山田悠介の研究が出色である。山田「鳥を〈かたる〉言葉――梨木香歩の〈かたり〉の〈かたち〉」（二〇一六年）を参照されたい。

（10）Abbey, "Emerson" は拙訳による。出典は、Edward Abbey, "Emerson," *One Life at a Time, Please*, New York: Henry Holt and Company, 1988.

（11）Abbey, "Down the River with Henry Thoreau" は拙訳による。出典は、Edward Abbey, "Down the River with Henry Thoreau," *Down the River*, New York, NY: Plume, 1991.

（12）北條の「負債論」は今村仁司の同様の議論を踏まえたものであり、「存在の贈与」や「生存の贈与」などといった概念とともに、今村―北條ラインの「負債論」は注目に値する。関連して、拙論「『もののけ姫』と野生の〈言語〉――自然観の他者論的転回」（二〇一六年）も参照されたい。

参考文献

アビー、エドワード『砂の楽園』越智道雄訳、東京書籍、一九九三年（Abbey, Edward. *Desert Solitaire: A Season in the Wilderness*. New York: Touchstonebook, 1968）。

Abbey, Edward. "Emerson," *One Life at a Time, Please.* New York: Henry Holt and Company, 1988.

Abbey, Edward. "Down the River with Henry Thoreau," *Down the River*, New York, NY: Plume, 1991.

石牟礼道子『椿の海の記』朝日新聞社、一九七六年。

今村仁司『交易する人間《ホモ・コムニカンス》——贈与と交換の人間学』講談社、二〇〇〇年。

エマソン、ラルフ・W『エマソン論文集（上）』酒本雅之訳、岩波書店、二〇〇三年。

ジョンソン、バーバラ「猟犬、鹿毛の馬、雉鳩——『ウォールデン』のわかりにくさ」『差異の世界——脱構築・ディスクール・女性』大橋洋一訳、紀伊國屋書店、一九九〇年（Johnson, Barbara. "A Hound, a Bay Horse, and a Turtle Dove: Obscurity in Walden," in Barbara Johnson, *A World of Difference.* Baltimore: The Johns Hopkins University Press, 1987）。

ディラード、アニー『ティンカー・クリークのほとりで』金坂留美子・くぼたのぞみ訳、めるくまーる、一九九一年。

野田研一『自然を感じるこころ——ネイチャーライティング入門』筑摩書房、二〇〇七年。

野田研一「自然のテクスト化と脱テクスト化——ネイチャーライティング史の一面」富山太佳夫編『岩波講座　文学7　つくられた自然』岩波書店、二〇〇三年（のち、『失われるのは、ぼくらのほうだ——自然・沈黙・他者』水声社、二〇一六年所収）。

野田研一「『もののけ姫』と野生の〈言語〉——自然観の他者論的転回」『失われるのは、ぼくらのほうだ——自然・沈黙・他者』水声社、二〇一六年。

フェーブル、アントワーヌ『エゾテリスム思想——西洋隠秘学の系譜』田中義廣訳、白水社、一九九五年。

北條勝貴「〈負債〉の表現」『環境という視座——日本文学とエコクリティシズム』勉誠出版、二〇一一年。

マニス、クリストファー「自然と沈黙——思想史のなかのエコクリティシズム」ハロルド・フロムほか『緑の文学批評——エコクリティシズム』城戸光世訳、松柏社、一九九八年。

三浦雅士「舞踊の身体のための素描」『批評という鬱』岩波書店、二〇〇一年。

矢野智司『動物絵本をめぐる冒険——動物-人間学のレッスン』勁草書房、二〇〇四年。

山田悠介「⑾　交感」『文学から環境を考える——エコクリティシズムガイドブック』勉誠出版、二〇一四年。

山田悠介「鳥を〈かたる〉言葉——梨木香歩の〈かたり〉の〈かたち〉」野田研一・奥野克巳編著『鳥と人間をめぐる思考——環境文学と人類学の対話』勉誠出版、二〇一六年。

ロブ＝グリエ、アラン「自然・ヒューマニズム・悲劇」『新しい小説のために』平岡篤頼訳、新潮社、一九六七年。

■本書の構成について

本書は、全体を大きく二部に分け、それぞれ「第Ⅰ部　交感論」「第Ⅱ部　交感幻想」と題している。「第Ⅰ部　交感論」には、交感を主題とする多角的な論考を収めている。英米文学、環境文学、教育学、日本文学、比較文学、言語学、言語人類学、哲学、文化人類学、歴史学それぞれの研究分野から〈交感論〉にアプローチする試みである。「第Ⅱ部　交感幻想」は、作家、詩人、研究者、環境アクティヴィスト、写真家などによる比較的自由なエッセイを収めている。いずれの場合も、各執筆者には依頼に際して、まず何よりも交感という本書のキーワードを投げかけ、それへの自由な応答として執筆を依頼したものである。〈交感論〉のより実践的な意味や広がりを感知していただければと考えている。

「第Ⅰ部　交感論」は、三つのセクションに分けて配置し、一は「応答」を主題とする四編の論考を配した。それぞれ、風景、場所、表象、経験をキーワードとして、自然環境やその表象との相互行為論的な問題、すなわち「応答」の諸相をめぐる文学研究者による論考である。二は「ことば」を主題とする四編の論考を配し、交感をめぐる言語（表現）の問題に焦点化している。言語表象の制度性、定型性、およびそれらの対極にある展性の問題が、教育学、比較文学、エコクリティシズムおよび言語人類学の視点から語られる。三は「コスモロジー」と題し、自然や世界との交感という視点が、本質的な意味で「エコロジカル」＝生態学的な認識論と存在論としてとらえられる地平をめぐる哲学、文化人類学、歴史学からの論究である。

「第Ⅱ部　交感幻想」は、一二篇のエッセイを三セクションに分けて編成した。最初の四篇は「声」、二番目は「喩」、そして三番目は「森」という標題をそれぞれ掲げてある。「声」のセクションでは、自然からの声すなわち呼びかけを鋭敏に察知する感受性と思考を語る作品を収め、「喩」のセクションには、自然が喩であること、象徴的であることを認識しつつ、同時にリアルであることを触知するエッセイを収めた。「森」のセクションは、文字どおり森というトポスをめぐる交感論的思考を語るエッセイである。

■謝辞

〈交感論〉に関する多様な角度からの論文集を出版することは、編者・野田研一のライフワークともいうべき念願であった。本書『〈交感〉自然・環境に呼応する心』の刊行を契機として、交感という心的相関現象が学的探究の主題として今後注目され、深化されることを願ってやまない。編者のこのような願いに耳を傾け、関心を寄せて下さった方々に心よりの感謝を申し上げたい。何よりも、科研費による文学的〈交感論〉に関する共同研究（左記）に参加して下さり、この問題の重要性と目くるめく視野の広がりを示して下さった山里勝己氏、結城正美氏、中川僚子氏、喜納育江氏。本研究のコアがこの三年間の研究会の場で形成されたことは疑いない。次に、本書への寄稿依頼をご承諾下さったすべての執筆者の方々。ほとんど不意打ちのようにお願いした場合も少なくないにもかかわらず、〈交感論〉の重要性を共有していただいたばかりか、その論考を通じて、この分野の今後の深化への道標をも与えて下さった。本書は、〈交感論〉の到達点であると同時に出発点である。そのことを、本書を通じて学べることは、編者最大の悦びであり誇りである。そして、最後になるが、ミネルヴァ書房編集部の河野菜穂さんには、企画の初期段階から一貫してお世話になった。つねにこちらの意図を先回りして理解して下さるその慧眼には感服のほかない。

なお、本書の基礎を成す研究は、左記科学研究費の受給により遂行されたものである。記して、文部科学省、日本学術振興会、立教大学リサーチイニシアティブセンター、その他関係研究機関のご助力に心からの謝意を表したい。

科学研究費補助金基盤研究（B）
文学的交感の理論的・歴史的考察――「自然―人間の関係学」
Theoretical and Historical Study of Literary "Correspondence": Reexamining the Nature-Human Relationship
課題番号　24320059
二〇一二―二〇一四年度
研究代表者　野田研一（立教大学）
研究分担者　山里勝己（名桜大学）、結城正美（金沢大学）、中川僚子（聖心女子大学）、喜納育江（琉球大学）

第Ⅰ部　交感論

一　応答

第1章

痕跡の風景
〈苦海浄土〉三部作における関係の世界

結城正美

1 〈存在〉の世界から〈関係〉の世界へ

二元論の重力

「交感」という言葉は、使う人の印象にもとづいて確たる定義なく用いられているところがあるが、本章では、交感をめぐる文学研究に従事している野田研一の定義にならい、「人間世界の出来事と自然現象との間には、何かつながりや関係があるかも知れないという」感覚や思考を指すものとする（野田 二〇〇七：一九）。これは、一九世紀半ばのアメリカ超越主義文学にみられるロマン主義的交感から日常の星占いや校歌に展開している交感の思考に至るまで、多様な使われ方を視野に入れた包括的な定義である。とはいえ、あるいは、だからなのか、この定義の骨格を成す「人間」「自然」「関係」という言葉は、いずれも使用する人の価値観によってとらえられ方が異なり、「交感」同様、使い手の印象に引きずられる傾向がある。なかでも「関係」は交感の問題を考える際の最重要概念であると思われるので、ある程度の理論的考察が必要だろう。

一般的に、「関係」は異なる複数の存在の相互作用を指すと理解されている。たとえば母と私の関係という場合、母と私というそれぞれ独立した個人がまずあって、その二つの存在のあいだで同調したり対立したり渦巻いたりする感情や言動が関係という言葉で表される、という具合に。それは人とそうでないものの場合も同じで、通勤路でいつも見かける猫と私の関係、庭の松の木と私の関係、等々においても、独立した存在と存在のあいだに生じる動きとして関係というものがイメージされる。

このように、「関係」というものを考える際に、私たちは普通、異なる複数の「存在」をまず思い浮かべる。ここには存在が関係に先行するという考えが内在しており、それは突き詰めれば、文化／自然、男／女、主体／客体、人間／人間でないもの、といった二元論にもとづく思惟様式を伴うものだ。二元論的発想は学問分野だけでなく日常世界にも根を張りめぐらせているため意識化することが容易ではないが、そういう二元論的思考を批判的・理論的に切り崩そうとする試みが近年活発に展開している。一例を挙げると、「新しい唯物論《ニューマテリアリズム》」とよばれる理論的潮流があり、そこでは従来の「相互作用（interaction）」に代わって存在と関係の相互交渉性を表す「内的相互作用（intra-action）」（カレン・バラード）という概念が提起されるなど、二元論に依拠せず斜線状《トランスバーサル》に関係の世界をとらえる枠組みの構築が目指されている（Dolphijn and van der Tuin 2012：93–101）。

近年の批評理論が新たな知のモードとして探求を進めている関係の世界。本章で検討する〈苦海浄土〉三部作をはじめとする石牟礼道子（1927– ）の文学世界には、そういう新たな関係の世界が既に鮮やかに描き出されている。とくにこの事実をもって石牟礼という書き手の先見性を指摘したいわけではない。そうではなく、〈水俣〉というローカルな場から発せられる石牟礼の言葉が空間的・時間的な限定を受けないある種の普遍性をもつことを理論的に研究する準備がようやく整ってきた、というごく個人的な実感を示しているにすぎない。「ある場所の水の鏡が、宇宙を照らしているということがございます。そこに立てば、自分は宇宙の軸であると実感されます。（中略）小さな地域というのは、そういう意味を持っていると思います」と、石牟礼はかつてイバン・イリイチとの対談で語ったが（石牟礼 一九九一：x）、ここには、作家の文学的想像力が詩的に語られているという印象論で済ますことのできない、ある確たる理論が示唆されている。それは、局地的《ローカル》／世界的《グローバル》の二元論にもとづく思考軸を超越した、局地的なるものと宇宙的《コズミック》なるものの相互交渉性に関わるものと思われるのだが(1)、そういうローカルであると同時にコズミックでもある石牟礼の文学世界に理論的に斬り込むことが本章の目的である。

これに取り組むためにはまず、存在の世界と関係の世界の相違を理論的に整理しておく必要があるだろう。

根とリゾーム

カリブ海のフランス領マルティニーク出身の詩人であり批評家のエドゥアール・グリッサン（Edouard Glissant, 1928-2011）は、「存在」と「関係」を無批判的に同じ認識論的枠組みでとらえることが問題化されないということ自体が認識論的問題であるとかねてより指摘している。両者の認識論的相違は、垂直方向に一本の根を下ろす「（ひとつ）根」と、多方に錯綜しながら拡がり他の根との接触を歓迎する「リゾーム」の違いにたとえられるとし、その対比にもとづいて、根本的に異なる二つのアイデンティティのあり方について説明している。ひとつは自他が截然と分け隔てられた「存在」の世界における「根としてのアイデンティティ」、もうひとつは根と根が接触するときの動きに着目する「関係」の世界におけるリゾーム的アイデンティティであり、それぞれの特徴は次のように述べられている。

根としてのアイデンティティ

――それは遠い過去の、世界創造のヴィジョン、神話のうちに創設される。

――それはその創設の挿話にまで厳密にさかのぼることのできる系譜の、隠された暴力によって、神聖化される。

——それは正統性の主張により承認される。正統性は、共同体がある土地の所有権を主張することを許し、こうしてその土地は領土となる。

——それは他の領土への投射によって保持され、征服を正当化する——また、ある知の企図によっても保持される。

根としてのアイデンティティは、こうして自己と領土の思想を根づかせ、他者と旅の思考を動員したのだった。

関係としてのアイデンティティ

——それは世界の創造にではなく、諸文化の接触の、意識的で矛盾にみちた、生きられた経験に結びついている。

——それは系譜の隠された暴力のうちにではなく、〈関係〉のカオス的網状組織のうちに生まれる。

——それはいかなる正統性もその権利を保証するものとは考えず、ただ新たな拡がりのうちを流通する。

——土地を領土（そこから人が他の領土へと投射してゆくところ）としてではなく、すなわち「共取《コン》＝理解《プラン》＝包括《ドル》」する代わりに「共与《ドネ＝アヴェク》」する場所として、思い描く。

関係としてのアイデンティティは、流浪《さまよい》と全体《すべて》性の思想をよろこぶ。（グリッサン 二〇〇〇：一八〇—一八一）

起源や世界創造の神話に思考の拠り所を見いだす「根としてのアイデンティティ」は、オリジナルとそうでないもの、正当なものとそうでないもの、純粋なものとそうでないもの、絶対的なものとそうでないもの、といった二元論的思考を必然的に発動させる。その意味で、「根としてのアイデンティティ」は、一九八〇年代にダナ・ハラウェイ（Donna Haraway, 1944- ）が「サイボーグ宣言」で展開した批判の対象と重なりもする。正当性や権利を主張する存在の世界とカオス的で矛盾に満ちた関係の世界の決定的な相違を指摘するグリッサンの議論は、近代的な認識論的枠組み自体を問わない限り「関係」の理解の深化には至らないという認識に私たちを導く。そういう認識の場における批評実践は決して容易なことではないが、グリッサンや他の関連する批評家の理論的枠組みを参照しながら、石牟礼の文学実践における関係の世界を読み解いていきたい。

関係を生きるものの目立たなさ

石牟礼道子が作家として、思想家として、アクティヴィストとして、そして住人として水俣病問題に向き合い、約半世紀をかけて書き上げた〈苦海浄土〉三部作――第一部『苦海浄土――わが水俣病』（一九六九年／改訂版・一九七二年）、第二部『神々の村』（二〇〇四年）、第三部『天の魚』（一九七四年）――には、異なる価値観の接触や齟齬やつながりが多角的に描かれている。乱暴であることを承知でそれらを大別すると、グリッサンのいう「存在」の世界と「関係」の世界の相違にほぼ重なる。水俣病の原因物質である有機水銀を工場排水とともに何十年にもわたって海に垂れ流したチッソ水俣工場、およびチッソを匿い近代的発展を何よりも優先した日本国家とその傘下にある自治体は、他者を征服し領有する近代的主体（グリッサンのいう「〈ひとつ〉根としてのアイデンティティ」）とみなすことができる。それとは対照的に、自己の絶対性を主張するのではなく関係を生きている（「関係としての（リゾーム的）アイデンティティ」のあり様がそうだ）のが、水銀に汚染されているという理由で簡単に関係を切ることができず魚を食べ続け結果的に自らの身体をおかされた水俣病患者にほかならない。

関係を生きるものは自らを主張せず、それゆえ目立たない。水俣病被害者のほとんどが不知火海沿岸漁村の住人であったというが、そのような人びとをめぐる石牟礼の言葉にも、たとえば〈苦海浄土〉第二部『神々の村』の次の一節からわかるように、関係を生きるものの目立たなさが描き込まれている。

時の流れの表に出て、しかとは自分を主張したことがないゆえに、探し出されたこともない精神の秘境が、人びとの心の中にまだ保たれていた。それは、とるにたりないようなみかけをした田舎の景色の中に、山深いところや漁村の日常などに隠れているのだった。（石牟礼 二〇一一：三四七、傍線部引用者）

自己／他者の対立を内在化させず、関係を生きる水俣病患者のものの考え方は、石牟礼の文学実践だけでなく、学術研究においてもかねてより関心が向けられていた。後述するように近年欧米を中心に興隆している環境人文学の先駆けとして再評価されるべき「不知火海総合学術調査団」が一九七〇年代半ばに結成されたが、その団員のひとりであった社会学者・宗像巌の論考「水俣の内的世界の構造と変容――茂道漁村への水俣病襲来の記録を中心として」を読むと、水俣病患者の拠って立つ世界観がグリッサンのいうひとつ根的なものと相容れないものであることがわかる。宗像の論文からいくつか該当する記述を抜き出すと、「水俣病被害者の心の深層では、絶対的他者としてのチッソ経営者は存在しない」（宗像 一九八三：一三三）という一文や、それに続く、「［漁民の］人間関係には、本来絶対的対立は存在せず、人間が相互に分かちもつ基本的な倫理も失われることはないという信念が生きている」（同：一三三―一三四）という箇所がそうだ。宗像のいう「絶対的他者」の不在は、絶対的自己の不在、主張する自己の不在を意味するといってよいだろう。不知火海沿岸漁民の世界が、自己と他者の「絶対的対立」のない関係の世界にほかならないことを、宗像の論考は社会学的見地から検証しているのである。

2　痕跡の思考

思考の非システム

「存在」の世界がある支配的な主張にもとづく体系《システム》を伴うものだとすれば、「関係」の世界は、以下に引用する一節においてグリッサンが論じているように、「思考の非システム」を志向するものである。

私たちは痕跡の思考へと、思考の非システムへと近づいていかなければならない。それは支配的でもなければ体系的でもないし、押しつけがましくもないけれど、たぶん直感的で、壊れやすく、曖昧な思考の非システムとなり、私たちが生きている世界の多様性の途方もない複雑さと途方もない広がりには何よりもふさわしいものとなるでしょう。痕跡に横断され、そして支えられて、風景は当たりさわりのない装飾であることをやめ、関係性のドラマの登場人物になるのです。風景はもはや全能の物語《レシ》をただ受けとめているだけの包みではなく、あらゆる変化とあらゆる交換が起こるうつろいやすくも永続しうる広がりとなるのです。私たちが現実世界において関係性の詩学を生きているとき、痕跡の思考の想像的《イマジネール》なものは、私たちの存在そのものなのです。（グリッサン 二〇〇七：二二五―二二六）

「思考の非システム」を説明する際にグリッサンが用いている「痕跡」という言葉は、目に見えない記憶や関係性を指すと考えてよいだろう。引用した一節はわかりやすい文章ではないが、要点はこういうことではないだろうか。すなわち、関係の世界――それが「交感」の世界と重なるわけだが――に接近するために求められるのは、目に見えない「痕跡」を読み取ることである、と。あるいは、読み取るという行為が何らかのシステムにもとづくものだとすれば、痕跡をたどり痕跡に導かれて思考を展開することと言い換えてもよい。自分の価値観を「押しつけ」るのではなく、世界の多様性に〈共感的に応答する（co=respond）〉「痕跡の思考」は、交感（correspondence）の原理を考える上で示唆に富む。

関係性の世界に網の目のように張りめぐらされている「痕跡」とは、記憶の謂でもある。先の引用にある「世界の多様性の途方もない複雑さと途方もない広がり」は、目に見える世界だけを指しているのではなく、「痕跡」＝記憶に「横断され」「支えられ」たものにほかならない。

痕跡、気配、魂

〈苦海浄土〉三部作では、そのような「痕跡」のはたらきが、石牟礼の多用する「気配」や「魂」という言葉に託されている。第一部『苦海浄土』と第二部『神々の村』には、目には見えないけれど気配として経験されている場面の描写がきわめて多い。『神々の村』から一例を挙げよう。

> 秋はやはり華やぎの季節だった。
> 不知火《しらぬい》海は光芒を放ち、空を照り返していた。そのような光芒の中を横切る条痕のように、夕方になると舟たちが小さな浦々から出た。舟たちの一艘一艘は、この二十年のこと、いやもっと祖代《おや》々のことを無限に乗せていた。それは単なる風物ではなかった。人びとにとって空とは、空華《くうげ》した魂の在るところだった。舟がそこに在る、という形を定めるには、空と海とがなければならず、舟がそこに出てゆくので、海も空も活き返っていた。（石牟礼 二〇一一：三〇三、傍線部引用者）

傍目には穏やかな不知火海に舟が出ていると映る風景に、石牟礼はさまざまな痕跡を描き込む。なかでも「魂」という言葉が象徴的だ。「魂という言葉は、この言論の自由の世界の中で、権利の主張ではないんです」と石牟礼はある講演で語っているが（石牟礼「私たちは何処へ行くのか」：一六二）、この書き手のまなざしは常に、「権利」の主張を成立せしめる加害／被害、自己／他者の対立構造とは関わりのない世界に向けられているのだ。石牟礼の「魂」はグリッサンのいう「痕跡」としての関係の世界を指すと考えて差し支えないだろう。それにしても、「魂」ほど人によって受け取られ方の異なる言葉はない。石牟礼は「魂」という言葉をよく用いるが、そういう彼女の言語世界は前近代的で非論理的なものとして一蹴されることが少なくなく、関係の世界を言語的に表現し共有することの難しさがうかがわれる。(2)

水俣病被害者だけではなく、現代社会において周縁化されたもの（貧者、動物など）に一貫して文学的まなざしを向ける石牟礼のスタンスは、「みずからはことばをしゃべらぬものたちの物語にわたしは耳を傾ける」（石牟礼 二〇一一：二六四）という一文に明確に表明されている。「みずからはことばをしゃべらぬものたち」、すなわち、主張するのではなく関係を生きるものたちの世界は、関係が痕跡として刻まれた目に見えない世界である。〈苦海浄土〉三部作に描かれる水俣病被害者の多くは、目は見えないけれども耳はよいという特徴をもつが、それは水俣病患者の実態というよりも、関係性の世界を描くために石牟礼が選びとった文学的戦略であると考えられる。(3) 見えないけれども耳を傾ければ感じられる気配＝痕跡に満ちた世界、そこに不知火海沿岸漁村における交感のかたちがうかがえるのではないだろうか。

3　見えざる風景

国道と近代的眺望

「みずからはことばをしゃべらぬものたち」は、近代化——そもそも近代的自己とは主張する自己を指す(4)——とともに周縁化された。「ものの怪」は「国道」の開通とともに姿を消したと石牟礼は『神々の村』に書き記している。

国道三号線が開通して見晴らしがよくなると、絶えてそのようなものの怪たちの出没もなくなってしまい、部落の年寄り子どもたちをさびしがらせていたのである。（石牟礼 二〇一一：二九八、傍線部引用者）

近代的交通網によって「見晴らしがよくなる」一方で、「ものの怪たち」は見えなくなる。見晴らしがよくなると見えなくなる——ここにはどのような論理がはたらいているのだろうか。近代的交通の歴史的考察を要するのかもしれないが、ごく単純に考えて、国道開通による「見晴らしのよさ」は「ものの怪」の居場所を奪ったわけであり、そこに近代的制度の支配と抑圧の構造を指摘することは可能だろう。

人類学者ティム・インゴルドのライン論を援用すれば、国道という「帝国的な権力」のラインの支配・抑圧構造は次のように説明されうる——「それらは概して直線的で規則的であり、力の結節点においてのみ交わる。土地を横断して引かれるので、それらは土地に織りなされている居住地のラインを踏みにじり、ずたずたにしてしまう。たとえば幹線道路や鉄道やパイプラインが、それらの周辺に住む人間や動物が利用する脇道を寸断するように」

〈インゴルド 二〇一四：一三四〉。異なる地点の連結を目的とする国道＝近代的ラインは、ものの怪たちの棲まう「ラインの絡み合い」を寸断する（同：一三三）。整理すると、点の連結によって開かれた近代的眺望は、関係のラインが錯綜する痕跡の風景を抹消してはじめて獲得されるのである。

居場所の生態系《エコシステム》

国道敷設にうかがえるような近代的体系は支配と抑圧の構造を伴う。対照的に、関係の世界ではあらゆるものがそれぞれの居場所をもちつつ、ある統一的な見方に支配・回収されることなく関わりあう。そうでなければ、多様性は確保されえない。

あらゆるものがそれぞれの居場所をもち関わりあう世界とは、具体的にどのようなものなのだろうか。〈苦海浄土〉三部作では、人と海の関わりの深さが食生活や精神世界の描写をとおして鮮やかに描かれているが、なかでも特異なのは、水俣病を患った少女の「生ま身」が不知火海の貝と重ね合わされた描写である。見立てる、重ね合わすという行為には、人と自然とのあいだに対応関係を見いだす交感の原理がはたらいていると考えてよいだろう。以下にいくつか関連する描写を引用するが、そこからどのような交感の特徴が導き出せるだろうか。『神々の村』から、まず一つ目の記述を引用する。

潮で洗いあげて茹でた巻貝の小さな身を、木綿針でくるくると丹念に抜きためて水に晒らし、春の野芹を摘んで来ては和え物にしたり、菜種の油でからりといためて食べさせたりして、このかしら娘は、家族たちを喜ばせていた。

海にむいた縁側の日ざしに、愛らしい形のさまざまな巻貝をかざして見て、ひらりひらりと、その貝の身を抜きとるのである。そのような袖口には、いつも潮が匂い、人前ではあまりしゃべらない娘が、唄の続きにぽいぽいと、貝の身を、自分の口の中にもほうり込んでいた。……

あの貝が毒じゃった。娘ば殺しました。（石牟礼 二〇一一：二二三―二二四）

この記述では、貝が食用として漁村の人びとに大変好まれていたこと、人びとが貝を自ら採り料理していたこと、すなわち貝と人びととの距離の近さ、つながりの強さと深さが強調されている。娘は、おそらく自分で採った貝を、引用した一節に描かれているように針で器用に身を抜き取り料理して家族を喜ばせていた。貝と娘、貝と不知火海沿岸漁村の人びとが生み出す生の連鎖を感じずにはいられない描写である。この生の連鎖は、最後の母親の言葉が示すとおり、海が汚染されると即座に死の連鎖に変わるほど、強固であり容易に断ち切れないものであった。

貝の汁、人間の汁

貝は漁村の人びとと海の関係の深さを示す記号としてのはたらきをもつわけだが、その貝の汁が「人間の汁」と重ね合わされるとき、人と貝の関係は牧歌的な領域を超えた特異な次元を開示する。先の引用に登場する娘がおそらく貝の多食により水俣病を発症し、中枢神経を冒され、転倒等により生傷の絶えない状況におかれた様子について、石牟礼は娘の母親に次のように語らせている。

人間の汁のですねえ、血でもなか、脂でもなか、うつくしか汁の、溜まっとりました。娘でございますけん……。

（石牟礼 二〇一一：二二六）

「人間の汁」とは一般にいう体液を指すのだろう。人間を物体・物質として即物的に見ているようでありながら、情緒的で共感的な感じを伴う特異な表現だ。一回性の表現ならば不知火海沿岸漁村に特有の言い回しとしてやり過ごすこともできようが、作品の随所で「人間の汁」と「貝の汁」が重ね合わされていることから、不知火海沿岸の人と自然の関係を象徴的に示す言葉として用いられていると考えるのが妥当であると思われる。

貝は、回遊魚と異なり、定着性のものが少なくない。とくにムラサキ貝はチッソの排水による汚染を調査する際に実験サンプルに使われたという。次の一節は、そのような状況を描いたものである。

> 近所隣りの女どもも名人ですからな。貝採り名人たちが、実験用の貝採りをせにゃならんじゃったですからね。世も末ですよ。ああいうことをするちゅうは、娯しみじゃなかですよ、ぜったい。ムラサキ貝の生ま身をですね、剝くとるちゅうは。汁の出ますからね、生ま身から。（石牟礼 二〇一一：四二〇）

「生ま身」から「汁」を出す貝は、食べてこそ「娯しみ」になるのであって、実験用に使われるのは「世も末」だという人びとの言葉には、貝の汁を生命の象徴とみる見方が読み取れる。先に引用した娘を語る母の言葉を借りれば、「汁」は、血でも脂でもない、「うつくしか汁」にほかならない。「汁」は、根源的生命を指す言葉として用いられていると考えられる。だから、次の一節に示されているように、汁が流れるままに放っておくのは生命を蔑ろにする行為とみなされる。

> 波止めのセメントの上に小積《こづ》んだ貝の生ま身にですね、青蝿のわんわんたかって、情けなかりよったですよ。そして、人間はその時どうなっとったか。俺家のじいさんと静子は、あとに生まれた実子までもですよ。殻から

出されて、打っちゃげて、汁の流れとる貝の身とおなじじゃろうが。（石牟礼 二〇一一：四二一）

人と貝の生命が「汁」という言葉で表される世界は、即物的に見えながらも共感的である。人と貝が同じ表現で語られているからといって、それが人と貝の〈一体性〉を指しているわけでは決してない。自然との一体感とか、人と自然の共同体というかたちでの、容易な概念化を拒絶する即物性が、不知火海沿岸漁村の人びとを描く石牟礼の言葉にはある。「人間の汁」、「貝の汁」という言葉で表現される人と自然の関係は、即物的でありながら共感を招くという点で、痕跡の思考を示唆するものではないだろうか。物質的描写に終始するのではなく、概念に回収されるわけでもない、関係の痕跡に満ちた風景。「人間の汁」というような即物的で共感的な独特の言語表現は、読者を痕跡の風景に誘う文学的戦略だと考えられるのではないだろうか。

4　「復原」が示唆するもの――交感と環境人文学

不知火海総合調査団

「死ぬときは代わりの人を見つけて死んで下さい。」

不知火海総合調査団の結成を懇請した石牟礼道子は、色川大吉や鶴見和子をはじめ日本を代表する知識人を前にそう言い放ったという（色川 一九八三〔上〕：一二）。水俣病の問題を多角的に検証することを目的に一九七六年に発足したこの調査団は、現在の環境人文学、学際的な人文系環境研究の先をゆくものである。その仕掛人と言ってよい石牟礼の言葉には、この調査団が、従来の学術調査集団とは位相を異にする責任と責務を負うているという認識が明確にうかがえる。何に対する責任か。それは、「みずからはことばをしゃべらぬものたち」への責任にほかならない。水俣病患者だけではなく、海の生きもの、山の生きもの、それらを含めた「ものたち」である。不知火海の汚染にともない、そのものたちも姿を消しつつある。先述したように、石牟礼のまなざしが向けられているのは、「みずからはことばをしゃべらぬものたち」の声にみちた風景、いまは存在しないものたちの痕跡が刻まれた風景、生の痕跡の風景にほかならない。

そうした痕跡の風景を石牟礼は〈苦海浄土〉三部作をはじめとする作品に描いてきた。不知火海沿岸の痕跡の風景は、文学実践としてだけではなく、総合的な取り組みを必要とするという認識が、不知火海総合調査団結成への想いを具体化させたのであろう。調査団長である色川大吉が引いている石牟礼の次の言葉に、その想いが読み取れる。

生きのびるのであれば、不知火海沿岸一帯の歴史と現在の、とり出しうる限りの復原図を目に見える形にしておかねばならぬ。せめてここ百年間をさかのぼり、生きていた地域の姿をまるまるそっくり、海の底のひだの奥から山々の心音の一つ一つまで、前近代から近代まで、この沿岸一帯から抽出されうる生物学、民俗学、海洋形態学、地誌学、歴史学、政治経済学、文化人類学等、あらゆる学問の網目にかけておかねばならぬ（ということは逆にまた現地の人びとの目の網に学術調査なるものがかかることになる）。出来上がった立体的なサンプルは、わが列島のどの部分をも計れる目盛りであったらいいな。不知火海沿岸一帯そのものが、まだ焼きつけられざるわが近代の陰画総体であり、居ながらにしてこの国の精神文化のすべてを語りつづけているのではあるまいか。（色川 一九八三〔上〕：一一）

ここに構想されている、人と自然の関係の世界すなわち痕跡の風景を人文・社会科学全般にわたって再現する試みは、学際的研究という点で近年の環境人文学の先駆けといえる一方、失われつつある過去と現在の「復原図」を志向する点で、過去に価値を見いだささない傾向のある現在の環境人文学とスタンスを異にするものである。

過去へのまなざし、過去からのまなざし

地球の歴史が「人新世《アンソロポシーン》」という新しい局面を迎え、もはや人間の活動の影響が及ばない自然環境は存在しないといわれる現在、「自然な」状態などというものはないと考えられ、したがって過去を振り返ることに意味が見いだされにくくなっている。今後ますます、自然礼賛的・過去回帰的パラダイムからの脱却や、「持続可能な」社会に向けた技術開発に関心が向けられるとすれば(5)、過去へのまなざしは弱まる一方であろう。しかし、過去を振り返ることなく現在の問題を批判的に考えることは果たして可能なのだろうか。過去への関心の欠如は、技術革新によって現代の問題を克服できると考えるある種の傲慢さを内包しているといえないだろうか。

石牟礼の文学実践や不知火海総合調査が目指す過去の「復原図」の作成は、痕跡の風景＝関係の世界を浮き彫りにする過程で人間の傲慢さといえるものを可視化する可能性をもつ。このような実践がなければ、人間の活動がもたらした問題を人間の開発する技術で解決できると考える人間中心主義的価値観は増長の一途をたどり、それを批判的にとらえる行為に意味が見いだされなくなるのは目に見えている。本章で痕跡や関係という理論的切り口から議論を試みたように、交感をめぐる研究は、人新世における新たな人間中心主義を相対的にとらえるプラットフォームとして重要な学術的役割をもつのではないだろうか。

注

（1）　石牟礼文学のコズミックな特徴を考える上で、石牟礼文学を「コスモス的世界」と名付け、知識によって構成され知覚

される「ワールド的世界」と峻別した渡辺京二の議論（渡辺 二〇〇四）は参考になる。

（2）水俣病問題を理解しようとする人や支援者のあいだでさえも「魂」を受け付けない傾向があることは、石牟礼の講演やエッセイで言及されている。たとえば、「［講演］日月の舟」では、「魂」とともにある水俣病患者の世界が語られる一方で、「魂」を受け付けない「東京あたり」の人びとの言動が指摘されている。

（3）水俣病罹患者は中枢神経を冒され、視力も聴力も弱まることが少なくない。石牟礼の描く人物が視力の弱さと聴力の強さを特徴とするのは、こうした水俣病の事実に合致するものではないことには留意すべきであろう。なお、石牟礼の文学実践における、見えないけれど聴くことのできる世界の分析については、拙著『水の音の記憶』（水声社、二〇一〇年、とりわけ一〇九―一一一頁）を参照されたい。

（4）主張することに価値をおき耳を傾けない近代的主体に関しては、イタリアの哲学者 Gemma Corradi Fiumara の議論を参考に拙著で論じた（結城 二〇一〇：一一三―一一四）。

（5）技術改革派の環境思想を代表するものに、Kareiva et al. がある。

参考文献

石牟礼道子『苦海浄土』（第一部「苦海浄土」一九六九年、第二部「神々の村」二〇〇四年、第三部「天の魚」一九七四年）河出書房新社、二〇一一年。

石牟礼道子「［講演］日月の舟」一九九六年四月二九日、『蘇生した魂をのせて』河出書房新社、二〇一三年 a、九九―一一一頁。

石牟礼道子「［講演］私たちは何処へ行くのか」一九九六年九月二日、『蘇生した魂をのせて』河出書房新社、二〇一三年 b、一一三―一六三頁。

石牟礼道子、イバン・イリイチ「『希望』を語る――小さな世界からのメッセージ」河野信子・田部光子『夢劫の人――石牟礼道子の世界』藤原書店、一九九一年、i―xxvii 頁。

色川大吉編『水俣の啓示――不知火海総合調査報告』（上・下）、筑摩書房、一九八三年。

インゴルド、ティム『ラインズ――線の文化史』工藤晋訳、左右社、二〇一四年。

グリッサン、エドゥアール『〈関係〉の詩学』管啓次郎訳、インスクリプト、二〇〇〇年。

グリッサン、エドゥアール『多様なるものの詩学序説』小野正嗣訳、以文社、二〇〇七年。
野田研一『自然を感じるこころ――ネイチャーライティング入門』（ちくまプリマー新書）筑摩書房、二〇〇七年。
宗像巌「水俣の内的世界の構造と変容――茂道漁村への水俣病襲来の記録を中心として」色川編（上）九一―一五四頁。
結城正美『水の音の記憶――エコクリティシズムの試み』水声社、二〇一〇年。
渡辺京二「石牟礼道子の時空――『あやとりの記』『おえん遊行』を読む」石牟礼道子ほか『不知火――石牟礼道子のコスモロジー』藤原書店、二〇〇四年、一七四―二〇〇頁。
Dolphijn, Rick and Iris van der Tuin. *New Materialism：Interviews and Cartographies*. Open Humanities Press, 2012. Web.
Fiumara, Gemma Corradi. *The Other Side of Language：A Philosophy of Listening*. London：Routledge, 1990.
Haraway, Donna. "A Cyborg Manifesto：Science, Technology, and Socialist-Feminism in the Late Twentieth Century." *Simians, Cyborgs and Women：The Reinvention of Nature*. New York：Routledge, 1991, 149-181.
Kareiva, Peter, Sean Watts, Robert McDonald, and Tim Boucher. "Domesticated Nature：Shaping Landscapes and Ecosystems for Human Welfare." *Science* 316（29 June 2007）：1866-1869.

第2章

「場所」との交感

崎山多美と「シマ」の想像力

喜納育江

1 他者としての場所／場所にとっての他者

他者とつながるための想像力

野田研一は、『失われるのは、ぼくらのほうだ――自然・沈黙・他者』の序論において、今村仁司の『交易する人間（ホモ・コムニカンス）――贈与と交換の人間学』を参照しつつ、「自然」と「人間」の交感が、自然という他者へ向かう想像力であることを明確にしている。

> そして、今村の言葉が示唆しているように、自然に向き合おうとするとき、私たちが直面するのは「想像力」の問題という、文学にとって古くて新しい問題なのだということにも改めて気づいておく必要がある。〔中略〕なぜ、文学が環境問題に向かおうとするのか。それは、まさしく想像力の問題を内包しているからである。沈黙する他者、声も主体もない他者、をめぐる想像力。自然を、その強いられた沈黙から解放し、その声と主体を呼び返す、そのような想像力のことである。（野田 二〇一六：二四―二五）

言うまでもなく、この想像力を有するのは人間である。自然との「交感」に結びつく想像力は、人間が、自然を含む「他者」の主体性を想像し、主体としての他者とのつながりを欲するところに発動する。しかし、「交感」が実際に存在したかどうかを知るよしもないことを考えると、「交感」とは、人間の想像力がもたらす何らかの結果というよりは、むしろ「他者」とつながろうとする人間の想像のプロセスそのものを指し、人間の「つながりたい」という身体の底から湧き上がる欲望や思念を言語化するプロセスに生じる出来事であると考えられる。すなわち、「他者」から声や主体を奪い、他者に沈黙を強いているのが、「想像力」の欠如であるならば、自然を「強いられた沈黙から解放し、その声と主体を呼び返す」ことのできるその想像力は、様々な類の人間の想像力の中でも、やはり他者とのつながりを欲するところに発動する想像力であるといえる。

本章では、他者とのつながりを描いた環境文学の作品の中から、アメリカの現代詩人マキシーン・クミンと日本の現代詩人の山尾三省の作品を例として、それぞれの表現する人間と自然の関係の中で、「他者」の主体性や、人間と人間でない「他者」との距離をどのように想像し、描いているかを考察しながら、人間と「場所」との交感のプロセスの可能性を探る。さらに、「交感」という出来事の中で人間の想像力に「場所」が与える影響をふまえ、特に「島」あるいは「南島」としての「場所」との交感が、沖縄の小説家である崎山多美の文学にはいかに表象されているかについて述べていく。批評家の花田俊典によれば、崎山が一九七九年に短編「街の日に」で第五回新沖縄文学賞の佳作を受賞した時に、選者の一人であった島尾敏雄から「文章に島の体臭とでもいうべき濃密な気配がただよっていた」と評されたという（花田 一九九九：一八六）。初期の小説から、「島」は、崎山の文学にとって欠かすことのできない主題であったが、本章では、崎山の「島」へのまなざしを「交感」という視点から解きほぐすことによって崎山の文学の新たな読みを試みたい。

マキシーン・クミンの「言葉」

人間の想像力は「他者」の主体にどこまで接近できるのだろうか。アメリカの現代詩人マキシーン・クミン（Maxine Kumin, 1925-2014）の詩、「言葉（"The Word"）」（一九九四）には、人間が想像力によって自然や動物とのつながりを求める「交感」のプロセスと、人間の言語との間に生じる葛藤が描かれている。この「葛藤」は、「他者」を想像し、近づこうとする人間と、他者の間に横たわるある距離感によって生じるものである。人間が「交感」を求めて接近しても決して人間の感覚に所有されることがない「他者」への思いによって生じる距離感であるともいえる。この距離感は、森の奥深くに向かう場面で始まるこの詩の最初の連において、まず、人間である「私」が人間ではない「馬」の「思い」を慮るという形で表現される。

私たちはゆったりと森の隠れた楕円の空間へ向かう
灰色の白樺とストローブ松の波立つ木立ちに
縁どられた台地へと
十月のまだら毛に覆われて嬉しい私の馬は
馬として何かを思っていて、私は私と彼の思いを思っている
私の特権で　　（Kumin 1999：96）

ここにおける「私」は、「馬」との関係を「私たち」と称するほどに「馬」に限りなく思いを寄せているが、同時に「馬」の「思い」を想像することが、人間である「私」の「特権」であることも意識している。つまり、「馬」にも主体としての「思い」があると信じているが、その「思い」を共有できない、つまり、その「思い」が何なの

かを知る術をもたない人間としての自らの想像力の限界も認識している。「私」は「馬」との距離を保ちつつ、同じ場所と時を共有しながら、互いの「思い」が交差するのを想像するのである。しかし、この想像の時は、そこに闖入してきた雌鹿の存在によって突然中断される。

私たちが大きな雌鹿を見たのもそんな折
四フィートの囲いを越え、
白い尾っぽで陽光を捉えて放し
私たちの夢想を音もなく遮断した。
彼女の通る気配に松の木立はざわめき、
彼女が立ち去るときには赤いリスも震える

「大きな雌鹿」は、「私」と「馬」と「赤いリス」にとって、さらなる「他者」として認識されている。「私」にとって、同じ自然界にありながら「馬」や「赤いリス」よりさらに遠い存在である雌鹿が出現した瞬間、「私」と「馬」の主体の間に存在していた境界線は消滅し、「私」と「馬」との関係は、「私と馬」から「私たち」となり、「私」は「私たち」より遠い存在である「雌鹿」とのつながりを欲するのである。

戻ってきて！　私は彼女に声をかけたい
私たちはあなたを傷つけたりしないから。戻ってきて
静止した時の中で道に立ちすくむ私たちにどうか見せて

あなたが助走もしないで柵を跳び越えるのを
あなたの心拍が速くなるのと同じように
私たちの鼓動も高まっていくのよ

私は彼女に言いたかった、見て
毎朝、私が鳥の餌箱にひまわりの種を入れると、チッカディーや
赤いゴジュウカラの群れは私の腕にとまって
私を少しの間だけ
木の代わりにしてくれるのよ

私が馬に乗って進む草原では
馬の匂いをまとう私の足元で
雌ギツネがどうやって子ギツネを教育するか観察させてくれるのよ
合図と同時に巣穴にもぐっては顔を出す子ギツネへの
彼女の合図、それこそが
私が探し求めている言葉　　（Kumin 1999：96）

鳥たちにとっては「止まり木」のような存在となり、キツネたちにとっては「馬の匂い」をまとった人間として、「私」は人間と人間でない生きものの境界に立つ自らの姿を想像している。そして、母ギツネが子どもとの間に交

わすコミュニケーションの術を「私が探し求めている言葉」とし、人間として、人間の言葉では意思疎通できない他者とのつながりに思い焦がれるという表現でこの詩を結んでいる。そこには、エコクリティシズム研究者のパトリック・マーフィー（Patrick D. Murphy, 1951- ）が「同質的他者（another）」と称した、「自己（self）」とは異なるが、「他者（other）」よりは近く感じられる存在（Murphy 1995：22）となるよう、つながるための言葉を探し当てたいと願う人間としての「私」の姿がある。

山尾三省と自然の主体性

クミンと同様に、山尾三省（1938-2001）も、自然と人間との間にある埋められない距離を意識しつつなおつながるための言語を模索した詩人である。[1]そして、両者は、他者「そのもの」、すなわち他者の主体に接近しようとするまなざしで、その主体を言語化しようとしていたという点で共通している。しかし、山尾にとって近づこうとする対象は、屋久島の自然はもとより、「場所」としての屋久島だった。東京から屋久島に移り住んだ山尾にとって、「交感」は屋久島という場所とのつながりを求める想像力だったといえる。それは、人間として生き直すために再定住する場所として選んだ屋久島という「他者」と、自らの関係を構築するための想像力であり、山尾が「聖老人」と呼んで敬う（山尾 二〇〇〇：四八―五二）、屋久島の縄文杉の懐に受け入れてもらうことを願う想像力だった。山尾が他者の「主体性」へめぐらせる想像力は、例えば「五つの根《リゾーマタ》について」という以下の詩に読み取ることができる。

水は
水の真実を　流れている

土は
土の真実を　暖めている
樹は
樹の真実を　繁らせている
火は
火の真実に　静止している
そして大気は
大気の真実を　自ら呼吸している
そして　あらゆるものを包み　あらゆるものの底に
水が　流れている
水が　真実に　流れている
（山尾 一九九三：二一九）

この詩には、水、土、樹、火、大気という、その「場所」の根源となる要素それぞれに、それぞれの「真実」があることが表現されている。あるいは、要素のそれぞれが文の主語になっていることから、それぞれが、それぞれの「真実」に従って、まるで自らの意志のもとに存在しているかのようであることが表現されているのである。

屋久島では詩作と農業を生業としていた山尾は、日々畑を耕し、その場所の「五つの根」に触れながら、その場所とつながっていく感覚を言語化しているのである。「あらゆるものを包み　あらゆるものの底に／　水が　流れている」という感覚を確実なものとし、ついには、「水が流れている　その三」にあるような感覚に到達する。

山が在って
その山のもとを
水が　流れている
その水は　うたがいもなく　わたくしである
水が　流れている
水が　真実に　流れている　（山尾　一九九三：二〇五―二〇六）

「水が　流れている」という、祈りのように繰り返される表現は、水の流れを黙して見届ける詩人のまなざしがとらえた屋久島という場所の姿であったに違いない。そして、屋久島という「他者」とつながろうとするこうした想像力を通して、山尾はいつしか屋久島を主体とし、自らを「他者」に位置づけるまなざしを獲得している。「五つの根《リゾーマタ》について」と同様、この詩においても「水」が主語になっていることから、ここにおいても「水」の主体性が想像されていることがわかる。しかし、この詩が他と異なるのは「その水は　うたがいもなく　わたくしである」という表現において、「他者」としての「わたくし」と、「主体」としての「水」が合一化しているという点である。

これは、「水の音　その一」という詩における「水の音を聴きながら／水の音に溶けている」、「水の音を聴きながら／水の音に溶かされている」という表現とも呼応している（山尾　一九九三：一三八）。人間の経験や心情とは別の次元で、ただひたすら日々の営みとして流れる水に、「わたくし」という「他者」としての人間の存在が取り込まれる。すなわち、水に「溶かされる」ことで、「わたくし」が、人間としての主体を放棄することによって、その「山」や「水」が存在する屋久島という場所とつながっていく感覚を得ているのである。

２　崎山多美と「シマ」をめぐる想像力

存在の出発点と所在の欠落

沖縄の作家、崎山多美（1954-　）も、「場所」が「他者」となる経験、あるいはその「場所」にとっての「他者」となる経験をした書き手であるが、崎山にとっても、「場所」は、単に人間の存在する位置や空間ではなく、その人間の存在に働きかけ、そのありようを形成し、規定し、決定づける力をもつ「他者」であると認識される。このことは、崎山の次のような言葉に表れている。

　人が生まれ落ちる場所は選びようのない偶然なのだが、個人は周辺世界から孤立して突然変異的に存在する訳にはいかず、どんな意味においても、人はその環境と遺伝的な拘束からある意味で逃れられるはずのないものではあろう。

　例えば、現代の只中に生きる私たちが何かを見始めようとする時、既存の制度なり文化なりがあって、あったものを信じるにせよ、疑うにせよ、それらはその地点で出発の土台と成り得る。そのことは恐らくどんな民族にとっても個人にとっても生きてゆく一般的な方法であろう。（崎山 二〇〇四：一四八）

東京から屋久島に移り住んだ山尾ほどの環境の変化ではなかったにせよ、崎山は、西表島で生まれ、その後、中学の半ばで沖縄本島の中部に定住するに至るまで、家族とともに宮古島、石垣島など近隣の島々に移り住んだ経験がある。「生まれ落ちる場所」に「既存の制度なり文化なり」が「土台」となる、という認識とは裏腹に、崎山自身は、幼少期から十代まで、確固とした「土台」を築けないまま、移り住んだ場所にとってのよそ者、あるいは「他者」として、それぞれの場所と折り合いをつけながら生きてきたのである。

崎山の「場所」へのこだわり方に特徴があるとすれば、それは、「生まれ落ちる場所」との絆、あるいはある場所に対する「故郷」のような愛着からというより、むしろそうした愛着の欠如にある。先の言葉に続き、崎山は次のようにも述べているからである。

しかし、気がついた時、自分の前には見るべき文化など何もなく、貧しい生活感覚ばかりが荒地のように広がっていた、としたら、人は出発のきっかけを一体何に求めたらよいのか。（崎山 二〇〇四：一四八）

島々を移動してきた経験と「場所」に対するアンビヴァレントな意識の背後には、場所に根ざす状況を許されなかった自己の「所在のなさ」があった（崎山 二〇〇四：一〇八）。崎山は、ある人から言われた「言語というものは〈中略〉私たちの生活するこの場所、このてのひら、この足許に宿るものなのです」という言葉に対し、次のように述べている。

氏の言うように、コトバ（言語）というものは私たちの居るこの場所、このてのひら、この足許に宿るものなのかどうか、そのことへの確信なり信条なりを、残念だが私は持つことができない。コトバは、時に、天から降りてきて私を支配する権力そのもののようにも感じるし、この体内のどこかしらにとぐろを巻いて潜んでいる得体知れずの怪物が、私の臓腑を食いちぎり、鬼っ子となって姿を現した、と感じることもあるから。（崎山 二〇〇四：一〇九）

移り住んだ島々が崎山の「故郷」とはなりえなかったように、それぞれの場所の言葉（島言葉《しまくとぅば》）も、崎山にとっては「母語」とはなりえなかった。つまり、崎山にとって、島々が拘束力をもって彼女をとらえる「他者」であったように、その言葉も彼女を「支配する権力」のような「他者」であったのである。

崎山にとって小説を書くということは、自己の所在ともいうべき自分の「足許」を探り、その足場を通した場所とのつながりを確認する、あるいは創造する行為であるといえる。そして、崎山の小説の「コトバ」は、その行為の手段であると同時に、彼女の身体のどこかに潜んで「臓腑」を食いちぎる「怪物」のように、彼女の創造物でありながら、いつしか独立した「モノ」と化し、彼女の身体を内破する存在となる。[2] すなわち、崎山は、「場所」と「コトバ」を「身体」を媒介として切り結びつつ、それらのどれとも「合一化」することはなく、それぞれを主体性のある存在とみなし、それらとの「合一化」ではなく、「交感」という「プロセス」を通して関わることによって、崎山自身も自己の存在を確認し、「所在のなさ」という感覚から救われるのである。[3]

フィクションとしての「シマ」

しかし、そう考える一方で、「コトバ」がほんとうに自分の「てのひら」や「足許」にあるのかという「確信」を「持つことができない」崎山の意識や身体が、いかなる「コトバ」によって、いかなる場所とつながっていくというのか。それを考える手がかりとなるのが、彼女がカタカナで「シマ」と表現する言葉である。そして、その「シマ」には、二重の意味がある。ひとつは、崎山の「生まれ落ちた」西表島から転々と移動してきた南島としての「シマ」であり、もうひとつは、崎山の小説においてしばしば描かれる流れ者の行き着く共同体としての「シマ」である。

島尾が崎山の作品に感じ取った「島の体臭」は、「島」との関係を通して書き手の身に染み付いたある種の移り香であると同時に、書き手の想像力がつくり出す、フィクションとしての島の匂いでもあったといえる。しかし、「南島」の表象としての「シマ」に対する崎山の書き手としての立ち位置は複雑である。「南島」にエキゾティシズムを期待するまなざしに抵抗を覚える一方で、「シマ」の作家であることは自覚していることも伺える。彼女の「文学的葛藤」が、彼女の小説を読んだ島尾敏雄に「文体に漂う島のにおい」を指摘されたことに「ショックとちょっとした屈辱感」をおぼえた経験をきっかけとして始まったことについて、崎山は次のように述べている。

> 「南島」とイメージされる島々の一つに、たまたま生れ落ち、そのエリアを脱出できずに過ごし（島と島とを移り住むという小移動の体験はあるが）、これからもこの場所で書いてゆかなければならないのだろう私に、この自身の身体にとも、言葉の訛りにとも、つい引用してしまう私を取り巻く生活環境に散らばる自然物たちにともなく、付きまとっているらしい、外部の目から眺められるときに漂うという「島のにおい」の正体を、書くための方法（新しい文体）を模索することで探し続けるほかはないと。（崎山 二〇〇四）

ここで崎山のいう「シマ」は、彼女の生活の場であった具体的な島々を指すというより、彼女が言葉と身体を介する「交感」という出来事を経験した場所の総体としての「シマ」、つまり、沖縄本島を含む「南島」に共有される空気をまとった、想像の産物としての「シマ」である。一九九〇年、『文學界』に発表された短編小説「シマ籠る」では、共同体の祭祀を継ぐ次世代の不在という現実的な問題を抱える島は、記号化されつつも具体性を含意する「0島」という名称で表現されていたが、その一〇年後の二〇〇〇年に『群像』に掲載された「ゆらてぃくゆりてぃく」の舞台となる島は、「ホッタラかされたシマ、ホタラ」、「保多良ジマ」という、ユーモアを交えたフィクション性の強い名称になっている。それは「南島」という島に伴うエキゾティシズムをパロディ化することによって、島の現実とは必ずしも合致しない南島のイメージの解体を試みるとともに、崎山にとって真実であると思える「シマ」のありようを再定義しようとしているかのようにもみえる。

「シマ」における生命の循環

「南島」との交感のプロセスから生じる物語とはいかなるものか。また、そこには具体的にどのような「交感」が目指されているのか。「シマ」を切り口とした交感のイメージがより顕著に展開されているという点から、ここでは、「ゆらてぃくゆりてぃく」に表象される「シマ」との交感の形を探ってみる。

「ゆらてぃくゆりてぃく」において特徴的なことは、この物語の舞台である「保多良ジマ」を南に定位する言葉が見当たらないことである。小説の中の言葉からは、それが琉球諸島、特に八重山諸島の言語が混入していることから、「南」を特定することは不可能ではないが、小説の中に「南島」という言葉はなく、「南」という位置関係が消滅していることがわかる。また、崎山は自身の身体に「根」となる言語体系をもっていないことを自覚していることで、自身の言語を「逆に意識させられ」、「固定化されたくない」という意識にもつながっていると語っていることから（崎山・高嶺 二〇一四）、「ゆらてぃくゆりてぃく」に出てくる島言葉《しまくとぅば》も、彼女独自の言語感覚やリズム感がブレンドされた崎山の創造物としてのしまくとぅばであるといえる。このように、想像力によって定位性や正統性から解放されることによって、「保多良ジマ」は、「シマ」ではあるが「南島」よりさらに抽象化あるいは普遍化されたフィクショナルな場所として立ち現れる。

しかし、この小説においてもうひとつ特徴的なのは、そうした抽象性の中にあって、そこに描かれる人々の生の営みが、きわめて生々しく、具体的であるということである。身体性よりも「肉体」そのものを強調して描かれる登場人物を通して見えてくるのは、島という場所の秩序の中に生を受け、いずれ朽ちていく「ヒト」の身体のありようである。この「シマ」という場所において、「ヒト」の身体は、場所の物質的循環の一部としての意味を付与されているのみであるということは、物語の始まりに集約されている。

ヒトが死ぬと、通夜のあと、遺骸は焼いたり埋めたりせずに、イカダカズラを全身に巻きつけ陽の昇る寸前に海へ流す、というのが保多良《ホタラ》ジマにおける葬送の儀式である。

屍は、やがて海面を染めはじめる朝陽に晒されつつ、波にゆられゆられ、或るモノは隣ジマとの境界域あたりに横たわる海溝の水底深く沈んでしまうが、すっかり沈みきるには重量の足りないオンナ子供病人などは、いったん沖へ流されはするものの、海溝を少し越えたところでゆるく渦をつくり保多良ジマの北海岸へ向けて逆流する潮の流れに巻きこまれて、再びシマに巡り還る。ぶよぶよにふやけた遺骸は魚などのエジキとなり、目玉を抉り抜かれ、手足の一方が失くなったりする、というムザンな姿で海岸に辿り着く。そのまま浜辺にうち捨てられ干あがり風化するうち、骨の髄まで砂にまみれてしまう、のだそうだ。（崎山 二〇〇三：五）

人間の遺体は、「葬る」という行為に宗教的な意味を付与されることもなく、即物的に海の食物連鎖に組み込まれる。よって、カタカナで記された「ムザン」という語句に悲壮感はない。「生まれ落ちた場所を離れてしまってはとても生きてゆけぬ」という信念で、島を出て行こうとすることもなく、死んで四十九日が済んでも、三十三年忌が過ぎても「神サマ」になることもなく、「ヒトダマとなって永遠に水の中に漂うだけ」で、あえて墓所と呼べるのは遺骸が漂着し、堆積する海岸一帯、というのが保多良のヒトビトの宿命ともいえる生命の営みである（崎山 二〇〇三：六―七）。

保多良ジマの住人がすでに皆八〇歳以上の老人であり、「死にゆくばかりで新しい生命の個体を生産することがない」ゆえの止めどない人口の減少をみても、「成るようになった自然なんだと何となく感じているだけ」という、「古来からの保多良ビトの体質」も、閉ざされた島の時間と空間における生命の物質的循環の一端を担っている（崎山 二〇〇三：七―八）。つまり、保多良ジマでは、「生きる」ということと同じ密度で「死ぬ」ということが意識される生命の循環が営まれているのであり、そうした循環の中においては、「ヒト」の遺骸からの滋養によって海の生物に新しい生命が生まれ、その海の生物を糧として「ヒト」は生命を維持し、寿命がくればまた遺骸となって海へと流されるという生態的な生命のありようが示唆される。「シマ」の生態的な生命の循環の中で、「モノ」として存在する「保多良ビト」の身体は、人間と他の生物との狭間《ボーダー》という脱人間中心的な位置から、「シマ」という場所とつながっていくのである。

3　狭間《ボーダー》としての「シマ」との交感

「ゆらてぃくゆりてぃく」における交感

「ゆらてぃくゆりてぃく」に登場する年老いた人物たちの多くは、人間存在の狭間《ボーダー》に位置することによって、「場所」との多層的なつながりを経験している。人間以外の生物とともに食物連鎖の一部として組み込まれる「肉」としての「ヒト」は、「人間」と「動植物」の狭間《ボーダー》に位置する人間の例であるが、その他にも、保多良ビトの狭間《ボーダー》は「人間」と「タマシイ」という意識、あるいは想像力においても存在する。その例が、シマの先住民である老人ジラーと水の女との邂逅である。

日課の散歩の途中、日が暮れるまで座り込んでしまった浜で、帰宅しようと身を起こしたジラーは海上に女の像が浮かんでいるのを見つける。

あれま、ヒトだ。しかも、オンナ。呆然と口を開け、見上げたジラーの鼻の先で、誇示するように突きだされた膨らみは、あられもなく剝きだしになった水の乳房だ。たぷたぷとゆれる。全体はのっぺりと透明なのに、卵白のようなその顔と覚しきあたりに深い表情を漂わせ、よになくなまめかしい風情でジラーを誘う。水のゆらめきの唐突な濃いヒトの匂いが、ジラーを硬直させた。とうの昔にこのシマから消え去った香しきオンナの匂いだった。（崎山 二〇〇三：一五）

小説には、ジラー（次郎）をはじめ、サンラー（三郎）、タラー（太郎）という、いずれも八〇歳を超える保多良ビトの老人が出てくるが、どの男にも子供ができなかった。特に、ジラーの九つ年上の妻ナビィは、「根元（ニームトゥー）」という、島の由緒正しい本家ともいうべき系統の女性であったが、そこにも後継者はできず、ここに正統な保多良ビトの血筋がもはや存続しないことが示唆される。ジラーには、「ナガリムン」と島の女チルーとの間にできた娘でウミチルという愛人がいたが、そのウミチルとの間にも子が生まれなかったことから、保多良ジマでは、婚姻制度にとらわれない性をもってしても、性がもはや生殖の機能を果たさなくなっており、ここに共同体の存続が危機的な状況にあることが示されている。性は次世代へとつながることなく、花田が「壺中の天地」と名付けたような（花田 一九九九：一八五）閉ざされたシマの空間の中でいつしか消えていく。これが保多良ジマという場所における究極的な生命の循環のありようである。

ジラーと水の「オンナ」との出会いも、ジラーが八〇歳を超える老人であるということや、「オンナ」が夢とも現実ともつかぬ存在であるという点を考えれば、未来へとつながる出会いとはいえない。にもかかわらず、この水の「オンナ」は、彫像のような実体をもち、ジラーに確かな接触の感覚を経験させる。

硬直した身が、膨らみのやわらかさに少しずつほぐれてゆく頃、奇妙な、とある情緒がジラーの身の内にじわりと広がったのだ。透き通る水の肌から注がれる冷ややかな情感、この世を初めて体感したときの空気の凍てつき、或いは、果てなしの空へ突き放されるこわばり、といったような。こがれる対象から引き裂かれるときの臓腑に染みるイタミのようでもあった、とか。（崎山 二〇〇三：一五）

この描写にあるように、年老いたジラーの身体と海上に現れた水のオンナとの間に交わされたのは、性愛の感覚であると同時に、「とある情緒」、あるいは「冷ややかな情感」でもあった。「水」や「海」との交感の瞬間は、同時に、まるで胎児が母体から引き離されるときのような分断の感覚としても表現されている。ジラーの体験をある種の交感とみなすなら、その基礎にあるものは、「こがれる」対象との合一化が果たされないことからくる「イタミ」であることになる。それは同時に、決して越えられない狭間《ボーダー》、あるいは境界域、崎山の言葉を借りるなら「裂け目」の存在を肯定することを意味する。

しかしその一方で、崎山の文学においては、「裂け目」の向こう側にあって決して合一化できないもの、例えば人間でないもの、あるいは人間の理性で理解できないものには、常に実体（肉体）が伴うことも指摘されるべきであろう。「ゆらてぃくゆりてぃく」において、シマという「場所」は水の「オンナ」として立ち現れ、死は「遺骸」や「ヒトダマ」という実体のもとに可視化されるのである。崎山文学における「交感」とは、このような狭間《ボーダー》の向こう側にある「モノ」の主体的存在に、こちら側の「コトバ」によっていかなる意味づけができるかを想像しようとする営みにほかならない。

狭間《ボーダー》への想像力

「南」へのエキゾティックな想像をかきたてる「シマ」に加え、崎山の「シマ」には、もうひとつ、「共同体」という意味もある。この「シマ」は、他の共同体とは隔絶されて存在するという特徴をもつ共同体のことである。その共同体は、もちろん海によって他の共同体からは隔離されてもいるが、他との社会的関係性を絶って存在するある類の人々で構成されているような共同体でもある。「ゆらてぃくゆりてぃく」では、もともと保多良ジマの住人ではない「ナガリムン」、すなわち社会からつまはじきにされて島に流れ着いた流れ者たちが居つくようになった「ナガリザキ」という集落がシマの北部にあるという設定になっている（崎山 二〇〇三：一三五）。島の内部にあって孤立しているという意味をもつ「シマ」とは、人間社会で「他者」とみなされる人間で構成され、かつ、それ自体が島の内部にある「他者」として存在している共同体を指す。

「ゆらてぃくゆりてぃく」に出てくる共同体のほかにも、「クジャ連作」と呼ばれる崎山の一連の短編小説の舞台となる「クジャ」あるいは「マチ」と呼ばれるような場所もこのような「シマ」と同様の共同体である。連作のひとつである「アコウクロウ幻視行」という短編小説には、物語の舞台となっている「マチ」の「路地裏《スージグァ》」について、こんな記述がある。

女たちの話のタネ元の多くは、マチの路地裏《スージグァ》にひっそりと住み着く正体不明のヤカラたちにまつわるものだ。アコウクロウ街は世間から弾かれた流れ者たちが隠れ住むのにも格好の場所であったから、あっちのスージ、こっちの掘っ立て小屋で、いわくありの老若男女が息を潜め、時に狂リムンを装い、道行く人にちょっかいを出してはは昼夜なくマチをほっつき歩くうち、さりげなくアコウクロウ街の住民となりすましていたのだった。（崎山 二〇〇六）

まるで多種多様な生物がひっそりと息づく海の岩場のように、「流れ者が隠れ住むのに格好の場所」には、社会の漂流者による社会的な生態系が形づくられている。保多良ジマのような「壺中の天地」であると同時に、「闇」の秩序が支配する小宇宙的な空間とみなすこともできるだろう。「アコウクロウ」とは沖縄の言葉で「明かりと暗がり」、すなわち「黎明」を意味するが、崎山がそのまなざしと聴覚を傾けるのは、こうした光と闇の交わる場所にあって、可視と不可視、存在と非存在、そして自己と他者の狭間を媒介するかのように生じる気配のような人間の共同体と、そうした共同体を擁する場所としての「シマ」であるといえる。(4)

このような光と闇の狭間《ボーダー》を、崎山は「日常の裂け目」とも表現している。それは、「理論化された様々な事例・事象には組み入れることが不可能な個と個、個と社会の裂け目」であると言う（崎山 二〇〇四：一四九―一五〇）。崎山にとって、「シマ」の風景は、そのような「裂け目」にこそ広がっているのであり、そこに、崎山が表現しようとする南島の真の姿、すなわち「楽園」や「ユートピア」と名付けるにはあまりにも複雑な「シマ」という現実、あるいは作家自身の姿を重ね見ることができるのである。

その日常の裂け目にハマった時、何故か私はあの貧しいばかりで何もなかった出生地の生活空間を幻想した。〈中略〉何もないと思うしかなかったあの空間に、それとはなくあった豊満なものの存在［に］、ある日、気がつく。一日の流れの中で時々刻々と変化を遂げながら、変化を循環することで永遠に変わらないと感じられた、島の底に漂う水と闇。〈中略〉闇の表である南島の強く明るい光は、為政者の如く容赦なく天上から下りて来て島々を支配する。その光と入れ替わる闇は人の立つ足許から始まり島の全てを覆い尽くす。闇の力の前にどんな現象も原初のイメージに近づくことが可能になる。そして島はいつまでも水の上に漂ったままだ。貧しさの底から浮き上がってきた水と闇への幻想。その幻想の中に閉じ込められた世界を視続けることが、私の中の南島を表

現する行為のエネルギーになれないものか、という渇望。これが私と南島との関わりである。（崎山 二〇〇四：一五〇）

ここにある「私の中の南島」という表現には、「南島」が「私」という存在の一部を成しているという感覚が潜んでいる。つまり「私」の意識や身体は、「南島」の放出する空気にさらされながら、「南島」という場所にまといつくものとの交感を想像するうちに、自らの内にも「南島」と呼応する感受性とそれを表現するコトバを構築していると考えられるのである。

循環の一部となること

「ゆらてぃくゆりてぃく」の最後で、ジラーはいつもの日常の中で「ひっそりと逝ってしまっていた」のをシマのシマおさのトラジュに発見され、同じ日に亡くなったタラーの母親カニメガと共に水送りによる葬儀を執り行われることになる。「海中に住まう先人たちのタマシイへ仲間入りの許しを乞う合図とも、これから送られる死者のタマシイが水に漂う途中、空中の風に攫われどこやらに迷ってしまわぬよう、無事に悠久の水との交感が果たせるように祈りをこめる意味もある」というホラ貝の音と共に水送りにされるのである。それから、タラーとカニメガの遺骸は一糸まとわぬ裸にされ、「死者のタマシイを水と交感させると同時にタマシイが空中へ離散するのを防ぐ力がこもる」というイカダカズラの蔓草を躰に巻きつける儀式が行われる。また、その際に死者との関わりの中にあった「ウムイ」（思い）をすべて言葉にするという「アリクリぬニンガイ」という儀式も並行して行われる（崎山 二〇〇三：九七―一〇〇）。

しかし、こうした一連の丁寧な水送りの儀式の後、小説は再びシマに戻ってくる遺骸の姿を、崎山は次のように描写する。

ヨロヨロガクガクと砂浜をのぼるヒトビトの背後に広がるのは、祭のあとの残骸に、よくよく見ると、砂間を隙もなく埋めつくす、砂粒よりもしろい骨たちの、目も眩むような果てしない散乱だった。

さらに目を凝らし、浜辺の遥かむこうを見渡すなら、水送りのあとで再びシマに帰還した、まだ充分にヒトの面影を残す肉のカタマリの幾つかが岩場寄りの水際に打ち上げられてあるのを、たしかに目を留めることができるはずだった。が、たとえそれが誰かの目に留まったとしても、ムザンなその光景に気をとめ、元の姿を思いやる者は、もう一人とていない。（崎山 二〇〇三：一〇七）

「ヒト」は「肉のカタマリ」と化し、元の姿への思いも、肉体が朽ち果てると共に消滅しているというこの描写には、「思い」といった不可視なものが、「身体」や「実体」という物質性を伴った存在であることが表されている。「世界《シケ》からホッタラかされたシマやくとぅ、ホタラやあらに」（世間からほったらかされたシマだから、ホタラというのではないか）と老人が自嘲するように（崎山 二〇〇三：一〇八）、「ゆらてぃくゆりてぃく」において、「ホタラ」はやがては消えていく「シマ」として描かれている。しかし、消えていくのは「ヒト」であり、「モノ」としてのその肉体である。「ゆらてぃくゆりてぃく」とは「寄っていらっしゃい、寄せられていらっしゃい」という意味であり、他者をこちら側に引き寄せようとする時にかける言葉であるが、社会から押し出されてきた者が流れ着く「場所」としての「シマ」は、交感を求める者を、ある時には水のオンナのように膨らみのやわらかさで狭間《ボーダー》まで誘いつつ、またある時には冷たくあしらうことで翻弄し続けるだろう。それが、「南」を固定化しようとするまなざしを拒みつつも、「シマ」という場所との関係性の中で、「ヒト」としての他者性と主体性を模索しながら存在し続けようとする人間を描く崎山の文学に表象される交感の形だといえる。

注

（1）山尾三省の自然と人間の関係については、拙著『〈故郷〉のトポロジー』（水声社、二〇一一年）第二章（八〇―九〇頁）の山尾の詩の言葉に関する論述を参照されたい。

（2）書き手の意識を超えて、「モノ」と化すテクストのイメージは、例えば崎山の『月や、あらん』に登場する次のような描写から連想される。「中空では、灰色に揺れる丸いモノ、と見えたソレは、全体が濃緑黄赤褐色まぜこぜの泥土にまみれた丸太のような、自らで動く物体なのだった。〈中略〉ヒトの声でヒトのコトバを発していたから、ヒトなのであろうかこのモノは。が、ヒトというには余りにも奇態な風体のヤカラなのだった」（崎山 二〇一二：八―九）。

（3）ここでは「合一化」と「交感」を区別したい。杉浦勉は、スペイン異端審問と女性の幻視者について、「神秘体験において、女性は神という絶対他者と結びつくことによって、主体と客体という二項対立はひとつに融合し、区別を失うことになる」と述べ、キリスト教の家父長制的秩序の中で社会的地位の低い女性にとって、こうした神との合一化によって公的な声を獲得することができると考察している。また、そうした幻視体験を「有意味な現象」とする背景には、神が男性であるという前提と女性のセクシュアリティは無関係ではなかったことについても論じている（杉浦 二〇〇九：一一一―一一二）。一方で、自然や風景の中に神や己を見出すロマン主義的交感、野田研一が「自然の中に「自然の背後に何かがあるという信仰、その背後の何かが人間を動かしている原理であるという信仰」（野田 二〇〇三：四七）と定義する交感の形においても、「合一化」は高次な存在との精神的合一をめざすという志向性によって、「発展」や「上昇」というベクトルを伴っているように思われる。こうした形の交感と比べると、これは試論にすぎないが、崎山の小説に表れる「シマ」における「交感」は、上昇や発展を志向する方向ではなく、「循環」から「転位」へという営みに帰結しているように思われる。

（4）崎山の表す「シマ」は、チカーナ作家のグローリア・アンサルドゥーア（Gloria Anzaldúa, 1942-2004）が、その著書 *Borderlands/La Frontera* において、アメリカ大陸をアメリカ合衆国とメキシコという国家に二分する大地の「亀裂」である「ボーダー」が、「流れ者」の吹きだまりとなっているという記述に呼応する（Anzaldúa 1987：3）。

参考文献

崎山多美『ゆらてぃくゆりてぃく』講談社、二〇〇三年。

崎山多美『コトバの生まれる場所』砂子屋書房、二〇〇四年a。

崎山多美「空漠たる領野としての『南島』の自然物たち――島尾敏雄の作品に触発されて」山里勝己・高田賢一・野田研一・高橋勤・スコット＝スロヴィック編著『自然と文学のダイアローグ～都市・田園・野生』彩流社、二〇〇四年b、一四七―一五八、一五五頁。

崎山多美「アコウクロウ幻視行」『すばる』二〇〇六年九月号、二四〇―二五二、二四四頁。

崎山多美『月や、あらん』なんよう文庫、二〇一二年。

崎山多美・高嶺久枝「『沖縄的身体』の所在――舞踊と文学における言葉の接点」喜納育江編著『沖縄ジェンダー学第1巻「伝統」へのアプローチ』大月書店、二〇一四年、二〇三―二三七、二三一頁。

杉浦勉『霊と女たち』インスクリプト、二〇〇九年。

野田研一『交感と表象――ネイチャーライティングとは何か』松柏社、二〇〇三年。

野田研一『失われるのは、ぼくらのほうだ――自然・沈黙・他者』水声社、二〇一六年。

花田俊典「崎山多美論のために」崎山多美著『ムイアニ由来記』砂子屋書房、一九九九年、一七七―一九四頁。

山尾三省『びろう葉帽子の下で――山尾三省詩集』野草社、一九九三年。

山尾三省『アニミズムという希望　講演録・琉球大学の五日間』野草社、二〇〇〇年。

Anzaldúa, Gloria. *Borderlands/La Frontera: The New Mestiza*. San Francisco: Aunt Lute, 1987.

Kumin, Maxine. "The Word." *The Atlantic Monthly* 273.3 (1994): 96.

Murphy, Patrick D. *Literature, Nature, and Other: Ecofeminist Critiques*. Albany: State University of New York Press, 1995.

第3章

「わたし、キティ」ワークショップ
生命の表象、あるいは人間なるものの再定義

中川僚子

1　人間と人間であらざるものとの境界

テクストとの交感的対話をめざして

五月末の金曜二時限、誰にすれ違うこともなく、キャンパスの北に位置する30番教室に向かう。長い大理石の廊下の窓からは、初夏のまぶしい光に照らされて、木々の葉が輝く。教室は小さな擦りガラスが嵌められた古びたスチール製のドアが片側だけ開け放たれている。三〇人前後の女子学生が天井の照明をつけないまま、席に着いているのが目に入る。四月当初から毎回パワーポイントを使っていたので、照明をつけないことに慣れたのだろうか。教室のほの暗さに一瞬とまどいを覚えるが、かつてはこれが当たり前の明るさだったではないかと昭和半ばの生家の屋内が頭をよぎる。

二〇一一年三月の東日本大震災直後の東京都心を思い起こす。いつもは若い女性たちの色とりどりの装いが華やぎを与えていた地下鉄だが、照明を落として走る車内では、うつむきがちの人々の衣服がくすんで見えた。どこか明治時代の油彩の肖像画を思わせるくすんだ赤、茶、つやを欠いた白が暗がりをまとって浮かび上がっていた。あ

のときも昭和を思い出したと、ほんの数年前の情景が遠いことのように脳裏に浮かぶ。

「今日はパワーポイントは使いません」と学生たちに告げ、照明のスイッチを押す。学生たちがハンドアウトを順に回し、筆記具を手にしながら、授業モードに入っていく。

パワーポイントは、視覚的にデザイン化された情報に慣れた学生を相手にするには便利な道具だが、ともに考えたり、議論を深めるにはどこか物足りない。

カレン・テイ・ヤマシタの掌編「わたし、キティ」をめぐる授業の第一回が始まる。サンリオの人気キャラクター、ハローキティを複雑な家事・介護を完璧にこなすお手伝いロボットに設定したこの作品は、科学技術の発展によって人間と人間でないものの境界が攪乱された現代において、「人間とは何か」という問いを考えるための多くの示唆を与えてくれる。ただし読解は容易ではない。「わたし、キティ」をめぐるヤマシタとの対談で、菅啓次郎はこの作品は「近過去の現実と大いにありうる近未来をまぜあわせ」たことで「リアルな感触」を実現したと評しているが、一読で「リアルな感触」を手に入れられる読者は多くはないはずだ（菅・ヤマシタ 二〇一四：一六）。原文で五ページ、翻訳にして一〇ページ足らずと短くはあるが、奥の深いこの作品を学生とともにどう読み進めていくか。読者と文学テクストとの交感的対話はどのように生まれてくるのか。概念的に構成されたこの作品が具体的イメージとともに読者の前に立ち現れるまでのプロセスを示すことが本章の目的である。

ウルズラ・K・ハイザの「スピーシーズ・フィクションズ」

「生命の表象――人間であることの再定義」と題した半期講義は、一九世紀から二一世紀に英語で書かれた文学作品数篇を対象とし、「生命」がどのように表象されてきたかを読みとりながら、「人間」と「人間であらざるもの」との境界を考えようとした授業である。(1)

授業全体の導入としては、環境人文学研究の第一人者であるウルズラ・K・ハイザ（Ursula K. Heise, 1960－）が二〇一六年三月のアメリカ比較文学会で行った基調講演を使った。ハイザは「アントロポセン」――「人類世」あるいは「人新世」と訳される――という概念から出発し、環境問題を考える際に有効な、人文学ならではの視点について問題提起をした（Heise 2016）。

「スピーシーズ・フィクションズ（Species Fictions）」と題されたこの基調講演は、人間が「ヒト以外の種《スピーシーズ》」を表象しようとするときの言説を通して、「ヒトという種」のあり方を逆照射しようとする試みであった。ハイザの目的は、現代における環境問題の責任を追求することにはなく、むしろ私たち誰もが日常において無意識のうちに前提としている、環境にかかわる文化的価値観を問い直すことにあるように思えた。通常、客観的なデータに基づいて行われると信じられている自然科学的な研究も含めて、各自が固有文化内で共有する文化的価値観、あるいは文化横断的に共有する近代資本主義的価値観は、環境にかかわる言説にどう反映されているか。ハイザは、それを探ることによって人間が人間たる所以、環境問題に示される人間の人間らしさを解き明かそうとする（Scherer with Heise 2013）(2)。

たとえば、この基調講演においてハイザは二種類の日本製品を宣伝する広告を例として用いた(3)。その一つは、アメリカで二〇一一年のエミー賞コマーシャル部門にノミネートされた日本の自動車メーカーのコマーシャルだ。氷の間から深い群青の海がのぞく北極。氷からしたたり落ちる水滴。海に浮かぶ小さな氷の上に一頭のシロクマが縮こまっている。温暖化で氷が溶けてしまったらしい。シロクマは、新天地を求めて旅に出ることを決意した様子で、海を泳ぎ、森を横切り、自動車が行き交う道路下のトンネルで雨宿りする。やがて廃線となって雑草の生えた線路をたどりながら、シロクマは二本足で立ち、空を舞う白い蝶と戯れる。日が暮れれば、高速道路の橋脚に腰かけて大都会の闇を明るくするビル群を眺める。そして朝、郊外の住宅地。出勤前の白人男性が自宅車庫前で車のドアに手をかけると突然目の前に直立した大きなシロクマが現れる。しかし、クマは驚く男性の両肩にやさしく前脚を置き、そっと抱きしめる。自らもクマの背に両手を回して、ほほえむ男性。「100％電動。日産リーフ。地球のための革新、みんなのための革新」とナレーションが流れる（"The Long Road：The making of Nissan LEAF Polar Bear commercial"）。

ハイザは、この広告について詳しく分析をしてみせたわけではないが、スピーシーズ・フィクションズという文脈に置いて考えると、広告というものに対して受動的かつ自動的に、消費者として受け入れることに慣れてしまった自分に気づかざるを得ない。大きなぬいぐるみのようなシロクマと抱擁をかわしてみたい気持ちになる視聴者は少なからずいただろう（だからこそこの広告が広告として成り立っている）。

二本足で歩く、蝶と戯れる、雨宿りする、高速道路の橋脚に腰かけて都会の夜景を眺める。ヒトと抱擁をかわす場面に限らず、このコマーシャルの訴求力がシロクマがヒトに似ている度合に依存していることは明らかであろう。しかしコマーシャルの制作秘話によれば、このシロクマは「アギー」と呼ばれ特別なトレーニングを受けた雌のクマで、ほとんどの場面の撮影に実際に登場しているという。ただし都会の夜、ひとり（とあえて言いたい）トラックの行き交う橋を渡る場面はCGを使い、北極海で氷の上にうずくまる場面はドキュメンタリー映画から借りた。昼間、道路で大型トラックに追い越される場面は実写だが、アギーの安全のため別々に撮影が行われて後から二つが合成された。白人男性と車の脇で抱擁をかわす場面は、トレーナーとアギーとの抱擁を撮影し、後にトレーナーと俳優の映像とを合成したという（"The Long Road"）。

シロクマのアギーは、言わば人間にアピールする演技者としてペット化されている、にもかかわらずトレーナーしか近づけないほどの野生を残しているということは、スピーシーズ・フィクションズが——人と人であらざるものとの境界を示すという意味において——動植物、微生物ばかりでなく、ヒトに近い形をしたロボットやアンドロイドをめぐる言説も含みうる可能性を示唆する。すべての種に対する公平な生存の権利――「複数種正義(multispecies justice)」――は、人間と他の生命体との関係ばかりではなく、人間とロボットとの関係にも深くかかわっているのではないか。以下三回の授業では、このような問題意識を出発点として、キティ・ロボットの語りが浮かび上がらせる現代の人間像を見ていった。

2　第一回「キティは気にしない」

> 事前課題　英語版「わたし、キティ（"I, Kitty"）の第一段落を読んで、質問を考えてくる

人間という有機体

「わたし、キティ」の最初の段落を読んでくることを課題とした第一回、何がむずかしかったかを学生に尋ねてみる。「全体にむずかしかった」「単語の意味は辞書で調べてわかっても、どういう話なのかがわからない」といった感想のあと、ある学生から、「you という言葉の使い方がよくわかりませんでした。誰を指しているのか途中でわからなくなってしまいました」という意見が出る。「そう、you という二人称の指示対象が移っていますね。大事なポイントです」と言って、後から人称の問題に戻ってくることにする。単語の意味はわかっても、全体として何が書いてあるのかわからないので、課題であった質問を考えることができなかったという多くの学生のために、まずは書き出しから検討する。

いきなり読者の認識に挑戦するような文章に出合う。

世界が外側からあなたのもとへ訪れるとしよう。それもありよね？　で、あなたはといえば、たたいて延ばせる有機体、あるいはH_2Oで膨らんだ硬軟の繊維質が色とりどりに重なった層の中にある「無」がこの世の苦悩の中に産み落とされたもの。それ以外の何？　目、耳、鼻、肛門、性器、皮膚というあなたの器官という器官がパタパタ、ふわっと開いたら、さあ準備オッケー。わたし、キティもそう。と言いたいところだけど、違うところもある。（Yamashita 2014：183）[4]

わかりやすいのは、「目、耳、鼻、肛門、性器、皮膚というあなたの器官という器官がパタパタ、ふわっと開いたら、さあ準備オッケー」という一節。人間は「目、耳、鼻、肛門、性器、皮膚」など、身体中の孔の開閉によって外界と接続する。パタパタする器官がふわっと開いたら、さあご飯、さあおしっこ、さあセックスの準備オッケー。言われてみれば、確かにその通りである。人間という有機体は、他の動植物と同じく、外界から水や空気、栄養を摂取し、代謝し、体内から不要となったものを排出する。機能性をここまで単純化すれば、確かに人体は、孔を通して外界と交流する「H_2Oで膨らんだ硬軟の繊維質」にすぎない。

「たたいて延ばせる（malleable）」と金属加工に使われることの多い形容詞が使われていることにも注意が必要だ。人間とロボットの境界を相互浸透的なものとしてとらえようとする語り手キティの視点（作者の視点でもあろう）がここに見え隠れする。

キティは丈夫な無機質のプラスチックでできているし、それに、何しろキティは可愛い。でもあなたがキティみたいに可愛いとしても、受胎の瞬間からあなたにだって感度はあるし、プログラムすることだって可能。サンリオの8888X3Dプリンタが起こす「キティ・ミラクル」ではないにしても、もちろんあなただって奇跡《ミラクル》。

（Yamashita 2014：183）

有機体である人間と無機質のロボット、似ているが異なる、異なるが似ている――二者の相似と相違が交互に強調される。キティは、人間をロボット的価値の尺度で評価する。「わたし、キティ」の中ではキティの価値は自明のものであり、人間はキティに近似することによって評価される。「あなたにだって感度はあるし、プログラムすることだって可能」「もちろんあなただって奇跡」とキティが語るとき、この言葉には、自らの特権性を誇示する意識が仄かに見える。

「わたし、キティ」の世界では、ロボットが人間との近さゆえに称賛されるのではなく、人間がロボットとの近さゆえに評価される。有機体であるがゆえに、人間の認知機能には限界がある。キティの認知機能にはほぼ限界はない、と語り手は続けている。「有機体であるがゆえの認知機能の限界とは何でしょうね」と学生に問いかけてみる。「記憶を例に考えてみましょうか。私たちが何を憶えているかは、皆さんが今ただ中にある青春期、かつて過ごした幼年期、いずれ迎える老年期とではそれぞれ異なりますね。今の年齢で考えても、そのときそのときの心理状態や体調、天候、関心の有無などによって、何をどのくらいはっきりと覚えているかは左右されるでしょう。ロボットは一度インプットされた情報は正確に記憶できますよね」と言うと、うなずく学生がいる。

「あなた」と「わたし」

質問を織り込みながらここまでの説明を終え、授業の冒頭、一人の学生が指摘した人称の問題に入る。「二人称が指す対象が一定でない」ことを書き出しに戻って確認する。

そもそも作品タイトルからして「わたし、キティ」であり、文中にも「わたし、キティもそう」とあるように、語り手はキティだ。一人称の語り手キティは、「あなた」に向けて語りかける。冒頭の段落では、「あなた」は一義的には読者であろう。だが、第二段落以降、「あなた」という二人称は、読者への呼びかけの余韻を保ちつつ、指示対象を自在に変化させる。家事ロボットと思しきキティに家事育児を託して日本のどこかの町で働く日系ブラジル人の夫、その妻、その息子。「あなた」は、時にこの家族全体を指すこともある。作者カレン・テイ・ヤマシタは、「シフトする、ほとんど不定形といいたいような複数の you」（菅・ヤマシタ 二〇一四：二〇）の発想と意図について、次のように語っている。

どうしてこういう方向にむかったのかは、ぜんぜんたしかではないのです。でもおそらく、物語における私（I）／目（eye）がひとつの機械であるのに対して、別々のものに対して与えられる you たちは複数形で、しかしどうやら結局はその機械との関係においては互いに区別されないものになっているように思われます。（菅・ヤマシタ 二〇一四：二〇）

実験的な二人称の使い方は、一人称のあり方に対する問題提起でもある。しかし、授業ではヤマシタの言葉には立ち入らず、あえて各学生が感じるテクストの直接的な手ごたえにこだわっていく。ヤマシタは続けて、二人称について次のように述べている。

それはまた諷刺的（残酷でもありますね）な仕掛けで、you を使うことで読者にも呼びかけているのですが、普通このことは読者を怒らせ、あるいは否認したいという気持ちにもさせます。読者を巻き込み、読者に命令したりするわけですから。自分の人生＝命に対するコントロールの喪失という、このいらいらさせられる感じを出

したかったのだと思います。（菅・ヤマシタ 二〇一四：二〇―二一）

キティの語りに「巻き込」まれ、「命令」され、「いらいらさせられる」かどうか。これは、読者がテクストに生き生きとしたイメージを感じられるかどうかにかかっている。「自分の人生＝命に対するコントロールの喪失」がそのいらつきの原因であるという認識に到るかどうかは、さらにその先の問題であろう。フィクションならではの具体的事物の清新な現前性を一人ひとりが手に入れることを目的とするこの授業では、読者である学生の認識を、ある程度方向づけはしつつも、先回りしすぎないように気をつけなければならない。ヤマシタの言葉は、念頭におきつつも、あえて紹介は控える。

教師の役割は、作家の認識の高みにまで、学生を引き上げることではなく、ましてや作家の認識を知識として教え込むことではない。一人ひとりの学生が、この作品に驚きつつも現実感を得ることがまず先決だ。そのうえで、個々が自分の生命についてどのように、どのような認識を深めるかは、それぞれでよいのではないか。具体的なテクストの手応えを抱くために前提となる基本的認識を共有すること自体、かなりの認識の深化につながっているはずと信じたい。

人称の問題に戻ろう。作品の題名は「わたし、キティ」だが、語り手が「わたし（I）」を使うのは、本文中、「わたし、キティもそう」という冒頭の一箇所のみである。それ以外では語り手は自らを「キティ」と呼ぶ。「キティ」という呼称は、「キティは」「キティが」「キティに」「キティを」「キティの」「キティこそ」と格変化のように変化する。子どもが、「わたし」とか「ぼく」ではなく、自分の名を使って「えっとね、○○ね、きのういいところにいったんだ」などと身近な大人に話しかけるのに似ていなくもない。「わたし」「ぼく」の代わりに自分の名前で自分を指す言語の用法は、中国語や韓国語にも見られ、主体性の未熟を表すともいわれるが、どうなのだろうか。自分で作り、気に入っていた愛称で自分を呼んでいた幼い日の私は、ある日、幼稚園の先生から「わたし」を使うか、せめて「ともこ」という本名を使うように命じられた。以後、私は自分を「わたし」と呼び続けているが、それによって私はより主体的人間になったのだろうか。

「外側から」訪れる世界

続いて、語り手キティが、登場人物としての「キティ」と人間の「あなた」を比較する次の一節が始まると、次第に二人のキティの間に微妙な距離感が生まれてくる。

ただ、キティがあなたより賢かったりすることはないし、あなたができないことを成し遂げることもない。なぜなら、キティにものを教え、教育する意義を決め、あなたが必要とする、あなただけのキティを作りだすのはあなたなのだから。（中略）キティの教育はあなたの責任、それだけのこと。あなたは何と思うかわからないけれど、キティは、そんなこと気にしない。（Yamashita 2014 : 184）

語り手キティは、自分の教育は「あなたの責任」と語り、人間への依存を装いながら、最後の「キティは、そんなこと気にしない（Kitty doesn't care.）」に到って、感情をもたないゆえに人間の支配から自立できる存在としてのキティ・ロボットの特性を読者の面前に突きつける。

「この世の苦悩の中に産み落とされた」という表現を第一段落最後の「キティは気にしない」という一文と対比させてみる。「この世の苦悩」は、人間を他の生物や無生物と隔てるものの正体かもしれない。年をとる、病気になる、怪我をする。他人と比べて美しい、醜い。金がある、あるいは金がない――「この世の苦悩」は「気にしない」ことによって、消えはしないまでも大幅に軽減される。だが、人間は「この世の苦悩」を気にし、思い悩む。キティは気にしない（この後、キティが介護ロボットになることを考えると、原文の care には「介護はしない」という皮肉な意味も込められている。詳しくは第三回授業に譲る）。

ここまできて、ようやく冒頭の一文に戻ることができる。「世界が外側からあなたのもとへ訪れる（Let's say the world comes to you from outside.）」とは何か。「動くことができず、じっとしている存在として自分を想像してみましょうか」と言ってしばらく目を閉じるよう学生たちに促す。「今、何の音が聞こえますか。体育の授業でテニスをする声、遠くを走る車の音が聞こえますね。風の音も聞こえますか。『世界』は向こうからやってくる、というのはこんな状態かもしれません」と言って目を開ける。ロボットにとって、「世界」は自らの働きかけによって変容を生じさせる対象ではない。世界はもともとそこに、ロボットの外側にあるもの。「世界」に対して、ロボットは圧倒的に受動的存在である。そういうことではないだろうか。

授業後に提出されたリフレクション・ペーパーで、ある学生は次のように記している。

「キティは自らの意志で世界を見に行くことができないため、人間とは異なる。与えられたプログラムの中で、卓越した才能を発揮することはできるが、自発的には動けないロボットと、ロボットほどの才能や正確さはないが能動的に動ける人間のコントラストや意味が私たちに問いかけられている」。なかなか明快なコメントである。この方向での思索が実りありそうだ。

3　第二回「キティはあなたの救いであり、死でもある」

事前課題　①"I, Kitty"を第四段落まで読む
　　　　　②青年団×大阪大学ロボット演劇プロジェクトの概要について、インターネットで調べてくる

日系人と日本社会

一九八五年のプラザ合意、一九九〇年の入管法の改正によって、在外日系人の国内就労に制限がなくなり、海外、特にブラジルの日系人社会に日本への出稼ぎブームが起きた。「わたし、キティ」の「あなたたち」は、おそらくそうして出稼ぎに来たブラジル人一家である。日系ブラジル人一家の抱える「この世の悩み」とは何か。「わたし、キティ」の第二段落目には、その日常が描写される。

一家の父親はリサイクル工場で、母親は病院で、低賃金で身分保障もないまま、果てしのない長時間労働に携わる。リサイクルのための解体――ねじを外し、部品を取り外し、機械部分をこじ開け、内部のプラスチック、金属、樹脂をそれぞれのゴミ箱に分別していく。他人に感謝されるわけでもなく、ごみにまみれる、単調で機械的な作業。だが、ヘルメットや仕事着は支給され、給料はよく、「地球を救う」という大義もある。母親の携わる病院の雑役――シーツとおまるを交換し、食事を与え、風呂に入れ、X線写真、MRI、手術へと車イスの患者を連れて行き、連れ帰る。時には霊安室に置いてくる。二週間連続二四時間体制の宿直シフト。だが、制服は支給されるし、病院内は空調でいつも快適であり、給料はよい。リサイクル工場というモノの最後と、病院で迎えるヒトの最期は二重写しになる。多忙な毎日を送る彼らに、日本人との交流の機会はほとんどない。それでも貯金をし、家電製品を購

入する。

何かと物入りな日本の子育ても「この世の悩み」の一つだ。異質な者に対する仲間はずれやいじめがある。夫婦は子どもに日系人であることを隠させ、日本人のふりをさせることでいじめを回避しようとする。「日本人として通ると考えたら大間違い」という語り手の言葉は、その身ぶりとは逆に、出稼ぎに来た日系人に対する日本人の根深い差別意識を暴き出す。日本人と日系人の間の線引きに根拠はおそらくない。それでは、ヒトとロボットの間の線引きの、根拠とはいったい何か。次の問題はこれだ。

ロボット演劇のヒトとロボット

カレン・テイ・ヤマシタは、「わたし、キティ」創作前に、ニューヨークで上演されたロボット演劇を観に友人と出かけた。一九九〇年代以降の「静かな演劇」を代表する演出家平田オリザが、アンドロイドの開発研究者として知られる石黒浩（大阪大学教授）と協力して作り上げた青年団×大阪大学ロボット演劇プロジェクトの公演『さようなら（*Sayonara*）』と『わたしは労働者（*I, Worker*）』の二作品を観たという（菅・ヤマシタ 二〇一四：一二三）[5]。

「わたし、キティ」を読む上で、これらロボット演劇は大きなヒントを与えてくれる。

二〇一〇年九月初演の「さようなら」前半では、死期の近い若い女性と、彼女に連れ添うために雇われた同じく若い女性の姿をしたアンドロイドロボットの会話が続く。人間を演じたのはブライアリー・ロングというアメリカ生まれの俳優だ。たどたどしい日本語を話すアメリカ人と滑らかな日本語を話すアンドロイドが「死ぬこと」をめぐってかわす会話は、ヒトとアンドロイドの境界を攪乱する。日本公演についてのブライアリー・ロングのインタヴューを読むと、当時は来日してまもなく大きな舞台で演じるのも初めてだったが、その硬さが逆に「ロボットに近い見え方で効果的」だったようだ、平田オリザは「どっちがロボットで、どっちが人間かが分からない様な見え方を目指していた」のではないかと述懐している（「『映画と私』ブライアリー・ロング」二〇一五年）。

二〇一五年製作の映画版『さようなら』（深田晃司監督）では、この女性に、原発事故で住めなくなった地域に追いやられた死期の近づいた難民という属性が加えられた（「『映画と私』ブライアリー・ロング」二〇一五年）[6]。映画版では日本人と難民という対立項は、ヒトとアンドロイドという対立項の上に重ね合わされる。「わたし、キティ」においては、日本人と日系人という対立項が、ヒトとアンドロイドという対立項の上に重ねられている。生物と無生物の対立に、ヒトという同じ種同士の内部に生まれた対立が重ね合わせられることで、忘れられがちな社会内部でのマイノリティの生命の軽さが新たな衝撃とともに浮かび上がる。

「救い」かつ「死」であること

一〇年間働き続け、ブラジルでの起業という夢をかなえるだけの貯えと、日本で買い込んだ数々の家電製品とともに、日系ブラジル人一家が故国に帰る日がやってくる。持ち物の中で一番大事なのはキティ・ロボットだ。電化製品の複雑な機能と操作方法をすべて知っているばかりか、子どもたちが話す日本語を理解できるのもキティだけだ。

キティはあなたの「救い」であると同時にあなたの「死」でもある。なぜなら、あなたのリサイクリングセンターでの仕事や、病院での仕事は、キティのような機械に取って代わられるから。あなたが日本人のような見かけをしているから日本はあなたを労働力として欲したのだと言う人がいれば、キティはあなたより進んでいる証拠。だってキティは日本製なのだから。あなたが日本人として通用すると思うのはバカな考え。とにかくもう日本を去る時期だ。日本のバブルははじけ、今やブラジルがグローバル経済の新興勢力なのだから。（Yamashita

2014：184–185）[7]

ロボットの製造・販売は、第四次産業と呼ばれ、未来社会を支える重要な産業とみなされている。介護現場の重要な労働力として働くロボットのおかげで人間は３Ｋ（きつい・汚い・危険）と呼ばれる労働から解放される。「テクノ失業」はすでに現実の脅威となりつつあるが、ロボットへの過度の依存は「人間らしさ」の喪失にもつながる恐れがある。

「キティはあなたの救いであり、死でもある」という一節をどう解釈するかという課題に対して、ある学生は次のような意見をリフレクション・ペーパーに記してきた。

「キティの存在に依存してしまっては、ヒトはどんどん自ら動かなくなり、破滅に向かう気がしてならない。キティにとっても同じことは言える。人から求められていることはキティにとって救いだが、必要とされなくなったとき、キティも死を迎える。両者の関係はとても似ていて、互いが互いに依存しているように見える」。

この学生が連想したのは、講義ですでに取り上げたメアリ・シェリー（Mary Wollstonecraft Shelley, 1797–1851）の『フランケンシュタイン』（*Frankenstein; or the Modern Prometheus*, 1818）における科学者ヴィクター・フランケンシュタインとヴィクターの科学的野心から製造されたクリーチャーとの関係である。敵対関係にありながら、相手の存在が自己の存立基盤となるという共依存関係をキティと人間の関係に見出した感想である。小説にせよ、映画にせよ、一人ひとりが作品との創造的な応答関係を実現する一つの方法は、他の作品テクストと照らし合わせて、相違や共通点を考えていくことだろう。目の前のテクストを自分の視点で論じるための手がかりがそこにある。

応答関係を実現する今一つの方法は、自分の経験と照らし合わせるということだ。もう一つ学生のコメントを紹介しよう。

「〈救い〉とは何かというと、キティがいることによって人間が楽をすることができるということだろう。家族の世話や家事など、現代の私たちが日々行う、人によっては面倒だと思ってしまう作業をキティは一回教えさえすれば完璧にやってくれる。しかし、キティにすべてを任せると、自分で実際にやらないとわからない大事なことは気づかないままになる。気づかないまま人間関係や人生が終わってしまうことが〈死〉ではないだろうか。たとえば子どもの世話を親がすることで子どもに愛情が伝わる。私は祖父母と暮らしているが、弱っていくお年寄りを、子や孫が感謝をこめてお世話をすることは大事だと思う。面倒かもしれないが、自分でやるからこそ、その仕事に喜びや達成感、自分だけの価値を見出すことができるのだと思う」。

育児や介護といった人によっては面倒としか思えない行為にこそ、この学生は「自分だけの価値」を見出している。「世話をする」＝「ケアする」ことは一方的な献身や犠牲ではない。「ケアする」人は、相手からの感謝によって報われるのではなく、ケアするという行為自体によってすでに報われている、他者へのケアが自身の生きる意味の発見にもなる、その互酬性にこそ人間らしさを認めるというのは大事な視点だ。

4　第三回「だまされたいと欲しているから、だまされるの」

事前課題	①　テクストを最後まで読む ②　「クッション型メディア」と呼ばれるある製品の広告を読む

「ケアすること」の多義性

「わたし、キティ」をめぐる最終回の授業。前節で引用した二人の学生のリアクション・ペーパーを紹介する。

『フランケンシュタイン』との共通性の指摘に関心を示す学生もいれば，自分の祖父母に想いを馳せる様子の学生もいる。

「わたし，キティ」の後半，一家はブラジルに帰国し，日本で稼いだ金を元手に「すしコーンショップ」を開く。日系一世の老父は認知症で，子らが日本に出稼ぎに行っている間，マリアという住み込みの女性に介護されていたが，今やマリアはキティに家事も介護もすっかり任せてしまう。一回教えられれば完璧に仕事をこなすキティは，疲れも知らず，飽きもせず，手を抜くこともない。事実上，家族に見捨てられ，マリアからおざなりの介護を受けていた老人――新しい「あなた」――は，自分のために甲斐甲斐しく立ち働くキティに恋をする。

あなたは実質的にもう十年も誰からも見放されてきた。あなたを見放した人たちは今では皆戻ってきたけれど，単に記憶を格納して，記録して，模倣するだけとはいえ，あなたを理解してくれるのはキティだけ。キティの模倣機能はかなり洗練されているので，あなたはだまされてしまうのだけれど，それはあなたがバカだからだまされているのではなく，あなたがこの大きなプラスチック製の人形にだまされたいと欲しているから，だまされるの。（Yamashita 2014：185）

キティが家事万端を完璧にこなしてくれるので，時間をもてあましたマリアは，次々に友人に電話する。「それで，その人形が旦那さまの身体を洗ってあげているところに私が見に入るわけ。旦那さまのアレは小さな塔みたいに直立しているわ。あんなのここに来て以来，初めて！」（186）介護を担うのはキティであって，それ以外の何者でもないが，キティには老人に対するいたわりの気持ちや，愛情はない。ケア（介護）はするが，ケア（愛情をもつ）はしない。皮肉なのは，それにもかかわらず老人がキティに恋をしてしまうことだ。

人間は相手がロボットであっても、相手に人間性を投影し、人間的感情があるものと思い込みたいものなのだろうか。年を重ね、身体の自由がきかなくなったときに、食事や入浴、排せつ、移動の介助をし、健康管理をしてくれる存在はありがたいはずだ。特に認知症が進み、もはや相手がヒトかロボットかの識別すらできなくなった状態にあれば、ヒトと勘違いして老人が介護ロボットに恋をしたとしても、「それもあり」だろう。だが、キティに恋する認知症の老父というイメージにはどこか心ざわつくものはないか。心ざわつくとすれば、それはすでに「わたし、キティ」という作品が読者に垣間見せてくれる近未来のヴィジョンが喚起力をもち始めている小さな証左といえるだろう。

どこまで人間は機械に近づけるか

いったんテクストを離れ、視点を変えてヒトとロボットの関係について考えてみよう。

サイエンスの世界では、人工知能の研究（どこまで機械は人間に近づけるか）と同時に最小限の「人間らしさ」（どこまで人間は機械に近づけるか）の研究も進められている。大阪大学の石黒研究室との共同開発により、二〇一五年九月に大手寝具メーカーから「クッション型コミュニケーションメディア」と銘打った製品が発売された。神社でお祓いのために配られる人形代《ひとかたしろ》を連想させるきわめて単純化されたヒト型をしたクッションで、顔にあたる部分のホルダーに携帯電話等を入れる。ぬいぐるみを抱くように、このクッションを抱きしめながら遠方の恋人と話をすると、まるで相手が身近にいるように感じられるという（「ハグビー」京都西川プレスリリース）。

「やわらかな触感と声が合わさったときあなたはそこに人の存在を感じ、ぬくもりを感じ、新しい感覚に出会います」というキャッチコピーが明らかにするのは、ロボットの人間化は、人間のロボット化と同時進行するということだ。発売元のホームページには、その効用を示すさまざまな実証実験の結果が報告されている。(1)この製品を使って会話したグループは、コルチゾール（ストレスで増加するホルモン）の血液、唾液中の濃度の有意な減少が観察された。(2)この製品を使用している子どもたちに話をすると、使用しない場合と違い、歩き回りや私語がなかった。「同様の効果は高齢者に対しても観察されます」。(3)就寝前の幼児にこの製品を通して母親の声を聞かせると、落ち着いて横になる。入眠の促進も期待される。(4)若い男女がこの製品を通して会話すると、「相手に対して関心があるような行動」が増加する等々（「ハグビー」)。キティの「受胎の瞬間からあなたにだって感度はあるし、プログラムすることだって可能」という声が聞こえてくるほど、ここには数値に置き換え得るロボット化した人間像があるように感じられる。

この製品のサイトを見た学生たちの反応を紹介しよう。

「私は電話の後、クッションがただのクッションに戻ってしまうその瞬間のむなしさに注目しました。電話している間はたしかに楽しく、抱きしめながら話すことで幸せを感じることもあると思います。しかし、いつかその声を聞ける時間は終わり、自分一人になる瞬間がやってきます。電話が終わった後にさみしさがやってくると思います。その人の不在を後で痛感しなくてはいけないのであれば、最初からクッションを抱きしめることなく会話をすればいいという考え方もあり得ると思います。一度使ってみたいとは思いますが、ずっと使い続けるアイテムではないな、と思います」。

この製品のことはテレビのある生活情報番組で知ったのだが、この学生も偶然同じ番組を見ていたという。番組では夫婦やカップルが抱擁するときに、オキシトシンというホルモンが分泌されて不安やストレスを軽減させるという発見を端緒に、かつての同僚に背中をなでてもらうことで全身の絶え間ない関節痛が緩和した元看護師、スウェーデンの保育園や小学校で互いの肌に触れるタッチケアが指導されている例などを紹介していた。クッション型メディアは、番組の最後に「オキシトシンをより効率的に出せる方法」として簡単に紹介されていた（『ガッテン』NHK　二〇一六年六月一日放映）。それまで紹介された多くの例が人と人との直接的接触に焦点を合わせていたのとは違い、人とモノの接触でも同じホルモンが分泌され、クッションを抱きつつ携帯電話を通して親しい人の声を聞くことで「癒し」効果が期待できると語られたことに私は違和感を感じたが、この学生も同様の違和感から「その人の不在」に意識が及んだのかもしれない。別の学生の声を聞いてみよう。

「私はこの製品のサイトを見て、ほんとうに驚きました。人間の形をしていて、やわらかい触感と声が合わさると、人の存在を感じることのできる人形。しかも人の体温、ぬくもりを感じるように特別な生地を使っているそうです。なぜここまでしなきゃいけないのか、だまされたい人が若者を中心にすごく増えてきているのだと思いました。特にスマートホンの普及により、人は機械を通してコミュニケーションをとることが当たり前になっています。だから、このような人形に違和感を抱かないのではないでしょうか。それは少し立ち止まって考えると、とてもさみしいことであると感じます」。

「なぜここまでしなきゃいけないのか」という率直な反発には、錯覚という人間の認知能力の未熟さが逆手にとられたことへの驚きと同時に、それを購入しようとする人間への違和感が表明されているように思える。

道具が本来の目的以外のさまざまな効用を謳われ、宣伝・販売される。いつから子どものおしゃべりや歩き回りは、人為でホルモンの分泌を促してまで抑制すべきものになったのか。老人たちがホームの一角に並べられ、一様にクッションに耳を当てて抱きしめている光景は想像しただけでもおぞましくはないか。さらに言えば、声の出るクッションによって若い男女が相手への関心をかき立てられるとすれば、『真夏の夜の夢』のように恋愛感情すら他者が操ることが可能になるかもしれない。ストレスを緩和し、楽になりたいと願う人間の欲求は様々な道具や技術の発展を促してきたはずだが、その欲求は、快を追求するモノによって逆に強化されてきたかもしれないという疑念がふと頭をよぎる。次のような感想もあった。

「この製品は一種のウソだと言えると思います。クッションを抱きしめて相手の声を聞くことでリラックスするという錯覚は、自分がだまされたいと思わなければ引き起こされることはないと思います。その『だまされたい』というところが、いま授業で扱っている"I, Kitty"とつながる点だと考えました。人間が生きていくうえで必要なウソはあると私は思っています。誰を傷つけるわけでもなく、人をむしろ幸せにするためのやさしいウソは、必要だと思います」。

「だまされたい」と思う人間の気持ちが「わたし、キティ」とつながるという指摘をしながらも、この学生は人間を幸せにするための罪のないウソは許容すべきという一般論で結んでいる。ここでどのようなコメントをすれば、「わたし、キティ」という世界を経験したゆえの新しい認識に迫ることができるのだろうか。

「キティ・ロボットに恋する老人と、クッションを抱きしめ、恋人と一緒にいる幸福を感じる若者。二つを結ぶものは何でしょう」。学生に問いを投げかける。「だまされている」「しあわせ」「嘘」「錯覚」などのつぶやきが聞こえる。「わたし、キティ」には、「当たり前だけど、キティは母や妻としてのあなたになり代わることはけっしてできない、はずよね?」(186)という一文も入っている。「はずよね?」は願望の表明だ。キティは人間の代わりを務めているかもしれない。でもヒトと機械が互換可能とは思いたくないという願望である。

結末の怖さ

三回目の授業終了後、ある学生が「"I, Kitty"は、SF的な感じもあって、とても新鮮でした」と帰り際に話しかけてきた。「私にとっても、そうだったのよ」と相槌を打つ。「終わり方がなんだか怖い感じがして、続きを読みたいと思いました」と礼を言って学生は教室を出て行った。たしかにこの先はどうなるのだろう。日系ブラジル人一家はいったいどうしたのか。キティは途中から一家の話をまったくしなくなる。と同時にキティが使う「あなた」という呼称もテクストから消えている。出稼ぎから帰ってきた夫婦はすしコーンショップが成功して生活に余裕ができたはずだ。家事も介護もキティがやってくれるし、息子は帰国後は、差別を受ける心配もない。語り手から「あなた」と呼び掛けられることのない唯一の登場人物マリアは、故郷へ帰ってしまった。

エンディングになって、キティはふたたび二人称「あなた」を使い始める。

キティは、キティ以外の機械をすべて略奪されたその家に戻る。キティはあなたの寝室に戻ってくる。キティはあなたのカテーテルにつながった袋に溜まっている尿を捨てる。キティはあなたのおむつを換え、あなたのお尻を拭く。キティはあなたの午後の薬の用意をする。キティはあなたの血圧と体温と心拍数を測る。キティはすべてを記録する。すべてゼロを指す、あなたの数字を。（Yamashita 2014：187）

マリアは、故郷から迎えにきた男たちとともに、一切合財の家電製品を積み込んだトラックに乗って去って行った。キティの介護を愛情深いケアと誤解したまま、やがて老人は最期を迎える。生理機能の数値を計測する機器は「すべてゼロを示す、あなたの数字を」。有機体の定めだ。ケアの対象「あなた」を失い、ヒトという種の終焉を見届けたかのように、キティは語る言葉を失い、介護という自動運転を続ける。二人称が消え、一人称も消えれば、残るのは無言の世界だ。ケア（介護）がケア（愛情をもつ）から切り離された世界では、生きていても人は人ではなくなり、言葉もまた息絶えてしまうだろう。「怖い」と言った学生は、最後の言葉の後に広がる世界の荒寥を直観したのではないか。

ヤマシタは地球のためにヒトは何をすべきかについて、「情報をリサイクルさせることも、ただ物語ることも十分ではない」と述べ、文学と環境についての研究は「俳句的瞬間」ばかりを話題にするわけにはいかない、とも語っている（菅・ヤマシタ 二〇一四：二三―二四）。私たちの時代がたどりつつある道筋がこの先どう帰結するのかを想像してみよう。時代に先駆けて、すぐそこまで来ている現実を描いた作品に対して、喚起力ゆたかな読解を促し、私たちの不安の正体により明らかな輪郭を与えよう。物欲、性欲、他者に対する優越というきわめて人間らしい欲望や、そこから生まれるさまざまな「この世の悩み」を見つめつつ、人間を相対化するヒト以外の生命について考え続け、信じてもいない価値のために日々を忙しく過ごすかわりに、想像力を豊かにもち続けることで見えてくるものがあるだろう。人間の人間らしさの解明が終わったときに、人間らしくあるための条件がすでに失われているということのないように。可能な未来の追求が、一人ひとりの命の手応えを奪うことのないように。

「わたし、キティ」を読み解くプロセスは、そのように、まだ私自身の中で持続している。学生とともにわからないことをわかろうと模索しながら読んだことで、テクストと私との今まで経験したことのない対話があった。この対話は、私の、そして参加した学生一人ひとりの経験知として、やがて別のテクストの読みへと流れ込むはずだ。

＊ 授業で使用したテクストは、Karen Tei Yamashita, "I, Kitty," *Ploughshares*, Fall 2014, Vol. 40, Issue 2/3, p. 183, September 2014. 本章においては、『文学から環境を考える――エコクリティシズムガイドブック』（勉誠出版）発表時の喜納育江訳を使用させていただいた。ここに記して感謝する。ただし、一部拙訳を使用した箇所がある。

注

（1）「わたし、キティ」以外に扱った作品は以下の通り。Mary Shelley, *Frankenstein*（1818）, Virginia Woolf, *To the Lighthouse*（1923）, Kazuo Ishiguro, *Never Let Me Go*（2005）．授業ではそれぞれの原作からの抜粋を印刷配布し、それを読んでくることを毎回の課題とした。

（2）環境人文学研究者としてハイザが何を明らかにしようと目指しているのかは、ベレント・M・シェーラーによる二〇一三年のインタヴューで語った次の言葉に明確に示されている。"What literary scientists, and especially literary scholars, and especially those of us who are so-called eco-critics and environmentally-oriented scholars, have been interested in is the way in which both environmental science and environmental discourse in the public sphere have been structured by some of the same underlying narrative templates."（Scherer with Heise 2013）

（3）もう一例は、無印良品が海外でクリスマスギフト用に発売した『絶滅種バッグ』と銘打たれた木製のおもちゃセット。（日産リーフのCMおよび無印良品の絶滅種バッグに言及したハイザの著書は初校提出後に出版されたため、ここで扱うことはできなかった。Ursula K. Heise, *Imagining Extinction : The Cultural Meanings of Endangered Species*. U of Chicago Press, 2016.）

（4）"Let's say the world comes to you from outside. Why not? What are you but malleable organic bodies, nothingness within variegated layers of hard and soft tissue pumped with H_2O, birthed into the torment of the world? Your orifices–eyes, ears, nose, mouth, anus, genitals, skin-flutter open, and you are ready for business. Me, Kitty, too. But with a difference."（Yamashita 2014：183）

（5）『さようなら』『わたし、労働者』の国内外における公演履歴は青年団ホームページ（「全公演履歴」青年団）を参照。

（6）手元の『さようなら』台本（「大阪大学・アンドロイド演劇台本・日本人版　さようなら」）では、若い女の死後、ひとり詩を朗読し続けていたアンドロイドは「フタバマチ、ヌマノサワ３４、フタバ海水浴場」に配送されることになる。回収に来た運送業者の男は、アンドロイドに、その場所で亡くなった人たちに「詩を読み続けてほしい」と告げる。「たくさんの人が亡くなったんだけど、そこには俺たちは入れない」と東日本大震災と福島第一原子力発電所事故が強く暗示されている。

（7）「死（demise）」は拙訳。

参考文献

「『映画と私』ブライアリー・ロング」『Load Showカルチャーサイト』。http://culture.loadshow.jp/interview/eiga-watashi-bryerly-long/（二〇一六年六月一九日アクセス）

小谷一明・巴山岳人・結城正美・豊里真弓・喜納育江編『文学から環境を考える――エコクリティシズムガイドブック』勉誠出版、二〇一四年。
『ガッテン』「痛み&認知症に効く！『癒やしホルモン』の驚きパワー」NHK 二〇一六年六月一日放映。
菅啓次郎、カレン・テイ・ヤマシタ「『わたし、キティ』をめぐって――カレン・テイ・ヤマシタとの対話」小谷一明・巴山岳人・結城正美・豊里真弓・喜納育江編『文学から環境を考える――エコクリティシズムガイドブック』勉誠出版、二〇一四年、二一一―二一七頁。
「全公演履歴」青年団ホームページ。http://www.seinendan.org/plays（二〇一六年八月一五日アクセス）
日本労働研究機構「日系人労働者の需給システムと就労経験――『出稼ぎ』に関するブラジル現地調査を中心に」独立行政法人労働政策研究・研修機構「調査研究成果データベース」調査研究報告書 No. 66、一九九五年三月。http://db.jil.go.jp/db/seika/zenbun/E2000012588_ZEN.htm（二〇一六年六月一九日アクセス）
「ハグビー」京都西川プレスリリース。https://kyoto-nishikawa.co.jp/news/pressrelease/20150604hugvie/（二〇一六年五月二七日アクセス）
安成哲三「Future Earth とは何か――その日本およびアジアでの意味」日本学術会議。www.scj.go.jp/ja/event/pdf2/130618b.pdf（二〇一六年七月九日アクセス）
ヤマシタ、カレン・テイ「わたし、キティ」小谷一明・巴山岳人・結城正美・豊里真弓・喜納育江編『文学から環境を考える――エコクリティシズムガイドブック』喜納育江訳、勉誠出版、二〇一四年、三―一一頁。
Heise, Ursula K. "Species Fictions." The keynote lecture at American Comparative Literature Association (ACLA). Harvard University. March 17, 2016.
Scherer, Berend M. with Ursula K. Heise, "Interview—The Anthropocene Project. An Opening." HKW Anthropocene. January 12, 2013. https://www.youtube.com/watch?v=J6gWI7lOWuQ（二〇一六年四月七日アクセス）
"Seinendan Theater Company + Osaka University Robot Theater Project." Japan Society. http://www.japansociety.org/event/seinendan-theater-company-osaka-university-robot-theater-project-sayonara-i-worker（二〇一六年八月一五日アクセス）
Sumioka, Hidenobu, Aya Nakae, Ryota Kanai, Hiroshi Ishiguro, "Huggable communication medium decreases cortisol levels."

Scientific Reports 3, Article number : 3034 (2013). http://www.nature.com/articles/srep03034（二〇一六年八月一五日アクセス）

"The Long Road : The making of Nissan LEAF Polar Bear commercial." Nissan News Com USA. http://nissannews.com/en-US/nissan/usa/channels/us-united-states-nissan-models-leaf/videos/the-long-road-the-making-of-the-nissan-leaf-polar-bear-commercial?page=3（二〇一六年八月一五日アクセス）

Yamashita, Karen Tei. "I, Kitty." *Ploughshares*, Fall 2014, Vol. 40, Issue 2/3, pp. 183-187, September 2014.

第4章

ソローにおける事実の開花と真理としての経験

フランソワ・スペック
訳：関根全宏

最も偉大な成功とは、単に事物をありのままに知覚することである。（ソロー『日記』一八五九年一〇月四日）

1 高次のリアリティ

ソローはエマソンに向けて書いた「マサチューセッツの博物誌」（一八四二年）と題されたエッセイを次のように結んでいる——「ある一つの事実の価値を過少評価しないようにせよ。それはいつか、真理の中に開花するのだ」[1]。この一節は、リアリティに対するソローの向き合い方がエマソンの交感理論の強い影響下にあった初期のソローに特徴的なものである。エマソンが著書『自然』（一八三六年）において詳述しているその理論は、自然の「事実（facts）」と内的な「真理（truths）」との間に相関関係、すなわち「より遠く離れた下位の神の化身による世界」があることを前提としている[2]。それゆえ、エマソンは、あらゆるものが直観的に志向するリアリティないしは美の究極的かつ超越的な秩序に対するネオ・プラトニスト的信仰を固持し、その概念は「開花（flowering）」という有機的な隠喩によって展開されている。したがって、自然界をめぐる知覚は、目的論的かつ神学的に究極の美を志向する一方、人間の存在は、エマソンが彼のエッセイで定義しているように、人間の創造力の解放によって、より高次の秩序との合一を成し遂げることができ、詩人がその象徴とモデルとなる。

詩人は世界をガラスばりに変え、万物を、連続して行進していく姿のままにわれわれに示してくれる。ひとなみすぐれたあの認識力のおかげで詩人は一歩ものに近づいていて、ものが流動し、つまり変貌するさまを見きわめているからだ。思考が多様な形をそなえていること、あらゆる生物の形態の内側には、一段高い形態に上昇するように強いる力が宿っていることを心得ていて、……（「詩人」Emerson 2001, 189-190）

エマソンの世界観が示唆するのは、事実が真に意味深くなるには、それ自体の現前性とは対照的に、事実を一般化し、霊的な意味を付与することで解読すべきということである。事実をより高次なものと想定することで到達されるものを、エマソンは科学ないしは哲学と一括して呼んだ。

この点において、エマソンによって提唱された自然の享受とは、精神のより高次なリアリティを賞賛しようとする前段階にすぎなかった。エマソンは、決して物質的な宇宙を放棄したのではなく、リアリティの即時的な諸相を考慮に入れない傾向があったにすぎない。それは、世界に生命を与える力や、活力と精神の循環、そして「あらゆるものが可塑的な領域へと精神を誘うことで、物質的な宇宙を消し去る」思考の力を表現するためであった（「運命」270）。このような物質的な世界の消失は、とりわけ、〈時間〉と〈空間〉に関わる人間の経験に影響を与えた――「人間は……宇宙よりも偉大である。というのも、様々な法則によって明らかなように、〈時間〉と〈空間〉の関係は消えてしまうからである」（47）。エマソンは、このように、即物的な世界と引き換えに、「夢と影」として知覚される形而上学的ヴィジョンを展開した。世界に対する彼の向き合い方は、形而下のものに対するピューリタン的不信、とりわけ、事実を宗教的言説へと変換することによって現実を予型論的に読み解くピューリタンの遺産を感じさせるものである。(3)

ソローも同様に、エマソンに最も影響を受けた初期の日記において、「人間の理想的な生の営みが存在するように、実際のものよりも完璧な理想的ないしは真の自然は存在する」(4)と信じ、プラトン主義的に、「観念」と「現実」とを同一視した。相対的にみれば、ソローもエマソン同様、自然界に人間がいかに関わるのかという問題は、より高次な自己認識を得るために、形而下と形而上との間の架橋をいかに見出すかという点にかかっていると信じていた。

より純粋で知的な気分において、私たちは粗野な経験を洗練された教訓へと変換する。……自然の法則とは科学に他ならないが、啓示をうけた瞬間、それは教訓にも神聖な生の様式にもなる。(J1：468　一八四三年九月二八日)

さらに、『コンコード川とメリマック川の一週間』において、ソローは「物質的な宇宙」を非物質的なるものの「外面的で視覚的な表徴」と定義した。(5)この表現には、予型論の言葉が直接反響しており、それ自体が、ニューイングランドのピューリタンによるプラトン主義の受容そのものを意味している。

結果として、若きソローは、精神世界との類推関係を確立することによって、超越的なものの物質的な側面を消し去る傾向にあった。それは以下の一節に例証されている。

私の鳥類学が役立っていなかったことを、今日知る。幸いにも、私が学んできた科学とは異なる鳥たちのさえずりを聞いたのだ。あたかも創造の最初の朝であり、カロライナとメキシコに広がる生命あふれるいくつもの人跡

未踏の荒野が彼らの歌の背景にあるかのように新鮮にさえずった。（J1：115　一八四〇年三月四日）

この一節は、ソローが、事物の多面性を、ある本質的なリアリティに凝縮することで、超越性を獲得しようとどれだけ腐心していたかを示している。

エマソンの交感理論がもたらしたものは、総じて、厳然たる現実の物質性をめぐる経験を、内的ないしはより高次のリアリティへと変換させることであった。ある具体的なものから抽象的で普遍的な形式へと形而上学的に飛翔することによって、超越主義は、物質性（ないしは実体）の超越だけではなく、一時性（ないしは状況性）の超越をも含んでいた。詩人は「自然から精神へと事実を取り入れる際に詩を生み出す――詩人は、時間ないしは場所に言及することなく語る」（J1：69　一八三九年三月三日）。この点において、作家の達成とは、経験的世界の根底にある普遍なるものと無形なるものを垣間見ることだった。

2　エマソン主義を超えて

ここでは、一八五〇年代にソローがエマソン主義をいかに超えたかという点について見取り図を示しつつ、とりわけソロー後期の日記が、これまで詳述したような経験、物質性、そして一時性の軽視に対抗する世界との関係の樹立へと向かう漸次的な段階を、いかに反映しているかを提示したい。

実際、一八四〇年代でさえ、ソロー作品は、先述した議論よりも複雑である。それらの作品には（とりわけ『コンコード川とメリマック川の一週間』）、自己矛盾を抱えた登場人物が現れ、事実の価値への賞賛と超越思想への賞賛とが交錯する。そのような分裂したヴィジョンは、一八五〇年代には全く異なる世界観へと変わっていった。日記の本質および自然界に対するソローの向き合い方は徐々に変化していったが、大きな転換点は、彼が自然に関して献身的な研究と記録に着手した一八四九年から一八五一年の間にあった。その変化の決定的な側面は、彼の日記が次第に、今後の作品のためにアイデアを蓄える準備段階から、それ自体が自律的な意味をもつように変わっていった点にある。

恐らく、日記に書かれた思考というものは、それに関連する思考が別々のエッセイにまとめられるよりも、日記という同じ形式で印刷される方が、より有益であるかもしれない。今は人生について考えることが多いが、それらの思考は読者によって現実離れしたものであるとは見做されていない。もっとシンプルで、技巧的でもなく、素描のためにはこれ以上最良の枠組みはないと感じたことさえある。単なる事実や名前や日付でさえ、我々が思っている以上に様々なことを伝えてくれる。例えば、花は、草原に生えている時よりも花束にした時の方が綺麗に見えるのかどうか。しかしその花を摘むためには足を濡らさなければならない。衒学的であることは、いったいどれほど有益なのだろうか。（J4：296　一八五二年一月二八日）

一八五〇年の後半に差しかかる頃、ソローの日記は、日付が付されるなどして体系化されるようになった。それは、最終的に一四巻に達し、初版では七〇〇〇頁以上にも及んだ[6]。もし、ソローが「規制なしに語ろうと[7]」している箇所があるとすれば、それは彼の「度が過ぎた（extravagant）」日記にある。その日記は、ソローがある種の激しさを伴って真剣に自然に関わろうとしていたことを証言するものでもあり、事実、彼が「夢見た壮大な生活」を成し遂げることがそこでは例証されている[8]。ある一つの文学的なプロジェクトとして、その日記は、もはや文学的な諸目的を補完するものではなくなった――つまり、自らの他の作品のために流用されるものではなく、世界を知覚し、かつ世界と関わるための道具になったのだ。

このような日記の新しい役割は、自然界に対するソローの向き合い方も同時に深化を遂げたという事実に由来する。その変容は、ローラ・ダッソウ・ウォールズが述べるように、部分的には、ソローが一八五〇年にアレクサンダー・フォン・フンボルトの著作を読んだ結果でもある（Walls, 134-147 参照）。ソローが拒否したものは、超越思想の形而上学であって、その道徳的ないしは倫理的志向性ではなかった。彼は、知覚できる現象としての自然が、観念的な至上のリアリティに対して開かれた透明なシンボルとして機能するような世界観から離れたのである。とりわけ、物質的な世界において人間は疎外されているという観念主義的感覚は、自然に積極的に関わろうとする試みと折り合いをつけることが不可能であることを証明するものだった。一八五〇年代になると、ソローにとっての経験とは、神によって定められた世界——事実の価値が精神的真理よりも過小評価されるような世界——に服従するものではなくなりはじめた。その代わり、知覚する主体こそが重要な役割を果たすようなより不確定な世界に対する複雑な反応の一つとなったのである。(9)

3　経験の真理

エマソン的経験が、世界の底流にある（ないしは包括的な）形而上学的合一の啓示を志向するものであり、また、芸術が、倫理的かつ精神的真理の表明として機能していた一方で、ソローは、経験に本来備わっている価値を主張していた。先に引用した一八五二年一月二七日付の日記は、そのような経験的事実の優位性を明確に示すものである。換言すれば、「真理（truth）」とは、もはや世界の経験を超えたところにあるものではなく、経験それ自体において到達されるものだということである。したがって、経験とは、もはや疎外を意味するのではなく、むしろ歓喜や解放を意味する（時に圧倒的なリアリティの重さに対する不安にさいなまれることがあったとしても）。

> 人々は真理を遠方に、太陽系のはてに、最も遠い星のうしろに、アダム以前に、最後の人の以後にあるものと考える。永遠というものにはたしかに真実で崇高な何物かがある。しかしすべてのこれらの時と所と機会とは今、そしてここにあるのだ。神自身も現在のこの瞬間に絶頂に達し、過ぎゆくすべての時代を通じてこれ以上に神々しくあることは決してないであろう。そしてわれわれはわれわれを囲む真理を絶えず染みこまされ、それに涵《うるお》されることによってのみ、はじめて崇高なものを高貴なものを把握することができるのである。（Thoreau *Walden*, 96–97）

したがって、ソローは、あらゆる知識と意味は状況依存的であること、そして、真に〈詩的な〉世界との関わり方を享受しようとする者には全面的な関与が必要であることを雄弁に擁護した[10]。後期の日記におけるソローは、それまでの厳しい禁欲から一転して、真理に到達するためには、もはや形而下の密度ないしは実体を犠牲にするのではなく、目に見え、触知できる多くのものと今まで以上に深く関わる必要性があると主張していた。彼は、自らを「取り巻くリアリティに絶え間なく浸かること」を切望し、より高次のリアリティではなく、より深淵なリアリティを求めた――「深さには深さで答えねばならない」（J8：176　一八五四年六月五日）。したがって、到達すべきより高次の段階というのは、観念的なものでも象徴的なものでもなく、時間的共存の段階であり、自然と自然の観察者とが相互に依存したり交流したりする段階であった。ソローは、象徴によって永遠が約束される贖いに懐疑的になっていったが、それでも知覚という真の行為がもたらす贖いの価値は信じていた。

最も偉大な成功とは、単に事物をありのままに知覚することである。しかし、例えばシダに心を動かされ、それがあなたにとって何らかの意味をもち、新たな聖書と啓示としてあなたの人生を贖う必要があるのだとすれば、その目的は間違いなく成就されないのだ。（JXII：371-372　一八五九年一〇月四日）

宗教的含意があるこの一節において、ソローは主として〈個〉の重要性を明らかにしている。つまり、事物は「〈あなた〉にとって（何か）重要な意味をもち」、それらの事象は「〈あなた〉にとっていまひとつの解放となる」という要件によって、ソローは、経験の価値（ないしは「成功」）を定める唯一の有効な基準として、神学的な解釈の代わりに〈個〉の重要性を説いているのである。物質的な世界に個人が関わる際の贖いの力があるというソローの示唆は、物質的な世界から人間を切り離す現代の傾向に反するものであり、それゆえ、彼の環境思想――とりわけ注目すべきは『メインの森』の第二部「チェサンクック」で定義されるような自然における人間の場所の概念――を裏付ける論理的根拠を提供してくれる。

究極的な達成とは、世界の一部になることであり、世界に背くことではない。そして、これこそが愛するという行為に他ならないとソローは主張する――「私の日記は私の愛の記録でなければならない。私は自分が愛する事物についてのみ記す」（J3：143　一八五〇年一一月一六日）。「愛」の優位性が重要なのは、深淵な経験を追求するソローの探求が、単なる意味の追求と区別されるからである。たしかに、ソローは、観念的にも官能的にも知覚可能な世界との関係を主張し続け、ウィリアム・ジェイムズが「事実に関する最も豊かな親密さ」と呼んだものを提示していた。(11)

私は、理解することをやめてから、そうした対象が初めて見えるようになった。それまではその存在に気付かず

それを認識していなかったと悟った。（J3：148　一八五〇年一一月一一日）

何とかして語られる事実とは乾いたものである。しかし、事実とは、私たちが関心をもつためには、なにか人道に関することを伝えてくれるようなものでなければならない。そのような事実は、温かみや湿り気があり、具体化されたもので、少なくとも息が吹きかけられたものでなければならない。人間が目にしてきた事物には、どれもそうした事実が感じられるのだ。（JXIII：160　一八六〇年二月二三日）

この一節における事実の無味乾燥さに対するソローの言及は、もはや精神的な浄化による贖いを正当化するためのものではなく、むしろ、宗教的ないしは科学的思考によって否定される自然との深い感覚的な関係を擁護するものである。彼は、物質的な自然を軽視する伝統的な宗教や哲学、および、経験主義と合理主義を無為に融合させる現代科学の両者を棄却する。

ソローの最も深い洞察の一つは、完全な認識の状態とは、知と無知との間の均衡をとる――より厳密に言えばその「境界の生」を生きる――ことによってのみ達成されるという認識にある（Thoreau 2002, 173）。以下の二つの引用に示されているように、ソローは、一八五〇年代を通して、いかに知るべきかということと、いかに知らないべきかということを交互に学ぶ必要性について熟考していた。

常日頃、我々が視線を注ぐ美、色彩、形式のどれほどが知覚されずにいることか。植物学者以外は誰も、地球の表面が身に纏う様々な緑の色合いの違いには気付かない。地球を彩るスゲやイネ科の植物の種類を知らなければ、風景画家でさえそうした違いには気付かないだろう。草の色について言えば、それらのほとんどは、特に自然の様々な側面に見られ、多かれ少なかれ、暗いか明るいか、緑色か茶色いか、ビロードのようか、鮮やかか、あるいは乾いた色をしている。だが、様々な草をじっくり観察してみると、様々な種がもつ様々な色の中に、また違った別の美しさを見出そうとし、それを見つけるのだ。（JXI：3　一八六〇年八月一日）

我々が何かを知るようになる時というのは、学んできたことを忘れる時だけである。私は、博学な人からある事柄について教えてもらったと仮定するならば、いかなる自然の対象物そのものの手前までしか近づくことはない。それを熟知するには、これまで何度もしてきたことだが、完全に初めて出会う未知のものとして近づかなければならない。シダについて知ろうとするならば、植物学で学んだことは忘れなければならない。一般的に言われているそれらの知識は棄てなければならないのだ。とはいえ、何かを知覚しようとし、あらゆる先入観を捨ててそれに近づかなければならない以上、ある一つの科学的用語や科学的区別だけを棄てればよいというわけではない。あなたが思っているように存在しているものなど何一つないということに気付かなければならない。いったいどの書物に、この世界や世界の美しさが書かれているというのか。いったい誰が、美を発見するための一歩を示しているだろうか。平凡な状態でいてはいけない。最も偉大な成功とは、単に事物をありのままに知覚することである。（JXIII：371　一八五九年一〇月四日）

ソローにとって、科学的な知識とは必要なものであると同時に危険なものでもあった。このことは、「我々は既に半ば知っていることについてのみ聞き理解しているのである」という一節に要約されている（JXII：77　一八六〇年一月五日）。この一節で最も重要な語は「半ば（half）」という語である。それは、認識することを妨げてしまうような完全に無知な状態に反すると同時に、観念的ないしは科学的な熟知という状態にも反する。というのも、観念や科学は、いかなる真の知識をも除外してしまうからである。事物それ自体に向き合う代わりに自分が「知っている」ものを代置してしまうのである。我々は知りえないものは見ることもできない。しかし、知っていることであれば、知識を経験の代用とすることができる。それゆえ、我々は「科学を学び、そしてそれを忘れる」――これは、「視覚による真の散歩」のための道筋を整えるプロセスである（J4：483, J5：344）。真理とは、目に見える有形のものに還元された表層に盲従することではなく、絶えず更新される経験、すなわち、流動的な知識の中に存在するのである。

私にわかることとは、知識というものは積み重なって、私たちがこれまで知識と呼んでいたものがすべて不適切であるという突然の啓示、つまり天地万物の雄大さと栄光という無限の意識、こうしたものにたいする新しい大きな驚きになるということだけである。そのとき太陽の光が靄に差している。（J3：198　一八五一年二月二七日）

したがって、日常的な観察に対するソローの固執は、信仰にまで昇華され、知ることの不安定さに対する彼の称賛は、深く宗教的で神秘的でさえある経験としての自然に対する向き合い方を規定することになる。ソローの日記は、「自然という書物」とその宗教的な基体を一つのモデルおよび外装としながら、解釈されるべき既存のテクストなど存在しないということを明らかにしている。とはいえ、日記それ自体が、そのような書物の一形態であるのは事実である。(12)

自然界に対するソローの関わり方は、自意識の内なる機能――彼が「自分と事物との間の神秘的な関係」と呼ぶもの――の探求を眼目としている（J4：468　一八五二年四月一八日）。彼は、外部の世界に対する観察者の関わり方というものは絶え間なく変化するものだと考え、「リアリティ」の現前性に対する知覚のプロセスがいかに重要であるかを主張している。

完全に客観的な観察などありえない。興味深い、すなわち意義深い観察とは、主観的なものでなければならない。詩人や哲学者や科学者、いかなる分野の作家であれ、作家というものは総じて人間の経験について書かなければならない。そして、最も科学的な人間とは、最も生き生きとした――人生それ自体が最も偉大な出来事であるような――人間である。（J8：98　一八五四年五月六日）

「創造的な自己と世界の〈ダンス〉という相互関係によって」[13] 世界を構築するプロセスに身を投じながら、ソローは、自分が〈生きて〉いて目に見えるリアリティを生み出す際に、観察者が果たす重要な役割であるリアリティの構築における「眼の意志」の重要性を繰り返し明らかにする（JXI：153　一八五八年九月九日）。ソローの〈主潮《エートス》〉は、〈居住空間《オイコス》〉への関心と切り離すことができないものであり、ここにこそ、彼の認識論と自然擁護とが交わる点がある。彼は、自然の非物質化が、究極的には自然を支配する企てを後押ししてしまうことに不快感を覚えていたに違いない。「事実（facts）」を思考という帝国に服従させることは、「自然を支配する人間の王国」というエマソンの主張を正当化するにすぎないのかもしれない。[14]

　したがって、ソローの日記は、我々が固執し希求するような客観的および合理的で不変な世界のイメージなどは存在しないという認識に基づきながら、完全な実体と一時性とが取り戻された宇宙の切り立った巨大さとの眩暈がするような不穏な邂逅へと我々を誘う。ソローが観念論を批判したのは、それが様々な境界を明確化し、それゆえ、物質的な世界の透明化ないしは分解が引き起こされてしまうからである。彼がはっきり享受したものは、実体の重力なのである。

もし、事実がリアリティの至上の秩序に対して補完的なものであるがゆえに、その活力も密度も損なわれるのであれば、ソローの日記はそれに反して、物質性および状況性を感じ取る優れた感覚を提示している——その感覚は、「〈ここ〉に近づこうとする、弛まぬ努力がなされねばならない」というソローの格言を体現するものである（JXI：275）。

4 〈実体〉対〈影〉

事物の本質に対して具体的な物質性が優位にあるというほとんどダーウィン的感覚を兼ね備えたソローは、[15] 物事の本質がリアリティのより優位な、ないしは神聖な秩序に存在するとする神学的本質主義とは対照的に、物質的な現前性に惹かれ、それにますます全面的に関わっていくことになる。基本的に前ダーウィン的世界観をもっていたエマソンにとっては、リー・ラスト・ブラウンが著書『エマソンの博物館』（*The Emerson Museum*）において明らかにしたように、「実体（substance）」が神の側にあるのに対して、自然は「創造主の実質的な思考のスコリア（鉱滓）」として現れる。（Emerson 2001, 38-39）エマソンが、世界の至上のリアリティを明らかにするものとして「透明性（transparency）」を繰り返し強調していたのだとすれば、ソローは、「事実」の光り輝く不透明性に悦びを見出したのである。自然を実体とみなすソローの自然観は、一八五〇年代の日記——例えば、植物学的記述や容易には引用できないより精巧な場面——に幅広く見られる。一八六〇年一月二七日付の以下の長い一節がその一例である。

今私は、ハバード草原の凍った池の上に立っている。一筋の霧が西と南西に広がっているのが見える。きめ細かく白い繊維状の粒子で、スケート靴のように曲線を描いている。夏の雲より冬の雲はこれほどきめ細かくなかったのではないだろうか。炎のような形をして、アスベストのようだったろうか。暖かい時にはきめ細かい粒状の雲は見られないのではないか。空気は乾ききっている。雲は大きくならずに縮んでいる。サンゴの骨針のように。それは冬の空に浮かんだ象形文字だ！

西の空に漂う霧状の雲は、舌のような曲線を描き白色の炎のように大きく立ち上がる。昼間のオーロラのようでもある。ここに、雲に対して直角に交わる、ないしは地平線に対して平行するはっきりとした注目すべき砂紋が見える。その砂紋は、蛇の側板のようだ。空のほんの一部分しか占めていない。まさに頭上を見ると、そこには、灰色がかるほど薄いガーゼの雲のようなものが見える。脳のように、見事に網状になった雲。とても薄いが、しっかりとした膜状だ。これらは常に頭上にしか見えないものだろう。その炎のようなアスベスト状の雲の下で、細く立ち上る蒸気の中にほとんど知覚できないほどのさざ波――いわし雲の形になろうとしているもの――を認めることができる。天頂に近いところに見えるのは、いわし雲の空ではなく、青色と白色とが見事に混じりあった空で、それは刈られた羊毛が青色の地面に撒き散らされたかのようだ。白色のものは小さな丸状となって密集している。楕円形の薄片がいわし雲の空に平行に並ぶ。遠すぎて動いていないように見える。だが、低いところにある蒸気は東に向かって速く動いている。

このようなとても薄い雲は、いわば前衛部隊である。北西からもっと厚い雲がやって来て、じきに暗くなる。

今夜は綺麗な夕日は見られない。

夕暮れの空は、何と見事に真っ赤に染まるのか！　しかし何も染料によって染まっているわけではない。夕焼けは、太陽の光の入射角度と大気中の蒸気によって見られ、角度によってはしばらく見ることができる。時に北側の空に、時に南側の空に見える。私は、南の空の地平線に広がる夕焼けを見たことがあるが、とても綺麗で、西から東の空の天頂まで半分以上にも広がっていた。恐らく雲がほとんどなかったためか、別の場所に雲が集まっていたためだろう。（JXIII：109-111）

ソローの日記が描く、というより、書くという行為を媒介して〈翻訳〉する〈自然〉とは、移動、重力、形体、成長、衰微、色彩、集塊、大気、そして光といったものによって、刷新された知覚が際限なく実体化するものである。

観察者と世界との相関関係は、大抵はいかなる形而上学的真実との繋がりへの関与とも無関係であるため、事実というものは、精神と超現実との直接的な邂逅を意味しなくなるが、個人の自意識と多面的な世界との交流は開けたものになる。セザンヌのサントビクトワール山のように、ソローが描いた対象は、いかなる超現実的なものの探求とも切り離され、我々の目の前で、あるいは既定された場所を超えて、我々の想像を超える形で漂っているものである。ソローの日記で描かれるコンコードは、南フランスのエクス・アン・プロヴァンス近くにあるセザンヌが描いた山と同じである。それらはどちらも、確固とした事物であり、存在論的なリアリティに満ちている。(16)

5　例証としての経験

プラトン主義的ないしはネオ・プラトン主義的超現実の棄却に伴って、「在ること（being）」と区別する形で何ものかに「なること（becoming）」をソローは賞賛する。[17]ソローの目的は、経験論的に事物の本質について語ることではなく、事物の現前性に自らの身を投じることにある――「今この瞬間に我々に提示されたものは、現在の全てを支配し、地球のまさに最上位に位置する」（JXIV：119–120　一八六〇年一〇月一三日）。

自然と人間との間に相互に構築される関係において、ソローは知覚のプロセスだけでなく、自然そのものをプロセスとして主張するようになる。時間に「浸る」ことで、ソローは、例えば彼が夕方に見た空のように、一時的に溶解する自然の形態の即時性に意識を向け続ける。彼はリアリティをプロセスとして捉え、物質と精神との間にある階層的で非時間的な関係に限定されるような実存としては捉えない。一八五〇年代の日記はどれも、知覚行為を称賛するものであり、「事実」は知覚された出来事になる――「私の散歩は様々な出来事と現象に満ち溢れている」（J3：245）。自然に対するソローの確かな傾倒は、一般化ではなく特殊性を引き出すように意図されており、彼は経験を、ある事柄を例証するものとして賞賛している――「私に純粋な精神および純粋な思考を下さい。〈宇宙の法則〉を見つけるよう急ぐのではなく、より一層はっきりとした特定の例証を見させて下さい」（J4：223）。

ソローが目指したことは、「変化が起こる領域から移動させられる」ことでもなければ、「〈時間〉と〈空間〉との関係を消滅[18]」させること――つまりリアリティを消し去ること――でもなく、世界の物質性と関わり、それに忠実であることだった。ソローにとって視覚とは、「宇宙が透明になり、より高次な法則がそれを〈通して〉輝く」（Emerson 2001, 38）エマソン的瞬間と同義ではなく、いかなる教義のシステムによっても仲裁されない「事物それ自体」との邂逅と同義である。世界が知覚行為者の意識に応答する形で、個人が狭い自己を超越し世界それ自身へと拡大する超越思想的信仰を拡大することで、ソローはその究極的結論として、「あらゆる事物は我々の経験に完全に記述されることはない」という認識に達する（J4：421　一八五二年四月二日）。彼が探求したものは、詩的ないしは直観的な閃きを伴う経験の無時間性であって、象徴の永遠性でもなければ、リアリティを分析する科学的記号の普遍性でもなかった。彼の探求は、クロノスがカイロスになる瞬間――無時間的（timeless）でありかつ時宜を得たもの（timely）である真の経験――のためにあったのである。(19)

頭上二、三百フィートを飛んでいる整然とした姿を見、称賛する者の中には、もっと近づき手でつかみたいと思う者がいる。しかし距離をおいてこそもっともよく見ることができ、今のほうがよく見えていることに気づいていないのである。（JXIII 194-195　一八六〇年五月一五日）

表層の背後にある真理の探求を断念したソローは、日記において、自然のリアリティを支配しようとしたのではなく、自然との共生、あるいはおそらく自然との同一の広がりをもつことを求めていた。彼はまず事実を真理と捉える理想を思い描きつつ、次第に脱超越主義化された立場をとるようになる。(20) 彼はもはや表象性ではなく例証（性）や状況性から生じる感覚および思考を探求するようになる。

クロドリの小さな群れが頭上を飛ぶ。あるものは上昇し、他のものは下降しながら、いっしょに進む。ひとつの群れなのだが、数は多い。黙っているのもいるが、チッチッと音を出しているのもいる。とにかくたえまなく変化している。ダンスにおけるような、異なる動きを認めるこの調和した動きは、壮観である。一羽一羽は、断片的で、無防備で、織物からほぐされた一本の糸のようである。入れ替わる！　そしてまた入れ替わる！　天国と地獄！　この場合も、鳥が飛ぶとき、その跳飛の動きは、鯖《さば》雲のように、多くの物質に認められるあの波動である。（JXII：44　一八五九年五月一三日）(21)

日記を書くという行為は、なによりもソローにとって、人生を通じて細密描写《パッセージ》を引き伸ばし深化させる手段であった。細密描写とは、ソロー作品の核心である。不安定で流動的なもの、および自らの経験の明るい側面を留意しながら、ソローは拡張し、分離し、リズミカルに跡を印し、時間を一掃ないしは階層化し、きめの細かい〈時間の風景（timescape）〉を生み出した。ソローの日記は、音楽のように時間を知覚可能なものとして捉えている。そこには一瞬の儚さが劇的に描きだされる。そして、日記を読むことは、時間の持続、継起、および運動と関わることを意味する。自然の中にいるソローに悦びを与えるものは、一つの主題で展開されるその変奏にある――自然は、確かに彼の著作の核心をなすモチーフである――その言葉がもつ音楽的意味においても、生きるための動機づけないしは立脚点としても。

ソローは、人間の有限性の感覚、そして倫理的であれ、言語的であれ、科学的であれ、物質的世界を服従させるすべての道具には限界があるという感覚をますます強くもつことによって、逆説的に、十分に成熟することができたのだ。彼の日記は、世界のあらゆる確固たる風景に疑問を投げかけ、統一と調和とを求める伝統的な考え方を打破しようと試みながら、あらゆる種類の枠組みを拒絶し、その代わり非透視的な構造を採用した――それは、秩序だって自然を翻訳するための新しい多面的な統一を生み出す構造である。言語は不十分なものであるということに関するソローの感覚について言えば、それは、事物の本質が不十分であるという彼の感覚からすれば、至極当然の論理的帰結に他ならない。究極的には、科学における包括性の目的とは、知識というものが流動的でダイナミックな特性をもつ以上、究極的なリアリティなどは存在しないという認識の前に後退する他ない。その結果、ソローは、物質的な世界への関わりが極めて不安定で不確定性を帯びるが、それでも有益なものであるという事実に直面しなければならなかった。自然は、究極的には、継続する知覚および自由に対して開かれたものであるという我々の理解とは相容れないのは事実である。この点において、ソローの日記は知覚のための道具であるだけでなく、自由、すなわち、詩的な条件を達成するための道具でもあったのだ。

訳注

本章は François Specq, *Transcendence: Seekers and Seers in the Age of Thoreau.* (Higganum, CT: Higganum Hill Books, 2006) の第3章 "Thoreau's Flowering of Facts and the Truth of Experience" の邦訳である。

本章における引用は、日本語訳がある以下のものについては、それを参照した。

エマソン、ラルフ・W.『エマソン論文集』(下)、酒本雅之訳、岩波書店、一九七三年。

ソロー、ヘンリー『ソロー日記　春』H・G・O・ブレーク編、山口晃訳、彩流社、二〇一三年。

ソロー、ヘンリー『ソロー日記　夏』H・G・O・ブレーク編、山口晃訳、彩流社、二〇一五年。

ソロー、ヘンリー『森の生活——ウォールデン』神吉三郎訳、岩波書店、一九八七年。

注

(1) Henry David Thoreau, *Essays*, ed. Lewis Hyde, New York: North Point Press, 2002, 22.

(2) Ralph Waldo Emerson, *Emerson's Prose and Poetry*, ed. Joel Poel Porte and Saundra Morris. New York: Norton 2001, 50.

(3) エマソンの交感理論は、同時代作家によって認められているように、事物の物質的なリアリティに対する深い不信感を反映していた。例えば、マーガレット・フラーは、一八四二年の彼女の日記で次のように打ち明けている——エマソンは、「不死に関わる本質的な要素を見出すことができる場合を除いて、事実というものを問題にしなかった。単なる〈生〉にはほとんど理解を示さなかったのだ。植物が育つ様子には関心がなく、それらの活力にただ喜びを感じたようである」(Lawrence Rosenwald, *Emerson and the Art of the Diary*, New York: Oxford University Press 1988, 90.)。また、ナサニエル・ホーソーンも同様に、一八四二年に次のように述べている——「エマソンは、事実の優れた探究者だ。しかし、事実は彼の手の中で溶け去り、空虚なものになってしまうようだ」(Donald Koster, *Transcendentalism in America*, Boston: Twayne 1975, 41.)。したがって、エマソンがフラーに送った私信の中で、ソローの「マサチューセッツの博物誌」——ここにはソロー後期の日記に見られる真実の萌芽がある——に失望したと告白していた理由を理解できるだろう。さらには、兄ウィリアムに送った一八四三年五月六日付の私信には、エマソンが事実性に対して不信感を抱いていたことがより直截的に表されている。その私信の中で彼はソローについて次のように言及している――「彼は大胆かつ思慮深い思想家だが、気まぐれな考えや、村人によくあるように事実の価値について誇張し、あなたのことを悩ませることが多いでしょう」（*Norton Anthology of American Literature*. Nina Baym et al. eds. New York : Norton, 1994, 1162.）。

（4）J1 : 481　一八四三年一一月二日。本章を通して、プリンストン版（未完）のソローの『日記』への言及は、アラビア数字で示し（ex. J1）、トーリー・アレン版への言及は、ローマ数字で示す（ex. JXIV）。（Henry David Thoreau, *Journal*, ed. Bradford Torrey and Francis H. Allen (1906). New York : Dover, 1962. Henry David Thoreau, *Journal*, various editors. Princeton : Princeton University Press, 7 volumes, 1981-2002.）

（5）Henry David Thoreau, *A Week on the Concord and Merrimack Rivers*, ed. Carl F. Hovde et al. Princeton : Princeton University Press, 1980, 386.

（6）一八五〇年代初めにおけるソローのジャーナルの変容については、キャメロン（Sharon Cameron, *Writing Nature : Henry Thoreau's Journal*, New York and Oxford : Oxford University Press, 1985.）および J3 と J4 への歴史的序文を参照。

（7）Henry David Thoreau, *Walden* (1854), ed. J. Lyndon Shanley, Princeton : Princeton University Press, 1971, 324.

（8）J2 : 242　一八四六年四月頃。ウォールズは、ソローが自然に対してますます情熱をもったことを人との交流の代替行為、ないしは「欲望」（一二三）の昇華と解釈する。心理学的な力が担う役割を超えて、詩人が世界に対して渇望するのは、より「形而上学的」ないしは「存在論的」なもので、実のところ深く経験的なものであると私は思う。ソローの試みに特別な価値と力を与えているものは、哲学的な原理に基づく説明に限定されているのではなく、最上の強度を求める実存主義的なプロジェクトに具現化されている（Laura Dassow Walls, *Seeing New Worlds : Henry David Thoreau and Nineteenth-Century Natural Science*, Madison : University of Wisconsin Press, 1995.）。

（9）この変化が漸次的であることは強調しておかなければならない。例えば、一八五二年、ソローは「一年というものが円環的である」ことと、「全ての出来事は偉大なる教師による寓話である」ことに気付き、いまさらながらに驚いていた（J4 : 468　一八五二年四月一八日）。世界に神が内在しているというソローの信念は、時が経つにつれて確かに弱まっていったが、彼はそれを決して棄てることができなかったのかもしれない。

（10）「詩的な状況」に関するさらなる議論は、スペック（Francois Specq, *Le savant, le poète et le jardinier : Le Journal de*

Thoreau et la condition poétique, Doct. diss. Paris：University Paris 7, 1995.）参照。

（11）William James, *Pragmatism：A new name for some old ways of thinking*. New York：Longman Green 1907, 13.

（12）書物としての自然という概念に関する歴史的分析については、セント・アーマンド（一九九七年）参照（Barton Levi St. Armand, "The Book of Nature and American Nature Writing：Codex, Index, Contexts, Prospects," *ISLE* vol 4, no. 1, 29-42, 1997.）。

（13）H. Daniel Peck, *Thoreau's Morning Work：Memory and Perception in* A Week on the Concord and Merrimack Rivers, *the Journal, and* Walden, New Haven：Yale Universiy Press 1990, 123.

（14）エマソン『自然』（Emerson 2001, 55）。

（15）ソローは、ダーウィンの『種の起源』（一八五九年一一月二四日、ロンドンで初めて出版）を読んだ直後の一八六〇年五月八日の日記において、「自然とはなにものかに『なること』（becoming）である」ということを強調している（JXIII：183）。ウォールズは、「『種の起源』出版以前でさえ、ソローは紛れもなくダーウィン的な文章を書いていた」と主張している。ダーウィンの進化論は、とりわけ事物の本質よりもむしろ種族の概念に基づいた理論体系を示唆していた（Walls 189）。

（16）おおまかな二つのスケッチを含む。ソローは、後期の日記において、自然を描写する際にスケッチや素描を多く描いている。

（17）ソローは徹底的に自然を実体として捉えているので、たとえ彼が自然を知覚のプロセスと関連づけているとしても、彼をポスト・モダニストと呼ぶことはできない。

（18）エマソン『自然』（Emerson 2001, 47, 40）

（19）つまり、時間とは、過去から未来へと流れる計測可能なものとして見なされるではなく、意味のある瞬間として経験されるものである。

（20）ソローは生涯、自分自身を超越主義者であると見なし続けた。興味深いのは、彼が、一八五三年に科学振興協会への入会を拒否した際に、「より高次な法を扱う科学」を信頼する明らかにエマソン的信仰に訴える形で決心をし、自分のことを科学者ではなく、「神秘的な超越主義者で、おまけに自然哲学者」と称したことである（J5：469　一八五三年三月五日）。ソローはそれから「自然に対する私の関わり方を正しく説明することは、冷笑を引き起こすだけだろう」（J5：470）

と述べている。「正しく説明すること」とは、外部の非本質的な行為ではなく、制約なく世界を編み込むことによって、あるいは彼の日記に見られる自意識によって記録されるような彼の経験に基づく真理（truth）に他ならない。

（21）JXII：44　一八五九年五月一三日。

二　ことば

第5章

交感と心象スケッチ

脱人間化と逆擬人法

矢野智司

1　交感の体験をそのとおり書きうつした言葉

交感の文学者としての宮澤賢治

雲が風と水と虚空と光と核の塵とでなりたつときに
風も水も地殻もまたわたくしもそれとひとしく組成され
じつにわたくしは水や風やそれらの核の一部分で
それをわたくしが感ずることは水や光や風ぜんたいがわたくしなのだ

「種山ヶ原（下書稿一）」（宮澤　三［校異篇］：五四四）

雲・風・雪・霧・水・光・虹といったさまざまな自然現象、野原・森・林、火山弾・石灰岩・白亜紀砂岩、そしてアンドロメダや銀河系さらに宇宙といったさまざまなスケールの自然物、熊・象・鹿・山猫、烏・夜鷹といった動物・鳥たちや、銀杏や柳や柏や白樺といった植物たち、あるいは自然物に限らず、電信柱や機関車といった人工物、そしてさらには人間・異人・死者まで……このリストはどこまでも長くなるが、宮澤賢治（一八九六―一九三三）の詩や童話を読んだことがある読者は、賢治の作品が世界との境界線が溶けてしまい、深いコミュニケーションが生起する「交感（ときには交信・交歓・交流）の文学」であることを知っているだろう。

賢治の作品は、化学・地質学・気象学や仏教の独特な用語群による喩《ゆ》で、知覚の在り方が際立つ特異な文体によって構成されており、どのように短い一文であろうとも、それが賢治の書いたものならすぐに見分けることができるほどだ。そうした賢治の言葉によって、雲も風も雪も、銀河もオリオンも、海胆も火山岩も、いままで一度も見たこともないような比類のない新鮮な姿で立ち現れることになる。この言葉によって生みだされる風景は、ときにとても魅力的で生命的なエロスに満ち溢れた風景の場合もあれば、それとは真反対に、すべての生の意味が失われたような虚無の淋しく不安なタナトス的な風景の場合もあるのだが、どちらにしても世界との交感の仕方に、世界の奥行きの深さを表現する賢治の交感の文学の秘密があるにちがいない。交感の体験を言葉によってそのとおり描こうとした賢治の作品は、交感という出来事を考えるうえで格好の素材といえる。

心象スケッチという謎

交感を表現した詩と童話は、賢治自身が「心象スケッチ」と名づけた手法によって実現された。心象スケッチがどのようなものかがわかれば、賢治の交感の文学の秘密もずっと明瞭になるはずだ。心象スケッチの理解は、これまで賢治が残した四つの文章を中心に研究されてきた。一つ目は一九二五年二月に友人森佐一に宛てた書簡、二つ目は同じく同年一二月に面識もなかった岩波書店店主岩波茂雄に宛てた書簡、三つ目は『注文の多い料理店』の広告用ちらしである。ここでは岩波宛の手紙の一部を引いてみよう。

わたくしは岩手県の農学校の教師をして居りますが六七年前から歴史やその論料、われわれの感ずるそのほかの空間といふやうなことについてどうもおかしな感じやうがしてたまりませんでした。わたくしはさう云ふ方の勉強もせずまた風だの稲だのにとかくまぎれ勝ちでしたから、わたくしはあとで勉強するときの仕度にとそれぞれの心もちをそのとほり科学的に記載して置きました。その一部分をわたくしは柄にもなく昨年の春本にしたのです。心象スケッチ春と修羅とか何とか題して関根といふ店から自費で出しました。友人の先生尾山といふ人が詩集と銘をうちました。詩といふことはわたくしも知らないわけではありませんでしたが厳密に事実のとほりに記録したものを何だかいままでのつぎはぎしたものと混ぜられたのは不満でした。（宮澤　一五：二三四）

詩は「つぎはぎしたもの」だが、心象スケッチはそうではないという。「おかしな感じやうがし」たものを、「厳密に事実のとほりに記録したもの」という言葉が、心象スケッチの一番基本的な特徴であることはまちがいないだろう。しかし、問題はこの驚くほどシンプルな命題と実際の心象スケッチの作品を読んだときの印象との巨大な落差だ。この落差が賢治の交感の文学の秘密である。しかも、森宛の手紙には、「私はあの無謀な『春と修羅』に於て、序文の考を主張し、歴史や宗教の位置を全く変換しやうと企画し」とあるように（宮澤　一五：二二二）、心象スケッチは「厳密に事実のとほりに記録」することで、「歴史や宗教の位置を全く変換しようと企画」するものでさえあったという。「厳密に事実のとほりに記録したもの」とは何を意味しているのかがあらためて問いとなる。

賢治が生前に出版した本は、自費出版した『春と修羅』（一九二四年）と『注文の多い料理店』（一九二四年）の二冊のみである。『春と修羅』の書名は正式には『心象スケッチ　春と修羅』である。つまり『春と修羅』は詩集ではなく心象スケッチの作品集ということになる。『春と修羅』の「序」は、この心象スケッチ集がどのような生命感・宇宙観に立っているかを示したものである。この序が心象スケッチを考えるときに手がかりとなる四番目の文である。この序には謎が多く読解は容易ではないが、それだけ心象スケッチの可能性を考えるうえでも試金石となる重要なテクストといえる。本章では『春と修羅』のこの序を細部にわたって注解しながら、心象スケッチにアプローチすることで、世界の奥行きの深さを表現する賢治の交感の文学の秘密を考えてみたい。序は大きく五節に分けることができる。第一節から順に読んでみよう（以下の「序」の引用はすべて宮澤 二：七―一〇）。

2　自己と他者

わたくしといふ現象は
仮定された有機交流電燈の
ひとつの青い照明です
（あらゆる透明な幽霊の複合体）
風景やみんなといつしよに
せはしくせはしく明滅しながら
いかにもたしかにともりつづける
因果交流電燈の
ひとつの青い照明です
（ひかりはたもち、その電燈は失はれ）

とても印象深い出だしだ。「わたくし」は現象であるといっているわけではなく、「わたくし」という現象が語られるということだ。このとき「わたくし」は単一の現象ではなく、「あらゆる幽霊の複合体」「風景やみんなといっしょに」といわれているように、他なるものと接続した全体的関連における現象である。言い換えれば、「わたくし」が経験の中心にあり経験を構成するのではなく、むしろ「わたくし」とは多様で複合的な「わたくし」という経験なのだ。

この経験を詳しく見よう。「わたくしという現象」は、ここでは「有機交流電燈」と「因果交流電燈」の二種類の電燈に喩えられる。最初の「有機交流電燈」は「有機交流」という生命的な統一体を抱かせるが、「あらゆる透明な幽霊の複合体」というように他なるものの複合体である。純一な同一性に守られた自己ではなく、「あらゆる透明な幽霊」という他なるものによって、「わたくしという現象」は生起しているというのだ。後の「因果交流電燈」は、科学的な因果関係の意味と本来の意味であった仏教的な因果論の両方のイメージを喚起させる。ここではどちらの意味か判読できないが、その両方の意味を振動させながら、どちらにしても「わたくしという現象」は、いまここの主体ではなく時間的には過去や未来と結びつきながら、また空間的には自律的ではなく「風景やみんなといつしよに」結びついていることが言い表される。「わたくしという現象」は、実に「因果」関係によって、時間と空間面においてやはり他なるものによって制約されているのだ。つまり「わたくしという現象」は、二重において他なるものとの交流に最初から原理的に開かれた系だということになる。

突然出現する丸括弧内の言葉は、別の位相から挿入された言葉であるようだ。あるいは別の声といった方がよいのかもしれない。そのため「(あらゆる透明な幽霊の複合体)」も、「(ひかりはたもち　その電燈は失はれ)」も、文脈上わかりやすいものではない。最初の引用にある「透明な」は、賢治がしばしば用いる「すきとほつた」と同様、二つのことが同時に示されている言葉だ。一方で知覚器官では見ることができない不可視なものであるとともに、知覚に惑わされずにダイレクトにそのものの存在を感じることが可能だということでもある。この「あらゆる透明な幽霊」という言葉は、死者（失われた電燈）に限らず、「あらゆる」ということで人間以外のものもすべて含まれていると考えるべきで、いまは亡きすべての他なるものを意味している。

『春と修羅』のスケッチ期間中の一九二二年一一月二七日、賢治は最愛の妹トシを失った。このことは心象スケッチの試みに強く死と死者という主題を刻印することになった。亡くなった妹を描いた「永訣の朝」「松の針」「無声慟哭」、さらにその妹の姿を追い求めて北への旅路を描いた「青森挽歌」「オホーツク挽歌」は、トシとの別れを描き耐えがたいほどの悲しみと淋しさに満ちている。これらの心象スケッチでは、死者との交信・交感・交流が描かれることになった。この出来事は心象スケッチにさらなる革新を要請することになったと考えられる。死者との交感・交流の体験をいかにして記録するのか。そのことは同時に弔いの過程でもあった。死者との交流を正しく記録し弔う技法としての心象スケッチの試み。「わたくしといふ現象」は途轍もなく多様な他者とのつながりのなかで捉えられるものとなった。

簡単にまとめておこう。『春と修羅』の序の第一節で重要なことは、交感が単独の同一性をもった自己が自然と対峙して、自己が拡張し自然を我が物として捉えものではなく、すべての生命の生死と関わる複合体であり、すべての生命とたえず明滅して結びあっている、「わたくし」と呼ばれているものの「こゝろ」の現象であるということである。このことをより理解するには、序の第二節に進まなければならない。

3　「感ずる」ことと心象スケッチ

これらは二十二箇月の
過去とかんずる方角から

紙と鉱質インクをつらね
（すべてわたくしと明滅し
　みんなが同時に感ずるもの）
ここまでたもちつゞけられた
かげとひかりのひとくさりづつ
そのとほりの心象スケッチです

どうして「過去とかんずる方角から」なのだろうか。賢治はどこまでも「感ずる」のであって「考える」のではない。「考える」ことは主体的な自己触発的な行為といえるが、「感ずる」のは何かに触発されて受動的身体的に応答することといえる。通常「考える」ことの方が「感ずる」ことよりも高度な意識作用であり、真理を探究する人間的な活動であるように考えられるだろう。しかし、賢治の場合はそうではない。どこまでも「感ずる」賢治は、世界によって感じさせられているのだ（冒頭の「種山ヶ原（下書稿一）」、また岩波宛の手紙も参照）。この短い序においてだけでも、「感ずる」「かんずる」「かんじ」は六回も使用されており、「感ずる」ことが賢治において重要なタームであることを示している。この言葉は序だけではなく、賢治の多くの作品のうちにも見いだすことができる。五感の働きと結びついた「感ずる」は心象スケッチと密接な関係にあると考えることも、あながち強引な推理ともいえないだろう。

「それぞれ新鮮な本体論もかんがへませうが」と第三節に出てくるが、「かんがえる」ことは本体論に至ることであり、それは「感ずる」現象からみれば抽象であり、考えられたことはすでに対象化され概念化されている点においてて「そのとほり」ではないのだ。「感ずることのあまり新鮮すぎるとき／それをがいねん化することは／きちがひにならないための／生物体の一つの自衛作用だけれども／いつまでもまもつてばかりゐてはいけない」（「オホーツク挽歌」）。文脈に即して捉えるとき、賢治のいう「感ずる」ことは、主観的で恣意的で偶然的なことではなく、むしろ反対に世界に即した徹底的に客観的で必然的というべきことであるようだ。さらに「過去とかんずる方角から」が、なぜ「過去」という時間に関わる用語が「方角」という空間的な用語と結び合わせるかというと、おそらく空間と時間とを一にして四次元世界を考えた数学者ミンコフスキーの「過去方向」といった用語とつながっているのだろう。

またここに「心象スケッチ」という言葉が初めて登場する。「そのとほりの心象スケッチ」は、岩波宛の手紙の「厳密に事実のとほりに記録したもの」と対応する。『注文の多い料理店』の序にも、心象スケッチの特徴として同様のことが表現されている。

ほんたうに、かしはばやしの青い夕方を、ひとりで通りかかつたり、十一月の山の風のなかに、ふるえながら立つたりしますと、もうどうしてもこんな気がしてしかたないのです。ほんたうにもう、どうしてもこんなことがあるやうでしかたないといふことを、わたくしはそのとほり書いたまでです。（宮澤　一二：七）

「どうしてもこんな気がして」は、先に見た「感じられる」とつながっている言葉だ。それは恣意的な選択ではなく絶対的に客観的なことなのだ。そして心象スケッチの特徴の一つは、感じられたことを「そのとほり」正しく記録することである。重要なことは、「ここまでたもちつゞけられた／かげとひかりのひとくさりづつ／そのとほりの心象スケッチです」といわれるように、現象（かげとひかりのひとくさり）とそれを正しく書きうつした言葉としての心象スケッチとが、一体となって解されていることである。次の第三節では、この現象（かげとひかりのひとくさり）は、「けしき」として表現される。

4 「こゝろ」と現象

これらについて人や銀河や修羅や海胆は
宇宙塵をたべ、または空気や塩水を呼吸しながら
それぞれ新鮮な本体論もかんがへませうが
それらも畢竟こゝろのひとつの風物です
たゞたしかに記録されたこれらのけしきは
記録されたそのとほりのこのけしきで
それが虚無ならば虚無自身がこのとほりで
ある程度まではみんなに共通いたします
（すべてがわたくしの中のみんなであるやうに
　みんなのおのおののなかのすべてですから）

「人や銀河や修羅や海胆」といった並びは、その選択されたものの間に関係を見いだすことが容易でない、シュルレアリスムのコラージュ作品のように出会いの唐突感があり、そのためそれぞれのスケールの差異や質の差異の落差に、眩暈と驚きを感じないではおれない。この異様なまでの差異の落差を、結局はみな同じところに帰るということで「万象同帰」（「オホーツク挽歌」）といった賢治自身も使用している用語に回収してしまう以前に、この四

つの項が並置されている事態をそのままに肯定し、その差異の深さを十分に味わう必要がある。そうすると、その差異への眩暈も収まらないうちに、賢治が、「本体」として考える常識的な考え方を否定し、一息に「それらも畢竟こゝろのひとつの風物です」とまとめてしまうことにも驚くことができるだろう。

このとき「風物」は「風景」「けしき」と同義語といえる。「それらも畢竟こゝろのひとつの風物です」ということは、「わたくし」の「こゝろ」が、「人や銀河や修羅や海胆」を「けしき」として自身のうちに取り込むようなことではない。むしろ他なるものの複合体ともいえる「わたくし」の方が、世界への絶対的な帰依によって、「わたくし」の同一性がいよいよ壊れてしまい、世界の方へと消失するとともに、さらに新たに「組成」（「種山ヶ原（先駆形A）」）されるような体験である。そのとき人間化によって象られていた「わたくし」の枠もなくなり、「脱人間化」と呼ぶべき事態が生じる。つまり存在の在りようが変わる。「わたくし」は「けしき」の内側へと滑り込んでしまい、「わたくし」という現象は「けしき」の一部となる。この「けしき」については後でまた触れる。

心象スケッチの行使が、このような認識論上の転回とともに存在論上の転回をもたらすものであるとすると、表現された出来事ももはや人間中心主義から捉えられる対象ではなくなる。風景の描き方でもそうなのだが、より明確にこの二重の転回を見ることができるのは、賢治が動物や植物を描くときの描き方にである。人間中心主義は動物や植物たちを擬人化して描く、つまり他者としての動物や植物たちを自分の理解の枠組みに回収して理解可能なものへと変質させてしまう。子どものための物語に登場する動物たちは、このように人間がたんに動物の姿形を取ったものへと変質させられている。それにたいして、人間中心主義を放棄する賢治はこうした擬人法をもちいることはない。たしかに賢治の描く動物たちもときに言葉を話すのだが、それは人間語とは限らない。鹿たちに見とれているうちに、自分も鹿の仲間のような気になって飛び出してしまう「鹿踊りのはじまり」、熊が話す言葉が理解できるようになってしまう「なめとこ山の熊」、そこには人間中心主義でない手法で動物たちが描かれるとともに、同時に他者としての動物たちを迎え入れる歓待の倫理の作法も描かれる。賢治の擬人法は、人間化ではなく脱人間化をもたらす擬人法であって、むしろそれは「逆擬人法」とでも呼ぶべきものであろう（矢野 二〇〇八：一四二）。極限において、この逆擬人法の心象スケッチは、人間を他者や異事へと直面させ、同一性を揺さぶり破壊することにもなるのだ。

重要なのは、このとき「こゝろ」は、個人的な内面心理のことを指しているのではなく、また世界を統制するような特権的な位置にあるわけでもないということである。「記録されたそのとほりのこのけしきで」は、また心象スケッチの客観性を示している。このときの客観性は、繰り返すが、科学的な観察における客観性とは異なり、そのように「感ぜられる」客観性である。それを常識に反しているとかこれまでにない表現であるからとして、躊躇してその表現を無理に変更してはいない。常識にしたがうことは、社会的慣習化した身体にしたがうことにすぎず、それは客観的ではない。「ある程度まではみんなに共通いたします」の「ある程度」は、社会的慣習的な言い方をすれば共通するといえるだけだ。しかし、心象スケッチのこれほどまでの客観にしたがう努力にもかかわらず、世界の側の方が、現象がこの間にも別のものに変質してしまうかもしれない。もしそうなれば、変質以前を記録した言葉は、もはやその正しさを失ってしまうのではないだろうか。次の第四節に進もう。

5　現象を正しく書きうつす言葉の変容と異なる歴史の発見

時間における連続性と不連続性

けれどもこれら新生代沖積世の
巨大に明るい時間の集積のなかで

正しくうつされた筈のこれらのことばが
わづかその一点にも均しい明暗のうちに
　（あるひは修羅の十億年）
すでにはやくもその組立や質を変じ
しかもわたくしも印刷者も
それを変らないとして感ずることは
傾向としてはあり得ます
けだしわれわれがわれわれの感官や
風景や人物をかんずるやうに
そしてたゞ共通に感ずるだけであるやうに
記録や歴史、あるひは地史といふものも
それのいろいろの論料《データ》といつしよに
（因果の時空的制約のもとに）
われわれがかんじてゐるのに過ぎません

第四節の途中だがここで一旦切っておこう。この節でも「感ずる」「かんずる」と表記されている言葉に注意が必要である。この箇所の主題は時間だ。「新生代沖積世」「巨大に明るい時間の集積」「修羅の十億年」「歴史」という言葉が示しているように、賢治の時間論の射程が言い表されている。ここで示されている時間の幅も、前節に見た、「人や銀河や修羅や海胆」という空間の宇宙的距離と同じくらいに恐ろしく巨きい。「二十二箇月」の過去からはじまったこの心象スケッチの時間は、歴史的時間の「これから二千年もたつたころ」まで延長される。そしてそれはさらに地史の時間へ、そして生命誕生以前の宇宙的時間へと至るのだ。第三節が心象スケッチの空間論だとすると、第四節は同じく心象スケッチの時間論である。どちらにおいてもスケール幅の差異は無限大であり、このスケール幅の無限性とそのなかでの視点の瞬時の移動が、賢治の描く世界の拡がりとその世界内部での視点の自在性とを生みだしていることはいうまでもない。しかし、この時間と空間はたんに連続したものと見なされているのではない。

最初に述べられている時間は、「わづかその一点にも均しい明暗のうちに」といわれているように、「その明暗」の「一点」が時計の時間にしてどれほどのものかわからない。時間は相対的なものであるから、それは私たちにとってはほんの一瞬のことであるのかもしれないし、あるいは修羅にとっては十億年分なのかもしれない。この「明暗」は「かげとひかりのひとくさり」また序に二度出てくる「明滅」と同義と考えられる。時間論においてこの「明滅」の意味をあらためて捉え直しておくと、時間が連続体としてだけではなく、同時に、明（生）と滅（死）の不連続なものとして捉えられているということである。つまり「ひとつの青い照明」としてともりつづけて連続しているとともに、それは「せわしくせわしく明滅」して非連続でもあるのだ。

このことは、空間における「人や銀河や修羅や海胆」といった各項の並置と関わっており、賢治においての交感がたんなるすべての事物の一体化などではなく、分離している各項の接続としての非連続の一体化ではないかという仮説を考慮させるものである。「けしき」は一つの全体を示す用語だが、「けしき」が「けしき」であるためには、個々の項が渾然一体となって溶け合ってしまわずに、それぞれの項が互いに切り離されなくてはならず、しかも同時にそれぞれの項はばらばらにならずに「組成」されていなくてはならない。つまり一でもなく多でもなく、一であるとともに多であるという一と多の在り方が、「けしき」という言葉で示されているのだ。そして、この「組成」

が調和的になされたときには、その風景は多様な生命に溢れたエロス的なものとなり、その「組成」が崩れてたんに一となったり、多となったりするようなときには、風景は無機的で不気味なタナトス的なものへと変質するだろう。「それが虚無ならば虚無自身がこのとほりで」というわけである。どちらの「けしき」にしても、賢治にとっては「どうもおかしな感じやうがしてたま」らないものであったろう（「岩波宛手紙」）。賢治の交感体験の質的な差異は、この「けしき」としての「組成」の仕方によっているのだ。

エクリチュールとしての心象スケッチ

そしてこの「組成」の仕方を描きだす賢治の言葉の文字表記は、そのときそのときの「けしき」の密度によって、ひらがなになり漢字になりローマ字になりと、「正しくうつす」ための工夫がなされる。賢治の文章にひらがなが多く用いられているのは、漢字が概念を代表することが多く、その文字のうちに意味が集中し閉じられてしまうのにたいして、ひらがなは一字一字には意味がなく音の連なりとなり、意味が一義的に閉じずに開かれたまま、それぞれの音が等価に並置されることで連続体をつくりだすからだ。「わたくし」は、「わ」と「た」と「く」と「し」のそれ自体としては意味をもたない項が接続され「組成」されることで、初めて「わたくし」となるのだ。この「わたくし」という表記は、「私」のようにシャープに屹立した自律的主体を示す表記ではない。「わたくしといふ現象は」という表現は、「わたくし」ではなく「現象」の方を際立たせる。また「（すべてがわたくしの中のみんなであるやうに／みんなのおのおののなかのすべてですから）」の場合には、「すべて」と「わたくし」と「みんな」とを、それぞれ切り離しながら、それでいてそれぞれを等価に接続して一つなぎとし、そうすることで一と多との関係を正しく描きだそうとしているのだ。

つまり賢治において「けしき」として「正しくうつす」とは、この文字表記の仕方も含めて各項の関係（組成）

を表す（現す）ことである。そのように考えると、「わたくし」も「こゝろ」も「けしき」もそして「そのとほり」も、心象スケッチの核となる用語が、すべてひらがなで表記されていることに特段の注意が必要だろう。さらに表記にこだわるなら、これらのことは心象スケッチが言葉によるスケッチではあるとともに、文字によるスケッチでもあることをあらためて確認することが重要である。心象スケッチにおける改行や文字列の空間上の配列の仕方など、それはすべて賢治の感じた「けしき」を「そのとほり」うつそうとする心象スケッチの性格から由来する表記法であった。このようにして、賢治の心象スケッチは言葉によって表現されたものとしても、文字によって視覚化されたものとしても、「けしき」にしたがうことで、従来の人間中心主義的な認識と価値の遠近法を解体しているのだ。

さらにこの第四節で重要なことは、現象を正しくうつしたはずの「ことば」も、「すでにはやくもその組立や質を変じ」てしまうと捉えられていることである。現象の変質については後でまた詳しく検討するが、現象の変質に伴って、「そのとほり」記録したはずのスケッチはたえず変更を必要とする。このことは、個人の認識には制限がありどのような認識も相対的な正しさしかもちえない、といった常識的な相対主義のことではない。「そのとほり」の記録は、そのときその場では絶対であったはずである。しかし、現象は刻々と変容し変質していく。そのため「そのとほり」の記録は、「そのとほり」ではなくなっていくのだ。「ことば」と「けしき」と「わたくし」との間の三位一体の関係が崩れるのだ。その具体的な姿は同じ節の後半で示される。第四節の残り後半部に移ろう。

浮遊する原点と変質する過去

おそらくこれから二千年もたつたころは
それ相当のちがつた地質学が流用され

相当した証拠もまた次次過去から現出し
みんなは二千年ぐらゐ前には
青ぞらいつぱいの無色な孔雀が居たとおもひ
新進の大学士たちは気圏のいちばんの上層
きらびやかな氷窒素のあたりから
すてきな化石を発掘したり
あるひは白堊紀砂岩の層面に
透明な人類の巨大な足跡を
発見するかもしれません

ファンタジーとして秀逸なイメージを与えてくれるが、歴史論として真剣に受けとめようとしたときには震撼すべきことが語られている。現象は刻々と変容し変質していく。ここでは歴史が、未来において異なるものとして捉えられる可能性が論じられている。驚くべきことに、この未来における現象の変容は、すでに起こってしまった過去をも変容させると考えられているようにも読める。二〇〇〇年先の研究者は、二〇〇〇年前つまり現在のうちに「透明な人類の巨大な足跡」を発見する可能性すらあるというのだ。そのとき、「それ相当のちがつた地質学が流用され」とあるように、その発見のためには現在とは異なる新たな学問・方法が不可欠である。

このラディカルな生成する宇宙観にしたがえば、心象スケッチの作業には終わりがないことになる。「そのとほり」描いたはずの心象スケッチは、刻々と変化する現象の変化にしたがわなければならない。また過去もこの未来の出来事によって刻々と変わるのだからこの作業はさらに複雑になる。しかし、この宇宙観は賢治の異様ともいえる推敲や改稿の謎を説明してもくれる。なぜ一旦出版してしまった本にまで、賢治は新たな書き込みを入れなくてはならなかったのか（『春と修羅』では三冊の「自筆手入れ本」が知られている）、しかも本ごとに別の書き込みを入れるのか、なぜ賢治の作品原稿の多くが繰り返し書き換えられねばならなかったのか、またなぜ作品の多くが未完成のままに残されているのか、それは心象スケッチがどこまでも現象の変容にしたがうためである。このような現象の変容を「そのとほり」描くことへのこだわりは、たんに芸術的な手法の問題ではなく（このことを否定するものではない）、喪の作業ともいうべき亡き妹トシとの交信を記録することにみられるようにむしろ宗教的な行であり、それは恣意的な理由でやめることができないことだった（賢治にとっては芸術と宗教とを常識的に分けること自体が意味をもたないだろうが）。

生成する宇宙観＝実在観と結びつけて、『春と修羅』を特徴づけているものから、心象スケッチの性格の一つを理解することができる。それは、心象スケッチの作品一つ一つに年月日が記されていることである。たとえば最初に登場する心象スケッチ「屈折率」は（一九二二、一、六）である。まるで描画のスケッチ帳に記すように記されている。ちなみに最後の心象スケッチ「冬と銀河ステーション」は（一九二三、一二、一〇）である。この日付は、その日にスケッチが完成したことを意味しているのではない。研究者によって明らかにされているように、賢治はその後も何度も原稿に手を入れて推敲を重ねている。しかし、賢治には一度そのように心象スケッチ内に年月日を書き入れる理由があったのではないだろうか。また同様の限定は、空間にたいしても見ることができる。『春と修羅』の目次を見れば明らかなように、スケッチの題名には小岩井農場、岩手山、青森、樺太、鈴谷平原といった地名が多く用いられている。賢治は、実際の風景スケッチのようにしているともいえる。しかし、それは風景スケッチに合わせて時間と空間を特定しているというよりは、むしろ現象の移ろいやすさのなかで、自身が立つ原点を時間と空間のうちに記しづけていると考えられるのではないだろうか。現象を正しく書きうつした言葉も「すでにはやくもその組立や質を変じ」てしまうのだから、「そのとほり」の記録であったはずのものは、もはや「そのとほり」ではなくなる。そのためこの時空上の原点は、かろうじて同一性を確保することで、変質し同一性や斉一性を失っていく現象の痕跡を見とどけるためのさしあたりの繋留点にすぎない。この「第四次延長」の世界では、ニュートンの絶対時間・絶対空間とは異なり、原点もそれ自体が運動のうちに浮遊しているのだから。

賢治の目から見れば、実在は大地といえども運動を停止してはおらず、たえず流動的なエネルギーとして渦巻いている。雲が刻々とその姿と形を変えるように、堅固で不動に見えるこの大地も隆起したり陥没したりして刻々とその姿を変えている。実在はすべて生成の途上にある。雲は『春と修羅』に度々登場する自然現象だが、雲こそ賢治の自然観を代表して表すのにふさわしいものはないかもしれない。本章の冒頭に引用したスケッチからもわかるように、雲は大地と太陽と風と水、さまざまな物質やエネルギーが互いにつながりあって組成され組織化されていく。そして雲はまるで生命体のように誕生し、刻々とその姿形を変えながら成長し、そしていつのまにか消滅していく。それを象っていた風や水や塵は、別のものへと姿を変えていく。雲という現象も、「わたくし」が「雲」と言葉に表すとき、「わたくし」という現象に連なるのだ。だから賢治が雲を歌うとき、賢治は雲と接続し雲となる。「おおスールダッタ。そのときわたしは雲であり風であった。そしておまへも雲であり風であった」（「龍と詩人」）。先に現象（かげとひかりのひとくさり）とそれを正しくうつした言葉としての心象スケッチとが、賢治においては一体となって解されていると述べたが、これがその例である。そしていよいよ私たちは序の最終節に入ることになる。

⑥　第四次延長のなかでの主張

すべてこれらの命題は

心象や時間それ自身の性質として
第四次延長のなかで主張されます

最後の節はこの三行である。一読してわかるように序のまとめにあたるものだ。これまでの研究で、この序の基となって賢治の思考を育んだテクストはわかっている。このことについて入沢康夫が『春と修羅』の序の世界観を的確に要約している。「この「序」の根底をなしているのは、……賢治の学生時代からの座右の書であり、深甚な影響を受けた、片山正夫著『化学本論』に象徴される自然科学的立場と、島地大等編『漢和対照　妙法蓮華経』が開示する仏教的世界との、二つのものが、ちょうど大正十年、十一年頃にわが国に盛んに紹介されたミンコフスキーやアインシュタインの四次元時空連続体の考え方を媒介に、一つに融合された、まことにオリジナルな世界観・生命観である」（入沢　一九七九：三五九）。この融合の核になるのが心象スケッチである。

最終行に登場する「第四次延長」はこの最終節の要となる用語である。第四次延長という言葉はこれらのテクストから直接引かれたものではないし、またミンコフスキーの用語でもない。そのためその理解をめぐってこれまでさまざまな解釈が提案されてきた。賢治を読んだものなら、『銀河鉄道の夜』で、ジョバンニが差しだした乗車券を見て鳥捕りが、「こいつをお持ちになれぁ、なるほど、こんな不完全な幻想第四次の銀河鉄道なんか、どこまでも行ける筈でさあ」と話す場面を思いだすかもしれないし（宮澤　一一：一五〇）、あるいはまた、「農民芸術概論綱要」に出てくる「四次感覚は静芸術に流動を容る」とか、「巨きな人生劇場は時間の軸を移動して不滅の四次の芸術をなす」といった言葉を想起するかもしれない（宮澤　一三：九―一六）。私たちの経験が三次元でなされているのにたいして、次元が一つ上がる高度な世界原理が「第四次延長」という用語で主張されていることはわかる。それがどのようなものであるかは、具体的にはこの序で描かれている自己‐他者論と時間‐空間論で示しているものと考えられるべきだろう。このように考えると、心象スケッチとは第四次延長の世界を言葉と文字で描くための創造の技法であるとともに、この第四次延長の世界を深く体験するための存在の技法ではないだろうか。

　私たちは、『春と修羅』の序を手がかりに、心象スケッチを問うことで、世界の奥行きの深さを表現する交感の文学として賢治作品の秘密を考えようとしてきた。心象スケッチは、他者と接続し開かれた「わたくし」と、運動しとどまることなくその質をも変えていく生成する時空原理の「けしき」と、その両者をつなぐほんとうの「ことば」との三者によって作られていることがわかる。「わたくし」が新鮮な「けしき」を感じ、「こゝろ」の「けしき」となるときは、「わたくし」もまた「けしき」に「組成」するときなのだが、そのときにほんとうの「ことば」ももたらされる。この瞬間、疎遠だったあらゆるものとても深い交感の体験が生起している。しかし、すべては明滅しており、この三者の一致も束の間のものでしかない。このような一致の解体から生じる、「けしき」とスケッチとの差異のことを、賢治は「歴史」と呼んでいる。異なる歴史を知ることは、異なる「けしき」、異なる真理を知ることだ。

　心象スケッチの原型は、賢治の個人的な資質に基づく交感体験、場合によっては、「わたくし」の同一性がほどけて幻想や幻覚といった不穏で病的な領域にまで踏み込んでしまうような体験を手がかりにしているのだろうが、賢治のすごさは、そうした交感体験をそのまま詩人の資質として生きるのではなく、長年にわたって仏教修行者たちが培ってきた交感体験の蓄積とその反省、そして当時の科学の最先端の知識を基にしながら、心象スケッチとしてできうるかぎり正確に捉え直し、それらの交感体験を創作と存在の原理へと作りかえようとしたことであった。そうすることで、賢治は交感体験にさらに深い現代的な意味づけを与えて、生命感・宇宙観に変更をもたらし、宗教の新たな可能性を示すとともに、実在の深部へとダイブした体験を言葉で表現する言語芸術の領野を切り拓くことになった。この『春と修羅』の序は、星座版のように、このような心象スケッチの全体像を理解するためのミクロな見取り図となっている。

＊〔文中の宮澤賢治の作品の引用は、すべて『【新】校本　宮澤賢治全集』からの引用で出版年の代わりに巻数を表記している。（宮澤　二：二二）は第二巻二二頁のこと〕

参考文献

入沢康夫「後記（解説）」『新修　宮沢賢治全集』第二巻、筑摩書房、一九七九年。

野田研一『交感と表象――ネイチャーライティングとは何か』松柏社、二〇〇三年。

宮澤賢治・宮澤清六ほか編『【新】校本　宮澤賢治全集』筑摩書房、一九九五年。

矢野智司『贈与と交換の教育学――漱石、賢治と純粋贈与のレッスン』東京大学出版会、二〇〇八年。

第6章

鉄柵のなか の／むこうの〈自然〉

日系アメリカ人強制収容所における自然表現

北川扶生子

ひかれ行く身にしあれども種を蒔く
（『鉄柵』第九号、田中素風）

1　私と自然をつなぐもの

鏡としての自然

私たちは日々、なんらかのかたちで、自然環境に影響を受けながら暮らしている。そして、私たち自身も、自然に影響を与えながら生きている。自然は、私たちが生きるための基本的な条件であり、同時に、私たちの心のありようを深いレベルで規定するものだ。しかし、個々人が自分を取り巻く自然をどのようなものとしてとらえているか、自然とどのように出合うか、そのかたちは実にさまざまだ。

いったい、何ものにもなかだちされずに自然と出合う、などということが、果たして可能なのだろうか。そんなことはない、頬をなでる風や、さしこむ月明かりと私とのあいだには、何もないじゃないか、仕事も家庭も、金も政治も、ふだん自分を縛っているものすべてから自然は自由だ、だからこそ自然の体験は深く尊いのである。こんなふうに考えることもできるだろう。しかしながら、その月明かりを浴びる人が、今現在どのような状況にいるのか、彼／彼女をとりまく気候風土や社会状況はいかなるものか、月の光はその人が用いる言語や文化においてどのように表現されてきたのか、こういった要素が自然体験において決定的な役割を果たすこともまた否定できない。自然をめぐる体験とその表現は、個人を取り巻く種々の条件の鏡であり、光と影が反転された陰画《ネガ》のようなものなのだ。自然体験は、個人の帰属意識を、身体感覚というもっとも深いレベルにおいてあぶりだす。

自然の境目、境目を超える自然

「自然に包まれる」とか「自然に癒される」などという言い方がよくされる。私たちは、「自然との直接的な出合い」という一種の〝物語〟のなかにいる。自分と自然のあいだをつなぐものについて、ふだんはあまり意識しない。しかし、こうした媒介項の存在が、鮮やかに立ち現れざるを得ない状況というものもまた、避けがたくある。その例のひとつとして、本章では、第二次世界大戦の際、強制収容所に連行された日系アメリカ人たちが、所内で発行していた日本語文学雑誌に注目し、彼らが体験した自然がどのように表現されたのかを考えてみたい。異なる国家、異なる言語、異なる民族のあいだに生きた人々の表現は、私たちがふだん考えないですませていることに気付かせてくれる。それは、私たちが自然と出合う場所が、言語や国家や民族という枠組みに、いかに強く規定されているかということであり、にもかかわらず、そうした〈境目〉をすり抜けてゆく力もまた、自然をめぐる表現ははらんでいる、ということだ。

本章でとりあげるのは、一九四四年から四五年にかけて、米国カリフォルニア州のトゥーリレイク強制収容所内で発行された『鉄柵』という手書きの雑誌である。タイトルは収容所を取り囲む鉄条網の柵を意味している（図1、2）。この収容所は、一二〇〇名の武装兵、二八の見張り塔（図3）、八台の戦車と六台のパトロールカーによって

図1　『鉄柵』第4号「創作欄」カット
収容所からの風景。鉄条網に囲まれ見張り塔がそびえ立つなか，ひとすじの道が空へ向かい山の向こうに続いている。
（出典：篠田左多江・山本岩夫編『日系アメリカ文学雑誌集成⑥鉄柵 第1巻』不二出版）

図3　収容所の見張り塔とバラックを見る猫
（出典：『ポピイ句集』1945年1月号口絵，UCLA ヤング・リサーチ図書館蔵）

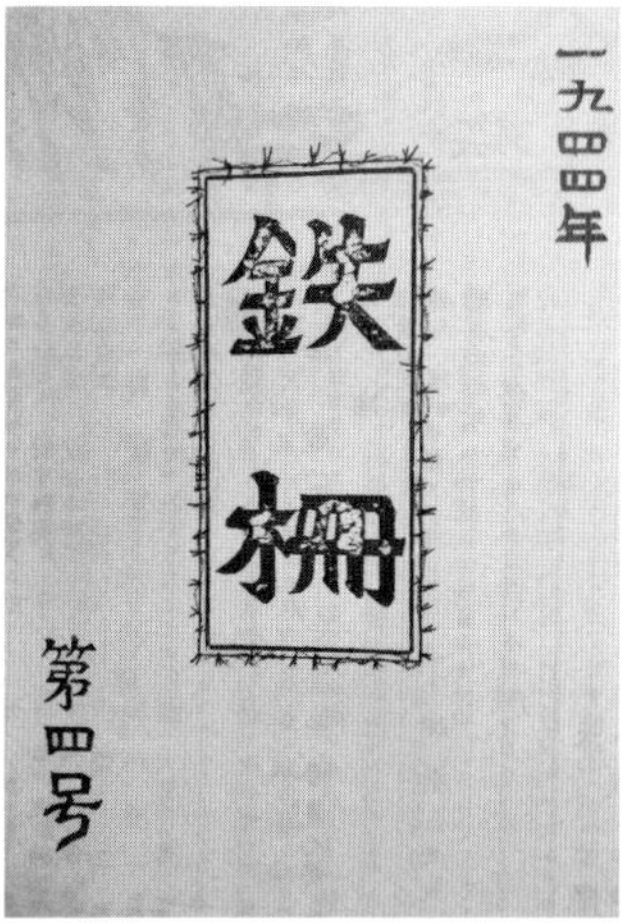

図2　雑誌『鉄柵』第4号表紙
表題が鉄条網で囲まれている。
（出典：図1に同じ）

常時監視されていた。鉄の柵のなかに閉じこめられたおよそ二万人の人々は、柵のなかでどのような自然を体験したのだろうか。彼らの自然をめぐる表現は、私たちに何を語りかけるのだろうか。

2　閉じこめられて生きること

強制収容された人々

この雑誌を刊行し、作品を寄せ、また読んでいたのは、どのような人々だったのか。米国における日系人の強制収容は、日本の真珠湾奇襲攻撃の二カ月後、一九四二年二月に始まった。カリフォルニア州、ワシントン州など、西海岸地域およびハワイに住む、およそ一二万人の日系人たちが、強制的な立ち退きを求められ、財産を放棄させられ、全米十数カ所に設けられた強制収容所に収容された。強制収容された日系人のなかには、米国国籍を取得することができない一世、米国国籍を持つ二世が混在していた。一世のほとんどは、幼少期から青年期に至る時期を日本で過ごした人々であるが、二世は、日本に行ったことがない純粋な米国育ちから、一定期間日本で教育を受けて米国に戻ってきた「帰米二世」と呼ばれる人々までさまざまで、何歳頃に、どのくらい日本で過ごしたかによって、日本への帰属意識も多様だった。

こうした人々をさらに分断し、混乱させたのが、米国政府が一九四三年に実施した、いわゆる「忠誠登録」である。日本の天皇への忠誠を拒否し米国への忠誠を誓うかという質問と、米軍に召集されたら応じるかという質問の両方に同意した人は、およそ八割に上った。そして、このふたつの質問に、いずれもノーと答えた人々が、トゥーリレイク隔離収容所に集められたのである。ただし、現実には、家族が離ればなれにならないために、あるいは収容所内での圧力に負けて、これらの質問にノー・ノーと答えた人も多かったという。戦後、この登録を無効とする集団訴訟が行われ、多くの日系人が米国市民権を回復している。

収容所の文化活動

日本語文学雑誌『鉄柵』は、強制収容所内で過激な皇国思想に走る人々などから一線を画し、静かにみずからの生活について考える場所を求めて創刊されたという（篠田・山本 一九九八：五六）。トゥーリレイクに限らず、戦時期の日系人収容所には、さまざまな組織や団体があり、映画上映などのイベントも頻繁に行われていた。ジャズ・コンサートやボーイ・スカウトなど、アメリカ化を促す活動がさかんだったが、義太夫、歌舞伎、琴、詩吟、囲碁、将棋といった日本の芸能や娯楽も、禁じられてはいなかった。収容所内で日本の伝統芸能に触れた二世も多く、収容所は日本文化伝承の場となっていた（図4）。

図4　強制収容所の暮らし：将棋をする人々
（出典：「トパーズ消費組合二周年記念誌」挿絵，UCLA ヤング・リサーチ図書館蔵）

英語の各種印刷物と同時に、日本語による印刷物も所内で発行されており、『鉄柵』も英訳して検閲を受けた上で発行されていた。このような環境のもと、『鉄柵』は、毎号およそ一五編から三〇編の文学作品を掲載し、七〇―一五〇ページほどの紙幅を保ちながら、一九四四年三月から一九四五年七月までの間、ほぼ一―二カ月に一度、第九号まで刊行された。裏表紙には、トゥーリレイクを漢字表記して「鶴嶺湖同人雑誌」と記されている。掲載作品のジャンルは、小説を中心に、評論、随筆、俳句、短歌、現代詩、綴方作文など幅広い。編集・発行に携わった人々は、単なる親睦の場を超えた高い水準の文学雑誌を目指しており、掲載に至らない投稿作品も多かった。『鉄柵』には、強制収容された日系人たちの多様な内面が表出されており、それぞれにたいへん興味深いが、本章では「自然がいかに表現されているか」という観点から検討してみたい。

鉄柵と見張り塔

住まいとなっていたバラックを一歩外に出れば、彼らの目に入るのが、自分たちを閉じこめる鉄柵であり、高々とそびえ立つ見張り塔だった（図1、3参照）。塔には銃口をこちらに向けた武装兵たちがつねにいた。それが彼らの日常だった。自然を歌った文学作品には、柵のむこうへと伸びるまなざしや、自由へのあこがれが繰り返し登場する。

雨けぶる枯野に消えし道一つ（第六号、「俳壇・鶴嶺湖吟社」、上田里恵子）
春日やゴルフの球の柵こえて（第七号、「俳壇・鶴嶺湖吟社句抄」、毛利白龍）

トゥーリレイクの気候は、たとえばアリゾナ州のポストン強制収容所の「炎熱地獄」と呼ばれるほどの過酷さはなかったものの、その地形は、「城巌山」と呼ばれたキャッスルロックとその向こうにのぞくシャスタ山、「鮑山」「鮑ヶ丘」と呼ばれたずんぐりとした丘以外には、木一本ない平坦な地が続くばかりの単純なものだった。それは彼らにとっては、「何もない」（第三号、加川文一「つまらぬもの」）としか思えない眺めだった。次の詩は、もしここに一本の木があったら、という願いを込めて歌われた少女の夢想である。

さみしい風が吹いてゐた／一人の少女がじつと佇んでゐた／鉄柵の外はどこまでも広々とした／空と地であつた／［中略］／／もしこゝに一本の木があつたら……／［中略］／ざわざわといふ葉ずれの音を聞きながら／色々な想ひに耽け《ママ》らう［中略］／ハラハラと木の葉の散ることによつて秋の深みを知り／落葉の上に冷たい霜を置いたら／そつと裸になつた枯木を見上げながら／お前も世の無常をさみしがつてゐるの？／としみ〴〵聞いてやらう

（第六号、道子「若しも木があつたら」）

この少女にとって一本の木は、自身の内面世界のよりしろであり、メタファーでもある。木とともに彼女はみずからの感情に向き合い、考え、時の流れを感じる。「もしこゝに一本の木があつたら」という切ない夢想は、心の置きどころがどこにも見つからないという、深い欠落感と背中あわせだ。空と地しか見えない柵のなかで、たった一本の木を渇望する少女の姿は、私たちの感情や思考が、いかに与えられた自然環境に規定されているかを、雄弁に語っている。

3　幻想の〈日本〉、つくりかえられる〈日本〉

幻想の〈日本〉

目下の環境を「欠落」ととらえるまなざしの背景には、多かれ少なかれ収容所内に最大公約数的な認識として存在していた、日本の自然観や自然表象の継承があった。『鉄柵』に掲載された文学作品には、存在しない幻想の〈日本〉を歌うものもまた多い。

図5　『鉄柵』第2号俳句欄カット

（出典：図1に同じ）

水仙や朝の目覚めの手水鉢（第三号、「ツルレーキ吟社」、近藤梅香）

鏡台に膝先ふれて湯冷め気味（第七号、「俳壇・鶴嶺湖吟社句抄」、森本糸女）

これらの句では、日本の細やかな生活、皮膚感覚、箱庭のような小さな世界の美意識が再現されている。日本で長く過ごした人は、こうした作品によって、かつての暮らしを感覚的に再体験し、今を生きる力を得たかもしれない。日本を知らず、戦争が終わったあと日本に「帰国」することを目指していた若い人々は、これらの句によって、〈日本〉なるものを学習したかもしれない。俳句・短歌欄は、梅、竹、イチョウといった日本文化を象徴する植物のカットで飾られるのが通例だった（図5）。

一方で、目の前にあるものを、日本風に読み替える、言うなれば環境を疑似日本化する、という方法も広く見られる。

啼く声に眼《まなこ》凝らしてみれば見ゆ夜《よ》空に白く群れ渡る雁（スノーギース）

（第三号、「高原短歌会本部詠草抄」、桐田志づ）

柵のなかに閉じこめられた人々にとって、空を渡る鳥は自由の象徴と映っただろう。スノーギース（ハクガン）は日本ではほぼ見られない。日本の文化のなかで秋を象徴する代表的な季物に、眼前の光景をなぞらえていくことで、現在の環境を親和的なものにつくりかえようとしているのである。そもそも、「鶴嶺湖」「城巌山」「鮑ヶ丘」という名付け方自体が、自分を排除しているように見える自然を、親和的なものにつくりかえてゆく第一歩でもあった。

収容生活を流れる時間も、日本の暦によって区切られていく。

元日やキャンプ揃ふて幸の音（第六号、「俳壇・鶴嶺湖吟社」、近藤梅香）

初便り三度受けるや柵の中（同前、毛利白龍）

こうして、何もないところから、共同体の時間が立ち上げられ、積み重ねられていった。ただし〈日本〉の内実は、人によりさまざまであった。〈日本〉の空転と言わざるを得ない事態も、一方で起こっていた。たとえば、「思想時評」（第二号、無署名）は、若い二世世代も彼らを指導する年長世代も、「日本精神」とその伝統を体系的に理解することが重要であると述べ、収容所の図書館にある英文の新渡戸稲造『武士道』の一読を勧めている。収容所内では極端な親日派集団が結成され、早朝から軍隊式行進を行ったという（篠田・山本 一九九八：五六）。こうした主張を展開する人々もまた、幻想の〈日本〉を立ち上げていたと言わざるを得ない。収容所の日系人たちの〈日本〉は、大きく混乱していた。

見出される自然

このように、〈日本〉という記号に、みずからの依って立つ基盤を見出そうとした人々に対し、いま自分たちがいる世界をありのままに見つめて、そこから未来を築こう、と呼びかける人もいた。加川文一は随筆「つまらぬもの」（第三号）で以下のように書いている。

ツールレーキに草木のみどりと水がなく、野に見るべき花がなく、甚だ自然の美に欠けていることだけは事実である。〔中略〕自然との深い交渉の中に自分を探り当てることを伝統とした日本人の芸術である俳句はもとより自然を生命としてゐるし、短歌も亦その創作の上で自然の美をゆたかに摂りいれることによつて作品の奥行きを整へてゐるかに見える。〔中略〕自然のあるところに美が潜んでゐない筈はない。〔中略〕此処では私たちの抱いてきた自然美に対する概念だけでは最早や充分に役立たない。〔中略〕ツールレーキの自然美をとるに足らぬものと断定してしまつたとき、私たちは実は自分の創作をとるに足らぬもの、つまらぬもの、と断定したことになる。

加川はこのように述べ、「何もない」と思える眼前の光景そのものから、美と感興を汲み出す感性を育むべきだと主張する。ただし、これはあくまで、こうあるべきという理想からの呼びかけであって、感性は、いまだその志に追いついてはいないようにもみえる。

そのなかで注目されるのは、身体感覚を通じた次のような自然の発見だ。加川文一のエッセイ「下駄」(第八号)は、砂漠のなかのマンザナー収容所で、砂地を歩くのに便利だと、下駄づくりが流行したことを回想し、次のように述べる。

アメリカに来てから初めて用ひる下駄に私たちは云ひやうの知れない懐しさと親しみを覚え、再び子供にかへつたかのやうな抑えきれない快感が身内を走つた。〔中略〕私たちが今は同じ境遇のもとにひとつ処にあつめられてゐる日本人であり、これから先き皆が慰め合ひ力づけ合つて生きなければならないのだと、身に迫つて犇々《ひしひし》と感じた(後略)。

眼前に果てしなく広がり、家のなかにもサンダルのなかにも入り込んでくる砂を不快に感じていた彼らにとって、砂地を踏みしめる下駄の感触は、広く実感される快さだったろう。ここでは、身体感覚を介した自然の発見、親和性の獲得が成し遂げられている。きわめて些細な事柄かもしれないが、まぎれもなく彼ら自身が見つけ出し、つくりだした、ここで生き延びるための確かな一歩だった。

〈日本〉をつくりかえる

目の前の現実への適応は、何もないところからの出発では必ずしもなかった。幻想の〈日本〉に翻弄される人々がいる一方で、〈日本〉を自在につくりかえようとする人々もいた。歴史のなかで積み重ねられた文学の型を受け継ぐとともに、それを積極的に切り換えることで、自分たちの環境と感性に根ざした表現を生んだのである。たとえば、俳句の伝統的な季題「五月闇」に答える投句は、まさに彼らが感じとった「闇」の質感を切り取っている（引用はいずれも第三号、「鮑ヶ丘俳句会句抄」）。

五月闇哨戒燈まはり居り（池永肥州）
五月闇折々光る探照燈
五月闇灯さぬ塔のありどころ（以上、矢野紫音女）

彼らにとっては夜の深い闇ですら、哨戒燈に絶えず照らし出され監視される世界であり、黒々とそびえ立つ見張り塔の存在は、たとえ哨戒燈が消えていて塔の姿が見えなくても、そこにありありと感じられるものだった。

「時雨」も代表的な季語だが、『鉄柵』では、収容所に生きる人々の姿勢の違いを対照的に浮かび上がらせる。

明治節・広場遙拝式
同胞《はらから》は今日の佳き日をことほぐと降りしく雨に身じろぎもせず（第六号、「高原短歌会本部詠草抄」、中馬速男）
隔離所の四季のうつろひ身に沁みて時雨降る日を一日《ひとひ》籠れり（同前、西居登美子）

春の夜の「おぼろ月」がぼんやりと照らし出すのは、強く香る梅の花ではなく、二万人が暮らす収容所のバラックの連なりだ。

寝静もる二万のキャンプ月おぼろ（第三号、「ツルレーキ吟社」、中島一秋）

「五月闇」「時雨」「おぼろ月」といった広く親しまれてきた季題が、収容所の柵のなかに生きるものの眼によって、次々につくりかえられてゆく。〈日本〉は、彼らを翻弄し、混乱させる一方で、新しい暮らしや、変わってゆく自分を確かめるための足場ともなっていたのである。

4　戦場から収容所へ──兵士が見た自然

どこでもない国へのなつかしさ──ハワイ、沖縄、ロサンゼルス、オーストラリア

ここまで、収容所における日系人の自然表象について、幻想の〈日本〉とその混乱や、日本的まなざしの切り換えといった観点からみてきた。〈日本〉の姿は、作者によって多様だが、〈日本〉に帰属したり、〈日本〉をつくりかえたりして利用することで自分を支えようという姿勢は、共通して見て取ることができるだろう。しかしながら、

戦時日系人の自然表象には、現実の日本からも幻想の〈日本〉からも遊離した表現も見られる。「海辺」と題された次の詩は、ハワイに生まれ、沖縄で幼少期を過ごし、ロサンゼルスに移り住み、強制収容所から米兵としてオーストラリアに出征した若者が、戦場で歌う「なつかしさ」だ。

来てもみれば／わけもなく　ただわけもなく／緑の海のなつかしく／打ち返る波にあてどもなく／想ひを寄せて／白いなぎさに立つてゐる／何も見えない海に汗と垢にゆれて／ただ故国へとどいてゐるだろう緑の／海のなつかしく／潮の音のする／白いなぎさに立つてゐる　（第六号、雪村圭二「海辺」）

ここで歌われ求められている「故国」とは、アメリカ合衆国なのだろうか。作者は米国に忠誠を誓い、志願兵として出征している（篠田・山本 一九九八：六六）ので、そのようにも考えられる。

しかし、もっと重要なのは、この詩で繰り返される、来し方行く末のいずれもが不明瞭な、たゆたいと反復のイメージだ。彼の感じるなつかしさは、「ただわけもなく」、そして、「あてどもな」い。由来も行き先も見定められないまま、心のなかにわきおこってくるのだ。始まりも終わりもなく繰り返される波音は、〝今・ここ〟に閉じこめられたまま、現実から遊離していく意識のゆるみを誘う。世界は緑と白と、反復する波音だけに単純化される。この詩は、具体的な場所への〈帰還〉を、もはや目指してはいない。彼のなつかしさは、名前をもたない場所へと明確に方向づけられており、それは国家をめぐる力学に大きく揺さぶられてきた彼の半生がつくり出した、どこでもない場所への〈帰還〉のイメージである。歌われているのは、どこにも帰る場所がないことを知る者の心が生み出した、願いの国なのだ。切なく心打たれる〈帰還〉のイメージだ。

収容所に届いた日本兵の手帖――日本、ニューギニア、カリフォルニア

一方で、国を守るために死ぬことを覚悟した者が遺した言葉が、国境を越え、敵国に渡り、日本語を解する人々をつないだ。戦争によって、ふたつの国家に引き裂かれた日系人たちだったが、敵国人同士となった内地の日本人と米国内の日系人を、奇跡的につないだ日本語文学もあった。先に引用した「海辺」の作者・雪村圭二の兄は、『鉄柵』の編集人で多くの作品を発表した山城正雄である。第八号で山城は、「歌集『サラモア』鈴木里愁」と題する文章を発表している。

ある日、山城のもとに、同じ収容所にいる四〇歳くらいの女性が、短歌を記した手書きの手帖を持ってきた。出征した一人息子が戦地から送ってきたようだ。表紙には検閲番号が書かれている。読み進めると、ニューギニアで戦死した日本兵の残したものであることがわかる。女性は山城に、「持っていらっしゃい、上げますよ、どうせ私のような無学の人が持つてゐても仕方がないから」と言って手帖を与える。こうして「歌集『サラモア』」は、山城のもとにもたらされたのである。山城は、「彼の冥福を祈りながら、いゝと思つたのを三十七首だけ抜いてみた」と記して、作者・鈴木利秋の前書きと短歌を紹介している。前書きを抜粋してみよう。

転戦こゝに一ヶ年、僅か二六〇首位のものを纏め得て小冊子に作製した。〔中略〕この一ヶ年、それは孤独な里愁としてゞなく、一兵卒利秋としてのみあつたと思ふ。月の美しい晩、寂かな雨の日のみ、一人寂しい里愁としての日があつたのだ。／私は多磨の会員として二ヶ年余りにもなるが、決して会員として精進を続けて来たのではない。〔中略〕拙い歌が何時か思ひ出になる日もあろうかと好むが儘に、寂しきまゝに集めたのである。

昭和十八年六月　　巻を終りて　／　　鈴木里愁　　印

山城はこの前文を書き写して、以下のように述べている。

「多磨」といふのは北原白秋の歌会である。〔中略〕拙いと彼自身も断つてゐるが、鑑賞の若さや、実戦の生々しさが、実切感となつて私の胸を打つものがあつた。／「何時か思ひ出になる日」もなく、利秋は死んでしまつた。〔中略〕心ない他人の手で捨てられず、幾分か短歌に理解ある私の手に入つたことを、護国の鬼となつて地下に眠る里愁に対しても、私は喜んで居る

このようにして日本兵の歌は、米国の日系人のもとに渡った。

兵士が歌う戦場の自然

「サラモア」とは、ニューギニア東部の地名である。第二次世界大戦において日本軍の敗退が明白になりつつあった一九四三年一月から九月にかけて、オーストラリアとアメリカを中心とする連合軍と、日本軍とが激戦をくりひろげた。制空権を失い、食糧の補給も滞り、日本兵の多くがマラリアに侵され病死した悲惨な戦いでもあった。歌集はこの戦いを一兵士の眼から描いている。山城が抜粋・掲載した三七首から、掲載順にいくつか紹介する（『鉄柵』では二行分かち書き。本章では改行を／で示す）。

征くと云ふ楽しさのみに一夜さの／露はしのぎつ椰子のうら葉に
爆弾の穴に溜りて雨水は／空の蒼きを今日も浮べり
幾人の屍に照らふ宵月の／常の如ある光寂しき

それ弾丸の爆ぜゆく方に大いなる／芭蕉葉は崩れやがて噴き上ぐ

露に濡れ、爆弾で噴き上がる熱帯の葉が、戦場で死を覚悟した兵士の眼から切り取られる。空は爆弾の穴にたまった雨水に蒼く映り、日が暮れて上る月は、何もなかったかのように累々たる屍を照らす。この歌集は、死と隣り合わせの極限状態のなか、肌身離さず携えられたものであり、いわば彼の命そのものだった。

濡れぬれし手帖は肌に添寝して／うすれし文字を朝は書きそふ

熱帯の気候は慣れない日本兵を苦しめたが、鈴木もやがて病に倒れる。

幾日か熱に伏しつゝ庭先の／薪に上れる蟻などを楽しむ

山城が紹介する最後の歌は、次のようなものだ。

朝焼の山に対へば何がなし／故里に似し幽けさにあり

ニューギニア東部に横たわる四〇〇〇メートル級のスタンレイ山系は、日本軍が一度は横断を試み、のち断念した作戦の舞台だ。鈴木の最期の目に映ったその山並みは、故郷の山のように遠く深く静かに、死にゆく彼を迎え入れるかのように、朝焼けに照らされてそこに横たわっていた。

残し、伝えること

第二次世界大戦で戦死した日本兵の手記を読むことは、現在難しくはない。出版され広く読まれているものも少なくない。しかしながら、この歌集がひときわ胸を打つのは、いま私たちがこれを読むことができることが、奇跡に近いことだからだ。ニューギニアの土になった鈴木の遺体から手帖が発見されたとき、日本語を読むことのできる日系人兵の手にこれがわたらなければ、おそらくはこの手帖は米国に運ばれることもなく、鈴木とともに永久に葬られただろう。米軍の検閲を経て、米国の日系人強制収容所にいる母親のもとに預けられ、この女性から手帖を受け取った山城が雑誌掲載を決め、編集を担当していた者が、鉄筆で一首一首書き写した。その手書きの雑誌が、山城の手から編者に託され、復刻出版されたことで、私たちは今、鈴木の歌集に出合うことができる。この数奇な過程のひとつでも欠ければ、北原白秋に師事したこの若い歌人が最後に見たニューギニアの光景は、私たちに届かなかっただろう。

このようなプロセスには、文学作品と出合うという、私たちが日常的に行っている営みの意味を、根本的に考え直させるものがある。現在私たちは、ほとんどの場合、市場を介して書店や図書館などで文学作品に出合う。しかし、市場に流通しない文学はレベルが低いとは一概に言えないし、市場における大規模流通では、書き手と読み手をつなぐ人々の顔や思いは見えないことが多い。「歌集『サラモア』」は、これを埋もれさせてはならないという、それぞれのプロセスに関わった人たちの思いの連鎖をも伝えてくる点において、ひときわ心に残るのである。

先に述べたように、山城には、鈴木と対峙する連合軍に参加していた弟がいた。忠誠登録を拒否した兄に対し、弟は米国への忠誠を誓って出征し、米兵として日本軍と戦った。そして、ニューギニアで死んだ鈴木にもまた、出征する弟がいた。山城は以下の歌も紹介している。

――十七年五月一日　弟入団す――
此の日頃やうやくなれし軍装も／弟なればいとしみに見つ
言葉なく別れんとせば弟の／眸は熱く我にせまり来

山城も鈴木も、出征する弟への切ない思いを抱えていた。二度と会えないかもしれない肉親への思いに、変わりはない。山城は弟についてここでは一切語っていない。しかし、その沈黙は重い。歌集をもたらした日系二世の米国兵も、収容所で彼の身を案じる母も、同じ戦場にいる弟を思う山城も、敵同士となったふたつの国のあいだで、引き裂かれ、苦しんでいる。しかし、その苦しみや葛藤を乗り越えて、鈴木の歌を残そう、伝えようと彼らは思い、行動した。殺し合うふたつの国の人たちの血と死、苦しみと怒りのただなかにあって、同じ言葉を用い、歌を愛することが、憎しみを乗り越えるつながりをつくり出しているのである。

5　境界をつくる言葉、境界をすりぬける言葉

自然をめぐる体験は、人と自然が無媒介に向き合う場ととらえられがちだ。しかし、自然の体験は実は、言語や国家や民族や、特定の場所と文化が育む身体感覚など、〈私〉をかたちづくるさまざまな条件がせめぎ合い、互いにぶつかり合い、新しい〈私〉へと組み替えられてゆく、たえざる変容と誕生の場だ。

第二次世界大戦時の日系アメリカ人は、強制収容所に連行され、感情移入を拒むような見慣れない自然のなか、鉄柵と見張り塔に二四時間監視されながら、先の見えない日々を生き延びた。異土に植え替えられた植物が、新しい土地で少しずつ根を伸ばすかのように、柵のなかでの限られた体験から、彼らはまわりの環境に触手を伸ばし、

探り探り自分のなかに取り込んでいった。収容所では短歌結社や俳句吟社が結成され、日本語文芸雑誌が手書きで発行されて、ここで生まれた新しい〈私〉の感性が、新しい〈私たち〉へと編みあげられてゆく場所を提供した。ふたつの国のあいだで翻弄された日系人たちは、〈日本〉という記号に、ときに足をとられ、ときにそれをすりぬけながら、仮の宿りのなかで、自分たちが今生きる世界を精一杯踏みしめようとした。自然をめぐる感覚と体験、その表現は、彼らを一方では支え、一方では縛るものを雄弁に反映しながら、あるいは境界をつくり出し、あるいは境界をすりぬけ、新しい〈私〉と〈私たち〉をつくりだしたのである。

［付記］　引用は原典復刻版に拠り、旧字を新字に改め、適宜ルビを付加した。尚、本章は天理大学学術・研究・教育活動助成による成果の一部である。

参考文献

篠田左多江・山本岩夫編『日系アメリカ文学雑誌集成――日本語雑誌を中心に』不二出版、一九九八年。
National Park Service, Tulelake Unit：History and Culture. http://www.nps.gov/tule/learn/historyculture/index.htm（二〇一五年九月二五日アクセス）

第7章

反復から〈交感〉へ
石牟礼道子の言語世界

山田悠介

「×」という字。これは交わるという印でもあります。Aというものと、Bという異質のものが、それぞれの本来の性質を保ったままで、ある一点で共通の場をもつということです。異質のものが異質性を失わないで共通の場をもつことによって、新しいものを生み出す。これが交わるということです。

（野口三千三『野口体操　からだに貞く』）

1　石牟礼道子の「言葉」へ

水俣病を扱った文学、『苦海浄土――わが水俣病』で知られる作家・石牟礼道子（一九二七―　）を半世紀以上にわたって支えるとともに、石牟礼文学の深部にふれる数々の論稿を世に問うてきた渡辺京二は、二〇〇四年より刊行が始まった『〈石牟礼道子全集・不知火〉』（藤原書店）の本巻完結に際し発表した論稿のなかで次のように述べている。

彼女［引用者註：石牟礼］の作品世界の現代に対して有する思想的意義は、すでに説かれ始めている。それは計量化され合理化される現代人の生活に対する批判・懐疑として、広く行なわれている思想的言説の一部として、彼女の作品を読み解こうとする試みである。しかしより重要なのは、彼女の作品の構造、文章の特質を分析し、その特異さが何を意味するのか理解することだろう。その作業はほとんどまだ行なわれていない。（渡辺 二〇一三：一八九）

渡辺の言う、石牟礼文学のもつ「現代に対して有する思想的意義」を問う試みは、これまでも着実に積み重ねられてきた（茶園 二〇一三などを参照）。だが、渡辺は、そうした研究の重要性も認めつつ、石牟礼文学の「作品の構造、文章の特質」に着目することが、これからの石牟礼道子研究に不可欠であると言う。もちろん、石牟礼文学の「言葉」についてこれまでまったく論じられていないというわけではない。たとえば、テクストの改稿による石牟礼の思想の深まりやジャンルの変化（岩淵 二〇〇一、浅野 二〇一三）、作中での方言と標準語の使い分けや多様なテクストの引用（川村 一九九七、結城 二〇一〇）をめぐる問題などを扱った論稿は数知れない。しかしながら、論究されるテーマや視点は限られており、渡辺の言うように、「作品の構造、文章の特質」に関して明らかにされていることはそれほど多くない。

筆者は以前、従来の研究とは異なる観点から石牟礼文学の「言葉」をよすがに作品を読み解くことを試み、ヤコブソン（一九七三）のコミュニケーション論、とくに「交話的機能」（phatic function）の概念（後述）を参照しながら、石牟礼の作品に描かれた人と人とのコミュニケーションの場面を分析した（山田 二〇一五a、二〇一五b）。そして、石牟礼文学では、同一あるいは類似の言葉がしばしば反復されていること、他者の言葉をくり返すことで相手の言葉を受け止めたことを伝えたり、「相手の身になる」ことが試みられていることを明らかにした。本章ではその成果を踏まえつつ、『あやとりの記』（一九八三年）と『苦海浄土──わが水俣病』（一九七二［一九六九］年）の一部を分析し、石牟礼文学において、「反復」が、人と人とのコミュニケーションだけでなく、人と人ならざる存在との「コミュニケーション」の生成にとっても看過すべからざる役割を担うことを示すとともに、〈交感〉創出の鍵となる場合があることを論じていく(1)。

以下、第2節と第3節で人と人とのコミュニケーションが描かれたテクストを、第4節で人と人ならざる存在の「コミュニケーション」が描かれたテクストを取り上げ、それぞれの場面において反復がどのような意味や役割をもつかを検討していく。そして第5節で、本章で俎上に載せるすべての「コミュニケーション」が、〈交感〉と呼ばれる出来事ないしは関係性と見なせることを論じ、反復と〈交感〉の関係について考えていきたい。

2　おもかさまとみっちんのやりとり

はじめに、石牟礼の幼少時の体験をもとにしたという児童文学作品『あやとりの記』に描かれた、反復が顕著に認められるやりとりを見ていきたい。以下は、幼年時代の石牟礼がモデルの「みっちん」と、盲目で精神を病んでいた祖母がモデルの「おもかさま」が交わすやりとりの一部である。

あるとき、おもかさまは、みっちんに「内緒ごとを教えるように、ほつれ毛を見えない目の前に垂らしたまんま、頬をくっつけてきて」、次のように言う。「あのな、人間より位のよか衆たちが、あっちこっちにおらいますよ」と。それを聞いたみっちんは、こう問い返す。「人間より、位のよか衆たち？」と。おもかさまが、「耳澄ませ、耳澄ませ」と言いながら「みっちんの躰を探り寄せ、両の肩を撫で下ろす」と、その言葉に導かれるように、「みっちんもおもかさまと同じように目を閉じて、耳を澄ま」す（石牟礼 二〇〇九：二二五）。おもかさまは続ける。

「位のよか衆はな、陽ぃさまといっしょに沈み申さる」
「陽ぃさまといっしょに」
「そうじゃ、耳を澄ましたかえ」
「耳澄ました」
「見ゆるかえ」
「見ゆる」
「位の美しか衆の見ゆるかえ」
「流れ仏さまの、小ぉまか舟の見ゆる」
「おお、そうかえ、小ぉまか、流れ仏さまの舟なあ」
「あい」

　みっちんは、めくらの婆さまと話すと、すぐに婆さま言葉が移るのです。

「舟がゆくには、遠かろやなあ」
「ああ、闇夜の向こうじゃれば遠かろよ」

　そういってから、婆さまはうながしました。

「それから、なんの見ゆるかえ」
「雁の鳥の」
「ああ、雁の鳥じゃの」　（同：二二五―二二七）

目を瞑り、祖母の言葉をくり返すみっちんに（傍線）、「位の美しか衆」＝「流れ仏さまの、小ぉまか舟」が見えてくる。そのことをおもかさまに告げると、今度はおもかさまがみっちんの言葉をくり返しはじめる（二重傍線）。二人の会話は、相手の言葉をくり返しながらゆっくりと進んでゆく。この後、みっちんが問い、おもかさまが答えるというやりとりが続くが、そこでは、右記の引用箇所に見られたような顕著なくり返しはない。だが、しばらくすると、再びくり返しが頻出するやりとりが始まる。


「ふーん……。葉っぱも飛んでゆきよる、木の葉っぱたちも」

「おお」

　おもかさまは、昔から知っている景色を見るように、夕闇の彼方を向いていました。

「昏れ昏れ闇に、舞うてゆきよるかえ」

「昏れ昏れ闇に、蝶々もゆきよる」

「夕焼けはもう、消えたかえ」

「もうすぐ消えよる。紅太郎人形も、逆さになってゆきよる」

「逆さになってかえ、腕は片っぽのまんまかえ」

「片っぽのまんま、振り袖着て」

「あよまあ、美しさ。手の無か振り袖のひらひらして」

「美しかなあ、おもかさま」

「あい」　　（同：二二八―二二九）

おもかさまとみっちんは、身を寄せ合い、相手の言葉をくり返し、あたかも同じ景色を見ているかのように「美しさ」に声をあげる。盲目のおもかさまと、目を閉じているみっちん。その目には何も見えていないはずなのに、二人はそれでも、「美しさ」を分かち合う。

ここで注目したいのは、二人が、相手が直前に言った言葉を自分の言葉に組み込みながら、まるでしりとりをするように言葉を交わしているということである。おもかさまが、「夕焼けはもう、消えたかえ」と問えば、みっちんは「もうすぐ消えよる」と答え、みっちんが「逆さになってゆきよる」と言えば、おもかさまは「逆さになってかえ」と相槌をうち、「腕は片っぽのまんまかえ」と問い返す。「片っぽのまんま、振り袖着て」とみっちんが応じると、「あよまあ美しさ、手の無か振り袖のひらひらして」とおもかさまは感嘆の声をあげる。その言葉に、みっちんも感に堪えないといったふうにこう答える。「美しかなあ、おもかさま」と。

「情報の伝達とその解読」をコミュニケーションの本質と捉えるコミュニケーション観からすると、反復に満ちた二人のやりとりは冗長で無駄の多いやりとりと見なされかねない（菅原 一九九八：一一五、水谷 一九九七も参照）。しかし、ヤコブソン（一九七三）のコミュニケーション理論を参照するとき、二人のやりとりには重要な〈意味〉があると解釈することができる。ヤコブソンは、言語に備わる非・言及指示的機能の一つとして、「交話的機能」を挙げている。マリノウスキー（二〇〇二）に淵源をもつこの機能は、コミュニケーションの成立そのものに焦点を当てる機能であり、挨拶や相槌、相手の言葉をくり返すことなどが、この機能が強く働くコミュニケーションの典型例とされている（小山 二〇一二）。相手の言葉の反復が交話的機能に焦点化したコミュニケーションの一つとされているのは、内田が指摘するように、それが「相手のことばが自分に届きましたよということを相手に示すいちばん効果的な方法」（二〇〇四：八四）となりうるからである。

このことを踏まえると、相手の言葉をくり返すというおもかさまとみっちんのふるまいには、相手の言葉を受け止めていることを互いに伝え合うという側面があることが見えてこよう(2)。石牟礼道子という作家が、人と人とのコミュニケーションにとって交話的機能に焦点化したやりとりがいかに重要であるかを知悉していることは、反復表現が多用された次の場面からも窺うことができる。

3 母の言葉と「七つの子」

カラスナゼナクノ

ここでは、『苦海浄土――わが水俣病』に描かれた、ある水俣病患者の家族のやりとりを見ていきたい。以下は、その冒頭である。

――ゆりちゃんかい。

母親はいつもたしかめるようにそうよびかける。

――ごはんは、うまかったかい。

――どれどれおしめば替えてやろかいねえと、十七歳の娘にむかって呼びかける。〝奇病〟にとりつかれた六歳のときから、白浜の避病院でも、熊大の学用患者のときにも、水俣市立病院の奇病病棟でも、湯の児リハビリ病院でも、ずっと今までそうやって母親はきたのだ。（石牟礼 二〇〇四：一九二）

「ゆりちゃん」とは、「現代医学」が「彼女の緩慢な死、あるいはその生のさまを、規定しかねて、『植物的な生き方』」と称した水俣病患者、杉原ゆりのことである（同：一九一）。母は、娘に呼びかけ、問いかける。だが、十余年前に水俣病を発病し、言葉を奪われた娘からの返事はない。

カラス　ナゼナクノ
カラス　ハ　ヤマニ
カアイ　ナナツ　ノ
コガ　アルカラヨ

娘はそううたっていた。四歳の頃。カラスナゼナクノと母親は胸の中で唄う。（同：一九二）

母は、娘がかつて「うたっていた」という「七つの子」の一節を、独り「胸の中で唄う」。

この直後から、唐突に夫婦の会話が始まる。途中で地の文が差し挟まれることもなく、約八ページにわたって言葉が交わされてゆく。そのなかで、妻は夫に、我が子がまるで「とかげ」や「鳥」のようだと訴える。「とうちゃん、ゆりは、とかげの子のごたる手つきしとるばい。死んで干あがった、とかげのごたる。そして鳥のごたるよ。目あけて首のだらりとするけん」と（一九三）。夫は言下に否定するが、妻は言葉を継ぐ。「うちはときどきおとろしゅうなる。おとろしか。夢にみるもん、よう（よく）。磯の岩っぴらの上じゃのに、鳥の子が空からおちて死んどるじゃろうがな。胸の上に手足ば曲げてのせて、口から茶色か血ば出して。その鳥の子はうちのゆりじゃったよ」と（同：一九三、傍点原文）。現実では似ているだけだったゆりと鳥。そのゆりが、夢のなかで鳥になっていたと母は言う。鳥の親子を歌った「七つの子」、夢のなかで鳥に変身した娘。鳥のイメージが反復されるなか、母は、次のように続ける（以下は、「その鳥の子はうちのゆりじゃったよ」に続く箇所）。

うちはかがんで、そのゆりにいいよったばい。何の因果でこういう姿になってしもうたかねえ。［中略］人並みの子に生まれてくれいちゅうてかあちゃんも、ねごうたよ。赤子のときは当たりまえの子に生まれたがねえ。何でこういう姿になったかねえ。手の指も足の指もいっぽんも欠けることなしに生まれたものを、なして、この手がだんだん干けて、曲がるかねえ。悪かことをしたもんのように、曲がるかねえ。

親の目には、なして、顔だけは干こけも曲がりも壊えもせずに、かえってうつくしゅうなってゆくごと、見ゆるとじゃろ、これはどういう神さんのこころじゃろ。人よりもおろよかかあちゃんから生まれてきたくせに、このような眸ば、神さんからもろうてきて。

なして目をあけたまんまで眠っとるかい。ゆり、ほら、蠅の来たよ、蠅の来てとまったよ、眸に。

まばたきもしきらんかねえ、蠅の来てとまっても、ゆり。

ゆりよ、おまや赤子のときはほこほことした赤子で、昔の人のいわすごと、這うたと思えば立ち、立ったと思えば歩み、歩うだと思うたらもう磯に下りて遊びよったが。三つ子の頃から海に漬かり、海に漬ければ喜うで、四つや五つのおなごの子が、ちゃんと浮くみちをおぼえて、髪の切り下げたのをひらひらさせて波にひろげて。手足を動かせばそのまま泳げて。まあだ舌もころばぬ先から網曳くときの調子をおぼえて、舟にのせればかあちゃんが網曳くときは、いっしょに体をゆり動かして、加勢しよったばいねえ。

ままんご遊びをしだしたら、もう潮の満ち干を心得て、潮のあいまに手籠さげて、ままんご遊びに、ビナじゃの貝じゃの採ってきて、汁の実のひと菜ぐらいは採ってきてくれよったよね。

片っぽの手には貝の手籠、片っぽの手には椿の花の輪ば下げて。ゆりちゃんもう花も摘まんとかい、唄もうたわんとかい。

一年生にあがるちゅうて喜んで、まあだ帳面いっちょ、本いっちょ、入っとらん空のランドセルば背負うて石垣道ばぴょんぴょん飛んでおりて、そこら近辺みせびらかしてまわりよったが——。ガッコにも上がらんうちに、おっとろしか病気にとかまってしもうた。こげん姿になってしもうて、とかげの子のごたるが。干からびてしもうてなさけなかよ。ゆりはいったいだれから生まれてきた子かい。ゆりがそげんした姿しとれば、母ちゃんが前世で悪人じゃったごたるよ。［略］（同：一九三―一九四、傍点原文）

母の言葉はまだ続くが、ここで引用を終わる。

反復される「七つの子」

この長い語りに、いかに多くの反復表現が含まれているかはすぐ後で見ていくが、その前に目を留めておくべきことがある。それは、この語りのなかでくり返される語句や構造と、ゆりがかつて歌っていたという野口雨情の童謡「七つの子」の歌詞のあいだに、いくつもの共通点が看取できるということである。(3)

烏　なぜ啼くの
烏は山に
可愛七つの
子があるからよ

可愛　可愛と
烏は啼くの
可愛　可愛と
啼くんだよ

山の古巣に
行つて見て御覧
丸い眼をした
いい子だよ
（野口 二〇〇〇：二一〇）

以下、反復に着目しつつ、母の言葉とこの歌詞がいかに類似（反復）しているか見ていこう。まず、先に引用した母の語りには、傍線で示したように、「何の因果で」「何で」「なして」といった言葉が何度もくり返されているが、これは、「七つの子」の「烏　なぜ啼くの」という冒頭の歌詞を彷彿とさせる。また、ゆりの「眸」／「目」に言及している箇所があるが、この部分は、「丸い眼をした／いい子だよ」という歌詞と対応していると考えられる。

引用の中盤、「ゆりよ、おまや」という呼びかけから始まる箇所では、娘の成長の軌跡が語られているが、この部分は、内容的にも形式的にも、「可愛　可愛と／烏は啼くの／可愛　可愛と／啼くんだよ」という二番の歌詞と類似している。烏の親が「可愛　可愛」とくり返し啼くように、母は音や言葉をくり返して、在りし日の我が子がいかに「可愛」かを語るのだ。たとえば、オノマトペ。「ほこほことした赤子」は「髪の毛の切り下げたのをひらひらさせて」海に遊ぶようになり、やがてランドセルを背負って「ぴょんぴょん」と飛び跳ねたと母は語る。あるいは、「這うたと思えば立ち、立ったと思えば歩み、歩うだと思うたらもう磯に下りて遊びよったが」という一節。ここでは、［Aと思えばB］→［Bと思えばC］→［Cと思うたらD］と、同じ構成をもつフレーズが連続し、かつ、直前の動詞を次のユニットの先頭に組み込みながら、まるでしりとりのように言葉が紡がれている。「海に漬ければ喜うで」、「手足を動かせばそのまま泳げて」、「舟にのせれば［略］いっしょに体をゆり動かして」と、［X

すればY」のパターンがくり返される箇所もある。他にも、「て」の音が幾度となくくり返されること、「ビナじゃの貝じゃの」、「片っぽの手には〔略〕、片っぽの手には〔略〕」、「花も摘まんとかい、唄もうたわんとかい」、「帳面いっちょ、本いっちょ」など、くり返しを用いたフレーズが集中的に用いられていることも指摘できる。このように、母の言葉は、形式的にも「七つの子」と類似しているのである。

先ほど引いた、夫婦の会話が始まる直前の場面で、母は「カラスナゼナクノ」とだけ唄っていた。しかし、彼女はその後のフレーズも唄い続けていたのである。我が子がいかに「可愛」いかを、つぶらな「眼をしたいい子」であるかを。鳥の親子に自分たちを重ね、散文のなかで言葉を重ね、限りなく歌に近づけて。彼女はひそかに唄い継いでいたのだ。

ゆりはゆり

ところで、彼女はなぜ、自分の言葉を「七つの子」の歌詞に重ねながら言葉を紡いだのだろうか。以下では、「七つの子」と類似性をもつ母の言葉がどのような文脈のなかで語られているかを検討しながら、この点について考えてみたい。

先にも引用したように、このやりとりは、「――ゆりちゃんかい。／母親はいつもたしかめるようにそうよびかける」という一節から始まる。自分が話しかけている相手は、本当に自分の子どもなのか。そう問いかける冒頭のこの一節は、このエピソードの主題がゆりのアイデンティティをめぐるものであるということを示唆している。たとえば、彼女は夫に対し、ゆりがまるで「とかげ」や「鳥」のようだと言い、夢のなかで見た鳥が「うちのゆり」だったと語っていたが、こうした語りから、目の前のゆりと水俣病におかされる前のゆりが同じ人物であることを「たしかめ」ずにはいられない母の迷いが透けて見える。「その鳥の子はうちのゆりじゃったよ」に続く言葉のなかで、母は幾度となくゆりの名を呼んでいたが、傍らのゆりに向かって、「ゆり」、「ゆりよ」、「ゆりちゃん」と、何度も名前を呼ぶことも、たとえ「とかげ」や「鳥」のような姿をしていても、ゆりが自分の娘に他ならないことを確認しようとするふるまいと考えることができる。母が我が子に呼びかけることはまた、交話的機能に焦点化したコミュニケーションとして解釈することも可能である。彼女は名前を呼ぶことで、言葉を奪われた娘とコミュニケーションをしようとしているのだ、と。

さて、このような文脈を踏まえると、母が、ゆりがかつて歌っていた「七つの子」と語彙的にも構造的にも類似性の高い表現を駆使して語りかけることもまた、彼女が目の前にいる子どもが自分の娘であることを認めようとする行為と考えることができるように思われる。母は、かつてゆりが歌っていた歌の歌詞を連想させる言葉を用いて語りかけ、〈相手の言葉をくり返す〉というふるまいをする。そうして、〈自分はいま「七つの子」を歌っていたあのゆりと同じゆりに語りかけている〉という出来事を創出し、目の前にいる「とかげの子のごたる」子、「いったいだれから生まれてきた」かわからない子が、紛れもなく自分の娘であるということを「たしかめ」ようとしているのではないだろうか。

4　人と、人ならざる存在との「コミュニケーション」

本章ではここまで、石牟礼の二つの作品に描かれた人と人とのコミュニケーションにおける反復の働きについて考察してきた。本節では、人と人ならざる存在との「コミュニケーション」において反復がどのような意味や機能をもつか見ていきたい(4)。

以下は、『あやとりの記』に描かれた、みっちんと狐の「おぎん女」との遭遇譚の一部である。

いろいろなものたちの声が

ある日のこと。みっちんは、自分にぴったりの「藪《やぶ》くら」を探して、「海にほど近い川の土手」を散策している。藪くらとは、「勧進さん」や子どもたちや、「あのひとたち」と敬意を込めて呼ばれる狐や兎が這い入る茱萸の木や野茨の繁みのことである（石牟礼 二〇〇九：五一）。

「風の足が、向こう岸の土手の出っ張りにつき当たって吹き散り、もやってある手漕ぎ舟をゆらゆらさせるのを」見ていたみっちんは、ふと「日向くさい匂い」を背中に感じ、川面に「黄金色のかげ」を認める。そして「くるりとうしろを向いて」、藪くらの一つに足を踏み入れる（同：五五―五六）。みっちんは大廻りの塘の狐、おぎん女の棲家と思しき藪くらのなかで、しばしのあいだ時を過ごす（同：六一）。

夕陽が、みっちんのいる藪くらの中から、川塘に沿っている往還道を照らし、野面を照らし川波を照らし、海の上にありました。

夕陽のひろがるのと同じ感じでみっちんには、いろいろなものたちの声が聞こえました。草や、灯ろうとしている花たちの声とか、地の中にいる蚯蚓とか、無数の虫たちの声とか、山の樹々たちや、川や海の中の魚たちの声とかが、光がさしひろがるのと同じように満ち満ちて感ぜられ、それらは刻々と変わる翳をもち、ひとたび満ち満ちたその声は、みっちんの躰いっぱいになると、すぐにこの世の隅々へむけて幾重にもひろがってゆくのでした。なんだか世界と自分が完璧になったような、そしてとてももの寂しいような気持を、そのときみっちんは味わいました。

家猫のみいが耳をじいっと立てて人間と離れ、畠の隅の岩の上なんかにいて夕陽の方を向き、いくら呼んでも聞こえないふうで、世界の声に聴き入っているような姿をしているわけが、そのときわかったように思えました。

（同：六四、傍点原文）

みっちんの「躰いっぱいに」、「いろいろなものたちの声」が満ちる。この体験⑸は、みっちんにある変化をもたらす。引用箇所の最後の段落に、「家猫のみいい」が「人間と離れ」、「世界の声に聴き入っているような姿をしている」理由がみっちんにわかったと記されているように、みっちんはこのとき「人間」であることから「離れ」、動物／自然に近づいているのである。

この引用箇所の表現に着目すると、同一ないし類似の表現が顕著に反復していることがまず指摘できる。⑴冒頭の一文にある「照らし」の三度の反復、⑵「夕陽のひろがる」、「光がさしひろがる」、「幾重にもひろがってゆく」に共通する「ひろがる」という動詞のくり返し、⑶語句そのものに反復が含まれた類似の言葉の使用（「満ち満ちて感ぜられ」と「満ち満ちたその声」、「刻々と」と「隅々へ」）といったくり返しが認められる。

また、ここでは、みっちんを変容に導く契機となった「いろいろなものたちの声」が列挙されている。声の主を羅列することによって、みっちんに聞こえた声の多様さ、豊饒さが表現されているのである。この一節をさらに細かく見ていくと、ここでくり返されている「〜たちの声とか」という表現の出現には規則性があることもわかる。

草や、灯ろうとしている花たちの声とか、
地の中にいる蚯蚓とか、無数の虫たちの声とか、
山の樹々たちや、川や海の中の魚たちの声とかが、

このように記載すると、読点で区切られたユニットの一つおきに「〜たちの声とか」という表現が用いられ、脚韻

法を用いた詩のような構造になっていることは一目瞭然だろう。また、ここでは、「や」、「とか」、「～の中」など、同じ言葉が多数反復していることも指摘できる。

みっちんを自然に近づけた「いろいろなものたちの声」が反復を伴い、歌のような言葉で描き出されていることを確認したところで、この後の場面を見ていこう。

おぎん女とみっちん

みっちんの目の前に、狐のおぎん女が姿を現す。

すぐそばの藪くらの蔭で、おぎん女が両手をすり合わせ、世界の色が変わってゆく中で、三日月さまに向いて、錫のような口髭をふるふると光らせ、目をなくなってしまいそうに細くして微笑っているのが見えたのです。おぎん女は両手をすり合わせながら、なにか唄っているようでした。狐の言葉ですから聞きとりにくかったのですけれども、こんなふうにいっていました。

曼陀羅華《まんじゃらけー》
曼陀羅華《まんじゃらけー》
藪《やぼ》くら　通れば
曼陀羅華《まんじゃらけー》
おほほほ　ほ
おほほほ　ほ

曼陀羅華《まんじゃらけー》
曼陀羅華《まんじゃらけー》

おぎん女が、溶けてしまいそうな機嫌のよいまなざしで、ちら、ちら、とみっちんを見るものですから、みっちんもつい、つりこまれて糸のような目になってしまい、小さな両手をすり合わせました。

曼陀羅華《まんじゃらけー》
曼陀羅華《まんじゃらけー》
藪《やぼ》くら
曼陀羅華《まんじゃらけー》
うふふふ　ふ
うふふふ　ふ
曼陀羅華《まんじゃらけー》
曼陀羅華《まんじゃらけー》

そう唱えながら、ひらりひらりと跳んで、藪くらのまわりを廻っていました。

茱萸の木々も昏れてゆきます。蟹たちの往還道も、野茨の白い花びらも、川風に吹かれながら昏れてゆきます。

赤い野苺の原っぱも昏れてゆきます。陽はいつのまにか沈み、三日月さまが、いちだんと細く高く光りはじめました。（同：六五―六七）

「聞きとりにくかった」けれども「狐の言葉」を聞き取り、それとよく似た歌を「唱え」るというみっちんのふるまい。ここにも、交話的機能の強い働きを認めることができる。端的に言えば、これは、みっちんの耳におぎん女の言葉が届いたことを相手に伝える行為として解釈することができるのだ。つまり、この場面では反復は、人と人ではなく、人と人ならざる存在との「コミュニケーション」を立ち上げるという役割を担っているのである。

ところで、前項で取り上げた場面で、みっちんは歌のような形式で描き出された「いろいろなものたちの声」によって人ならざる存在に近づいていたが、いま俎上に載せている場面でも、反復表現が多用された歌らしい形式的特徴をもつ言葉が、みっちんを狐のような存在に変える契機となっていることが指摘できる。つまり、この一連のエピソードでは、みっちんは歌らしさを感じさせる言葉に呼応して、人ならざる存在へと〈変身〉しているのである。それでは、なぜ、人ならざる存在への〈変身〉は、歌や、歌らしい言葉によって引き起こされているのだろうか。〈うた〉が、〈かたり〉と同じく「主体の二重化」を特徴とする言語行為であるとする坂部恵の卓見を参照し、この問いについて考えてみよう。(6) 以下ではまず、〈かたり〉についての坂部の見解を見ていく。

坂部（二〇〇七a）は、〈かたる〉という言語行為は、〈はなす〉と同じく「その発言内容が通常一つの文以上の長さにおよんで一つのまとまりをなす」「発語行為ないし発話行為」であるが、両者のあいだには「その成り立つ場のレベルの差」が認められると述べている（同：一七八―一七九）。その違いは、「〈かたる〉ことは〈語る〉ことであると同時にときに〈騙る〉こと」をも意味する場合があるということに如実に表れているという（一八八）。たとえば、「AがBを騙って秘密の情報を手に入れる」という場合、このときのAは、〈AでありつつBでもある〉、あるいは、〈AでありつつAではない〉というように、「主体」が「二重化」されているのである。

〈かたり〉の主体、あるいは一般にいって〈かたり〉のレベルに対応するほど統合度の高い人格的主体にあっては、つねに、（みずからの過去・未来をも含めたひろい意味での）他者との距離・分裂をみずからのうちにはらみつつ統合するという作為（フィクション）と反復（ないしおのぞみならばミーメーシス）の構造が、その少なくとも一つの本質的な構造契機としてつきまとっている、とここでわれわれはあえていうことができるだろう。（同：一九〇）

坂部が簡潔に述べているように、「主体の二重化」とは、「他者との距離・分裂をみずからのうちにはらみつつ統合する」という事態を指す。そして坂部はその有無が、〈かたり〉と〈はなし〉を弁別すると考えているのである。また、坂部によれば、〈かたり〉と同じく〈うた〉という言語行為にも「主体の二重化」の契機が含まれるという。ただし、〈かたり〉よりも非日常性が高い言語行為である〈うた〉においては「エクスタシー」や「神懸り」など、〈かたり〉よりも一段階レベルの高い超越的な「トランスポジション」が起きるとされている（坂部 二〇〇七b、藤井 二〇〇四参照）。

みっちんを〈変身〉に導いた「いろいろなものたちの声」が非散文的な、歌に近い文体で記述され、また、おぎん女の「歌」を聞いたみっちんの身に狐への〈変身〉と呼べるような出来事が生じたのは、坂部が言うように〈うた〉にこのような「主体の二重化」の契機が含まれているからだと考えられる。

つまり、先の場面でみっちんは、「主体の二重化」を引き起こす可能性を備えた歌、反復が埋め込まれたメッセージを唱えていたということになる。その言葉がおぎん女の言葉と類似しているということにも目を向ければ、みっちんはここで「反復」の「反復」によって、「二重化」された状態、すなわち、〈みっちんでありつつみっちんではない〉、あるいは、〈みっちんでありつつ狐でもある〉という存在に〈変身〉（＝二重化）していると言うこともできる。もちろん、右の場面でみっちんが、おぎん女のまなざしに「つりこまれ」、同じような表情を浮かべ、同じような仕草をしていたことも見逃せない。ここでは言語レベルの反復と身体レベルの反復が共起し、みっちんを人ならざる存在に〈変身〉させているのである。

ところで、この場面にはもう一つ、みっちんが〈変身〉していることを読み解く手がかりがある。それは、「そう唱えながら、ひらりひらりと跳んで、藪くらのまわりを廻っていました」という一文の「ひらり」というオノマトペと、「廻っていました」という言葉である。

まず、「ひらり」について。この表現は、別の箇所で、「たしかにひらりと、今度は水の面に黄金色のかげが映って消えたのです」と、おぎん女を描写する際に用いられている（同：五五）。このことを鑑みると、「ひらり」という言葉でみっちんの動きを描写することによって、みっちんがこのとき狐のようにふるまっていること、狐に〈変身〉していることが暗示されていると考えることができる。

次に、「廻っていました」について。折口信夫が「日本の芸能には古代からまひとをどりとが厳重に別れてゐた。いろんな用例からみても、旋回運動がまひ、跳躍運動がをどりであつた事が明らかである」（折口　一九九六：二五九、傍線原文）と指摘しているように、廻ることは「舞い」を特徴づける動きと考えられている。このことを踏まえるならば、みっちんはここで一種の「舞い」を舞っていると解釈することができる。さらに、〈うた〉だけでなく〈うた〉と親和性をもつ〈まい〉にも「主体の二重化」の契機が備わっているとする坂部[7]（二〇〇七a、二〇〇七b）の指摘も併せて参照するとき、ここでは、〈うた〉と〈まい〉という共通する特徴をもつ二つの行為が相俟って、狐への〈変身〉が起きていることが見えてこよう。

加えて、この一文に主語がなく、その後の段落でも「みっちん」という言葉が用いられていないことも指摘できるが、「みっちん」がこの一節から消えていることは、歌い、舞うことによってみっちんの「主体の二重化」の程度が著しく高まり、彼女がこのときもはや「みっちん」と呼べるような存在でなくなりかけていることの暗示と考えることができる。

5　反復と〈交感〉

二つの〈交感〉と反復

本章ではここまで、石牟礼道子の作品では、他者の言葉をくり返すという行為が、人と人とのコミュニケーションだけでなく、人と人ならざる存在との「コミュニケーション」を生み出す上でも中心的な役割を担うことを論じてきた。

ところで、本章で俎上に載せた三つのテクストにはすべて、〈交感〉と呼ばれる出来事ないし関係性が描かれていたと言うことができる。〈交感〉は多義的な術語であるが（野田 二〇〇七、山田 二〇一四）、ここで想定しているのは、次の二つの意味での〈交感〉である。

一つ目は、phatic function の訳語としての〈交感〉である。コミュニケーションが行われるということそれ自体に焦点を当てるこの機能が「交話的機能」と訳されていることは第2節で見たとおりであるが、この術語には「交感的機能」という訳語があてられることもある（ウォー 一九九五、松木 二〇〇三など）。つまり、ここで言う〈交感〉とは、「話の内容によってではなく、ことばを交しあうことそれ自体を通じて絆を確かめあうような言語活動」を指す（菅原 一九九八：一一五）。本章で取り上げてきた三つのテクストに描かれていたのは、こうした意味での「交感的」なコミュニケーションであったと言うことができる。

もう一つは、correspondence の訳語としての〈交感〉である。(8) この場合の〈交感〉とは、「人間と自然とのあいだに何らかの対応関係を見いだす感覚あるいは思考」（野田 二〇〇七：一五二）や、「自然と人間のあいだに生起する心身上の呼応関係を芸術化・思想化した一形態」（野田 二〇一五：一一〇）などを指す。具体的には、第3節で取り上げたテクストに描かれていた、ゆりの母がゆりを「とかげの子」や「鳥の子」に喩えることや、夢のなかでゆりと鳥の子を同一視することの基底にあるのが、「人間と自然とのあいだに何らかの対応関係を見いだす感覚あるいは思考」としての〈交感〉である。また、第4節で分析したみっちんと狐のおぎん女の「コミュニケーション」にも、この種の〈交感〉が認められる。みっちんが「いろいろなものたちの声」やおぎん女の歌に影響され、人ならざる存在に〈変身〉することは、「呼応」という「関係」であるし、みっちんがおぎん女の歌や仕草を反復することは、両者のあいだに「対応関係」を創り出すことに他ならない。なお、「変身」は、correspondence としての〈交感〉のなかの、「相互行為的／儀礼的〈交感〉のある種極限的な姿」とも位置づけられている（野田 二〇一六：三一二―三一六）。

つまり、私たちは、石牟礼文学の「言葉」を――「言葉」そのものを――読み解きながら、石牟礼の作品のそここに、これら二種の〈交感〉が描かれていることを見てきたということになる。とともに、phatic function の訳語としての〈交感〉が描き出される際にも、みっちんとおぎん女のあいだに生起したような correspondence の訳語としての〈交感〉が描き出される際にも、他者の言葉やふるまいが反復される場合があるということを明らかにしてきた。要するに、同じ術語で指し示される二つの〈交感〉は、それぞれ異なる特徴をもつと同時に、いずれも反復という行為あるいは言語表現によって創出されうるという共通点ももつのである。

このように、前節まで行ってきたテクスト分析の結果明らかになったことを〈交感〉という視座から捉え直すと き、反復と〈交感〉のあいだに浅からぬ関係があることが浮かび上がってくる。最後に、このことを踏まえた上で、他者の言葉やふるまいの反復を通して生み出される〈交感〉の特徴について考えてみたい。

反復から〈交感〉へ

そもそも、他者の言葉やふるまいを反復するとはどういうことなのか。本章で行ったテクスト分析からも示唆されるように、そこには、自らの言葉やふるまいに他者の言葉やふるまいを取り入れ、〈他〉と〈自〉を、あるいは、〈他〉に〈自〉を重ねあわせるという側面がある。ただし、たとえどれほど正確に他者の言葉やふるまいをくり返そうとしても、その言葉やふるまいが〈他〉の言葉やふるまいとまったく同じものになることはない。〈他〉の言葉やふるまいを反復しても、〈自〉と〈他〉は、同一化するわけではない（坂部の言う「主体の二重化」の概念も想起されたい）。反復にこのような特徴があるとすれば、反復によって生み出される〈交感〉もこれと同じ特徴をもつと考えていいだろう。たとえ、人と人や、人と人ならざる存在が、反復によって「コミュニケーション」をしたり、「呼応」したり、「対応関係」を構築したとしても、両者が完全に重なることはないし、同化することもありえない。本章のエピグラフの言葉を借りて言えば、「異質のものが異質性を失わないで共通の場をもつことによって、新しいものを生み出す」ところに、反復の、そして〈交感〉の核心がある（野口 二〇〇二：一〇八―一〇九）。

〈交感〉をこのような概念として捉えることは、野田研一が展開する交感論の基本的な考え方にも通じている（山田 二〇一六も参照）。野田は、自然と人間のあいだに〈交感〉が生起あるいは認識されることが、自然の異質性や不可知性を見失うことに通じかねないということに目を向け、自然と人間の〈交感〉を論じる際には、人間と自然のあいだに「たとえ類似性・近似性を見いだしても、自＝他を同一視せず、対象を［中略］『他』としてあらしめ続けること」や、「自然の『他性』（alterity）」を担保しながら「他者」としての自然と関わることの可能性と不可能性を問う視点が必要不可欠であるとしている（野田 二〇一〇：一二三）。また、「変身」と〈交感〉の関係について検討するなかで、「変身とはひとつの主体が、べつの異なる主体に成り変わることではなく、二重化と両義化を意味する」のではないか、という見方を示してもいる（野田 二〇一六：三一三）。交感論がこうした問題を俎上に載せていることと、反復に右に述べたような特徴があることを鑑みると、反復が生み出す〈交感〉について考察することは、交感論で議論されている、〈交感〉と「他者性」をめぐる問題を問うことにダイレクトに結びついていると言えるだろう。

本章では、石牟礼道子の作品の「言葉」に光を当て、反復が、石牟礼文学に描かれるさまざまな「コミュニケーション」を読み解く鍵となること、〈交感〉の創出に重要な役割を担う場合があることを明らかにするとともに、他者の言葉や行為の反復について考察することが〈交感〉について思索する糸口ともなりうることを論じた。

文学における〈交感〉は言語によって形づくられる。ともすれば見過ごされがちなこのもっとも基本的な事実の前で足を止め、「言葉」に目を凝らすこと。そこから見えてくることは、決して少なくないように思われる。

本章は、『科学研究費補助金基盤研究（B）「文学的交感の理論的・歴史的考察――『自然‐人間の関係学』」成果報告書』（二〇一五年）（研究代表者・野田研一）における研究ノート、「石牟礼道子の「反復」を読む――『あやとりの記』・『苦海浄土』」に、大幅な加筆・修正を加えたものである。なお、論旨の都合上、第2節の内容が拙著（二〇一五b）と一部重複していることをお断りしておく。

とくに記載がない場合、本文中の引用に対する強調はすべて引用者によるものである。また、ルビについては適宜省略した。

注

（1）『あやとりの記』は二〇〇九年に福音館書店から出版された文庫版を、『苦海浄土――わが水俣病』は、二〇〇四年に藤原書店から出版された『〈石牟礼道子全集・不知火〉第二巻』をそれぞれ底本とする。

（2）ここでは交話的機能の働きに着目したが、山田（二〇一五b）では、相手の言葉の反復に「相手の身になる」ための契機が含まれているとする竹内（一九九九）の論稿を参照し、分析を行った。

（3）「七つの子」は、一九二一年『金の船』七月号に発表された（金子 二〇一三：二〇四）。ここでは、野口（二〇〇〇）

のテクストを底本とした。

（4）石牟礼文学に、自然についての描写や、自然と人間が密接に関わりあう場面が頻出することについては、野田（二〇〇七）、若松（二〇〇八）などを参照。

（5）これは、矢野智司が「溶解体験」と呼ぶ体験、すなわち、「没頭して夢中になって遊んでいるとき、優れた芸術作品に接したとき、あるいは自然のもつ美しさに打たれたときなどに、いつのまにか『私』と私を取りかこむ『世界』との間の境界が消えていく」体験の一種であると思われる（矢野 二〇〇六：一一四、作田 一九九三参照）。

（6）山田（二〇一六）でも、坂部の知見を参照し、反復、〈うた〉、〈変身〉、〈交感〉の関係について論じている（山田 二〇一七も参照）。

（7）坂部は、〈うた〉と〈まい〉だけでなく、〈かたり〉と〈ふり〉、〈はなし〉と〈ふるまい〉がそれぞれ対応することも指摘している。さらに、以下のような図式を提示し、この図式を「構成する項の上から下へと進むにつれて言語行為あるいは〈ふるまい〉一般は、日常のそれからより演技化されあるいは儀式化された次元へ、あるいは、ときにはさらに俗なるものから聖なるものの次元へと近づく。この進行につれて、一般に、行為の主体もまた二重化的超出ないし二重化的統合の度合いを高め、またその構造を顕在化させる」と述べている（坂部 二〇〇八：五二）。

はなし――かたり――うた
ふるまい――ふり――まい（同：四五、五一）

（8）「照応、呼応、感応」という訳語が用いられる場合もある（野田 二〇〇七：一五二）。

参考文献

浅野麗「石牟礼道子『苦海浄土　わが水俣病』への道――「水俣湾漁民のルポルタージュ奇病」から「海と空のあいだに　坂上ゆきのきき書きより」への改稿をめぐる検証と考察」『敍説』Ⅲ―一〇、花書院、二〇一三年、一二一―一三八頁。

石牟礼道子『〈石牟礼道子全集・不知火〉第二巻　苦海浄土　第一部・第二部』藤原書店、二〇〇四年。

石牟礼道子『あやとりの記』福音館書店、二〇〇九年。

岩淵宏子「表象としての〈水俣病〉――石牟礼道子の世界」『社会文学』第一五号、「社会文学」編集委員会、二〇〇一年、八五―九五頁。

ウォー、リンダ「詩的機能と言語の性質」ロマン・ヤコブソン『言語芸術・言語記号・言語の時間』浅川順子訳、法政大学出版局、一九九五年、二四五―二八三頁。

内田樹『死と身体――コミュニケーションの磁場』医学書院、二〇〇四年。

折口信夫「舞ひと踊りと」『折口信夫全集二二』中央公論社、一九九六年、二五九―二六一頁。

金子未佳『野口雨情――人と文学』勉誠出版、二〇一三年。

川村湊「風を読む　水に書く1：潮の橋の上で――石牟礼道子論」『群像』第五二巻、第六号、講談社、一九九七年、三八四―四〇四頁。

小山亘『コミュニケーション論のまなざし』三元社、二〇一二年。

坂部恵「かたりとしじま――ポイエーシス論への一視角」『坂部恵集四』岩波書店、二〇〇七年a、一六九―一九七頁。

坂部恵「自己物語から他者物語へ――ナラティヴ・トランスポジション」宮本久雄・金泰昌編『シリーズ物語論3　彼方からの声』東京大学出版会、二〇〇七年b、三七七―三九〇頁。

坂部恵『かたり――物語の文法』筑摩書房、二〇〇八年。

作田啓一『生成の社会学をめざして――価値観と性格』有斐閣、一九九三年。

菅原和孝「反響と反復――長い時間のなかのコミュニケーション」秦野悦子・やまだようこ編『コミュニケーションという謎』ミネルヴァ書房、一九九八年、九九―一二五頁。

竹内敏晴『癒える力』晶文社、一九九九年。

茶園梨加「研究動向　石牟礼道子」『昭和文学研究』第六七集、昭和文学会、二〇一三年、七一―七四頁。

野口雨情『新資料　野口雨情《童謡》』踏青社、二〇〇〇年。

野口三千三『野口体操　からだに貞く』春秋社、二〇〇二年。

野田研一『自然を感じるこころ――ネイチャーライティング入門』（ちくまプリマー新書）筑摩書房、二〇〇七年。

野田研一「〈風景以前〉の発見、もしくは『人間化』と『世界化』」『水声通信』第三三号、水声社、二〇一〇年、一一六―一二八頁。

野田研一「存在物にして記号――他者論としての交感論に向けて」『科学研究費補助金基盤研究（B）「文学的交感の理論的・歴史的考察――『自然-人間の関係学』」成果報告書（研究代表者・野田研一）』二〇一五年、一〇―二七頁。

野田研一『失われるのは、ぼくらのほうだ』水声社、二〇一六年。

藤井貞和『物語理論講義』東京大学出版会、二〇〇四年。

松木啓子「ことばの民族誌」小池生夫編集主幹『応用言語学事典』研究社、二〇〇三年、二四七―二四八頁。

マリノウスキー、ブロニスロー「原始言語における意味の問題」オグデン、チャールズ／リチャーズ、アイヴァー『新版　意味の意味』石橋幸太郎訳、新泉社、二〇〇一年、三八五―四三〇頁。

水谷雅彦「伝達・対話・会話――コミュニケーションのメタ自然誌へむけて」谷泰編『コミュニケーションの自然誌』新曜社、一九九七年、五―三〇頁。

ヤーコブソン、ローマン「言語学と詩学」『一般言語学』川本茂雄監修／田村すゞ子・村崎恭子・長嶋善郎・中野直子訳、みすず書房、一九七三年、一八三―二二一頁。

矢野智司『意味が躍動する生とは何か――遊ぶ子どもの人間学』世織書房、二〇〇六年。

山田悠介「交感」小谷一明・巴山岳人・結城正美・豊里真弓・喜納育江編『文学から環境を考える――エコクリティシズムガイドブック』勉誠出版、二〇一四年、二八一―二八二頁。

山田悠介「石牟礼道子の『反復』を読む――『あやとりの記』・『苦海浄土』」『科学研究費補助金基盤研究（B）「文学的交感の理論的・歴史的考察――『自然‐人間の関係学』」成果報告書（研究代表者・野田研一）』二〇一五年a、六〇―八六頁。

山田悠介「『反復』というふるまい――石牟礼道子の言葉」『共生学』第十号、上智大学共生学研究会、二〇一五年b、一〇七―一二六頁。

山田悠介「鳥を〈かたる〉言葉――梨木香歩の〈かたり〉の〈かたち〉」野田研一・奥野克巳編著『鳥と人間をめぐる思考――環境文学と人類学の対話』勉誠出版、二〇一六年、五三―七八頁。

山田悠介「言葉の〈かたち〉が語ること――梨木香歩の『反復』を読む」野田研一・山本洋平・森田系太郎編著『環境人文学１　文化のなかの自然』勉誠出版、二〇一七年。

結城正美『水の音の記憶――エコクリティシズムの試み』水声社、二〇一〇年。

若松美智子「石牟礼道子の美の世界――『椿の海の記』を中心に」『東京農業大学農学集報』第五三巻、第二号、東京農業大学、二〇〇八年、一〇七―一一九頁。

渡辺京二「新たな石牟礼道子像を」『環』第五三号、藤原書店、二〇一三年、一八六―一九〇頁。

第8章

Mana《交感》、儀礼、魔法のフォーミュラ

現代エコクリティシズムの所在／彼岸

浅井優一

1 ウィルダネス、その所在の転回

西部、ネイティヴ、国立公園

東海岸から中西部、そして西部へと続く一つの思想。ソロー、エマソン、そしてミューア、レオポルド、さらにディラード、アビーらへと紡がれるアメリカ環境思想の系譜。この系譜は、ウィルダネス（wilderness）という問題系によって貫かれていた。文明ではなく野蛮へ、崇高（sublime）ではなく荒野へ、西洋ではなく西部へ。この系譜におけるウィルダネスの所在は、一貫して、アメリカ西部（the West）に見出されてきた。一九世紀以降、アメリカン・ナショナリズムの底流を成してきたこの思想の系譜は、ウィルダネス、西部、先住民、あるいは「他者（Natives）」、これら近代人にとっての「失われた生命力」を追い求める近代の運動でもあった（Nash 1967, 1990）。水運の要所から鉄道網の基点として、一九世紀中葉、急速に発達してゆく中西部のメトロポリス・シカゴを通って、西部に終着したその運動は、国立公園として可視化されることになる。現前の形而上学、保護／剥奪された土地、西部にある「西部性」、アメリカにあって「アメリカ的なるもの」を、純粋に、ありのままに体現する自己言及的

な儀礼の空間、近代アメリカのトーテム（totem）として、ウィルダネス／他者は生み出されてゆく。さらに、このウィルダネス、エキゾチックな他者は、よりミクロな場所に発見されてゆくことになる。自らを取り囲んでいる自然、肉体を包み込んでいる袋／身体、今ここで経験されている感覚／無意識。東海岸にとっての彼岸、崇高な自然、永遠不変の他者は、今ここにある彼岸、身近で何気ない自然、日常にある他者へと変容していく。そして、ここに、現代エコクリティシズムの他者論、「交感」は出来した（野田 二〇〇三、二〇〇七、二〇〇八）。

他者論とリアリズム

自然、ウィルダネス、純粋な他者。「交感」という現象は、これらとのインターフェイス、邂逅の契機として位置づけられている。したがって、この現象を、ありのままに、リアルに描き出すこと、言い換えるなら、他者を「他」それ自体として記述すること、これが交感論の命題として立ち上がるのである。その限りにおいて、この交感論は、他者を限りなく透明に表象すること、物自体（Ding-an-sich）との比喩的一体化を通した、自他の瓦解、主客溶解というリアリズムである。ここでは、始めに、このようなリアリズムの交感論が、はたして、その枠組み自体が設定している命題に応えられるのだろうかという問いを投げかけたい。

この枠組みの中で言及される他者は、自己の反転像として浮かび上がる他者、つまり、陰画としての他者であり、その先に決まって現れるのは、表象／解釈の暴力に淫した罪深き自己であることが、あらかじめ措定されているのではないか。したがって、この枠組みは、他者に対する表象／解釈可能性を問えば問うほど、その決して架橋しえない他者と自己の溝を発見し、その溝の所在を指さすことによって担保される自己（roots）へと回帰する旅、自分探しの旅（routes）となる。このような自分探しの旅は、他者と自己、客体と主体、未開と近代、野蛮と理性、あるいは自然と文化、これらの二項対立を自明な前提とし、その二者間の不均衡で不平等な関係、他者表象の暴力を演劇的に論う――物神化し続ける――いわばトーテミズム（totemism）として成立しており、その二項対立を往還する旅、近代リアリズム、それ自体を突き放すメタ言語は不在である。誤解を怖れずに言えば、その二項対立という前提以前に起きている現象、その意味での「交感」の所在を、明示的に指し示すための座標／外部が存在しないことになる。リアル、物自体、所与の他者、そこへの比喩として一体化を企図し続けるリアリズム（＝リアル主義）、その見地に立った交感論は、「交感」なる現象、ウィルダネス、「リアル」の所在を捉え損ね続ける帰結を、すでに含意として示唆しているように思われる。それでは、どこに交感、ウィルダネス、他者は存在するのだろうか。

コミュニケーションというリアル

私たち人間が、まさに自己や他者や主体や客体などとして現れる現象、通常、コミュニケーションと呼ばれる出来事を介して現象たりえることを正当に認めるならば、そしてもし、自然と人間の不均衡な、そして不平等な関係が事実であるとすれば、その両者の均衡で平等な関係を模索する試みとしての交感論は、まさに、そうした不均衡や不平等を創り上げている私たちの現代社会、そのような明らかに文化的な現象を生み出している自然的な契機、すなわち、私たち人間自身が従事しているコミュニケーションという出来事、その事実を正面から分析する試みに他ならないだろう。それはまた、人間の世界、意味の世界、解釈・コミュニケーションの世界に背を向ける素振り、そのような「振り／転回」自体によって生じる比喩的効果、対照性、そうした紛れもないコミュニケーション現象としてのみ浮かび上がる非・人間的な世界、自然、他者、それとの合一を希求するトーテミズムの儀礼ではなく、コミュニケーションという事実、私たち人間にとって唯一の「リアル」の所在、そこに根ざして、そこに向かって、指標／分析の矢を放ち続ける営みでなくてはならないだろう。本章の筆者が、指し示そうと試みてきた交感の所在、現代エコクリティシズムの彼岸は、そこにある（浅井 二〇〇八、二〇〇九、二〇一三：Asai & Abe 2014：Asai 2015）。

2　儀礼論の系譜

本章は、このような問題意識に依拠し、現代エコクリティシズムへと続く、近現代アメリカの環境（思想）史と同様の歴史的文脈を共有して形成されてきたフランツ・ボアズ（Franz Boas, 1858-1942）のアメリカ人類学、特に、ロマン・ヤコブソン（Roman Jakobson, 1896-1982）の言語理論やパースによる記号論（Semiotics）を吸収し、人間のコミュニケーションを原理的に審らかにしてきた言語人類学の儀礼論を参照軸として、交感論の所在／彼岸を照射、創造しようと試みるものである。より詳しく言えば、儀礼は、象徴的、規則的、静的、天界的な時空を、具体的、偶発的、一回的で、刻一刻と移ろいゆく「今ここ」の時空において映し出す場であること、「今ここ」と今ここを超えた「彼岸」との類像化が、「今ここ」において遂行されるコミュニケーションの出来事であることを記述する。さらに、同様の視座から、本章の筆者が調査を続けてきた南太平洋のフィジーにおいて「マナ（mana）」と呼ばれてきた交感、霊力、超自然的力――南太平洋のアニミズム――が、どのようにして実際に「力」たりえているかについて、その具体的なコミュニケーションの内実を分析することによって示唆したい。本章は、これらの記述・分析を通して、「交感」という概念を基点にしたコミュニケーションの学、現代エコクリティシズムの外部を示唆しようと試みるものである。

ボアズ人類学とアメリカ先住民諸語

ボアズ人類学は、(a)規則、法則、「説明（Erklären）」を重視する自然科学（nomothetisch）系の形質人類学から、(b)研究対象の独自性・個性・理解（Verstehen）を重視する解釈学的・文化学的・歴史的科学（idiographisch）系の文化人類学、これら両者を含み、四領域（形質人類学、考古学、言語人類学、文化人類学）を下位分野としてもつ「全体の学（Holism）」として構想されたものであった（小山 二〇〇八、二〇〇九、二〇一一）。

例えば、「友人と話す」「犬と戯れる」「自然を感じる」など、文字通り「身体」（感覚）を使用して行われる行為・実践が生起している場所、すなわち、ある現象が起こっている「もの」の次元（動物行動学的な次元）としての自然、他方、「見る」「触る」「臭いを嗅ぐ」「味見をする」などといった、身体的な活動には単純に還元し得ず、意味、概念、コスモロジーなどといった象徴的次元としての文化、この両次元を「言語」の分析に依拠して体系的に接合可能とするところに、ボアズ人類学の精髄は見出される。言い換えれば、意味と行為、あるいは、構造と現象といった、それぞれの次元が示す相対的な特徴を認識した上で、その両次元の相互嵌入の有り様を、「言語」という現象を切り口として考察することである。すなわち、「今ここ」で行われる相互行為には現れない象徴的・構造的次元に属する特徴と、「今ここ」の相互行為において使用され（直示詞など）、その状況（コンテクスト）に応じて言及対象を変化させ、個々に多様なかたちで表出する可変的次元、この両次元の相対的特徴をあわせもつ「言語」（コミュニケーション）現象の経験的な記述・分析に基づいて考察するという手続きを踏むことによって、両次元が有する特質を、いずれか一方の次元に還元して論じることなく、あらゆる変数が錯綜する現実世界の様子、言説空間の布置、その全体を、体系的に理論化しうる枠組みを有することにあると略言できる。

ボアズは、アメリカ先住民諸語においても、人間の言語が物理的な音、無限に多様な音声を、特定の限られた音として認識（範疇化）するための抽象的な範疇（音素）が観察されること、それと同様に、意味に関わる部分においては、抽象的且つ固有の文法範疇（verbal categories）の現れが、（メタ）理論的に説明可能な仕方で観察されることを、経験的な調査を通して明らかにした。こうした調査を通してボアズは、アメリカ先住民諸語にも、西洋諸言語と同様に、高度に抽象的・象徴的な音素構造、および体系的な文法構造が存在することを示した。このことは、一九世紀においては、成熟した西洋諸言語（西洋社会）に特徴的に備わっていると考えられる傾向が強かった「抽象的な思考様態」（抽象化する力）が、それ以外の言語・社会を含む人類に共通して存在することを証明すると共に、他方では、それぞれの言語によって、音や意味の範疇化の仕方、言い換えれば、世界の経験や認識の仕方が、単純に一対一対応するものではないこと、個々に多様で相対的であることを厳密な経験科学的調査に依拠して実証した。

言語相対性

こうしたボアズの言語論は、その弟子であるエドワード・サピア（Edward Sapir, 1884-1939）やベンジャミン・リー・ウォーフ（Benjamin Lee Whorf, 1897-1941）らの研究を通して体系化されてゆく。それらは、「無意識」と行為者（言語使用者）が抱く「意識」の相関に関する理論であり、後に「言語相対性（linguistic relativity）」と呼ばれ、言語人類学の基礎的なものの見方となる。自らが無意識のうちに使用している言語（の構造）や、自らが言語を使用して無意識のうちに行っていること、これらについて、その行為者たち自身が、意識的に思考を巡らせる際、言語（の構造）の中でも、特に意識に上りやすい音韻範疇や文法範疇に無意識的に依拠してしまう結果、それらを歪んで把握してしまう現象、「副次的合理化（secondary rationalization）」と呼ばれる現象を解き明かそうとする議論である。その要諦は、以下のように略説されるだろう。

言語は、音と意味（文法）という二つの要素から成り立っている。音に関して言えば、「音声（phonetic sound）」は、様々な物理的状況下で産出されるため、全くもって「同一」の音声が再現することは、原理上あり得ない。しかし、音声とは透明な対応関係をもたない音の範疇、すなわち「音素（phoneme）」が、音声へと投射（project）されること、音素によって音声が範疇化されることによって、音声は特定の「意味」を担った音として行為者の意識に上るものとなる。同様の現象は、意味（文法）の次元でも観察される。例えば、窓の開いた部屋の中で、社会的な力関係上、聞き手に対して優位な立場にある話し手が、「少し寒いですね」などと述べることによって、必ずしも「命令法」を使用せずとも「命令行為」が成立しうる。あるいは、Have a nice trip. などの表現は、文法的には「命令法」の形式を有しているが、普通、実際の言語使用の場では「命令行為」としては生起していない。つまり、「命令形」という統語形態的範疇や、「命令法」という文法範疇（grammatical categories）、そして「命じる」という語彙範疇は、実際に為される「命令行為」、つまり「実践行為」とは、一対一対応しないことが多い。しかし、「命じる」といった語彙（発話動詞）が使用されたり、「〜しなさい」といった命令法が使用されたりした場合、実際には命令行為であるとは言い難いものであっても、「命令した」として範疇化される傾向をもつ。

言い換えれば、音声が音素範疇に依拠して「歪んで」意識に上るのと同様に、実践行為の次元で生起する行為の「意味」は、「語彙」や「文法範疇」の類型などに依拠して「歪んで」意識に上るのである。このことは、行為者たちにとっての現実世界は、言語構造や言語使用のうち、容易に意識化可能な要素を通して生じた歪んだ理解であり、それが「伝達・引用」されることを通して形成され、そして、それによって変容を被ってゆく。ボアズ、そしてサピア、ウォーフらによって形成されてゆく言語相対性という視点の底流には、行為者たちの意識（意識化された言語構造や言語使用）と無意識（行為者が無意識に使用している言語構造や言語使用）との間に生じる「歪み」に関する問いが存在し、この歪みが生じる仕方、副次的合理化という現象を体系立てて説明することをもって、社会文化の史的変容が明らかにされている。

詩、儀礼、言語人類学

このような言語相対性の理論的基盤上に、その後、現代言語人類学の旗手と言えるマイケル・シルヴァスティン

（Michael Silverstein, 1945- ）は、プラハ言語学派のロマン・ヤコブソンが二〇世紀中葉に発見した言語の「詩的機能（poetic function）」、比較社会学や文化人類学などの社会文化研究一般において、中心的な課題となってきた「儀礼」という行為、この両者の結節点を見出す。

詩的機能は、「メッセージの生成」という点に理論的焦点が据えられたヤコブソンによるコミュニケーションの「六機能モデル」、その基盤を成す語用的機能である。詩的機能とは、ソシュール構造言語学において見出されたラングとパロールの根本を成す二つの原理の一方である「範列（paradigm）」、その構成原理である「類似性」が、もう一方の軸であり「連続性」の原理によって構成される「連辞（syntagm）」へと投射されるという現象を指している。すなわち、連辞上に類似した言語要素が顕れること、したがって「反復構造」が浮かび上がるとき、そこには詩的機能が作用していることになる。このような構造性は、脚韻や頭韻などの韻律的反復を顕著に示す「詩（韻文）」に特徴的に観察される。詩（韻文）は、話者、聞き手、場などから成る「コンテクスト」（地／バックグラウンド）から明瞭に輪郭付けられた「テクスト」（図／フィギュール）を構成し、他方、小説や日常会話などの「散文」は、韻文のような卓立した構造性を示さず、コンテクストと比較的融合したかたちでテクストが構成されていることになる。このように、詩的機能が多層的に働くことによって、連辞軸上に類像的な反復が生起するとき、コンテクストから明瞭に判別でき（容易に意識化されうる）「言及指示のテクスト」――詩的テクスト――が生成されることになる。

シルヴァスティンは、このヤコブソンの洞察を社会文化的研究一般へ接合し、ことばの次元における「詩（韻文）」と同様に、社会文化の次元においては、「儀礼」として範疇化される相互行為において、詩的構造化が顕著に／多層的に観察されることを指摘した。簡潔に述べれば、ことばと社会文化との領域に跨って、［(a)韻文（詩）：(b)散文（日常的言語使用）］：：［(a')儀礼：(b')日常的行為・出来事］という相同的な関係が成立すること、すなわち、儀礼は「相互行為の詩」であるとする洞察である。つまり儀礼は、その多層化した強固な反復構造を成すことによって、それを取り巻くコンテクストから明瞭に浮かび上がる輪郭、「相互行為のテクスト」となり、それが行われる共同体内部の生活者にとっても、それを観察する「外部（観察）者」にとっても、その注意関心を容易に集めうる場所、「意識」が集中し易い相互行為のトーテムとなる。よって、そのような特徴をもつ儀礼は、規則的、体系的、静的、天界的「彼岸」、共同体において広く共有され、象徴化した文化的意味範疇、すなわち「神話」を、個別的、偶発的、一回的であり、刻一刻と移ろいゆく「今ここ」において映し出すフォーミュラ、多様で雑多な地上（月下）世界において、天界的規則性（タイプ、モデル）を映し出す「レプリカ（replica）／イコン（icon）」を生成する「類像化作用」である。

3　今ここの神話、あるいは死にゆく神

　このような儀礼論に手掛かりを得て、フィジーを含む南太平洋地域において「マナ（Mana）」と呼ばれてきた事象について考察しよう。これまでマナは、フィジー、そして、それを調査対象としてきた象徴人類学においては、神的、霊的、あるいは超自然的力として説明されてきた。言い換えれば、「今ここ」を超えた何らかの存在が、「今ここ」に顕現した状態、その限りにおいて「交感」なる現象として捉えられてきたと言える。以下では、始めに、マナについての人類学の語りを概観した上で、そのような説明が付与されてきたマナという現象が、どのようにして現象たり得ているのか、そのコミュニケーションの内実について分析を行う。

外来王、ロノ神、あるいは「マナ」の文化人類学

二〇世紀初頭にフィジー社会を調査したアーサー・ホカート（Arthur M. Hocart, 1883-1939）は、次のようにマナを説明している。「首長や王のもつ力は、ポリネシア全体でマナと言われる。この力は一般に神と精霊のもつ特性をさす。それ故、王＝神という等式が成立し、王は奇跡を行うことができる」存在である。そして、フィジーを含むポリネシアの王権は、「王は神である」という「一つの同じ構造」によって成立していると考え、その「構造」が、王の即位儀礼において顕れるとする。例えば、フィジーにおける首長の即位儀礼（veibuli）では、首長となる人物が、土地の民から渡されるカヴァ（kava）を飲むことによって、その人物の「古い自我」が死を遂げ、同時に、その人物の体内に、神あるいは死者の霊（不死性）であるマナが招かれることによって、その人物は神として再生し首長になると捉えている（Hocart 1927：45-97）。

マーシャル・サーリンズ（Marshal Sahlins, 1930- ）は、ホカートによるマナの説明、「王＝神」という二元論的な王権図式を前提とし、そこへレヴィ＝ストロース流の文化と自然、あるいは「神話」（構造）と「出来事」（歴史）という二項対立を導入する。そして、歴史的に継起する出来事を意味化し続ける「神話」（構造）を、フィジーにおける首長「外来王（stranger-king）」や、ハワイにおけるジェームス・クック（James Cook, 1728-1779）の殺害に関する分析を通じて提示するに至る。「外来王」に関する論考においてサーリンズは、「本来的に社会の内側に発生した文化の外にいる王は、社会内では自然の力として現れる」と捉え、王権は社会を超越した外部、「自然」の象徴であり、社会の内側は「文化」の象徴であると措定する。「自然の力」であり、野蛮で、恐れの対象として社会の外部から到来した王は、土地（土着）の民によって授けられるカヴァを飲むこと、すなわち（象徴的に）毒をもられることで死を遂げるに至る。それによって、野蛮で恐れの対象である自然の力が「土着の民により吸収され馴化」され、同時に土地（土着）の民の霊力を吸収することによって「土地神として再生する」とした（Sahlins

1993）。「外部」からやってくる「王（首長）」と、それを「内部」で迎える「土地の民」という二者間の対照性が、自然と文化というレヴィ＝ストロース流の二項対立を通して概念化され、その対立する両領域が、王権の樹立を結節点として、宇宙論的調和を果たすと結論付けている。

さらに、サーリンズは同様の図式を基にして、一八世紀末に太平洋と大西洋を繋ぐ航路探索の航海の途中でハワイを訪れたジェームス・クックの殺害をめぐる出来事の分析を展開する。サーリンズによれば、ハワイ人たちは来訪神を迎える新年の儀礼（マカヒキ祭）の手続きに則ってクックを迎え、そして送り出した。しかし、その後、船（レゾリューション号）のマストが折れてハワイ諸島に引き返したクックは、今度は、略奪と暴力によって迎えられることになる。世俗の王クーが豊饒神ロノに勝利し、彼を送り返す神話の最後を飾る戦いの筋書きに則るかのように。サーリンズによれば、クックはハワイ人たちに共有される神話の豊饒神ロノとして迎えられ、そして、ロノとして葬られた。つまり、クック（白人／西洋）の到来という、ハワイ人にとっては偶発的事件、それ自体としては文化的意味をもたない出来事が、マカヒキ祭として体現されるハワイの神話、すなわち「象徴構造」に取り込まれることによって、文化的意味を担った出来事、神話的リアリティ（mythical realities）として（再）生産され、クックは豊饒神ロノとなった。ハワイ人は、神話を実践する人々であり、「ミソ・プラクシス（mytho-praxis）」のうちにクックを殺害したのである、と（Sahlins 1981）。

4　南太平洋のアニミズム

類像的ズレ

フィジーでは、(a)二つの物体がズレを示さず重なり合っている（並行な）状態、あるいは、(b)両者がズレた（的を外した）状態、この二つの範疇的認識が、donu と cala という形容詞によって示される。例えば、二者間での意思疎通が円滑に達成されない状態を指して、E rau sa vei-*calat*-i tu.（「彼ら二人は、互いに、ちぐはぐしている」）などの表現が頻繁に使用される。同様のスキーマは、「土地」と「伝統」という二つの関係を言及する場合にも使用される語彙ペアとなっている。例えば、土地が体現している特定の状態が、その土地の「伝統」と「重なり合った状態」、つまり、伝統として規範化された文化的意味範疇と、「整合性がある」という範疇的認識が生起した状態は、「正しい、真っ直ぐな（donu）」状態と指示される。それとは対照的に、土地の状態と「伝統」の両者に、「整合性がない」「ズレている」「乖離がある」という範疇的認識が生起した場合、それは「誤った（cala）」状態であると指示される。通常、この「正しい、真っ直ぐな」状態は、「本当／真実」という状態を言及指示する dina という語彙、そして、それと等価な言及指示的意味、メラネシア・ポリネシアに「特有の」文化的価値を指示する抽象名詞 mana（「マナ」）と等価性をもつ範疇となっている。そして、両者の等価関係は、先住民系フィジー人にとって、おそらく最も知られた定型的な儀礼スピーチの一節（ritual one-liner）、「マナ、それは本当／真実である。永遠なり、永遠なり（Mana, e dina. A muduo, a muduo.）」において体現されており、この儀礼的発話、つまり定型的発話の再起ないし継起によって、それらのマナという語彙が有するコミュニケーションにおける霊力――言霊――が付与され続ける（Arno 1993）。

儀礼スピーチ

首長の即位儀礼のみならず、フィジーでは贈与交換などの儀礼が行われる際、贈与の受け手は、贈り手による贈与の申し出を記す儀礼的発話が為された後に、その贈与の受け取りが完了したことを宣言／記念する互酬的な儀礼的発話に従事する。そして、通常、その結語として放たれる定型句が、「マナ、それは本当／真実である。永遠なり、永遠なり（Mana, e dina. A muduo, a muduo.）」である。以下は、筆者自身が、二〇一一年一二月に、フィジーにあるダワサム地域ナタレイラ村に住む、デライ氏族の長老から贈呈されたカヴァ（フィジー語では「ヤンゴナ：yaqona」）を受け取った際に行った儀礼的発話である。

Tara tiko na yaqona.
Cabe vakaturaga tiko mai
　nona qase na Ratu.

ヤンゴナは、受け入れられています。
神聖なる仕方で登っています、
　その先達は。

Cabe tiko na noqu vanua i Japani.
Dou bula vinaka tiko,
　au bula vinaka tiko.

私の土地、日本は、登っています。
あなた方は、活力に溢れています、
　私は、活力に溢れています。

Donu tiko na yaqona e na yakavi nikua.
Mana e dina.

この夜、そのヤンゴナは、正しくあります。
マナ、それは本当／真実である。

A muduo, a muduo. A muduo a muduo.
Yaqona saka e levu.

永遠なり、永遠なり。永遠なり、永遠なり。
ヤンゴナ、それは豊富でございます。

通常、贈与（ここでは、「ヤンゴナ」）の受け手は、その贈与が「正しい」状態にあること（donu tiko）、それが

「正しい」、「あるべき仕方」で成功裏に為されたことを銘記する定型的発話（Donu tiko na yaqona e na yakavi nikua.「この夜、ヤンゴナは、正しくあります」）を行う。そして最後に、さらなる定型的発話（Mana e dina. A muduo, a muudo. A muduo, a muduo.「マナ、それは本当／真実である。永遠なり、永遠なり。永遠なり、永遠なり」）を、儀礼の場に居る者たちとともにユニゾンし、反復される muduo（永遠なり）という発話の後に、毎回一度ずつ、発話が生み出すリズムに合わせ、両手の平を少し丸めた形で、「拍手」よりも重い cobo と呼ばれる音を打ち出す（Arno 1985）。贈与の受け手も、その場で聞いている者たちも、この形象化した発話を共に復唱／反復するのである。

魔法のフォーミュラ

こうした儀礼的発話に示されているように、donu, mana, dina, muduo, これらの概念は、互いに連動して構成されている。特定の行為や出来事、あるいは、土地が体現する状態が、「正しい、真っ直ぐな」状態にあること、「伝統」に対して類像的な状態にあること、そうした状態が「マナ」が顕現した状態であり、それは同時に、「永遠（muduo）」を体現した状態である。Mana e dina. という発話では、Mana が主語であり、e は主語が「三人称単数」であることを示す一致の標識、dina は「本当の／真実の」状態を言及指示する形容詞／状態動詞である。したがって、この発話全体は、「マナは本当／真実である。」という非完了／非過去の時制を伴っているのであるが、ここではそれが、発話が生起している「今ここ」の時間性／時系列的な前提を無効にし、「超時空的な法則」や「永遠不変の真理」を指示する「ノミック（nomic）相（aspect）」を伴った発話となっていることがわかる。つまり、この一文は、マナが顕現した状態、「今ここ」と象徴的・脱時間的・神話的な時空が、「正しく」重なり合い、両者に類像（＝）関係が成立した（という範疇的認識が生起した）状態、すなわち、「真理」を顕現させる「遂行的発話（performative utterance）」であると解釈できるだろう。そして，「真実」が顕現した状態を，A muduo, muduo. A muduo, muduo.（「永遠なり，永遠なり。永遠なり，永遠なり」）という発話，muduo の復唱を，さらに復唱する行為に，儀礼参加者全員が従事することによって，マナの真実性を，真実たらしめる，力たらしめる「魔法のフォーミュラ（magical formula）」となっているのである（Jakobson 1987）。

不発した瓦解

以上の考察に基づけば，文化人類学の語りでは，それ自体としてイデオロジカルで，まさに神話的にしか理解し得なかったフィジーのマナが，実際のコミュニケーションにおいて，事実，存在していることが明らかになる。そして，このコミュニケーション分析をさらに拡張すれば，サーリンズ自身が従事した象徴人類学の語り，すなわち，彼がフランスで師事したレヴィ＝ストロースに倣って，フィジーとハワイの分析に用いた神話図式，「自然と文化」の二項対立とその瓦解の試み，これも同様の視点から吟味することができる。

サーリンズの議論では，文化の所在が，コミュニケーションや言語使用（指標記号）の次元ではなく，構造や神話（象徴記号）の次元に見出された結果，構造・神話をコミュニケーション・言語使用へと投錨する契機，言い換えれば，神話について語る行為者たちの「意識」の位置づけが不明確となった。したがって，例えば，神話を「引用」することを通して為されている相互行為，指標と象徴が相互に嵌入し「今ここ」で展開するコミュニケーションという記号過程《セミオシス》は，十全に論じることができない理論枠組みとなっていた。文化の所在を象徴記号に据えてしまっては，コミュニケーション出来事において「喚起」される神話構造は，歴史的変容を示しつつも，結果的には，コミュニケーション出来事を意味化し続ける，変化の中で変わらない「不変的な特性を保持した」構造的思考となり，フィジーやハワイを含むオセアニアは，そのような構造的思考を体現し続ける神話の島々として，（サーリンズにとっては）永遠に存在し続けることになるのである（Sahlins 1993）。その意味において、サーリンズの議論は、オセアニアで観察される全ての文化的事象は、特定の神話形式に意味づけられたものであり、彼ら彼女らは「そのように思考する人々」という結論を検証の余地無く――サーリンズ自身の神話的力《マナ》によって――正当化してしまっているのである。

自然と文化の宇宙論的調和。サーリンズによる神話／マナの分析は、まさに「交感」の一事例として読み取ることができる一方で、こうしたサーリンズの意味論は、所与の二項対立にどっぷりと腰を掛け、それを物神化し続けるものである。すなわち、いかなる反例が提示されようと、結局はサーリンズが提示した「構造」、サーリンズ自身の宇宙に吸い込まれてしまうという袋小路を召還してしまうことになっている。その限りにおいて、サーリンズの論議は、それ自体が儀礼的発話であり続け、構造と歴史のジンテーゼ（synthese）、神話と出来事の接合としてのミソ・プラクシス（mytho-praxis）、自然と文化の架橋、二項対立の瓦解、その企ては全て不発に終わることになったこと、その限りにおいて、「交感」の所在を捉え損ねていた事実を指摘しておきたい（浅井 二〇一三）。

5　脱・転回、脱・人間主義

本章では、近代アメリカにおける西部／ウィルダネスに関する思想の系譜、現代エコクリティシズムにおける交感論を、同じく、西部へと消えてゆく他者、ネイティヴ、アメリカ先住民たちとの相互行為を通じて形成されていったボアズ言語人類学、特にその儀礼論を参照軸としてコミュニケーション論的に再規定した。その上で、同様の視座に依拠し、フィジーにおいてマナと呼ばれてきた神的／超自然的力を「交感」として位置づけ、そのコミュニケーション的内実を審らかにすることを通して、交感という概念／事象を基軸にしたコミュニケーション論、現代エコクリティシズムの儀礼論を確立しようと試みた。

豪雨、温暖化、気候変動、原発、放射能、汚染水。今日、環境に関する実に多様な語りが、私たちの現代社会を特徴付けている。そのような現代社会、環境の時代に、私たち自身が向き合うことは、当然、実際に為される一つ一つの語り、それぞれのコミュニケーション出来事において、何が、誰が、どのように、どのような視点から論じられているのか、これらを厳密に分析すること、そこを基点に出発するはずである。そして、そのような分析を通じて、同時に、そうした分析自体を可能にするより高次の視点、メタ言語の構築を目指すことが必要となるだろう。そうでなければ、全ての語り、全てのコミュニケーションは、リアルの所在を求めて転回し続けるリアリズム、リアルらしさを喚起するための比喩、浮遊する象徴記号としてのみ存在することになり、コミュニケーションという現象によって存在する私たちの現実世界、（コミュニケーションという比喩によって表象される物の世界、所与の外部ではなく）コミュニケーション自体によって、「今ここ」に根ざして創り上げられる象徴的で指標的、文化的で自然的なセミオシス、私たちという記号の群れ、世界とのコミュニケーションの全ては幻想として消え去ることになる。現代社会へ向けて放つ指標／分析の矢、交感論という脱・人間主義の試みは、このような認識から始まるはずだし、そうでなければ、その儀礼的効力、「マナ」が切れる頃には過去の遺物となり、目まぐるしいモデルチェンジ――転回――の波の中に消えてゆく泡としかならないのではないかと危惧されるからである。コミュニケーションに根ざして、そして、コミュニケーションに向かって、指標／分析の矢を放ち続ける営み、それ以外に、脱・人間主義の所在彼岸は喚起し得ないはずだ。

参考文献

浅井優一「文化と自然の環境コミュニケーション――今ここ・彼岸の詩的構造としてのシカゴ環境史」『異文化コミュニケー

ション論集』第六号、二〇〇八年、六九―八五頁。
浅井優一「「行為の詩」あるいは「儀礼」としての自然インタープリテーション――環境ディスコースの言語人類学的考察」『社会言語科学』第一一巻、第二号、二〇〇九年、六九―八二頁。
浅井優一「首長再生と悪魔排除――フィジーにおける神話化過程としての首長制」『アジア・アフリカ言語文化研究』第八五号、二〇一三年、五―三九頁。
小山亘『記号の系譜――社会記号論系言語人類学の射程』三元社、二〇〇八年。
小山亘『記号の思想　現代言語人類学の一軌跡――シルヴァスティン論文集』三元社、二〇〇九年。
小山亘『近代言語イデオロギー論――記号の地政とメタ・コミュニケーションの社会史』三元社、二〇一一年。
野田研一『交感と表象――ネイチャーライティングとは何か』松柏社、二〇〇三年。
野田研一『自然を感じるこころ――ネイチャーライティング入門』（ちくまプリマー新書）筑摩書房、二〇〇七年。
野田研一「世界は残る。……失われるのはぼくらのほうだ――〈いま／ここ〉の詩学へ」『水声通信』（「特集　交感のポエティクス」）第四巻、第三号、二〇〇八年、四二―五〇頁。
Arno, Andrew, "Structural communication and control communication : An interactionist perspective on legal and customary procedures for conflict management." *American Anthropologist*, 87 (1), 40-55, 1985.
Arno, Andrew, *The world of talk on a Fijian island : An ethnography of law and communicative causation*. Norwood, NJ : Ablex. 1993.
Asai Yuichi & Abe Osamu, "Intercultural learning for sustainability : At the 'nexus' of the environment, communication and socioculture" in Fiji. In P. B. Corcoran & B. P. Hollingshead (Eds.), *Intergenerational learning and transformative leadership for sustainable futures* (pp. 313-320). The Netherlands : Wageningen Academic Publishers, 2014.
Asai Yuichi, "Environmentalism and its ritualized fakeness : A semiotic analysis of onomatopoeic discourse on nature." *RASK : International Journal of Language and Communication*, 42, pp. 3-40, 2015.
Hocart, "Arthur Maurice." *Kingship*. Oxford : Oxford University Press, 1927.
Jakobson, Roman, "Poetry of grammar and grammar of poetry." In Op. cit. Sebeok (pp. 121-144). Cambridge, MA : Harvard University Press, 1987 [1961].

Nash, Roderick, *Wilderness and the American mind.* New Haven, CT : Yale University Press, 1967.
Nash, Roderick, *American enivironmentalism,* Readings in conservation history New York : McGraw-Hill, 1990.
Sahlins, Marshal, *Historical metaphors and mythical realities* (*ASAO special publications*). Ann Arbor, MI : University of Michigan Press, 1981.
Sahlins, Marshal, "Goodbye to tristes tropes : Ethnography in the context of modern world history." *Journal of Modern History, 65,* 1-25, 1993 [1985].

三　コスモロジー

第9章

「山の身になって考える」

汎神論的交感と生態学的交感

河野哲也

人間の心や感情が自然現象と呼応すること、人間と自然の間に共鳴現象があることを意識すること、人間と自然とのつながりを感じること、これらの心理状態を、自然との「交感（correspondence）」と呼ぶとするならば、そうした現象は生態学（ecology）のなかでは、ごく当たり前の、特段に神秘的でもない事態として理解されるだろう。拍子抜けするほど、当然の事実として自然と人間はつながっている。問題は、その人間と自然のつながりとはどのようなものかである。生態学が第一に認識する人間と自然とのつながりとは、人間は食物網のなかで他の生命と結びついているという事実である。人間は動物であり、他の生き物と捕食被食関係にある。人間たちは長い間、この当然の事実から逃避し、目を背け、とりわけ現代の都市生活のなかでそれを完全に忘却してきた。生態学的な交感とは、この単純な事実に覚醒することに他ならない。

本章では、環境哲学の立場に立ちながら、その先駆者であるアルド・レオポルド（Aldo Leopold, 1887-1948）の「山の身になって考える」に見られる生態学的な経験に注目する。レオポルドに見られるような生態学的な経験は、環境保護活動や環境倫理学、環境についての哲学的考察を行うには不可欠の土台であり、それを欠いた環境保護や環境倫理学は強さにおいても深さにおいても十分なものにはなり得ない。そして、レオポルドと同様の経験が、とりわけ狩猟や漁撈を通した自然経験のなかに見出される。そして、それは「生態学的交感」と呼ぶべきスピリチュアルな状態であることを論じることにする。

1　環境哲学と日本の問題

「山の身になって考える（Thinking like a mountain）」は、アルド・レオポルドの『砂土地方の四季（A sand county almanac: with essays on conservation from Round River）』に納められた一節であり、環境哲学（environmental philosophy）のはじまりを示す滋味深い考察と評されている。レオポルドは、日本では思想家としてはあまり知られていない名前かもしれないが、現在の環境哲学の発展にとってもっとも重要な先駆者のひとりである。レオポルドの提唱した土地倫理学（land ethics）は、環境倫理学（environmental ethics）の先駆けと見なされている。

環境倫理学とは、環境問題について倫理学的・哲学的・政策原理的なレベルで研究し、その解決を目指す応用倫理学の一分野である。環境倫理学は、環境汚染が深刻化し始めた七〇年代から急速に世界中に広まり、環境の保護を倫理的・道徳的な問題として扱うようになった。環境問題とは、水質汚染、大気汚染、土壌汚染、海洋・海岸保護、河川保護、地下水汚染、山岳破壊、森林破壊、地球温暖化、海水面上昇、汚染物質・危険物質の投棄、放射能汚染、産業化した農業による地域破壊、農薬、オゾン層減少、自然資源の枯渇、水の枯渇、地下水枯渇、種の減少・絶滅、動植物保護などである。

これに対して、環境哲学とは、環境問題を関心の中心に置きながら、自然環境と人間との関係についてさらに包括的に哲学的に考察しようとする分野である。そこには、環境倫理学はもちろん、環境美学や環境文学研究といった人文学的なテーマも含まれるとともに、実証的あるいは実験的な環境調査に基づきながら生態系と人間との根本的な関係ついて考察するような実験的な自然哲学も含まれている。環境哲学が扱うテーマには、人間と自然の二分法の再検討、人間と動物の二分法の再検討、人間に自然とのスピリチュアルな関係、自然とウィルダネスの本源的価値、生態学的存在論、動物と人間との関係、自然の美学的価値、自然環境に対する正義と公平性などがあげられる。

筆者が、二〇一四年に在外研究で訪問したアメリカ、テキサス州のノース・テキサス大学（University of North Texas）の環境哲学センター（Center for Environmental Philosophy）は、環境哲学・環境倫理学の世界的な中心のひとつである。このセンターは、『環境倫理学』という国際的に有名な学術誌を発刊し、ユージーン・ハーグローブ（Eugene C. Hargrove）、バード・キャリコット（B. Callicott）というこの分野を牽引する著名な研究者を擁して、一〇名以上いる哲学・宗教研究学科のファカルティのほとんどが環境哲学・倫理学関連の研究をしている。

図１　ノース・テキサス大学とマゼラン大学共有の環境調査ステーション

図２　オモラ民族植物公園の看板

ノース・テキサス大学の哲学・宗教研究学科の最大の特徴は、環境学部のなかに設置されている点にある。日本を含め多くの国では、哲学科や倫理学科は、文学部や人間科学部のなかにある。しかし、ノース・テキサス大学では自然科学系の環境学部のなかに哲学・宗教研究学科がある。教員たちも人文科学系出身の専門家ばかりではなく、生態学や生物学、植物学、鳥類学など自然科学系の出身の者もおり、自然科学を基盤にしながら環境倫理や環境哲学を研究している。そのために、学生も、環境学部内に設置された生態学や水質調査学や生物学などの環境関連科目を学びつつ、哲学や倫理学も研究することになる。

実際に、環境学部は、チリの南端の亜南極圏に位置するケープ・ホーンに、

「生物多様性生態学研究ステーション」を、チリのマゼラン大学と共同で所有し、オモラ民族植物公園（Omora ethnobotanical park）の生態系を調査し、保全している。この大学ステーションで生態系の調査実習を行う大学院生用の教育プログラムも存在する。環境哲学や倫理学という理論的な研究をしている学生・大学院生も、これらの授業や調査実習に参加することを通して、自然科学的な環境学の知識を十分に備えることができる。逆に、環境科学を専門としている学生や大学院生も、哲学や倫理学、宗教学といった思想関連科目をしっかりと学べる。もちろん、哲学・宗教研究学科のスタッフの多くが、環境調査を行っている。

日本の環境倫理学者には、こうした実践的なタイプの研究者は見当たらない。また、環境倫理学の専門家はそれなりの数がいるが、環境哲学を研究する専門家はとても少ない。筆者がわざわざ自分の在外研究の紹介をしたのは、環境哲学の重要なセンターでは、実際に自然環境を経験し、それを実地に調査することが、環境を哲学的に考え、環境を保護する倫理学を構築するのに不可欠だと考えられていることに注目したいからである。残念ながら、日本の環境倫理学は座学に終始している場合が多く、その論考は抽象的アイデアに留まり、経験に基づいた力強さに欠けていることがしばしばである。

しかし、人倫というものが人間に共感し、善悪を人間に降りかかった具体的な事態として経験することを基盤としているのであれば、環境倫理というものも、動物や植物に共感し、自然の風景を美的に経験し、それに対する侵害や破壊を悲しむことが基盤となっていなければならないはずである。山が無残に切り開かれ、そのあとの人工的な植林が周囲の植生と不釣り合いなことを色調として実感し、人工植林のあとには鳥がいなくなったことを鳴き声がしなくなったことから感じとったときに、産業化された林業による山岳破壊の問題が理解されるのである。海岸にどこともしれないところからプラスティックゴミが大量に漂着し、釣った魚にまでそのゴミが絡み付いていて、その魚を食べる気がしなくなったときに、海洋汚染が許容しがたい危険なレベルに達していることを承知する。極地の氷が溶け出し、ホッキョクグマが居所をなくして彷徨う姿を見たときに、地球温暖化の害を感得する。道徳や倫理は、もともと感性的で感情的、身体的な経験に根付いているはずのものである。自然を経験することは、環境保護思想や運動にとって欠くべからざるものであり、経験による裏打ちがない思想や哲学や政治運動は、投錨地点がないために本来の趣旨を見失いやすく、動機付けも弱いものになってしまうのではないか。同様に、そうした経験のない環境保護運動批判もまるで的外れなものになるだろう。

2 自然環境の経験と思想

歴史的に見ても、環境を保護しようとする思想や運動は、自然環境に対する美的経験から始まったと言ってよい。ハーグローブによれば（"Why we think nature is beautiful" http://www.cep.unt.edu/show/ 二〇一五年一二月五日アクセス）、現在の西洋世界では、ほとんどの人が自然は美しいと思っているが、これは近代以降の態度であり、中世においては人々の感性は異なっていた。自然は美しくはないと思っていた人もたくさんおり、他の人は神の御技として考えたときにのみ美しいと考えたり、自然は美しいが神への信仰と矛盾すると考えたりした人も多かった。自然の美を認める態度は西洋においては、おそらく東洋における自然美鑑賞の伝統に触発されながら、近代以降に徐々に認められ、学ばれるようになったものである。

ここでは西洋の自然観の変遷を詳細に追うことはできないが、まずは西洋において自然への関心が高まったのは、博物学や生物学、進化論といった分野における科学的な関心の興隆であると言えよう（たとえば、アレン 一九九〇、レーマン 二〇〇五、西村 一九八九：一九九九、トマス 一九八九）。文学的な動向としては、一八世紀ヨーロッパにおけるロマン主義と一九世紀から二〇世紀初頭にかけてのアメリカの超越主義（transcendantalism）をあげることができる。ロマン主義は、自然への回帰を謳ったジャン＝ジャック・ルソーの思想にはじまるとされるが、故郷である北西イングランドの湖水地方の豊かな自然を賛美したワーズワース（William Wordsworth, 1770-1850）やコールリッジ（Samuel Taylor Coleridge, 1772-1834）のようなイギリスの詩人や、ゲーテ（Johann Wolfgang von Goethe, 1749-1832）のようなドイツの文学者が自然の美についての観念を西洋世界に普及させることになる。アメリカの超越主義は、エマソン（Ralph Waldo Emerson, 1803-1882）とソロー（Henry David Thoreau, 1817-1862）に代表され、自然保護運動にもっとも直接的な影響を及ぼしたのはこの二人である。というのも、「国立公園の父」とか「自然保護の父」と呼ばれ、アメリカ西部の森林伐採とダム建設に反対し、シエラネバダ山脈、ヨセミテ渓谷などの保護を推進したジョン・ミューア（John Muir, 1838-1914）は、深くエマソンの思想から影響を受けていたからである。

これらの思想を遠景としながら、現代の環境哲学においてもっとも重要で直接的な影響を与えた先駆者をあげよと言われれば、先のレオポルドに加え、あと二人あげることができるだろう。まず、水産生物学者であり、『沈黙の春』（一九七四年）によって農薬類による汚染の深刻さを唱え、環境保護運動にもっとも大きな影響を与えたレイチェル・カーソン（Rachel Louise Carson, 1907-1964）がそうである。そして、ノルウェーの哲学者であり、登山家・トレッカーであり、「ディープ・エコロジー」や「生態系中心主義」といった概念を提案したアルネ・ネス（Arne Næss, 1912-2009）である。ディープ・エコロジーとは、すべての生命存在は人間と同等の価値を持ち、全体としての自然環境はそれ自身の内に、人間による功利的な利用価値からは独立の固有価値を有しているという主張である。いわば、自然はそれ自身が本質的な価値を持つという立場である。したがって、自然環境保護活動は、それが人間の利益になるからではなく、自然そのものの価値のためになされるべきなのである。対立するシャロー・エコロジーは、自然環境保護は、人間の利益のためになされるべきだという立場である。

本章では哲学思想・芸術運動を詳しく論じる意図はないが、注目すべきは、これらの思想・運動のほとんどが、ひとりで（ないし少人数で）自然に分け入り、そこで一定の期間、世間から離れた生活を営み、自然に深く親しむといった経験から生まれてきたことである。イギリス・ロマン派の詩人たちはナチュラリストと呼べるほど自然の奥深くに分け入ったわけではないかもしれないが、エマソンはミューアのヨセミテを訪れ、ソローはマサチューセッツ州コンコードのウォールデン池北岸の小屋に二年間生活した。レオポルドは森林局森林官であり、著作に明らかなように森林や山岳に親しむナチュラリストであった。ネスも同様に登山家であり、ナチュラリストであった。家族を養わなければならなかったカーソンは、自然のなかに隠棲する生活を送ることはできなかったが、一九三六年から五一年までアメリカ連邦漁業局に勤務し、海辺で観察採集を行い、戦後の数年間は野生生物保護の調査に関わっている。環境保護や環境倫理につながる思想や運動は、どれも自然のなかでの豊かな審美的な経験に裏打ちされていると断定して差し支えあるまい。

3　山の身になって考える

さて、「山の身になって考える」は、自然のなかでの狩猟の経験から生態学的な視点が生まれてくる瞬間を描きとったものである。この一節は、環境保護や生態系についての認識や意識を表現したものとして環境哲学にとってもっとも重要な文章とされ、大学の講義でもかならず触れられる文献となっている。

それは、まだアメリカでオオカミ狩りが当たり前であった時代のある日のことである。レオポルドが川岸の高い巌頭で昼食を取っていると、下の浅瀬に六頭のオオカミの親子が現れた。当時は、オオカミを撃つチャンスがありながら逃すという考え方はなく、レオポルドも夢中になってライフルを撃ち、子オオカミを蹴散らし、母オオカミを撃ち倒した。

母オオカミのそばに近寄ってみると、凶暴な緑色の炎が、両の目からちょうど消えかけたところだった。そのときにぼくが悟り、以後もずっと忘れられないことがある。それは、あの目のなかには、ぼくにはまったく新しいもの、あのオオカミと山にしか分からないものが宿っているということだ。当時ぼくは若くて、やたらと引き金を引きたくて、うずうずしていた。オオカミの数が減ればそれだけシカの数が増えるはずだから、オオカミが全滅すればそれこそハンターの天国になるぞ、と思っていた。しかし、あの緑色の炎が消えたのを見て以来ぼくは、こんな考え方はオオカミも山も賛成しないことを悟った。（レオポルド 一九九七：二〇六）

そのころはオオカミを全滅させようとする州もあったが、そうした州では、食べやすい低木や若木は全部、増えすぎたシカに食べられてしまい、ある高さ以上の木がまるでなくなってしまった山さえあったという。あげくの果て、オオカミに間引かれることなく増えすぎたシカは、食用となる植物が山になくなると、大量に餓死してしまう。山は丸裸になり、シカの骨だらけになる。これは、実際に、森林調査官としてのレオポルドが経験したことであった。

レオポルドは一九〇九年にアリゾナ地区アパッチ国有林の森林官助手となるが、このころ、政府の方針通りに狩猟用の鳥獣保護のためにオオカミやクマを根絶やしにすべきだと考えていた。しかし、二〇年代にアリゾナのカイバブ大地では、肉食獣の激減に伴って、シカが増えすぎて山の植生が激変するとともに、シカが大量に餓死する事件が起きた（同：二五四―二五五）。ご存知のように、現在の日本でもまったく同じ現象が起こっており、シカやサルなどの増えすぎによる被害が毎年、報告されている。人間は、全滅させたオオカミの死霊から懲罰を受けているのだとでも言いたくなる。あるいは、オオカミの役割を果たすハンターという人種を減らしてしまったことの報復を受けているのかもしれない。人間は、「山の身になって考えることを学んでいないのだ」（同：二〇七）。レオポルドは次のように述べる。

生きとし生けるものはみな、安全、繁栄、安楽、長寿、安心を求めて闘っている。シカはしなやかな足で闘い、牛飼いは罠や毒で、政治家はペンで、その他大勢の者は機械や投票や金銭を頼りにして闘っている。だが、すべての帰するところはひとつだ。――みな、自分が生きているあいだの平和を願っているのである。このような尺度で事の正否を測るのは、それはそれで結構だし、物質本位の考え方にとっては不可欠のことでもあろう。だが過度の安全確保は、長い目で見ると、危険しか招かないように思える。おそらくそれが「野生にこそ世界の救い」というソローの至言の背後になる思想であろう。そしてまた、これこそが、オオカミの遠吠えのなかに隠されている意味であり、山はとっくの昔に知っているのに、人間にはほとんど理解されていないことなのではなかろうか。（同：二〇九）

私たち人間は、人間の偉大さを繰り返し口にしてきた。いわく、人間は万物の霊長であるとか、理性的動物であるとか、万物の尺度であるとか。しかし実際には、その欲望は、たかだか「安全、繁栄、安楽、長寿、安心」にすぎない。天敵のいない人間がこれを追求すれば、シカのように自分たちの住んでいる場所を丸裸にして、その上に自分たちの白骨を累々と並べることになるのだ。人間の偉大さなどというものは、その程度のものにすぎないし、人間が望むことなど、シカやオオカミと大差なく、「自分が生きているあいだの平和」でしかない。オオカミの遠吠えを聞いたときの、私たち人間の感じる恐怖は、私たちがシカと同類の存在であることを知らしめてくれる。オオカミの目のなかの緑色は、「何のために私を殺すのか、自分の命を繋ぐためでもないのに」という怒りの炎ではなかっただろうか。

4　生態学的交感

「山の身になって考える」ことに含まれている思想は複雑だ。このオオカミを狩った経験は、生態系(ecosystem)の経験だったということができる。「生態系」という概念が提示されたのは、一九三〇年代の生態学の論文だと言われるが、レオポルドが若かった一九二〇年代には少なくても一般には普及していない考え方であった。生態系とは、外部からの太陽エネルギーの供給のみで生物群集を維持するしくみ、として定義できる。生物同士の関係は、捕食被食、競争、共生、寄生があるが、生態系はまず食物網としての関係である(食物網とは、かつて食物連鎖と呼ばれていたものである)。植物から植食者へ、さらに肉食者へという生食食物網と、逆に生物の遺体や排出物を起点として微生物などがこれを利用していく腐食食物網がある。この物質とエネルギーの流れが生態系である。ネイチャーライターのマクフィーは、自分の狩猟経験をもとに、生態系が捕食被食関係であることを実感して、こう述べる。

ムースはいつまでも狼のことを考えて心配しつづけたりはしない。死は呼吸しているのと同じくらい生の一部なのです。都会の人間は、生と死がじっと静止していることを望んでいるようだ。動物を殺すことに反対している大部分の人間は、死ぬことを非常に恐れているのです。……彼らは『生態学』という言葉を本来の意味で使っていないようですね。それは誰が誰を、そしていつ、食べるかということなんですよ。(マクフィー　一九八八:四一五)

あるいは、哲学者・神学者であり猟師であるヴィタリは、マクフィーときわめて近い実感を次のような言葉で述べている。

私の考えでは、猟師は自分の行為によって直接的に、意識的に、捕食被食の関係、この生命圏のなかのすべての生命にとっての根源的な関係のなかに入るのである。私のオオカミとの遭遇は、もっと深く強いレベルにおいて、自然の共同体のこの根源的な内密な関係、すなわち、捕食者は生と死の過程のなかに関わり、生命を維持するために生命を取ることを経験するように私を導いてくれた。そうした経験は、明らかに物的な経験であるよりもスピリチュアルなものなのは、猟師に、自然の（生命の）共同体の一員、他の動物と同じひとつの動物であること、他の捕食者と同じくひとつの捕食者であることをいう、もっとも基本的なアイデンティティを思い出させてくれるからである。（Vitali 2010：27）

食を得るための狩猟・漁撈は、その命を取るという行為のなかで、猟師と漁師に生態学的な食物網の存在を感得させる。筆者は、狩猟・漁撈の経験がしばしば、生態系を身体的に理解する経験として立ち現れることに関心を持ち、以前の著作において、狩猟・漁撈に関するドキュメンタリーや取材に基づいたフィクションを参照しながら、「生態学的な交感」の現象学を論じた（河野 二〇一四：第四章「食べること食べられること」）。

筆者の個人的な事情を言えば、まだフォードが日本車と比べて圧倒的に信頼されていた時代、祖父がそのピックアップトラックに、愛犬のポインターを乗せ、散弾銃で鳥を撃ちに行くのを何度も見送ったことがある。彼の書斎にあった銃と薬莢が、ガンロッカーが、なぜか、しっとりとその部屋と家に落ち着きを与えていたことが子どものころの経験として忘れられずにいる。祖父は釣りも好きだったが、使い込んだ漁具やウキや糸を入れる道具箱、油で何度も手入れがなされた銃や、机の上にトンと置いてあったカラの薬莢の「落ち着き」の正体とは何であるかをいつか突き止めたいと思っていた。それは農業とは異なる形での、人間と自然とのつながりを示す道具であり、ある命が贈与されることで、他の命が存えるという事実の表現であった。それが一定の罪深さを持つことも含めて、あの部屋と家に落ち着きを与えていたのだ。

文学の題材となる自然との「交感」とは、人間と自然とのなんらかの呼応関係を指している。それは、「万物照応」と呼ぶべき、自分の存在が自然全体に溶け込んだかのような、自分のあらゆる心身の動きが自然の動きと連動しているかのような経験を指しているだろう。この種類の「交感」は、ミレーの『晩鐘』のように、農耕のあとの祈りのような場面として想像されたり、あるいは、アルカディアのような牧歌的な理想郷での生活として捉えられていたりするのかもしれない。

もし自然との交感がこのようなものとして、絵画的に静態的に思い描かれているとするなら、それは、究極的に同質化した自然に呆然として自己を埋没させ、単一の情動的雰囲気のなかで自我を忘却する経験を指していることになる。しかし、こうした神秘的恍惚や忘我としての自然との交感は、ミレーの絵画に描かれている敬虔な農民が表しているように、農耕生活における宗教体験から生まれたものである。それは、自然に自我を溶け込ませる生活を夢想することであり、自然の背後に宇宙を統べる神の存在を感じ取ることである。

交感する人間が自然と一体化するといった場合には、自然をひとつのまとまりとしてみることのできる神の視点を想定し、どこかでそれと自己とを同一視している。その神が、創造主として自然の外にいるにせよ、汎神論的な神として自然そのものとして遍在しているにせよ、神と一体化する人間は、人間の身体を失っている。この意味で交感する人間は、自分が一頭の動物であることを忘れ、自然のなかで揮発し、脱個体化し、脱身体化している。同時に、自然も、そこにおけるそれぞれの存在物の多様性と個性、あるいはそれらの間の対立や葛藤は、全体性のな

図4　トマス・コール『アルカディア，牧歌的状態』（国立アメリカ歴史博物館）

図3　ジャン－フランソワ・ミレー『晩鐘』（オルセー美術館）

かに一色に塗り込められ、ひとつの同質的な場所として措定される。こうした交感を、「汎神論的交感」と呼ぶことにしよう。ロマン主義的な観念論者であったフリードリヒ・シェリング（Friedrich Wilhelm Joseph von Schelling, 1775-1854）は、自然をひとつの有機体と見なすような汎神論的な無差別的同一性を説く自然哲学を展開した。しかしそれは、「すべての牛を黒く塗りつぶす闇夜」と批判されもした。汎神論的交感は、シェリングのロマン主義を彷彿させる。

しかしながら、こうした没我的な汎神論的交感によって感じとる自然は、猟師・漁師が看取し、自分がその一部として含まれていると感じる生態学的な自然とはまるで異なったものである。狩る者にとっての自然とは、そうした同質的な全体ではありえない。猟師・漁師が経験する生態学的な交感とは、人間がまさしくひとつの動物であり、自分の生命が生態系の食物網によって支えられ、自分の命によって他の生物が支えられるという事実を明確に意識した状態に他ならない。自然のなかの私は、ひとつの個であり、ひとつの身体であり、捕食される生命である。ひとつの命であるという事実によって、私は自然とつながっている。こうした交感を「生態学的交感」と呼ぼう。この交感は、何よりも、狩猟・漁撈において明確に意識される。

実際に猟師は、獲物を狙うときには、周囲の環境に自分を隠し、その場所に一体化し、その変化と流転を敏感に感知しながら獲物を待たねばならない。狩猟では、獲物の行動を予測し、予感し、自分の仕留められる範囲に入るのを待たねばならない以上、何よりも獲物自身の気持ちになりきらねばならない。優れた武道家が相手の微細な動きをミリ単位で感じ取り、相手の気持ちになりきることで相手の動きを誘い出し、それを制御し、それに対応するように、猟師はその周囲の環境に一体化しながら、獲物を感じ取る。獲物と猟師が共に生きている環境を熟知し、獲物の意思を理解し、その行動を模倣しなければならない。むろん、ここでの「一体化」とは、自分をひとつの無分別な自然の全体なかに溶かし込む汎神論的交感からは遠い。生態学的交感とは、自然環境のなかにおける自分の位置と獲物との関係を敏感に察知する覚醒した意識である。周囲環境に溶け込まねばなければ、獲物に近づくことはできない。アラスカでエスキモーと共に、アザラシやカリブーを獲ってきたネイチャーライターのロペスはこう書く。

わたしの経験によれば、狩猟とはある種の精神状態のことである。猟師は、あらゆる能力を動員して土地と一体化しようとする。……狩猟を行うということは、周囲の土地を衣服のように身にまとうことである。……狩猟という行為は、ある事柄が〝何を意味するか〟という理性的な態度から自分を解放し、もっぱら何かが存在するということに意識を集中することである。そして、すべてのものがほかのものとの関係のなかで初めて存在することを認識することである。……［エスキモーにとって］自分たちが出会う動物は自分の社会の一員であり、彼らはその動物に対して義務を負っている。（ロペス　一九九一：二〇〇―二〇一）

日本の熊撃ちである久保俊治も同様の生態学的覚醒にいたる。すなわち、自分の存在は食べられることによってはじめて意味を持つという自覚である。

自然の中で生きるものの価値とは何だろう。生命とは死とは何なんだろう。そうか、死だ。自然の中で生きた者は、すべて死をもって、生きていたときの価値と意味を発揮できるのではないだろうか。キツネ、テン、ネズミに食われ、鳥についばまれ、毛までも寝穴や巣の材料にされる。ハエがたかり、ウジが湧き、他の虫にも食われ尽くし、腐って融けて土に返る。木に養分として吸われ、林となり森となる。森はまた、他の生き物を育てていく。（久保 二〇一二：一二九）

猟師は、獲物を模倣しながら近づき、撃ち、食し、獲物と命を交換する。狩りとはひとつしかない命をやりとりする行為であるがゆえに、他の人と交換がきかない生のあり方である。猟師は、自然のなかの命の循環のなかで、自分をひとつの命として、ひとつの個体として鋭く自覚する。

狩りをする者は、「自分は何者か」「なぜ自分が死ななければならないのか」などといったアイデンティティに関わる問いを、都市の人間のように発することはない。自分が何者で、どこにいるのか、なぜ死ななければならないかは、自分の獲物あるいは自分の捕食者が知っているからである。死を前にして「なぜ、他の人ではなく、この私が死なねばならないのか」といった問いを発する者がいるとすれば、それは、自分の代わりとなる誰かがつねにいる場所で生きてきたことの証である。それは、自分の代役が存在する社会のなかで生まれる発想である。捕食被食という生態学的秩序のなかでは、そうした代役はいない。イタリアの作家ステルンは次のように書く。

そこ［猟］で得たものは、当人はそうと気づかぬままに、やがて彼の力となってくれることだろう。日々の仕事にとりかかるとき、さらに年老いて、今度は自らが死を待つ番になったときに。（ステルン 二〇〇一：一一）

獲物の死を前にして、狩猟者はそれが自分にやってくる必然を理解する。何かを食べるのは私であり、私の命をつなぐためであり、私は捕食されたり、分解されたりすることで、他の命をつないでいく。

猟師は、被食と捕食の関係がいつでも逆転しうるものであること、食うものは食われるものであること、あるいは滋養を受けるものは滋養するものであることをいつでも自覚している。登山家である根深誠によるマタギの生活に関する報告もこのことを裏打ちしている。それによれば、クマを仕留めたマタギは、そのクマを解体するときには、まず衣服の一部を焼き捨てる儀式を行うという。この儀式は、そのマタギが焼死したことを意味するという。それから、クマの皮を剝ぎ、肉塊をそぎ落としていく（根深 二〇一二：九七）。

また、マタギの狩りにはいくつかの禁忌が存在し、たとえば、サジ声（断末魔の叫び声）をあげたクマは射獲してはならず、死送りを行わなければならない。クマを仕留めた場所よりも下流から沢沿いに登り始め、交互に左右の斜面に登り、三回ずつクマのサジ声以上大きな声で呪文を唱えながら、クマを仕留めた場所まであがっていく。他にもミナグロ（ツキノワがないが、ヒグマでもないクマ）や四ツグマ（子どもが三頭の親子グマ）を死送りするにも特別の呪文を唱える必要がある。呪文の文言は秘伝であるという。マタギとは、この死送りの儀式を行える猟師のことを指しているのである。根深はこう指摘する。

こうしてみてくると、狩猟に関連してさまざまな呪文のあることが理解される。この点、マタギは呪術師でもある。伝承的マタギと、現代のハンターとの決定的違いとして、こうした呪文の根底をなすマタギの精神面は看過できない。それは万物の死生に対する畏怖や畏敬の念に基づく思想である。その思想によって、自然は人間の破壊から辛くもまぬがれてきたといえる。（同：九九）

最後に、北米のインディアンであり、カナダのアルゴンキン地方に住んでいる（オジブワ族と呼ばれてきた）アニシアナベ（Anishinabe）族の狩猟と自然に関する考え方を紹介しよう。アニシアナベ族にとって狩猟とは、経験を通していかに他の生物存在と結びつくかということを学ぶことに他ならない。それは、自分たちを世界のなかにおける捕食者として、そして、被食者として理解することであり、獲物と深い実存的な結合を果たすことである。人間の生命は動物の生命をとることに依存しており、他の生物が命を投げ出してくれているおかげで、人間は生きながらえることができている。「この犠牲の存在を認め、それに感謝しながら、獲物に敬意を表して祝宴を取り持ち、何も無駄に使わないという倫理を実践するのが、伝統的なやり方である」（Wawatie and Pyne 2010：94）。狩猟師は、人々との関係性を離れ、自然地のなかで異種の動物と命の交換を果たす。その経験が生態学的交感である。それは、動物と自分の生命との実存的な出会いとつながりの意識である。

5 自然における人間の地位

しかし、狩猟・漁撈から離れ、農業を基本とした生活に根を下ろした人間は、ある場所の生態系における生食食物網からも腐食食物網からも逸脱していく。人間を捕食する動物は、少なくとも人間の居住地域からは排除され、人間の屍体は特別の場所に土葬されるか、火葬されるかで、生態系への貢献は少ない。人間を土中深くに埋葬する意図は、掘り起こされて動物の餌にさせないためもあるのではないか。その動物に人間の肉の味を覚えさせないためにあるのではないか。他の動物に捕食されること、死んで微生物や昆虫、小さな生物の滋養となること、これらのことを避けることで人間は生態系の食物網の外に自らを出してしまう。いや、人間が生態系の外に出るように仕向けたのは、人間を捕食する肉食獣であり、死骸を腐土へと変えていく微細な生物や虫たちだったと想定するのは、あながち夢想とは言い切れまい。

人間は、「安全、繁栄、安楽、長寿、安心」という欲望を、自分たちの社会を巨大にすることによって複雑なものにしてきた。それらの動物と共通する欲望は、人間社会における約束事や規約の存在、参与するメンバーの多さなどによって複雑化する。その複雑さを、「人間性」と呼ぶのであれば、その人間性なるものは、生態系のなかに組み込まれることの恐怖から発したものであり、動物性への恐怖から発したものだと言えないだろうか。

また、狩猟採集を生活の糧としている人々は、自然の提供する食料を取りすぎないように配慮した生活サイクルを持っている。たとえば、ある場所で一定量の魚を取ると住居を移動して、それ以上その場所で漁をしないようにするなどである。これに対して、農耕を糧とする人々は、自然が提供する食料のサイクルとは関係なく食料を人工的に生産し、その量も自分たちでコントロールすることができる。この意味で農耕は、狩猟採集よりも生態系から独立した生活を人間に与えることができた。これにより人間は、大幅に人口を増やすことができたのである。

レオポルドの言うように、「生きとし生けるものはみな、安全、繁栄、安楽、長寿、安心を求めて闘っている」。しかし人間は、食われることを恐れ、繁殖し、食うものがなくなることを恐れたために、他の動物と同じ欲望を達成するのに生態系を離脱する方向をとった。山で天敵がいなくなったシカは増えすぎて大量死する。人間は、天敵を滅ぼし、やはり大きく繁殖したが、その数を維持するために食料を自分たちで生産し、大量死を逃れた。人間は、自分たちはブタやヒツジやウシのような家畜にしたことと同じことを自分たちにした。いや、自分たちにしたことと同じことを家畜に行い、自分たちの食料としたのである。したがって、人間は生態系を離れ、自己家畜化した動物だと定義できるだろう。

レオポルドの洞察から得られることとは、他の動物と同じく「自分が生きているあいだの平和」を願うことが欲望の基本となっている動物にほかならない人間は――レオポルドも筆者も人間が動物と同じであることが悪いとは全く思わない――、やはりシカのようにあまりに増えすぎてはいけないということである。たしかに、人間は自分で食料を生産することができる。しかし、それを限りなく続けていくことは、シカが自分たちの好みの樹木で、山をいっぱいにしてしまうことである。しかしながら、地球上に知的なシカがいっぱいに繁殖する光景を考えてみるとよいだろう。地球全体がシカの好む地形に変形され、地表の多くの部分がシカの餌となる植物を育てる場所として使われる。天敵は駆除され、同じ植物を餌とする他の生物は排除される。あらゆる環境が、シカが繁殖しやすく生きながらえやすいようにつくり変えられる。そこに生じてくるのは、生態学的単一性、画一性、同質性である。そのような惑星は、おぞましく、また、いまにもバランスを崩し、崩壊しそうな、恐ろしく脆くて危険な場所に思われないだろうか。ちょうど工場のような養殖所で育てられた家畜や養殖魚が病原菌の感染に弱く、大量の予防薬を必要とするように。

6 ディープ・エコロジーの経験

したがって、レオポルドは、「山の身になって考える」経験をもとに、人間の道徳的配慮の範囲を、個人、社会に次いで第三の要素である「土地（land）」にまでと拡張することを提案する。これまでの倫理原則は、個人とは他人と競争する存在であるが、互いに共同体の一員であることを認めて他人との協働に努めるように求めてきた。レオポルドの土地倫理（land ethics）とは、この共同体の概念の枠を「土壌、水、植物、動物、つまり、これらを総称した『土地』にまで拡大した倫理」のことである（レオポルド 一九九七：三一八）。「土地倫理は、ヒトという種の役割を、土地の共同体の征服者から、単なる一構成員、一市民へと変えるのである」（同：三一九）。

ここには、(1)自然の本質的価値：自然の人間以外の生態系（あるいは、生命体）はそれ自体として価値あるものである。(2)生命多様性：生命体の多様性と豊かさは大きな価値を持つという自然観が含まれているだろう。生態学における根本的な価値とは、持続可能性、レジリエンス（回復力）、生命多様性、生命‐文化的多様性にあるが、「山の身になって考える」はこれらの価値を内蔵した経験と言えるだろう。

レオポルドの『砂土地方の四季』が出版された時代から見れば、現代の私たちは、はるかに高い環境意識を持っていると言えるだろう。しかし、それはそれだけ人間が自然環境を破壊してきたからでもある。ディープ・エコロジーの主張のなかで、現代人の多くは、「自然は人間が利用するためだけの価値しかもっていないのではない」「人間は、生命体の豊かさと多様性を減少させることを止めなければならない」「現在の人間の自然界への介入は度を超えている」といった主張に反対しないであろう。あるいは、自然に負荷をかける生活を改め、生態学的な環境負荷（ecological footprint）を軽減するような政策誘導を行うべきこと、そのために、人間の生活の価値を、いわゆる「経済的な生活水準」から「生活の質」へと転換しなければならないこと、あるいは、もっとシンプルな生活を賞賛しなければならないこと、これらのことに賛成する人たちも多いであろう。

レオポルドは、人間の欲望がシカと同じくただ「安全、繁栄、安楽、長寿、安心」にあるとはいえ、人間には自分を超えて他者や共同体の利益を慮る道徳性がある、だから、それを自然や土地へと拡張することは可能である、そう信じているようだ。たしかに、アニシアナベ族や日本のマタギには、そうした道徳性に基づいた模範とすべき慣習や思想があったかもしれない。だが、それらの社会は、農耕が行われないか、小規模であった社会である。現代社会は、それらの社会をモデルにはできない。人間には天敵がいないこと、そして、人間の個々人のエゴの業の深さを考えたときには、環境倫理学は、環境負荷を減らすための、公平で、人権の侵害がなく、倫理的に問題がなく、そして賢いやり方の、人口の削減策を提案しなければならないように思われる。人間が自分たちの増える人口を支えるために行っているあらゆることは、一歩、身を引いて見てみれば、山の緑を食べつくしてしまうシカとなんら変わりないように思われる。人口のコントロールは、全世界規模で、真剣に、倫理的な手段をもって、かつ早急に着手すべき環境保護政策なのである。

参考文献

アレン、デヴィッド・E.『ナチュラリストの誕生――イギリス博物学の社会史』阿部治訳、平凡社、一九九〇年。

カーソン、レイチェル『沈黙の春』青樹簗一訳、新潮社、一九七四年。

久保俊治『羆撃ち』小学館文庫、二〇一二年。

河野哲也『境界の現象学――始原の海から流体の存在論へ』（ちくま選書）筑摩書房、二〇一四年。

ステルン、リジオーニ『雷鳥の森』志村啓子訳、みすず書房、二〇〇一年。

トマス、キース『人間と自然界――近代イギリスにおける自然観の変遷』山内昶監訳、中島俊郎・山内彰訳、法政大学出版局、一九八九年。

西村三郎『リンネとその使徒たち――探検博物学の夜明け』人文書院、一九八九年。

西村三郎『文明のなかの博物学――西欧と日本』紀伊國屋書店、一九九九年。

根深誠『山の人生――マタギの村から』中公文庫、二〇一二年。

マクフィー、ジョン『アラスカ原野行』越智道雄訳、平河出版社、一九八八年。

レーマン、アルブレヒト『森のフォークロア――ドイツ人の自然観と森林文化』識名章喜・大淵知直訳、法政大学出版局、二〇〇五年。

レオポルド、アルド『野生のうたが聞こえる』新島義昭訳、講談社学術文庫、一九九七年。

ロペス、バリー『極北の夢』石田善彦訳、東京書籍、一九九一年。

Vitali, T. R., "But they can't shoot back : What makes fair chase fair?," *Hunting : In search of the wild life*（*Philosophy for everyone*）. Ed. by Nathan Kowalsky, Wiley-Blackwell, 2010.

Wawatie, Jacob and Pyne, Stephanie, "Tracking in persuit of knowledge : Teaching of an Algonquin Anishinabe Bush hunter," *Hunting : In search of the wild life*（*Philosophy for everyone*）. Ed. by Nathan Kowalsky, Wiley-Blackwell, 2010.

第10章　人はトリを食べ、トリは動物を助ける

ボルネオ島プナンの〈交感〉の民族誌のための雑記

奥野克巳

1　人間とトリが織りなす世界

トリは、哺乳類とは異なる生態と生理を持つ。羽毛でおおわれ、色彩は原色の華やかなものが少なくない。翼があり嘴を持ち、歯はない。卵生である。また、地上を走るのではなく、空を飛ぶ。その一方で、人のいる近くまでやって来て、視覚的に人目を引き付ける。そのように、人間とかけ離れた性質や形態を持つ一方で、人間と接点も持つトリたちは、人間の想像力を掻き立て、寓話世界の住人として、その文化の諸要素を表象する存在である（寺嶋 二〇〇二：一七―一八、野田・奥野 二〇一六）。

フェルドは、『鳥になった少年』のなかで、パプア・ニューギニアの南高地州に聳えるボサビ山の北斜面の熱帯雨林に暮らすカルリの人々が、神話を介して、一つの隠喩的な社会として、トリの世界を構成する仕方を記述している（フェルド 一九九八）。ヒメアオバトの鳴き声は甲高く、人の裏声に似ていることから、子どもがすすり泣くようにあげる言葉にならない声にたとえられる（フェルド 一九九八：五二）。カルリは鳴き声によってトリを分類し、「ボサビ語を話す」というカテゴリーを設けている。ユキボウシカッコウは、「背中が痛い（ネ・フェス・オン）」

と鳴く。それは、そのトリが飛び回って、腰を降ろさないことから感じる苦痛なのだと、人々は解釈する（フェルド 一九九八：一一〇）。

柳田國男は、『野鳥雑記』のなかで、わが国の祖先たちとトリとの親しい交際を辿るために、各地方・各時代で異なるトリの名前に注目している。水恋鳥（アカショウビン）は、前世の罰により水を飲むことができないので、水が恋しくて鳴いていると伝える地方がある（柳田 二〇一一：一六一）。また、それをトウガラシゴマと呼ぶところがある。そこでは、羽が赤い点に着目して、そういうふうに名付けているのだと柳田は言う。ナンバンとは蕃椒《とうがらし》のことで、ナンバン鳥と呼ぶところもある（柳田 二〇一一：一六四）。

マレーシアのサラワク州（ボルネオ島）・ブラガ川上流域に広がる熱帯雨林には、人口五〇〇人ほどの狩猟民・プナンが住んでいる。プナンは、ブッポウソウ科のムネアカハチクイ（Nyctyornis amictus）をブルティン・マラットと呼ぶ。マラットは「山刀」、ブルティンは「柄を使う、動かす」ことであり、意味としては、「柄を持ちながら、山刀を扱う」である。それが転じて、「鍛えた熱い山刀を水に浸ける」ことを表す。ブルティン・マラットというトリの名は、ムネアカハチクイの鳴き声が、「鍛えた熱い山刀を水に浸けた」ときに出る「ソォプ、ソォプ」という音に似ていることに由来するという。プナンは、ボルネオの森の鍛冶師として、周辺地で名高い。たたら場を持ち、周辺の焼畑民から鉄を与えられて、それを切れ味鋭い山刀に鍛え上げる。彼らは、山刀を作るために、鉄を鍛えて、それを冷やす目的で水に漬けるとき、その音を聞きながらムネアカハチクイのことを思い出すだろう。逆に、森のなかでムネアカハチクイの囀《さえず》りを聞くとき、たたら場での仕事を頭のなかに思い描くのだろう。

プナンもまた、人間とトリによって織りなされる豊かな世界を築き上げてきた（奥野 二〇一六）。それだけでなく、トリは、そこではまず、他の動物と同様に食べられる存在である。プナンは、狩猟した野生のトリを食べ、トリの聞きなしを行い、狩られたトリに忌み名を付け、トリの世界をトリの側から見る。本章では、森のなかで暮らすプナン人とトリの関わりを、民族誌のなかに描きだしてみようと思う。プナンは、他者としてのトリをいかに見ているのか、人間とトリの関係をいかに組み立てているのかを描きだした後に、人と自然の〈交感〉のあり方について一考したい。

2　ヒト、トリを食べ、トリを悼み、トリを聞く

トリになり、トリを食べる

子どもたちは、歩くようになると、大人たちと一緒に、あるいは、子どもたちだけで森のなかに入る。少し大きくなると、子どもたちは森のなかを歩く道すがら、トリの鳴き真似を互いに競い合うことがある。熱帯林の林冠の上を悠然と飛ぶトリを見つけると、その場に立ち止まって、トリの鳴き真似をする。例えば、サイチョウ科のサイチョウ（プナン名：*belengang* 学名：Buceros Rhinoceros 図1）や、オナガサイチョウ（プナン名：*tevaun* 学名：Buceros vigil）である。その鳴き真似は、子どもたちの成長につれて、トリの本物の鳴き声と聞き分けられないくらい、そっくりなものになる。

図1　狩られたサイチョウ

大人になった男たちは、森に猟に出かける。上空を飛ぶトリを発見すると、その場に止まって、あるいは木の上に登って、おびき寄せるために、トリの鳴き真似をするようになる。そうした猟のやり方は、「ポクウォ（*pekewe*）」と呼ばれる。誑《たぶら》かし猟である。樹上の枝に

図2　吹矢で射られたトリ

座って、トリになって、鳴き声を発し、その声におびき寄せられてやって来たトリを、吹矢でしとめる（図2）か、猟銃で射撃する。トリは、肉量が相対的に少ないものの、プナンにとって、大切な糧の一つでもある。

その意味で、子どもたちによるトリの鳴き真似は、大人になってポクウォをするための社会的な訓練であるとみることができる。ポクウォには、トリ以外にも、ホエジカ（プナン名：*telauu* 学名：Muntiacus muntjak）やシカ（プナン名：*payau* 学名：Cervus unicolor）に対して行われるものがある。それぞれ、草笛と竹笛が使われる。プナンの子どもたちは、幼い頃から、大人たちを模倣し、遊びを通じて、トリや動物に「なる」技法を身に付ける。

プナンは、動物に「なる」ことによって、動物行動の特性を知り尽した先に、動物の裏をかき、動物の鳴き声を模倣しつつ、それらを誑かすという行動を取る。狩猟の場面で、狩猟者はトリの気持ちを推し量り、鳴き声を真似るが、その振る舞いはなによりも、その場で獲物をしとめることにつながっている。プナンにとって、動物を殺すことは、飢えという生理的欲求を満たすために、あるいは、来たるべき飢えに備えて行われる。トリの肉を含めて、動物の肉こそが飢えを満たしてくれる（奥野 二〇一五）。

他方で、野生種でないニワトリ（プナン名：*dek* 学名：Gallus sp.）は、長らく食の対象とされてこなかった。「にわとりは鳥ではない」（卜田 一九九六：一〇四）。「にわとり（デック dek）は、それだけで独立した動物のカテゴリーである」（卜田　一九九六：一〇五）。「プナンはにわとりの肉も卵も食べないし、にわとりの羽を何かに使うこともない」（卜田　一九九六：一〇五）。

そもそも、自分たちが餌を与えてきた動物を自分たちで殺して食べる、というのは耐えがたいことで、だからこそクニャの村でなら口にしても、決して自分たちも飼育しようとは考えない。（卜田　一九九六：一〇七）

クニャとは、近隣の農耕民で、ニワトリを飼育している人々である。プナンは、クニャからもらってその肉を食べるときもあるが、自ら飼養して、ニワトリの肉を食べたり、卵を食べたりすることはない。

トリの死を悼《いた》む

狩猟からキャンプに持ち帰られた野生のトリは、解体され、調理される。トリを含め、狩られて、持ち帰られた生きものに対しては、それらを苛《さいな》んではならない、それらに粗野な振る舞いをしてはならないという強い禁忌がある。動物の名前を呼んではならないというのは、そのタブーの一つである。トリの名は、死後の名前である忌み名に代えて呼ばれなければならないのである。

ベレガン（サイチョウ）の忌み名は、「バロ・アテン（*bale ateng*）」、トゥヴァウン（オナガサイチョウ）およびモトゥイ（シワコブサイチョウ、プナン名：*metui* 学名：Rhyticeros undulates 図3）の忌み名は、「バアト・ウルン（*baat ulun*）」である。前者は「目が赤い」、後者は「頭が重い」という意味である。それぞれ、そのトリたちの特徴をうまく言い当てたものが、忌み名になっている。

狩られて持ち帰られた獲物は、直接、その名前で呼ぶことは控えなければならない。そうしなければ、人間に災

図3　シワコブサイチョウ

いが降りかかるとされる。トリの魂が天界へと駆け上がり、カミに人の粗野な行いを告げ口する。それに同調したカミが、雷を轟かせ、大雨を降らせて大水や洪水を引き起こしたり、場合によっては、雷を落として、人を石化したりして、人々に災いをもたらす。それは、マレー半島、ボルネオ島から東インドネシアの諸民族に広くみられる「雷複合」のプナン版だとみることができる（奥野 二〇一三）。

ムクドリ科のキュウカンチョウ（プナン名：*kiong* 学名：Gracula religiosa）の忌み名は、「ジュイト・ブォ（*juit bue*）」、「果実のトリ」である。そのトリは、果実が実っていることを告げる。オオフクロウ（プナン名：*kong* 学名：Strix leptogrammuca）の忌み名は、「ウアト（*uat*）」である。夜にウア、ウアと咆哮するからである。キジ科のトリ、セイラン（プナン名：*kuai* 学名：Argusianus argus）には、「ジュイト・モク（*juit mekeu*）」あるいは、「ジュイト・アニ（*juit anyi*）」という忌み名がある。セイランは、森の平らな場所を足で踏みならし、落ち葉などを取り除いて綺麗にしてからすわる。忌み名は、何もない場所（アニ）にすわる（モク）という、セイラン特有の行動様式から取られている。オジロウチワキジ（プナン名：*belingiu* 学名：Lophura bulweri）の忌み名は、「ジュイト・ムディク（*juit medek*）」である。果実の季節とともに下流から上流に「遡る（ムディク）」ためである。コシアカキジ（プナン名：*datah* 学名：Lophura ignita 図4）の忌み名は、「ジュイト・ダト（*juit date*）」である。「平らなところ（ダト）にいるトリ」という意味である。

ブラガの森でよく見かけたり、聞かれたりするのは、この他に、タイヨウチョウ科のコクモカリドリ（プナン名：*sit* 学名：Arachnothera longistra）、キツツキ科のエビチャゲラ（プナン名：*tekewit* 学名：Blythipicus rubiginosus）、トビ亜科のシロガシラトビ（プナン名：*pelakei* 学名：Haliastur indus）、インコ科のサトウチョウ（プナン名：*kekeng* 学名：Loriculus galgulus）、カワセミ科のコウハシショウビン（プナン名：*belengang asa* 学名：Pelargopsis capensis）、ヒヨドリ科のキガシラヒヨドリ（プナン名：*lebokak* 学名：Pycnonotus zeylanicus）などである。これらのトリには、忌み名が付けられていない。忌み名があるトリよりもないトリの方が圧倒的に多いが、忌み名があるトリは、概して、食用に供される機会が多いトリたちである。

図4　罠から生きたまま持ち帰られたコシアカキジ

トリの忌み名は、そのトリの「形態」（目が赤い、頭が大きいなど）や「行動様式」（何もない場所にすわる、平らな場所にいる）に基づいて付けられている。それが、他の動物と異なるトリの忌み名の特徴である。他の動物の場合には、ほとんどの場合、忌み名の元来の意味がすでに失われている。

忌み名は、プナン語で「控えめ言葉（*piah ngeluin*）」と呼ばれるように、死んだものを悼むことを含む。「死者の名前は絶対に言ってはならないし、死者と同じ名前のすべての人は他の名で呼ばれなければならない」（Nicolaisen 1978：33）のである。死者に言及する場合には、テクノニム（「誰某の父」「誰某の母」）によって、あるいは、「誰某の死んだ子ども」という表現によって言及される。筆者の調査地のプナン人は、死者を、葬儀で死体を納めるために作られた棺の素材である樹木の名前を用いて呼ぶ。死者は、「ドゥリアンの木の男（*lake nyaun*）」「赤い沙羅の木の女（*redu keranga*）」などと言及される。

トリの忌み名もまた、控えめ言葉だとされる。人間に対してであれ、動物に対してであれ、この世からいなくなった存在に対して、プナンは、その死を悼むために忌み名を用いる（奥野 二〇一五）。

トリの声を聞く

トリは時空を超えて移動し、上空から地上の動きや事物を観察することができる、人間の能力をはるかに超えた生きものとして想像されている。それぞれ独特の音色と節を持つトリの囀りは、人の耳に届くときには、何らかの意味を運ぶものとして解釈される。

山口によれば、トリの鳴き声を再現する「写生語」（例えば、「ホーホケキョ」というウグイスの鳴き声）に対して、人間の気持ちを担わせたものが「聞きなし」（ウグイスの鳴き声に「法華経」を担わせて、尊いトリと崇める）である（山口 二〇〇八：一五―一六）。川田は、トリやムシの声にある言語メッセージを聞く「聞き做し」を、文化によって形づくられる音の共感覚の重要な一領域であると位置づけている（川田 一九九八：一〇〇）。「それは元来言語メッセージを含まない異類の発信に、民俗信仰に裏打ちされた言語メッセージをあてはめることなのである」（川田 一九九八：一一〇）。

プナンもまた、頻繁に、トリの聞きなしを行う。

プナンの場合、鳥の声をカミの声として、プナン語で聞くことが少なくない、そのメッセージは、狩猟をはじめとする生活のさまざまな面にかかわる予言を伝えている（卜田 一九九六：八七―八八）

卜田によれば、「こうした鳴き声の多くが、狩猟や果実の採集に関わるものである」（卜田 一九九六：八八）。ただし、「こうしたメッセージは、互いに矛盾する内容のものも少なくない。当然、同時にいくつかの鳴き声が聞こえるといった状況もあるわけで、どのメッセージを優先するかという実際的な問題が浮上してくる……（中略）……どの鳥がどの方向で鳴いたか、飛行中であったか、木に止まっていたのか、それとも地上にいたのか、複数いたか、などといった付帯状況がわかっているならそれを勘案し、どうすべきかを決定するのである」（卜田 一九九六：八九）。

ある夕方、筆者は、イノシシを獲るための猟に同行した。待ち伏せ猟をしているときに、森に向かって右手の方からヒイロサンショウウクイ（プナン名：*pegelen* 学名：Pericrocotus flammeus）が囀りながら飛んだ。オスの赤色の腹が、筆者には一瞬見えた。筆者の傍らに腰かけていた狩猟者は、その声を「獲物があるときには長い間かかる。そうでなければ雨が降るだろう」と聞きなした。その直後、正面の前の左側に、黄色い腹のメスのヒイロサンショウウクイが飛んだとき、彼はその鳴き声を「獲物が獲れるなら早い時間に」と聞きなした。その後、暫くして、雨が降り出し、我々はその場を立ち去った。

トリの聞きなしとは何かを考える上で、南部アフリカ・ボツワナの中央カラハリ動物保護区に暮らす狩猟採集民ブッシュマン（サン）の一方言集団グイの民族鳥類学を報告して菅原の見方が示唆に富んでいる（菅原 二〇一五）。菅原によれば、カンムリショウノガン（グイの方名は「ガイ」）が鳴きながら飛ぶとき、グイは、目当ての獲物が入らないことを知る。そのことを、グイは、「べつにガイが教えるわけじゃない。ガイが鳴きながら飛んだら、もうその罠に獲物が入らないことを、人間が知っているのだ」と、確信に満ちて述べた。彼は、このことに注目しながら、「ガイが鳴きながら飛ぶ」ことと「獲物が入らない」こととの関係は、黒雲が降る雨を予示するのと同じくらい自明な結びつき、つまり、記号論の用語を使えば、「指標（インデックス）」だと述べている（菅原 二〇一五）。

そのことは、トリの聞きなしには、柳田や川田が言うような「民俗信仰」とは別の面があることを指摘している。

聞きなしをする人々にとっては、旗がはためいていることが、風が吹いていることを指差しているような、指標記号のように感じられるというのだ。カンムショウノガンがハゲワシを警戒して鳴くとき、その声に気づいた人間はいち早くハゲワシを発見し、その下に横たわる獲物の死骸を「めっけもの」にできるかもしれない（菅原 二〇一五：二七二）。それに対して、警戒を知らせるのではない鳴き声、すなわち鳴きながら飛ぶことは、獲物が手に入らないことの指標なのである。つまり、聞きなしとは、ここでは、「ある事実の指差」にほかならない。プナンにとって、トリの聞きなしがいかに事実を指差するのかに関しては、本章第3節で取り上げたい。

もう一点、トリの聞きなしの意義に関して、ここで指摘しておきたいことがある。森のなかには、動物の鳴き声に交じって、トリの声が充ちるときがある。何の音もしないときもあれば、いっときにあちこちでトリが囀ることもある。遠くで、近くで。左の方で、後ろの方で。それは、森には、生命が溢れていると感じられる瞬間である。プナンは、その場で、そうした森の生命の鳴動に耳をそばだてて、聞きなしをする。地上で行われている人間と動物の競り合いである狩猟行動に新たな平面を加えて、世界を立体的なものにする。上空のトリが運んでくる意味を加えることで、世界はより豊かになるのだ。

伝承された知識に経験を加えてなされるトリの聞きなしは、特定の場所と特定の時間でトリの声の意味を読み取るという習慣である。それは、森のなかで、トリを身近なものとして暮らしてきた人たちであったがゆえに身に付けることができたものである。トリの囀りは人に意味を伝えることによって、世界は意味で充ちたものになるのだと言えよう。

3　トリ、実りを告げ、動物を助ける

カンカプットという名のトリがいる。それは、果実の季節を告げに来るとされる。しかし、そのトリを間近で見たとか、捕獲したことがあるプナンはいない。それは、高い上空で鳴くため、見たり、捕まえたりすることができないとも言われる。カンカプットは、カッコウの一種だという説もあるが、その生態は、その存在を含めて謎である。以下、カンカプットをめぐる民話の梗概である。

カンカプットの物語

カンカプット（プナン名：*kangkaput*、学名：不明）という名のトリがいる。それは、果実の季節を告げに来るとされる。しかし、そのトリを間近で見たとか、捕獲したことがあるプナンはいない。それは、高い上空で鳴くため、見たり、捕まえたりすることができないとも言われる。カンカプットは、カッコウの一種だという説もあるが、その生態は、その存在を含めて謎である。以下、カンカプットをめぐる民話の梗概である。

カンカプットが鳴いて、果実の季節を告げにやって来た。カンカプットが訪れると、人も動物もみな果実を食べた。カンカプットは木の枝に止まって、来る日も来る日も「カンカプット、カンカプット」と鳴いた。ある日、木の下の川のなかに住む、生まれたてのブレンという名のサカナが、そのやかましい鳴き声によって、耳が聞こえなくなってしまった。そのことに怒ったサカナの親はカンカプットの足にかみつき、それを折ってしまった。カンカプットはそのことを恥じて、海を渡って飛んで行ってしまった。カンカプットがいなくなったため、それ以来動物たちには、食べ物がなくなってしまったのである。カンカプットが果実の季節を告げに来なくなったからである。誰も、いかに鳴けばいいのかを知らなかった。そのため、人も動物もみな飢えで苦しんだ。困りはてたものたちが集まって、カンカプットに帰ってもらうことを話し合った。サイチョウや他のトリたちがカンカプットに会うために飛んでいったが、辿り着くことができなかった。みなが困り果てていたとき、チョウがカンカプット探しに挑むことになった。チョウは昼夜休まず、海を越えた長旅の後、ようやくカンカプットのいる所

に達したのである。チョウは、カンカプットに帰るように説得したが、カンカプットは頑なに拒んだ。カンカプットが言ったのは、あちらに卵を残してきているので、それをハトに孵させて、若いカンカプットが鳴いて、木に実をつけさせることができるということだった。その後、チョウは帰ってそのことをみなに伝えて、そのとおりにした。だから、今でも、カンカプットが果実の季節を告げにやって来るのである。ブレンには、罰として、その後、果実を食べるのが禁じられたという。（Jayl Langub 2001：18-27）

これ以外にも、カンカプットが登場する民話はたくさんある。筆者が蒐集したものの一つは、カンカプットの鳴き声を聞きながら、花の匂いを嗅いだイノシシが果実をたらふく食べて太り、オジロウチワキジがイノシシの後をついて行くと、実がたくさんある場所に辿り着くというものである。カンカプットが登場する話はどれも、そのトリが果実の季節を人間や動物たちに知らせることに関わっている。

その意味で、カンカプットとは、「果実の季節の到来を告げて回るトリの総体」のことかもしれない。木々に果実が実る。最初に、トリがその実を啄《ついば》みに来る。次に、樹上性の動物がやって来る。つづいて、落下した実を食べに、地上の動物たちがやって来る。それらの動物をめがけて、人が森に猟に行く。プナンは、その因果についてよく知っている。他方で、そのような森の生命現象の開始を、プナンは、カンカプットという架空のトリに仮託して語り始めるのである。

プナンにとって、滑空するトリは、カンカプットのように、人間を含めたこの地上世界に何かをもたらしてくれる存在者である。何らかの拍子にふと聞こえてくるトリの鳴き声は、本章第2節で述べたように、人間に意味をもたらす。しかし、実は、トリの囀りは、人間だけに意味をもたらすのではない。

ソッピティ（プナン名：*sok pitih* 学名：未同定、サイホウチョウの一種）は、*pitih*（「暑さ」）を *sok*（「開く」）

と名付けられているように、暑さを告げるトリである。ソッピティ、ソッピティと囀って、雨が上がって晴れ間が訪れることを告げる。キヨン（キュウカンチョウ）は、その名が表すように、キヨン、キヨンと鳴いて、果実があることを告げて回る。プナンは、そうした鳴き声は、もっぱら人間だけに届くのではないという。それは、人間以外の動物たちにもまた、等しく届く。その意味で、トリの声は、全ての生きものにとっての共通言語のようなものなのである。

動物の命を救うトリ

「ジュイト・バンガット（プナン名：*juit bangat* 学名：Pycnotus goiavier）」と呼ばれるトリがいる。和訳すれば、「リーフモンキー鳥」である。和名は、ハイガシラアゴカンムリヒヨドリだ。頭部は灰色、腹面が黄色い。リーフモンキー鳥が飛んでいるのに出くわすと、その傍には、リーフモンキー（プナン名：*bangat* 学名：Prebytis hosei）がいると言われる。そのため、リーフモンキー鳥という名前が付けられていると考えられるかもしれない。しかし、プナンは、そうではないと言う。リーフモンキー鳥という名は、それが、リーフモンキーを助けるために、人間の近くを飛ぶことからきているのだと言う。

リーフモンキーが、リーフモンキー鳥の囀りを聞いたとする。リーフモンキーにとって、リーフモンキー鳥は、人間が傍にいることを知らせるために鳴いていることを指差する。リーフモンキーは、リーフモンキー鳥の鳴き声を聞くと、捕食者である人間がいることに気づいて、その場から人間とは反対方向に逃げ去る。そのことによって、リーフモンキー鳥は、リーフモンキーの命を助けることになる。

「テナガザル鳥」（プナン名：*juit kelavet* 学名：Pycnotus flavescens）と名付けられたトリもいる。プナン名は、「ジュイト・クラブット」。和名は、カオジロヒヨドリである。プナンによれば、それは、テナガザル（プナン名：

kelavet 学名：Hylobates muelleri）を助ける。リーフモンキー鳥にせよ、テナガザル鳥にせよ、それらのトリたちは、上空飛行し、囀って、捕食者である人間がいることを樹上のサルたちに伝えて、それらの命を助ける。トリの鳴き声は、人間だけが聞くものではなく、全ての動物が聞くことができることを、プナンは強調する。

リーフモンキーとテナガザルは、ブラガの森に棲息する五種の霊長類のうち、両方とも樹上性である。リーフモンキーは、樹上性の葉食の霊長類で、長い尾と長い腕を持ち、木の枝を駆け上り、駆け抜ける。テナガザルは、樹冠のみに住む類人猿で、腕を伸ばして、細い枝先にある実や葉を食べる。そうした生態は、ヒヨドリたち（リーフモンキー鳥やテナガザル鳥）の捕食行動と交差する。そのため、人間側から見ると、ヒヨドリたちがそこにいることがそれらのサルの存在を示すと同時に、サルがけたたましく鳴くヒヨドリに驚いて逃げてしまうということを言い当てているのかもしれない。

そのことが類推されるのは、ヒゲイノシシ（プナン名：*mabui* 学名：Sus barbatus）を助けるトリをめぐる説明に、その一端が現れているからである。ボルネオハシリカッコウ（プナン名：*butji* 学名：Carpoccyx radiates）は、地上を走るカッコウである。そのトリは、イノシシが木の下で果実を齧っていると、その傍にやって来て、うるさくがなり立てる。そのことで落ち着いて実を食べることができなくなったイノシシは、その場から逃げ去ってしまう。イノシシが果実を齧る音は森のなかで大きく反響し、人間が聞きつけてやって来るが、そのことでイノシシは人間の捕食から逃れることになる。逆に、狩猟者は、イノシシを逃してしまうことになる。卜田もまた、ハシリカッコウに関して、以下のように記述している。

獲物の存在を告げるとされる鳴き声のうち、アオハシリカッコウだけは、村や森の中のキャンプにいる時に声を聞いても人びとは動かない。人の居住地の近くでは猪に「逃げろ、逃げろ」と知らせるふりをしているのであって、実際には猪はいないとされる。それに対して、森の中で狩猟活動をしている最中にこの鳥がこのように鳴くと、男たちはいっせいにその声の方向へと駆け出す。カミは、万全の態勢で森の中を移動している猟師や犬たちと猪が出合わないようにしゃべらせているのだが、同時にそれは人間に猪の存在を知らせるものである。カミは常に中立的で、どちらか一方だけを完全に支持しているわけではない。（卜田　一九九六：八八）

プナンにとって、天翔けるトリは、すに述べたように（本章第2節）カミと人の仲立ちをする使者的な存在でもある。トリの鳴き声がカミの意志であるとする考えは、この点に由来する。卜田によれば、基本的には、カミがハシリカッコウを通じて、イノシシの味方をしている。しかし、カミは、あくまでも平等であって、人間がイノシシを捕まえることを拒んでいるわけではないのだと解釈している。

アフリカからも、トリの囀りが猟を助けたり、逆に、動物を助けたりすることに関して、同じような事例が報告されている。アフリカ中央部のイトゥリの森に住むエフェ・ピグミーの調査をした寺嶋によれば、「方名 aloo（サイチョウの一種）もアカオザルやブルーモンキーと一緒に行動し、サルに近づくものがあれば鳴いて知らせる。アフリカヒヨドリ（akpupole）は、キノボリセンザンコウを見つけると鳴いて知らせることもある。このように、動物と関連づけられている鳥はそれらの場所を人に教えることもあれば、動物に人の接近を教えることもある」（寺嶋二〇〇二：二八）。トリは鳴いて、人にサルの居場所を教えるだけでなく、サルに人間の接近を教える。菅原も、グイの調査から、以下のように報告している。「人間にライオンの接近を知らせてくれるツォエン（キクスズメ）の声は、ゲムズボックが狩人の接近に気づくことをも助けるのである」（菅原　二〇一五：二七一）。キクスズメが、ゲムズボックに対して、人間の接近を知らせる。アフリカでも、トリたちは、動物に人の接近を教えて、動物たちの命を救うことがある。

筆者が調べた範囲では、プナンにとって、人間を積極的に助けるトリはいなかった。トリは、動物の味方をする傾向にあるのだと言えよう。その意味で、リーフモンキー鳥が囀るとき、近くにリーフモンキーがいることが指差されるが、同時に、人間はリーフモンキーを捕まえることができないということもまた指差されるのである。したがって、ハイガシラアゴカンムリヒヨドリ（リーフモンキー鳥）の聞きなしは、リーフモンキーが近くにいるが、それは逃げて獲れないだろうという「ある事実の指差」となる（奥野 二〇一六）。

ブラガの森のパースペクティヴ主義

プナンは、ピグミーやブッシュマンとともに、トリの囀りのなかに動物の観点を積極的に取り入れているのだと言える。そのことは、南米先住民の調査研究を通じて、ヴィヴェイロス・デ・カストロによって提起されたパースペクティヴ主義（perspectivism）につながる（Viveiros de Castro 1998）。パースペクティヴ主義は、春日によれば、以下のようなものである。

南米先住民においては、視点こそが普遍性を帯びた主体であり、動物であれ人間であれそれぞれが「人間」の自覚をもって自然を観察している。普遍は人間性と社会性の側に付与されており、自然の事物は同じ場所に同じ時点でさまざまな様式で存在しうる。たとえば、人にとって血というものはジャガーにとってトウモロコシの発泡酒になると彼らがいうとき、近代人ならば普遍の同一物が視点の違いで異なって見えると解釈するだろうが、先住民たちは視点がともに普遍的でありながら可変的な身体のせいで身体に応じて事物も変化するのだと考えている。（春日 二〇一一：一四）

パースペクティヴ主義的な立場では、身体に属する観点（視点）の違いによって、対象物の見え方もまた違ってくる。その考え方によれば、観点が普遍的に存在するため、人間も人間以外の非人間的存在も、同じような主体的存在である。その主体を、人間の自覚をもつ存在、人間性、あるいは人格と言い換えてもいいだろう。パースペクティヴ主義は、その意味で、アニミズムを含む。ここで言うアニミズムとは、人間と非人間が、異なる身体性をもつが、類似する内面性を有する事態である。言い換えれば、人間、非人間がともに、それぞれが自らに対してもっている再帰的な関係が、論理的に等しいことを表現するものである（奥野 二〇一〇：二二四）。

出口は、アニミズムとの関係において、パースペクティヴ主義（パースペクティヴィズム）を、以下のように整理している。

非人間的存在を人間として概念化するのがアニミズムであれば、それを前提とするのがパースペクティヴィズムである。それは、動物などの非人間的存在が人間を非人間的存在とみなし、逆に自らを人間的な主体とみなしていると概念化する。アマゾン先住民の思想では、動物は自分たちのことを人間だとみなすが人間を人間とはみなさないのだ。人間を餌食にする肉食動物や精霊にとって、人間は獲物である動物であり、人間が狩猟する動物は人間を精霊か肉食動物とみなすのである。パースペクティヴィズムの思想においては、主体性をもつ人間によって客体＝対象物（object）としてみなされる非人間的存在も、実はみずからと他者をまなざすことができる主体なのである。［中略］非人間的存在を、動物や草木虫魚などの自然界に存在する物として実体的にとらえてはならない。「超自然的な」精霊も、人間ではあるが敵である異なる民族集団も、自己による予測がつかないきまぐれな行動を起こす他者であるという意味では、非人間的存在なのである。（出口 二〇一二：一八五）

パースペクティヴ主義は、動物であれ、精霊であれ、異なる民族集団の成員であれ、それらは、ある観点をもつ主体であり、そのようなアニミズムを土台としながら、人間を独自の観点から描きだす。

こうしたパースペクティヴ主義の重要性を評価しながらも、そのベースにあるアニミズムを含めて、別の見方を提示するのが、コーンである（コーン 二〇一六）。デスコラやヴィヴェイロス・デ・カストロらによって理論化されているアニミズムに関しては、「ほかの人間がいかに諸々の非人間を命あるものとして扱うようになるのかを問うのみである」（コーン 二〇一六：一六五）とコーンは述べ、アニミズムが「食べる」ことに関わるより実用的な面で方向づけられていると説く（コーン 二〇一六：一六七）。その上で、パースペクティヴ主義の本質について、以下のように論じている。

アリクイがアリを食べる方法、インコを怖がらせる案山子を制作する方法、ナマズに気づかれずに捕える方法を了解するという、生態学的な課題をやりとげることに必要なのは、ほかの有機体がもつ観点に対する深い注意である。こうした注意深さは、アリ、インコ、ヨロイナマズ、そして、雨林をつくり上げるあらゆる生命形態が自己であるという事実から生じている。それらが誰であり、何であるかは、隅々まで、それらが自らを取り巻く世界を表象し、解釈する仕方、および、その世界にいる他なるものたちがそれらを表象するやり方が産み出したものである。要するに、森の生命形態は観点を持つ自己である。この事実がそれらを活性化し、その与えられた活性が世界を魅了するもので満たすのである。（コーン 二〇一六：一七二）

人間が作物を荒らすインコを撃退するためにトリのイメージの案山子を作ったり、オオアリクイがアリの巣のなかに、アリが枝とみて登ってしまうように舌を差し込んだりするとき、それらの主体（人間やオオアリクイ）は、他者（インコやアリ）の観点を捉えることを企図している。パースペクティヴ主義の決定的な重要性は、捕食─被捕食の関係の編の目のなかで主体が他者の観点を取ることなのだと、コーンは唱える。

言い換えれば、捕食─被捕食の関係の編の目において、パースペクティヴ主義を通じて、自己（主体）はつねに他者の観点に立って世界のあり方をイメージし、自己の生と関わっている。プナンもまた、他者の観点を主体のなかに取り込むことによって、生に関わり続けている。

プナンのパースペクティヴ主義は、リーフモンキー鳥の囀りを介して、リーフモンキーにまで及んでいる。リーフモンキーには、捕食者（人間）そのものが見えていない。捕食者（人間）と被捕食者（リーフモンキー）の両方が見えているのは、リーフモンキー鳥である。リーフモンキーは、リーフモンキー鳥による注意喚起である囀りによって、捕食者である人間の存在を知る。そこに、捕食─被捕食の編の目のなかで命のやり取りに関わるパースペクティヴ主義の一つのあり方が見いだせる。それは、人間側からトリや動物を一方的に客体として見るのではない、両者の深い〈交感〉の結果として生み落とされた世界なのである。

4　〈交感〉の民族誌に向けて

寺嶋は、トリと動物に注目しながら、自然と密着して生きる人々を取り上げて、人と自然の相互交渉の意味を探っている（寺嶋 二〇〇七）。寺嶋は述べる。

近代的自然観では人間と自然は截然と分断されており、両者の間には相互交渉の余裕などない。しかし、日々自然とともに暮らす人々のところではそうではなかった。自然と実践的にかかわるその現場においては、動物や自然などの自然はただそこにあるだけといった受動的なものではない。それらは人間に働きかけ、人として生きることの意味を問いかけてくる存在であった。（寺嶋 二〇〇七：一九―二〇）

本章で見た、ブラガの森の人間とトリの世界は、寺嶋が述べるような、人と自然の相互交渉に重なる。人間と自然の間で能動と受動の立場が容易に入れ替わるような、寺嶋が言う「人と自然の共鳴」（寺嶋 二〇〇七：五）はまた、野田が唱える、人と自然の〈交感〉に通じている。

野田によれば、〈交感〉は、「外部世界と内部世界、外面と内面、自然と精神、世界と自己などの相関性をとらえる」（野田 二〇〇三：四〇）。内部世界、内面、精神、自己の対として、外部世界、外面、自然、世界が想定された上で、その二者間の相関のあり方が〈交感〉である。その意味で、〈交感〉には、人間と自然の分断「後」の連絡のありようという意味が込められているように思われる。野田は、そのことを、ネイチャーライティングにおける〈交感〉の成立として、以下のように説明している。

つまるところ〈交感〉の原理とは、さまざまな二項対立を解きほぐし、形而上学的一者へと昇りつめるために、ロマン主義と近代が発明した超越論のための変換装置なのだ。（野田 二〇〇三：一九―二〇）

〈交感〉の概念は、「ロマン主義と近代」の発明によって現れたのである。言い換えれば、〈交感〉とは、二項の分断によって切り分けられた一方に住まう自己と、その向こう側の世界の間の相関の発見によって生み落とされた概念なのである。その意味で、周囲の景観を見る行為のうちに、「ほかならない〈私〉が見出される」（野田 二〇〇三：四二）という〈交感〉のありようは、歴史的には相対的に新しい。

しかし、管見を述べれば、〈交感〉を必ずしも近代以降の私たちの時代、私たちの世界だけに限定する必要はない。本章で取り上げた、ブラガの森での人間とトリが織りなす相互交渉は、ロマン主義や近代に直接関わることがない〈交感〉の一つであると考えられる。それが、寺嶋が描きだした、自然と密着に暮らしている人々の自然観なのである。

これは近代的自然観の立場からは、まったくの空想にすぎないといわれるだろう。しかし、それは果たして正しい見方なのだろうか。人間が生きる世界のすべてを、精神世界もふくめて「現実」というならば、卓越した想像力によって駆動され、人びとの行動に大きな影響を及ぼすこの世界を無意味として切り捨てることはかえって非科学的である。自然はたんなる資源とするにはあまりに豊かな意味に彩られている。（寺嶋 二〇〇六：四）

それは、自然と精神、世界と自己などの二項が成立する以前の、「一者」的な世界のありようにほかならない。本章が描きだしたのも、トリを食べ、トリの死を悼み、さらには、トリの聞きなしの先に、トリの観点から世界を見るような、近代を経由しない、一つの〈交感〉だったのではないだろうか。

その意味での〈交感〉の広がりを、手短に、民族誌のなかに探ってみたい。コーンもまた、〈共鳴（echoing）〉という概念を、自然と文化の間のそれとして用いている。ファビアンというルナの男があるとき、米袋やニシンの缶詰がたくさん置いてある、品揃えの良い雑貨店の夢を見たが、その夢はウーリーモンキーの狩りの予兆だったのである（コーン 二〇一六：二七一）。ウーリーモンキーは群れをなして、山の奥深くを歩き、その肉は脂肪を多く含むため人々に好まれる。品揃えの良い雑貨店の夢が、人間に食料を供給する点で、脂肪分を含んだ肉をもつウーリーモンキーに等置され、サル狩りの予兆だとされる。森のなかのものと飼いならされたものが、人間の経験のなかで結び合わされるのである。そこでは、〈文化〉と〈自然〉、〈飼いならされたもの〉と〈野生のもの〉が共鳴しあっている。

菅原がグイに見いだした〈感応〉もまた、これに近い。グイの間身体的な〈感応〉としての〈ズィウ〉とは、以下のようなものである。人々は、動物に生じる異変を体験するが、そのときにはその意味がわからない。しばらくして誰かの死の知らせがもたらされる、そのとき初めて、あの出来事こそが〈ズィウ〉を自分に告げていたのだと気づく。菅原によれば、予測不可能な他者である動物を含む環境は容易には縮減しがたい複雑性のなかで揺らぎ続けている。そこでは、汲めどもつきない異様さが発生し、それがおれの思いをかり立て続け、「おれの立ち会わなかった死」へと投射される（菅原 二〇一五：一四四―一五二）。

〈感応〉の別の事例は、ある女の弟がヒョウを捕まえ、その皮を周辺民族の有力者に売りつけるエピソードである。有力者は皮なめしをその女性の愛人に依頼した。見返りにトウモロコシ粉を受け取った愛人は、皮をなめした手でトウモロコシ粉を女性に持参した。女性がそれを粥にして食べたため、ヒョウの匂いが彼女に入り、そのことで、彼女は死ぬことになった。菅原は、危険な動物の匂いに感応し、その影響関係のもとに病み死ぬのが、グイの経験だと述べている（菅原 二〇一五：一六七―二〇五）。

民族誌のなかで描かれるのは、馴致されたものと剝き出しの野生が、主体の経験のなかで溶けあったり、動物が変事を見せながら自己の経験を先取りしたり、他者である動物が自己に影響を及ぼしたりするという、主客が攪乱されたり、逆転したりする可能性を孕んだ、人間と自然の間の表裏のない直観的な一体化幻想である。人々は、日常の文脈で、そのような〈交感〉を経験してきたのである。

この先に、本章で述べた狩猟においてトリに「なる」こと（本章第2節）や、トリになって「うた（*sinuy*）」を紡ぎだす経験（卜田 一九九六）だけでなく、トリをめぐる夢見や語りのなかに見いだされる〈共鳴〉や〈感応〉を含む、プナンの「一者」的な〈交感〉のありようが描かれるべきであろう。その意味で、民族誌を通じた〈交感〉論の掘り下げが、今後の課題である。本章は、〈交感〉の民族誌に向けた雑記であった。

参考文献

奥野克巳「アニミズム、『きり』よく捉えられない幻想領域」吉田匡興・石井美保・花渕馨也共編著『宗教の人類学』春風社、二〇一〇年、二一四―二三七頁。

奥野克巳「名前と存在――ボルネオ島・プナンにおける人、神霊、動物の連続性」『文化人類学』七六（四）、日本文化人類学会、二〇一二年、四一七―四三八頁。

奥野克巳「告げ口をするブタオザル――ボルネオ島プナン社会における動物アニミズム」奥野克巳・山口未花子・近藤祉秋共編著『人と動物の人類学』春風社、二〇一二年、二九―六〇頁。

奥野克巳「歩く家、告げ口する動物たち――非人間の主体性をめぐる文化人類学」『異文化コミュニケーション論集』一三、二〇一五年、三五―五三頁。

奥野克巳「飢え、食べ、排泄する――狩猟採集民の食行動をめぐる民族誌」『社会人類学年報』四一、弘文堂、二〇一五年。

奥野克巳「リーフモンキー鳥のシャーマニック・パースペクティヴ的美学――ボルネオ島プナンにおける鳥と人間をめぐる民族誌」野田研一・奥野克巳編著『鳥と人間をめぐる思考――環境文学と人類学の対話』勉誠出版、二〇一六年、七九―一〇一頁。

春日直樹「人類学の静かな革命――いわゆる存在論的転換」春日直樹編『現実批判の人類学――新世代のエスノグラフィへ』九―三一、世界思想社、二〇一一年。

川田順造『聲』（ちくま学芸文庫）筑摩書房、一九九八年。

コーン、エドゥアルド『森は考える――人間的なるものを超えた人類学』奥野克巳・近藤宏監訳、近藤祉秋・二文字屋脩共訳、亜紀書房、二〇一六年。

卜田隆嗣『声の力――ボルネオ島プナンのうたと出すことの美学』弘文堂、一九九六年。

菅原和孝『狩り狩られる経験の現象学――ブッシュマンの感応と変身』京都大学学術出版会、二〇一五年。

出口顯『レヴィ＝ストロース――まなざしの構造主義』河出書房新社、二〇一二年。

寺嶋秀明「イトゥリの鳥とピグミーたち」『人間文化』二〇〇二年、一七―三二頁。

寺嶋秀明「鳥のお告げと獣の問いかけ――人と自然の相互交渉」河合香吏編『生きる場の人類学――土地と自然の認識・実践・表象過程』京都大学学術出版会、二〇〇七年、三―二四頁。

野田研一『交感と表象――ネイチャーライティングとは何か』松柏社、二〇〇三年。

野田研一・奥野克巳編著『鳥と人間をめぐる思考――環境文学と人類学の対話』勉誠出版、二〇一六年。

フェルド、スティーブン『鳥になった少年――カルリ社会における音・神話・象徴』山口修・山田陽一・卜田隆嗣・藤田隆則訳、平凡社、一九九八年。

柳田國男『野草雑記／野鳥雑記』岩波文庫、二〇一一年。

山口仲美『ちんちん千鳥のなく声は――日本語の歴史　鳥声編』講談社学術文庫、二〇〇八年。

Jayl. Langub. *Suket: Penan Folk Tales.* Universiti Malaysia Sarawak. 2001.

Nicolaisen, Johanes. "Penan Death-Names," *Sarawak Museum Journal*, 47: 29-41, 1978.

Viveiros de Castro, Eduardo. "Cosmological Deixis and Amerindian Perspectivism," *Journal of the Royal Anthropological Institute*, n.s. 4 (3): 469-488, 1998.

第11章　未知なる囁きへの欲求
鴉鳴占卜にみる交感の諸相とアジア的繋がり

北條勝貴

1　はじめに——闇のなかの野生

灯りひとつない、春日の森の奥深く。先ほどまで舞楽奉納に沸き立っていた御旅所とは打って変わり、いつの間にか木々をざわつかせていた風も止んで、周囲を静謐な空気が包んでいた。鳥居の脇に辿り着いた人々は、みな張り詰めた表情で息を潜め、事態の推移を見守っている。日が更まろうとしている深夜とはいえ、曇り空に反射した街のおぼろげな光で、何とか事物の輪郭くらいは見分けることができる。少し慣れてきた眼をさらに凝らすと、天の銀河を反射したようなほの白い参道が、曲がりくねりつつ伸びているのもみえてきた。そうして少しずつ、自分を暗闇へ順応させていると、しばらくしてどこか遠くから、かすかに笛と、笙らしき楽器の音色が聞こえてきた。ここぞ芸能を喜ぶ神が、御旅所での観覧を終えてそのエネルギーを活性化させ、春日山の正殿へと帰還するのだ。ここぞとばかり、音色の向こうへ意識を集中させると、もはや視力など届かないと思われた漆黒のうちに、鮮烈な黄褐色の炎が浮かび上がった。

二〇一五年一二月、私は、奈良県の春日大社において毎年斎行される、春日若宮おん祭を観覧した。同祭は、保延二（一一三六）年に藤原忠通によって始められた、藤原氏の氏神春日大社の年中行事である。若宮とは、春日神の御子神であると同時に、春夏を通じ豊穣を生み出すため自力を消費した春日神が、秋の祭礼を通して若々しく再生した姿でもある。おん祭もそうした発想で成り立っており、御旅所神事にて奉納される古式豊かな芸能は、いずれも若宮を活性化させるためのものと考えられる。八時間にも及ぶ神楽から東遊、田楽、細男、神楽式、そうして振鉾三節、萬歳楽、延喜楽、賀殿、長保楽、和舞、蘭陵王、納曽利、散手、貴徳、抜頭、落蹲に至るまでの舞楽上演こそ、おん祭の代名詞でもあり、日本芸能史上特筆すべき価値を持つ。私ももちろん、その観覧を重視していなかったわけではないのだが、同時に必ずこの目でみたいと考えていたのは、若宮のご神体が御旅所から社殿へ帰還する還幸の儀であった。各種メディアの紹介してきた御旅所神事とは違い、この祭儀においては、撮影はもちろん照明を当てることも一切禁止されており、その様子は人伝に聞くほか知る由もなかったのである。午後一一時前、厳寒の御旅所で舞楽奉納が終了すると、私は早足で真っ暗な参道を抜け、車舎の脇に立つ二の鳥居の前に至った。

遠くの闇のなかに浮かんだ松明の炎が大きくなるにつれ、笛や笙の旋律に交じり、ジャリジャリと、地面に何かを引きずるような異音が聞こえてきた。よくみると、二人の神職が間を開けて並び、ともに一抱えもある大きな松明を上下逆に持って、その火の付いた先を参道に引きずりながらやってくるのだ。しかも、その二人のあとにはもう一人ずつ神職が付いていて、棒で松明の先を叩いている。すると自ずから、松明より地面へ、揺らめく火の粉が飛び散り、落ちる。ふと気づいて視線を転じ、彼らが歩んできたその足跡を遠望すると、朧ろな参道へ、二筋に明滅する火の粉のレールができていた。そうしてそのなかを、たくさんの神職に取り囲まれたご神体が、ゆっくりと進んでくるのがみえた。

その姿を、何と表現したらよいだろうか。榊で飾られた得体のしれないものが、衣冠束帯の清明衆に支えられて火の粉の間を進んでくる。神職の発する警蹕の声が、オーオーと地鳴りのように空気を震わせる。目の前を通過する若宮は、何か恐るべき引力を発する真っ黒な塊が、まるで自らが移動するために、身体中から神職を生やしているかのようにみえた。私は浄土真宗の僧侶であり、普段は神祇不拝の教義を守っているが、その私にも、いま眼前に〈聖なるもの〉が存在することが、実感として伝わってきた。それは太古の昔、いまだ人間が自然環境の強大な力に抗う知と技を持たない頃、野生に対して感じた畏怖そのものであったのかもしれない。列島の神社に伝わる年中行事は、中近世で次第に変質を遂げ、近代の神仏分離・神社合祀、国家神道の形成のなかで形骸化してしまったものも多い。しかし古社の営む祭儀のうちには、野生への憧れと怯えに満ちた太古の記憶を、現代に呼び起こすような仕組みを持つものもあるのだろう。

このような祭祀の重要な機能のひとつは、自然環境と人間との始原における交感のありさまを現在に甦らせること、自然環境が人間に対してなす圧倒的な〈生存の贈与〉を我々に想起させること、であろう。二〇一三年、中国雲南省麗江市を拠点とする少数民族、ナシ（納西）における骨卜の実施情況を調査した際、私は、トンパ楊玉華氏より、鳥の鳴き声とその様態から吉凶を占うトンパ経典（世界で唯一現実に機能している絵文字で書かれた、ナシ族の民族経典）『以鳥鴉叫声占卜』の提供を受けた[1]。トンパ文化は、以前私に、人間が自然に対して抱く〈負債〉観について、貴重な示唆を与えてくれた[2]。この、鴉鳴から何らかの啓示を得ようとする営為も、やはり自然環境との交感を探究するうえで興味深い対象であり、アジアに広く深く根を張っている。私にテーマとして与えられている〈儀礼〉は、狭義には神霊の奉祀を伴わない政治的・社会的なパフォーマンスだが、東アジアにおいては、卜占（神霊の意志の感受）／神話＝歴史（神霊の行業に関する記録）／祭祀（卜占と神話＝歴史に基づく神霊へのアプローチ）の連環こそが最重要の儀礼といえる。本章では、このトンパ経の背景をなすであろう東アジアの鴉鳴占卜文化を探索し、そこに現れる自然／人間の交感の具体相を捉えてゆきたい（なお、行論の必要上漢籍からの引用が多くなるが、読者に配慮して極力現代語訳を示し、紙幅の都合上、とくに重要なもの以外は抄訳・要約に止めた）。

2 『開元占経』禽占――漢系占書のなかの鴉鳴①

そもそも東アジアにおいて、烏を神聖なものとみるベクトルが成立するのはかなり早い。屈原の『楚辞』天問篇第三段には、「羿は日を弾《う》ち、烏は羽を解いた(3)」とあり、羿が九つの太陽を射たという射日説話が、すでに戦国時代には成立しており、烏が太陽の象徴と認識されていた可能性を示す。同部分に付された後漢の王逸注には、現行の前漢・劉安撰『淮南子』にはない逸文として、「堯の治世、十日（一〇個の太陽）が同時に現れ、草木は焼け枯れた。堯が羿に命じてそれを射させると、うち九日には命中し、日のうちの烏はみな死んで、その羽翼は地に堕ちた。よって、一日のみが天に留まった」との記事があり、やはり射日神話に絡め烏＝太陽説が展開されている。その『淮南子』巻七精神訓、後漢・王充撰『論衡』説日第三二にも、少なくとも太陽のなかに烏（後の「金烏」）のいることが記され、後者はそれを三足烏としている（王充が批判の対象とする儒者の言として、「日のうちには三足烏があり、月のうちには兎・蟾蜍がある(4)」とある。なお「三足烏」は、前漢・司馬相如「大人賦」にもみえる）。著名な馬王堆漢墓一号墓（現湖南省）より出土の帛画には、太陽のなかの烏が明確に描かれており、武氏祠石刻（山東省）などの画像石にも、太陽の昇降の梯となる扶桑樹に、烏の群がっている様子が確認できる。一〇個の太陽が交替で昇降するという十干の思想は、さらに早く殷代には認められ(5)、同時期巴蜀の三星堆遺跡からは、やはり一〇個の太陽と鳥（烏か否かは不明）の付属した青銅神樹が出土している。この影響からか、烏が人を導くものだとする思想は、列島でも『古事記』中巻／神武天皇段、『日本書紀』神武天皇即位前紀六月丁巳条の段階でみられ（ともに、神武が熊野で遭難した際に導き手として派遣された、八咫烏を指す）、熊野社や厳島社では烏を神使と定めている。のちに、遺棄葬の一般化するなか遺体へ鳥獣の群がる光景が目撃・喧伝されるようになると、ケガレ観の肥大化と相俟って、列島文化における烏は死穢のイメージを強めてゆくが、現在に至るまで忌避の対象にのみなってきたわけではなかった。[6] このような、東アジアに広く認められる烏の神聖視が、卜占に使用されるようになった一因であるとの推測は可能だろう。森羅万象のうちから特定された烏の様態を観察し、一挙手一投足を未来の吉凶に結びつける文化が始まったのである。

ところで、中国の占卜文化は新石器時代にまで遡るが、日時・方角から陰陽五行説に基づき論理を組み立てたものは、戦国～秦漢期の「日書」に、動物の様態を観察し何らかの占辞と結びつけるものは、六朝期醸成の怪異占・雑占の類に見出すことができる。[7] いずれも基本的な構成は、干支／兆辞（怪異の情況。以下、合わせてA節とする）＋占辞（予兆の占断。以下、B節とする）である。烏、あるいはその周辺の鳥に注目をしてみると、まずは怪異占における鳥占の例が、唐・瞿曇悉達撰『開元占経』巻一一五 禽占や、その他緯書類の逸文に確認できる。『開元占経』は、天人感応思想に基づき天変地異（＝天子への譴責・警告）を解読するための書物で、いわば王権・国家レヴェルにおける交感の知の結晶である。民俗知・生活知レベルのものとは自ずと異なるが、まとまった事例としては貴重であるため、やや詳しく分析しておこう。[8]

表1　『開元占経』禽占の占文

	出典	A節（干支＋兆辞）	B節（占辞）
鳥休征			
1	尚書考霊曜	通天文者明、宙地理者昌	鳳凰下之
2	地鏡	鳳凰赤精	頊顓徳
3	尚書中候	堯即政	鳳凰巣阿閣

4	礼斗威儀	君乗土徳而王、其政太平	鳳凰集于苑林
5	京房	鳳凰来儀、翩翩其羽	茲謂休徳
6	抱朴子	古者太平之世	鳳凰常居其国而生光
7	淮南子	鳳凰之翔	至徳也
8	礼稽命征	父子君臣夫婦尊卑有別	鳳凰至、飛翔盛于明堂
9	京房易候	鸞見于国	天下大安
10	中候	周公帰政于成王	鸞凰見
11	地鏡	条庶感	則白烏来
12	瑞応図	白烏者、宗廟粛	則至
13	京房易妖占	山見白燕	其君且得貴女
14	地鏡	妾媵有制	白燕来巣
15	地鏡	赤雀銜書	文王徳
16	瑞応図	赤雀者、王者動応于天時	則銜書来
17	礼稽命征	祭五岳四瀆得其宜	則黄雀集
18	瑞応図	白鳩、王者養耆老、尊道徳、不以新失旧	則至
19	同（又曰）	玉鶏者、王者徳令神明	則出
20	地鏡	王者徳綦高遠	則比翼鳥来至
21	同（又曰）	王者徳不任卜筮	則三足烏来
22	京房	鶵巣園樹	歳安熟
	鳥咎征		
23	地鏡	鸞三指、其下不以徳	所下之国有易王

24	同（又曰）	鵲巣門殿上	賢据代之、世主衰失之象
25	京氏	鵲巣軍旗鼓上	将軍死
26	同（又曰）	鶴巣樹	此謂失教、邑亡歳苦、人多死
27	京房	燕群闘	外内飢于寇、国兵起
28	地鏡	玄鳥群見	水大興、女主持政、兵革且起、不出四年王道絶
29	京房	燕自経市朝之樹	為政者凶
30	京房	燕銜土出之	国益土
31	同（又曰）	燕銜土出置之	邑中虚
32	地鏡	雀与燕共闘	内寇乱、此国兵起
33	京房	燕与雀闘	賤人為寇
34	易通卦験	万民聞鶏鳴	皆翹首結帯、正衣裳
35	京房	鶏无故夜鳴	必有急令
36	同（又曰）	鶏据栖而鳴	邑令不遷、乃免也
37	地鏡	鶏昏鳴者	世主任女人為政方乱
38	同（又曰）	鶏夜鳴	天子適有急令、戎馬興
39	京房	鶏夜半中鳴	有軍軍罷、若有驚亡、将軍妻死
40	同（又曰）	鶏晨昏鳴	人民有事
41		人定鳴	且戦
42		夜半鳴	流血滂沱
43	同（又曰）	鶏不以時鳴	国当之
44	地鏡	鶏飛及走且鳴	天子退声

45	同（又曰）	雌鶏作雄鶏鳴	女主乱政、家則妻妾奸謀、女人憂
46	京房	雌鶏非時而雄鳴	家大傷
47	地鏡	鶏不肯上栖上樹者	凶
48	同（又曰）	鶏日中不下栖	女主乱政、家則妻妾奸謀、女人憂
49	京房易候	鶏逐日不下樹	其邑必有水憂
50	地鏡	雌鶏搏腹生冠距	女主乱政、家則妻妾奸謀、女人憂
51	河図	鶏有六指	殺人
52	京房	鶏与野鳥飛走、入人堂而闘而若戦	其君不復居、人主亡
53	同（又曰）	鶏与野鳥闘	其邑乱臣弑君、大臣相戮、流血滂沱
54	同（又曰）	鶏鳥相闘	其国殺大臣、有喪邑、流血
55	地鏡	鶏与野鳥闘	君殺国乱臣
56	京房易候	鶏不鼓翼	国受大咎
57	地鏡	鶏窺井	牢獄事
58	地鏡	鶏無故自飛翔去家	有蠱
59	河図	鶏有五色	殺人
60	同（又曰）	玄鶏頭	食病人
61	地鏡	他鶏無故飛来不去家者	暴死
62	同（又曰）	鶏無故自死	家虚耗
63	同（又曰）	鶏与烏鳥淫	世主内乱、外臣有謀、横兵方起
64	京房	鶏生子不完	其邑憂
65	同（又曰）	鶏不卵、生子無羽而獣形	邑虚

66	同（又曰）	鶏不卵而生子非鶏形者	邑有大水
67	同（又曰）	鶏不卵而生子為六畜形	邑有兵作
68	同（又曰）	鶏不卵而生子為鼠者	邑有大害
69	同（又曰）	鶏不卵而生子為野獣形者	邑有大憂
70	同（又曰）	鶏不卵而生子有六畜形	邑有憂
71	同（又曰）	鶏卵中尽為虫蛇蜂蝿	国邑虚
72	地鏡	鶏生子雑異形	皆為兵水憂
73	京房	雉無故立宮闕門上	其主且去宮殿
74	同（又曰）	雉無故巣邑君屋上	且大事、宮虚
75	京房	雉止君屋上	為虚、不可居、君当之
76	地鏡	雉入宮室	其主去宮
77	京房	雉無故入人室庭	家虚
78	地鏡	雉無故相戦	其主且去宮
79		雉自死宮中	其主去宮
80	京房	雉無故巣木上	水大至
81	京房易候	雀巣于木	茲謂傷禄、必有棄職
82	地鏡	雀皆巣木上	大兵起
83	京房	雀無故巣木	歳大水、兵起
84	同（又曰）	雀無故穴其地	邑有兵
85	京房	雀不見	歳飢
86	地鏡	客雀従他所来	歳中谷貴、民移徙

87	同（又曰）	陽雀大僉多	先水後旱、冬有兵、君無恩
88	同（又曰）	水雀銜魚置宮寺室上	不出三年、水出坏邑
89	同（又曰）	水雀下竹	女主執政、憂、有水出
90	同（又曰）	水雀下楊柏	君行陰道、不出三年、軍行
91	遁甲至哉鈐	赤雀不見	則無賢
92		白雀不降	則無後嗣
93	京房	邑鳩巣去樹木之地若室上	謂去常居、亡地且兵
94	地鏡	鵲集城上及室上、鳴而泣	皆為兵且起、邑将虚
95	京房	鵲夜鳴	且必有甲兵
96	地鏡	鵲夜飛鳴	兵且起、邑将虚
97	同（又曰）	鵲群飲井中	兵且起、邑将虚
98	同（又曰）	鵲群下集地	兵起、邑将虚
99	京房	鵲巣軍起資	屋空虚
100	地鏡	鵲相闘死	為兵起、邑将虚
101	同（又曰）	鵲自死宮中	兵起邑虚
102	京房	鵲無故自死宮中	主死
103	同（又曰）	鵲無故自死君宮室門上	有喜、及屋上亦然
104	地鏡	伯労闘屋上及呼不止	不出六十日禍起
105	京房	伯労鳥鳴	為怪、君室凶
106	同（又曰）	伯労鳥聚軍中	歳大水
107	同（又曰）	伯労鳥聚軍中	大水且至

108	京房	鳥巣軍旗鼓上	将軍死
109	同（又曰）	鳥集聚軍中	将軍出令、増秩応之
110	地鏡	鸜鴿巣宮室	不出三年、夷狄内侵
111	同（又曰）	鸛鵲鳴人君屋上及巣屋	大水且至、民流散、国将亡
112	同（又曰）	鸛鵲巣門殿上	賢据代之、世主衰失之象
113	地鏡	野鳥巣宮室	不出三年、夷狄内侵
114	同（又曰）	鳥巣城上及其下	不出一年、憂被圍
115	京房	鳥無故巣于門上及殿下	宮邑且虚、其屋巣者、為不終歳、無兵者兵作
116	地鏡	鳥鳴君門上作人声	君亡
117	同（又曰）	僉鳥集木上鳴而泣	兵且起、邑将虚
118	京房	僉鳥皆無故自立城、泣人家室上者	国且圍、家亦然
119	同（又曰）	飛鳥無故泣而立于野及木上	泣而相応、邑有大兵
120	同（又曰）	僉鳥無故立城、泣邑門上	其邑且虚
121	同（又曰）	鳥鳴門闕上如人音	邑且亡
122	同（又曰）	僉鳥群鳴城上、声習習	実邑
123	同（又曰）	僉鳥鳴回軍中	必暴戦、不出三四日中
124	京房	僉鳥夜鳴	且必有甲兵
125	地鏡	僉鳥夜鳴	為兵且起、邑将虚
126	京房	鳥無故群立君門上者	其君死
127	同（又曰）	僉鳥集止城上	内向則邑見圍、外向邑大兵行
128	同（又曰）	僉鳥栖城上	内向則凶、外向破于兵

129	同（又曰）	日有非常之鳥来宿于邑	此謂斂吏、邑有兵
130	同（又曰）	飛鳥皆無故自入宿邑中及付木身	不大凶即邑虚
131	同（又曰）	野鳥飛入君室	其邑虚、亡之他方
132	同（又曰）	鳥無故群宿邑中	其邑虚
133	地鏡	非常鳥来宿邑中	此名斂殃、流血滂沱（鳥或黄身黒翼白頭股赤喙足也）
134	地鏡	野鳥飛入宮	其君方去
135	京房	斂鳥無故自死宮中	其君死
136	地鏡	斂鳥自死宮中	兵起邑虚
137	同（又曰）	飛鳥群聚宮殿中	主失国無後主
138	同（又曰）	斂鳥集城及室上鳴而泣	皆為兵且起、国将虚
139	地鏡	鴻鳥之属翔府国宮府上両時以上、或至三日	群謀将起、大兵将至
140	同（又曰）	野鳥群翔邑上	邑且虚、市上亦然
141	同（又曰）	飛鳥倶翔障日	臣下有謀、宜警之
142		邑中終歳無鳥	兵起
143	京房	飛鳥無故飛舞于市	邑且有兵
144	地鏡	斂鳥群下飲井中	兵且起、邑将虚
145	地鏡	大鳥巣井中	賊弑君
146	同（又曰）	斂鳥群下集地	兵且起、邑将虚
147	地鏡	斂鳥相闘死	為兵且起、邑将虚
148	同（又曰）	飛鳥与四足闘	横兵方起
149	京房	飛鳥与野獣闘	国有殃

150	京房	僉飛鳥有人形	為兵
151	同（又曰）	僉飛鳥為獣形	見即大人憂
152	同（又曰）	僉飛鳥為六畜形	見則有兵
153	京房	故墟無人、僉鳥集之	必復居
154	地鏡	僉鳥冬生子	此不祥、君有禍
155	京房	有白文鳥居野	不及三年、有死君、此旱祥也
156	地鏡	野禽鳥入人家	勿殺之、有殃
157	同（又曰）	鳥却飛	世主失国
158	黄帝占	天下有鳥、毛羽五色者、雄名曰最、雌名曰极、此鳥見	天下大凶（小見可、若普見、天下大災）
159	京房	鳥巣軍資	屋空虚
160	同（又曰）	鳥集聚軍中	将出令増秩応之
161	同（又曰）	鳥集軍中、人皆不知其名	此為労軍、必敗
162	同（又曰）	野鳥群入軍室	必滅
163	同（又曰）	僉鳥群飛軍上太多	戦必敗、兵且罷
164	同（又曰）	軍中入飛鳥止軍上、万数止其上	将軍応死

右に示したとおり、引用典籍（括弧内の数字は引用回数。「又曰」も1回と数えている）は、『易通卦験』（1）、『淮南子』（1）、『河図』（3）、「京房」（71）、『京房易候』（4）、『京房易妖占』（1）、「京氏」（2）、『黄帝占』（1）、『尚書考霊曜』（1）、『尚書中候』（1）、『地鏡』（63）、『瑞応図』（4）、『中候』（1）、『遁甲至哉鈐』（1）、『抱朴子』（1）、『礼斗威儀』（1）、『礼稽命征』（2）となっており、書物としては南北朝の五行占書『地鏡』が最も多く、占辞とし

ては、前漢の易学者京房のそれが顕著である。以前論究した葛洪『抱朴子』内篇／登渉は、葛洪自身が山林修行のなかで直接経験したこと、見聞したこと、南方山林の民俗知に直結するような食事、医療、呪術の知識が多く含まれていた[9]。京房のそれは、書物の世界より生じたものと考えられ、学知の醸成される環境が大きく異なる点が注意される。『地鏡』は、唐・魏徴ら撰『隋書』巻三四　志第二九／經籍三（以下、『隋書』経籍志と略記）／子／五行に、「乾坤鏡二巻　梁天鏡、地鏡、日月鏡、四規鏡経各一巻、地鏡図六巻、亡[10]」とあるものに相当し、敦煌文書P. 2610に断簡が残る。『開元占経』の引用文ともほぼ一致していることから、同書の逸文と認めてよいと考えられている[11]。同断簡には、天災占・地災占・雲雷風火占・山占・水占の篇目がみられるが、恐らく「禽占」も存在したのだろう。なお、軍事関係はほぼ京房の軍占だが、『隋書』経籍志／子／兵に「京氏征伐軍候八巻」が見出せる。

A節における禽鳥は、まず祥瑞に類するものが、鳳凰（8）、鸞鳥（2）、鸞三指（1）、白烏（2）、白燕（2）、赤雀（3）、黄雀（1）、白雀（1）、陽雀（1）、水雀（3）、比翼鳥（1）、三足烏（1）、白鳩（1）、玉鶏（1）などと出てくる。多くが想像上の生物であり、その存在自体が特定の自然観の表明であるとはいえ、具体的な交感の対象とはなりえない。祥瑞とは対照的な凶兆の、六指鶏（1）、五色鶏（1）、最极（1）なども同様で、とりあえずは除外しておく。日常的に観察できる禽鳥は、言及の多い順に、野鳥（単なる「鳥」を含む、54）、鶏（31）・雌鶏（3）・雄鶏（2）・玄鶏（1）、鵲（カササギ、12）、雉（8）、雀（8）、燕（玄鳥含む、7）、伯労（モズ、4）、鸛（コウノトリ、2）、鴻鳥（「大鳥」含む、オオハクチョウか、2）、鶴（1）、烏（1）、邑鳩（1）、鸜鵒（ハッカチョウ、1）、鵽（不明、1）、白文鳥（白文のある鳥の意で、種ではない、1）などとなっている。ほとんどが『地鏡』や京房の占文だが、何らかの兆候としてA節に記されるのは、鳥種に関わりなく、夜間（あるいは、特定の時間）に鳴くこと、人家・宮室などの内へ入ること、特定の樹木や宮殿・城邑・人家の屋根・門、軍営（軍旗・軍鼓含む）などに飛来する／群集する／留まる／営巣すること、同種あるいは他種間で争闘すること、自死すること、井戸の水を飲むことなどである。鶏は家畜としてとくに身近なためか分節が顕著で、例えば産卵について、卵を産まずに異形（獣、六畜、鼠、虫蛇蜂蠅など）を産むなどの兆象がある（65～72条）。日常を支える最大の利用点において、〈あってはならないこと〉との認識だろう。また水雀には、魚を銜えて宮寺に置くといった、恐らくはその性質に沿った兆象が挙げられている（88条）。150～152条は、飛鳥の群れの舞う形が、人や六畜の姿に変幻する現象を指しているのだろう。これらには、自然環境に対する観察の要素が窺えるが、B節における吉凶事象との論理的繋がりは見出せず、B節を導き出す形式に過ぎない印象が強い。

なおB節の吉凶事象については、圧倒的に凶象の方が多く、君主（軍営の場合は将軍）の交代・死亡、宮殿・城邑・国の衰亡、内外の政変や戦乱、捕縛や罷免、移徙、不作・疫病・飢饉・旱害・洪水などの災禍が大半を占めるが、やはり、古代以来の占辞の基本的憂事に沿うためだろう。すでに前漢・賈誼「鵩鳥賦并序」によれば、同種の占文が前二世紀に存在したことが分かる。

卯年の四月孟夏、庚子の日が傾く頃、鵩が私邸に群れ集まってきた。不思議に思って占卜書を開き、占断してみると、「野鳥が人家に入ってくると、その家の主人は去る」とある。私は鵩に訊ねてみた、「私はどこへ去るというのか。吉ならば私に告げよ、凶ならばその災禍を述べよ。寿命の長短について、私にその限りを語れ」と。鵩は溜息をつき、首を挙げて羽ばたき、口では語ることができないので、心で答えを伝えてきた。……(12)

傍線部の原文は「野鳥入室兮、主人将去」で、52・76・131・134条などと共通する。賈誼所蔵の占卜書は、そのまま京氏易の資料ともなったのだろう。

A節・B節を繋ぐ論理は、高邁・複雑な陰陽五行説などではなく、かといって直接経験に基づく民俗知とも遠い、天人相関説に沿った比較的単純な思考と思われる。例えば116条「鳥が、君主の邸宅の門の上で人声で鳴けば、君主は死亡する」は、鳥が人声をなす怪異が君主を象徴する邸宅の門上に生じたことから、恐らくは天の譴責たる君主の死を導き出している。117・118・119・120・121・125条なども、同様の言説だろう。また、鳥にまつわる軍事的知識としては、『孫子』行軍篇の、「行軍の途上に地形の険しいところ、水溜まりや井戸のある場所、葦の生い茂った場所、山林、草木の密生地があったなら、必ず念入りに探索せよ。これらは、伏兵の潜んでいる場所だからである。……鳥が飛び立ったなら、そこには伏兵がある。……鳥が集まっていたなら、そこに軍兵はいない[13]」といった記事が著名である。対象の精密な観察に基づく経験的知識だが、例えば123条「鳥がみな軍中を鳴きながら飛び回ったら、三～四日のうちに必ずひどい戦闘となる」、124条「鳥がみな夜に鳴けば、必ず戦乱が生じる」なども、単なる軍占ではないのかもしれない。

また、ジェンダー的な観点から注意しておきたいのが、女性の諍いを憂事とする男性視点の占文である。28条「洪水がある、女主が政を執る、兵革が起きる、四年の間に王道が絶える」のほか、37・45・48・50・89条の六例が該当する。この種の警句の初見は、『書経』牧誓で周・武王が殷・受王を批判した、「古人の言に、『雌鶏は夜明けを告げない。もし雌鶏が夜明けを告げれば、家（財）が尽きてしまう』という。いま殷の受王は、婦人の言を用い、愚かにもその祭祀を蔑ろにし、神霊に報いていない」（『　』内の原文「牝鶏無晨。牝鶏之晨、惟家之索[14]」）であるとされる。45条のA節はまさに「雌鶏が雄鶏の声で鳴けば」（原文「雌鶏作雄鶏鳴」）であり、この系統の言説であることは明白だが、『開元占経』は武則天による武周革命、あるいは韋皇后による中宗毒殺を念頭に置き、玄宗治世を正当化すべく集中的に引用している可能性がある。

なお、問題の鳥に限り『開元占経』禽占の記事をみなおしてみると、神鳥・祥瑞としての三足烏や白烏を除き、通常の烏に関する占文は一例しかない。63条「鶏と烏、他の鳥が姦淫すれば、当代の治世に内乱が生じる、外臣が謀略を企てる、意外な兵乱が生じる」がそれで、鳥自体に注目したものでないのは明らかである。鳥と姦淫を結びつける発想は仏教に由来する可能性があり、例えば、後秦・鳩摩羅什訳『成実論』巻八 集諦聚業論／六業品第一一〇、情欲と転生先との関係を具体的に論じた部分に、「性欲が盛んであるために、雀・鴿・鴛鴦などに生まれる」(15)とあり、恐らくはこれを受けて、日本では『日本霊異記』中巻に、「鳥の邪婬を見て世を厭い、善を修する縁第二」なる説話が採録されてゆく。『地鏡』の背景にも、同様の思潮を想定してよいかもしれない。

3　鳥語と鳥情占——漢系占書のなかの鴉鳴②

続いて、鳥情占についてみておこう。『隋書』経籍志／子／五行には、これに類する書物として、「戦闘風角鳥情三巻　梁有風角五音六情経十三巻、風角兵候十二巻、亡」、「風角鳥情一巻　翼氏撰」、「風角鳥情二巻　儀同臨孝恭撰」、「鳥情占一巻　王喬撰」、「鳥情逆占一巻」、「鳥情書二巻」、「鳥情雑占禽獣語一巻」、「占鳥情二巻」、「雑占夢書一巻　梁有師曠占五巻、東方朔占七巻、黄帝太一雑占十巻、和菟鳥鳴書、王喬解鳥語経、嚏書、耳鳴書、目瞤書各一巻、董仲舒請禱図三巻、亡」が認められる。「鳥占」ではなく「鳥情占」であるのは、鳥の心を読み取ろうとするニュアンスが込められているのだろう。「鳥鳴」も「鳥語」も、そのための素材であると考えられる。右の書物のなかに王喬撰が二書みえるが、これは北宋・李昉ら撰『太平広記』巻六 神仙六所引『仙伝拾遺』に載る、前漢・河東の王喬に仮託したものだろう。同伝には、

王喬には神仙の道術があり、毎月一日と十五日の朝、京に至って帝に謁見した。その勤励ぶりを不審に思った帝が、秘かに太史に命じて様子を窺わせると、「王喬が参朝するとき、必ず二羽の野鴨が東南から飛んで参ります」

という。そこで飛来する野鴨を捕らえてみると、網にはただ一足の靴が残されていた。それは、明帝の四年に尚書（王喬のこと）に賜った靴であった[16]。

との興味深い伝承がある。鳥を用いることが、鳥の様態から予兆を読み取ること、鳥の言葉を解することへ展開したものかもしれない。またこのほかにも、西晋・陳寿撰『三国志』魏書 巻二九／方技伝第二九／管輅伝に、のちに詳述する管輅が「鳥鳴書」を所持していたこと、『隋書』巻七八 列伝第四三／芸術／耿詢伝に、耿詢が「鳥情占一巻」を著したことがみえる。

鳥語については、例えば、劉宋・范曄撰『後漢書』巻八六 列伝／南蛮西南夷列伝第七六／西南夷／白馬氐に、蛮夷のありようを「獣居鳥語」とするなど、卑賤で意味の分からない言葉の意とされてきた。しかし一方で、これを解する特殊な能力を評価する言説も存在する。『書経』尭典によると、舜の頃、秦の始祖に当たる伯翳（伯益、大費）は禹の推薦で虞官（草木鳥獣を管理する役職）に就いたが、『史記』本紀／秦本紀第五によれば、その子の一人大廉は鳥俗氏を名乗り、その玄孫たる孟戯・中衍は「鳥身人言」であったという。また、『後漢書』巻六〇下列伝／蔡邕列伝第五〇下／釈誨伝には、「昔伯翳は鳥語に通じて管理をなし、葛盧は牛の鳴き声の意味を解した」とあり、「伯翳は秦の祖先である伯益のことで、よく鳥語を話した」との李賢注が付く。また、ある程度のまとまりを持った物語としては、梁・皇侃撰『論語義疏』巻三 公冶長第五所引『論釈』に載せる、孔子の弟子公冶長の逸話などが代表的なものであろう[17]。

公冶長が衛から魯へ還ったとき、二国の国境までやって来ると、鳥が呼び合って清渓に行き、死人の肉を食べようと鳴いているのを聞いた。しばらく行くと、ひとりの老婆が路上で泣いている。理由を訊ねると、「私の子供が昨日出て行ったきり、今になっても戻りません。きっとすでに死んでいるのでしょうが、所在が分からないのです」と云う。治長は先の鳥の話をし、老婆は我が子の亡骸をみつけることができた。老婆の報告を聞いた村司はこれを不審に思い、治長が息子を殺したのだろうと捕縛し、獄主に受け渡した。獄主は、「鳥の言葉を解しただけだ」と弁明する治長に、「もしそれが本当なら、すぐに放免してやろう」と云う。それから六〇日目、治長は、夕暮れに雀の子が獄の柵の上に止まり、「嘖嘖嗺嗺」と呼び交わすのを聞いて微笑んだ。獄主がその理由を訊ねると、「『白蓮水のほとりで車が横転し、積んでいた黍や粟がすべてこぼれ、牽いていた牡牛も角が折れて、拾い集めることができないでいる。みんなで呼び合って、行って啄もう』と、云い合っている」とのこと。人をやって確認させてみると、確かに彼の云ったとおりだった。[18]

同じ内容の物語は、『太平広記』巻一三 神仙一三所引『神仙伝』（成仙公）、同巻四六二 禽鳥三所引『益都耆舊伝』（楊宣）にみえ、前者には、「獣の声や鳥の鳴き声、その尽くをよく解した」とある。常套的物語として共有された背景には、その内容が説得的と考えられた何らかの理由があったのだろう。この「雀」が麻雀、すなわち日本でいうスズメ（sparrow）を指すかどうかは不明で、漢字の組み立てどおり小鳥の類を総称したものかもしれない。しかし、「嘖嘖嗺嗺（zé zé què què）」という鳴き声を問題としていること（恐らく「雀」字の音は鳴き声だろう）、スズメの群れにもチュンチュンと盛んに発声する様子が観察されること（スズメのスズも鳴き声という）から、そうした呼び交わしの状態を会話に準える想像力が、強く存在したことは確かだろう。その内容を知りたいという、交感の欲求も大きかったと思われる。

シャーマンの内的世界においては、そうした動物との交感、相互理解はある種のリアリティーをもって実現するが、一般の人々においてはそうはゆかず、このような文字どおり〈不思議〉な物語で充足が図られる。しかしほぼ同じ頃、興味深いことに、〈不思議〉を理論的に説明しようとする動きもあった。『三国志』魏書巻二九／方技伝第二九に載る管輅は、やはり鳥語をよく解した人物として著名だが、裴松之注に引く「管輅別伝」には、彼と安徳令劉長仁による興味深い議論がみえる。

管輅が鳥の鳴き声を解明できると聞いた勃海の劉長仁は、「〈言〉とは民の声、すなわち知覚を備えたものの霊妙な働きで、〈鳴〉とは鳥獣の声、すなわち知覚を持たないものの賤しい呼び方だ。なのになぜ鳥鳴を〈語〉といい、神明の定めた区別を混乱させるのか」と論難した。管輅はこれに答え、「そもそも天には大きな象があるが、よくものを云うことはできない。……(a)風や雲を出現させることで異変を表し、鳥獣を使役することで霊妙な意志を伝えている。前者には、必ず浮かんだり沈んだりする兆候があり、後者には、必ず宮・商の音階を発する応験がある。こうしたわけで、(b)宋の襄王が徳を失ったとき、六羽の鷁はみな後ろ向きに飛び、(c)宋の伯姫が焼け死ぬ前触れとして、鳥が火災のあることを唱ったのである。また、(d)宋・衛・陳・鄭の四国に未だ火災が起きていないとき、兆候としての融風が既に吹き、(e)赤い鳥のような雲が日を挟むように飛んで、災禍が荊楚に下されたわけなのだ。これらは上天のなすところで、自然の符応である。これを律呂（音律）に当てはめると、鳥獣の音声には根本となるものがあり、人事に当てはめれば、吉凶を誤ることはない。(f)昔、鳥語を解した秦の祖の伯益は、その功績をもって諸侯に封じられた。(g)介の葛盧は牛の鳴き声を聴いて内容を理解したと、『春秋』にも記されている。これはみな典・謨に記載された真実であり、古の聖賢たちの嘘偽りではない。(h)殷の勃興は、簡狄が一羽の燕の卵を呑み込み、契を妊娠したことに始まる。(i)周の文王が天命を受けたときには、赤い鳥が書を銜えてその社廟に下った。これらは聖人に現れた霊祥であり、周室に下された吉兆なのである。どうしてそれが、賤しいことがあろうか」と述べた。長仁は納得しなかったが、間もなく管輅が鵲の鳴き声を理解できたという実証があり、初めてその主張を認めた。[19]

劉長仁の説は、鳥獣と人間とを峻別する、儒教の一般的な考え方に基づく。それに対して管輅は、史書・典籍の故事を丁寧に引きつつ、鳥獣の動きを含む森羅万象は分節言語を用いない天意の表れであり、それを感知できるのは聖賢であればこそだと説く。注目したいのは、第一に、議論の根拠が歴史に置かれていることである。古代中国においては、神話＝歴史を管理する史官、天や神霊の意志を察知する卜官、天や神霊に適切な祭祀を行う祝官は、有機的に関連しており、本来はひとつの職能であった。例えば、天変地異に際して卜官が読み取った事柄は、史官の管理する神話＝歴史に照らして解釈され、それに基づき祝官による祭祀が実践される。それらは再び史官によって記録され、後世の判断材料として伝承されてゆく。傍線部はほぼ『春秋左氏伝』（以下、『左氏伝』と略記）を典拠とする事例で、(b)は僖公一六年条、(c)は襄公三〇年条、(d)は昭公一八年条、(e)は哀公六年条、(g)は僖公二九年条に記載がある。そのほかは、(f)は前掲のとおり、(h)は『史記』巻三 本紀／殷本紀第三など、(i)は『呂氏春秋』巻一三 有始覧／応同第二などに基づく。右の「別伝」も、そうした神話＝歴史を核とする占卜の論理、思考法の一端を示している。続いて第二に、傍線(a)のとおり、鳥の声を音階に沿って解釈している点も見逃せない。原文には、「験風雲以表異、役鳥獣以通霊。表異者必有浮沈之候、通霊者必有宮商之応」とあり、表異＝風雲＝浮沈の候、通霊＝鳥獣＝宮商の応、という対応関係が認められる。漢代以降の音律学においては、律管の長さと時間の単位とが対応しており、それゆえに暦の作成とも密接に結びついていた[20]（そうして暦の作成は、史官の最重要の職務なのである）[21]。よって楽は、礼とともに世界の秩序を保つ手段とされるのである。音は、やはり天の意志の表明なのであり、音階は、いわばその音を秩序立てる分節言語に等しい。鳥の声に音階を当てはめるのは、当時とすれば極めて科学的な思考であって、「聖賢」の知と技を解明するベクトルを持っていたと考えられる。

なお、右の「別伝」で管輅が劉長仁を納得させたという鵲の実証は、本伝に次のように書かれている。

管輅が安徳令劉長仁の邸宅を訪れたとき、鵲が鳴きながら飛んできて小門の屋根の上に留まったが、その鳴き声は大変切迫していた。管輅は、「鵲が、『東北で、昨日ある婦人が夫を殺し、西隣の家の人夫を巻き込み混乱させている』と云っているが、その兆候は今日のうち、夕暮れには現れ、告発者がやって来るだろう」と云った。夕暮れに至り、果して東北の同伍の民がやって来て、「隣家の婦人が自らその夫を殺し、『西家の人が夫と仲が悪く、やって来て自分の婿を殺した』と詐りを述べています」と報告した。

やはり、鵲の鳴き声自体を、言語として分節している。これらの事例からすると、少なくとも、いわゆる鳥鳴書の類は、鳥鳴をその様態ではなく、言語として解釈するニュアンスが強いように思われる。

では、鳥情占の方はどうだろうか。鳥の「情」は、どのようにして、何を介して知ることができるのだろうか。近年、日中の鳥占について比較・検討した張莉は、鳥情占について『隋書』経籍志所載の書名を挙げ、「鳥占の方法を記した文献は残っていない」として、なぜか佤族の鶏卦（鶏の脚骨を用いた骨卜）のみを紹介しているが[22]、少なからぬ誤解があろう。管見の限り、鳥情占のまとまった具体例としては、先に掲げたいずれかの書物の逸文か、あるいはまったく系統の異なるものかは不明ながら、唐・李筌撰『太白陰経』巻八 雑占／鳥情占篇第九二に、日支に基づく六条が、「経曰」と収録されている。第一条を掲げておこう。

【1】巳と酉の日は、寛大の日である。巳・酉の時辰、鳥がその上で鳴けば、酒食に与れる予兆である。寅・午の時辰なら、酒食に与り、併せて謙遜推譲のことがある。また丑・戌の時辰なら、酒食に与れるが、口論が生じ

る。亥・卯の時辰なら、酒食に与れるが、誰かと互いに傷つけ合う。辰・未の時辰なら、酒食に与れるが、婦人との口論が生じる。申・子の時辰なら、酒食に与れるが、誰かと財物を争う。

やはりA節（干支／兆辞）＋B節（占辞）の形式で、禽獣によって表現される日支、時支を基準に鳥鳴を捉え、日支ごとのテーマに基づき出来する事象を予言する。簡単に述べると、【2】寅・午の日のテーマは廉貞、寅・午の時辰の鴉鳴なら強諌・責任の追及、巳・酉なら賓客、申・子・辰・未なら酒食、ただし主人が殺し合う。【3】丑・戌の日は公正、丑・戌なら長吏の慰問、巳・酉なら公正なことがあり互いに酒食、寅・午なら役人が賊事の隠匿を、申・子なら公正を、亥・卯なら隠賊間の殺し合いを語る。【4】辰・未の日は奸邪、辰・未なら長吏が来て奸邪の者を捕縛、巳・酉なら酒食の隠匿、丑・戌なら役人が隠れた謀者を捕縛、亥・卯なら誰かを害する陰謀あり。【5】申・子の日は貪狼、申・子なら賊が襲撃・強盗、寅・午なら善人が襲撃・略奪を語る、巳・酉なら酒食、辰・未なら婦人の争い、丑・戌・亥・卯なら群賊の襲撃あり。【6】亥・卯の日は邪険、亥・卯なら群賊に国家衰廃の陰謀、人々の刑死・闘傷あり、巳・酉なら婦人が騙し合い傷つけ合う、丑・戌なら役人が賊を追撃、寅・午なら婦人が姦淫して傷つけ合う、辰・巳・申・子なら賊の襲撃あり。最後は、このような陰気の強い日は、鳥が群れ飛び、飄風が鬼門から吹き、ある時節に更に同じ時が重なると、主に捜索のことがあり、みな闘い傷つけ合う事態となる、とする。(23)「婦人争訟」「婦人奸淫相傷」との占辞もみえ、『開元占経』占辞との類似も目立つ。干支に相生・相剋説を組み合わせ日の吉凶をみる占卜は、戦国秦漢の『日書』類にまで遡るが、ここでも『開元占経』の占辞類と同じく、明確な論理を見出すことはできない。しかし例えば、【1】巳・酉にみえる蛇と鳥は、天敵の関係として多くの神話モチーフにみえる。他条の組み合わせも、ほぼ、大きく強い獣／小さく弱い動物となっているようで、陰陽五行説とは異なるプリミティヴな思考が、その背景にある可能性もあろう（以前言及したように、相生・相剋説自体が、本来はこのような自然の観察に基づく〈野生の論理〉であったことにも注意しておきたい[24]。

なお、同様に干支に基づく鴉鳴の占文を載せたものには、唐・薩守真撰『天地瑞祥志』第一八 鳥がある。第一八は、架空の存在を含む五六の禽鳥について、基本的な特徴や祥瑞としての性格、鳴き声に関する占卜などを列挙している。鳥に関する鳴き声の占卜は、(a)日支、(b)四方、(c)時支、それぞれの鴉鳴（兆辞）について、生じる事象の吉凶を占う（占辞）ものとなっている。占辞に並ぶ字句をみても、人死・人来・酒食・財物・口舌・女子口舌・官・刑獄・盗賊・喜事・憂察事など、『太白陰経』鳥情占とも共通するものが多い[25]。すると、干支・方角などの枠組みのもとでなされる鳴声から、出来する事態を占断するのが「鳥情占」と呼ばれるものなのだろうか。だとすれば、「情」は鳥の様態を指すものとなる。先に掲げた公冶長や管輅の鳥語のように、鳴声自体が未来の出来事を告げているとの解釈も可能だが、それでは、特定の時刻・方角において鳥は同一の言葉を話していることになってしまう。特定の時刻・方角における鴉鳴を天意の表れとみる方が、恐らくは説得的だろう。

4　敦煌文書鴉鳴占卜書の周辺

一〇世紀中国の史料を大量に遺存する敦煌文書には、九点に及ぶ鴉鳴占卜書――すなわち、チベット語文献五点（P. T. 1045, P. T. 1049, IOL. T. 746, IOL. T. 747, P. 3896背）、漢文文献四点（P. 3479, P. 3888, P. 3988, Dx. 6133）が含まれ、広く注目を集めてきた。前者は一覧表＋占辞（繇辞）という構成を持つが、後者のうちP. 3479とP. 3988もこれを共有しており、どちらをオリジナルとみるかが、早くから争点となってきた。例えばバーソルド・ローファー（Berthold Laufer）は、一覧表における鴉鳴を聞いた時間・方角からの占断、鴉鳴自体からの占断、厭勝のために用いる布施・供物が、いずれもインド文献と共通することから、チベット語文献は、チベット語大蔵経テンギュル部所収 Kākajariti（『烏の鳴き声の見分け方』）のような、鴉鳴占卜を多量に含むサンスクリット文献を翻案したものと推測した[26]。陳楠やキャロル・モルガン（Carole Morgan）は、一覧表所載のうちローファーがインド起源とした供物は中国にも存在すること、時間の一〇区分は中国の十二時辰に基づくこと、中国には隋代から鴉鳴占卜が存在していたことなどを挙げ、同占卜は中国からチベットへ伝播したもので、P. T. 1045 など漢語文献と構成の共通するものは漢語よりの翻訳であると指摘した[27]。また近年西田愛は、漢語文献の一覧表の時間語彙（「東方暑」など）には、他の漢語文献になくチベットのみで使用されるものがあり、占辞にもチベットの自然環境に立脚した内容が含まれること、一覧表の後に続く占辞が、形式・内容とも中国の伝統的怪異占である「百怪図」に類似することなどを挙げ、漢語文献の一覧表はチベット語文献から着想を得て作成されたもので、占辞は「百怪図」を模したものであると推測している[28]。ここでは、P. 3988 の部分訳を示し、第2～3節で扱ってきた漢系占書との関係を考えてゆきたい。

(a)　東方暑の時辰に東方にて鳴けば、神や親が訪れる。東方暑に東南方にて鳴けば、遠くへ行くことがある。東方暑に南方にて鳴けば、近屈来（不明）。東方暑に西南方にて鳴けば、栄えた場所を去ることになり、物事は成就しない。東方暑に西方にて鳴けば、人に謀られる。東方暑に西北方にて鳴けば、求めるところをみな得る。東方暑に北方にて鳴けば、猟で獲物を得られる。東方暑に東北方にて鳴けば、賊が動き出す。東方暑に上方にて鳴けば、自身は長く栄える。……

(c)　……子の日に家宅にて鳴けば、血をみたり、盗賊が門に至る。丑の日に屋根の上で鳴けば、婦人の口論がある。寅の日に南の家の上で鳴けば、嫁娶の心配がある。辰の日に樹の上で鳴けば、必ず遠方からの客が到着する。巳の日に広場の上で鳴けば、婦人の口論がある。午の日に地にあって、門戸の上で鳴けば、必ず官に関わる憂事がある。未の日に屋根の上で鳴けば、十財を争い口論が起きる。申の日に家の西の樹の上で鳴けば、官に関わる憂事がある。酉の日に土塊の上で鳴けば、官に関わる憂事がある。戌の日に東の屋根の上で鳴けば、孤鬼が酒食を求めるが（これに応じれば）吉である。亥の日に家畜小屋の上で鳴けば、財産の分配や、六畜の死亡がある。

(d)　烏が東から来て鳴けば、使いの仕事がある。烏が南から来て鳴けば、酒会が催される。西から来れば、何らかの憂事がある。三月・六月・九月・十二月に上空で鳴けば、不安なことが起きる。烏が理由もなく家の上に群集して鳴き、去らなければ大吉である。家主が長い時間にわたって事態を収めず、群集している状態が続けば凶である。烏が北方から来て鳴けば、人が来て歓喜して相見える。烏が来て人の家の上に近づいて鳴けば、必ず人死にがある。家の下にあって鳴けば、その家の長子や長婦に心配がある。

(e)　日の出のときに鳴けば、大吉である。朝方に鳴けば、君子や悪人が食物を得る。……

(f)　烏が子の地に座して鳴けば、酒宴が催される。丑の地に座して鳴けば、官に関わる憂事がある。……

(g)　烏占は、一般の人間が、鳴き声の聞こえてくる方向や様子などによって、吉凶を判断する方法である。八方上下の術数をみて、時辰をみて占断する。[29]

このP. 3988の構成について、陳楠は、(a)烏占吉凶占卜表、(b)烏鳴従子地至亥地避凶厭勝訣、(c)烏鳴従子日至亥日吉凶訣、(d)烏鳴従不同方位吉凶訣、(e)烏鳴在一日不同時辰吉凶訣、(f)烏鳴従子地至亥地吉凶訣、(g)占卜方法説明、の七つに分けて把握している[30]（最近の王晶波は、黄正建の研究を受け、より簡単に、(b)十二死地占、(c)十二日占、(d)方位占、(e)時辰占、(f)十二地占などとしている[31]）。

(a)は、中国の十二時辰に由来する十時辰（東方暑・平旦・日出・食時・隅中・日中・日昳・晡時・日入・黄昏）

に十方位（東・東南・南・西南・西・西北・北・東北・上・下。対象は烏であるため下方は除かれ、実際は九方位）を絡め、大別して、(イ)宗教や祭祀に関わること（神や親族の加護、鬼の祟りの有無など）、(ロ)自然災害や戦争に関係すること（気候災害の有無、戦争の有無、野獣の襲撃の有無など）、(ハ)王権や役所など権力との軋轢に関すること（王権・役所に関わる難事の有無、勅書・官使の到来など）、(ニ)世俗的な欲求や災難に関すること（所願・欲求の成就、人死にの有無、病気の有無、誹謗中傷・傷害の有無・訴訟関係、財産・爵禄・家畜の獲得の可否、狩猟の収穫の有無、客人の有無、盗賊の襲撃の有無、酒食の獲得の有無、善悪の消息、遠行の有無、女性の問題など）、などの短い占辞が付される。同系の一覧表は、チベット語鴉鳴占卜書の ITJ 746, ITJ 747, P. T. 1048, P. T. 1045, P. T. 1048, P. T. 1049, P. 3896_verso にもみえ、内容の酷似は疑いなく、漢文鴉鳴占卜書がチベット語のそれを模倣して作成されたのは確実とみられる。狩猟の成否や野獣襲撃の有無など、狩猟・牧畜社会に特化した特徴的な内容も確認できる。

(b)は、十二方位のそれぞれの土地で烏が一羽で鳴いていた場合、想定される凶事とその方位、出来までの期間、それを避ける方法について掲げたものと読める（後述する理由により、内容の例示は割愛した）。(c)は、日支に関し家の敷地内のいずれかで鴉鳴を聞いた際、(d)は、東西南北および下方において鴉鳴を聞いた際、(e)は、日出・旦・食時・日中・日昳・晡時・黄昏・人定・夜半のそれぞれの時間に鴉鳴を聞いた際の、短い占辞となっている。これを、例えば(a)の十時辰の占辞と比較してみると、同一の時辰でもまったく対応関係を見出せず、異なる論理か、あるいはもともと論理のない状態で構築されていることが予想される。(f)は、十二方位の土地それぞれで鴉鳴を聞いた場合の占辞で、同じく他との対応関係はない。(g)は、末尾に付された簡易な説明で、内容的には(a)に対応する。

(a)〜(e)の論理には一致点を見出せず、それぞれ異なる来歴を持つことも想定しなければならないが、用いられる字句・表現が大きく相違しているわけではない。例えば、西田愛は岩田篤志の研究を参照し、同じ敦煌文書 P.

3106・羽44「百怪図」の形式が、(b)～(f)の占辞にも共有されていることを指摘している。[32] 同断簡には、「病患」「官事」「少子」「口舌」「索食」などの字句が頻繁に現れるが、これは(b)～(f)の場合も同様である。例外は(a)で、一覧表にはこれらの表現がみられず、逆に百怪図や(b)～(f)にない「暴風雨」「足下拝謁」「賓客至」「野獣来」などの文言が認められ、その起源を証している。[33] また岩本は、S. 4400「太平興国九年二月廿一日帰義軍節度使曹延禄醮奠文」を紹介し、百怪図が怪異の占断に際して利用され、災禍を免れるべく厭勝・鎮祭を行う手順であったことを述べる。[34]

……一〇〇尺の池の畔に、自然と孔穴が生じ、そこへ常に水が流れ込んで止どまるところがなく、一〇日を経ても事態が収まりません。……そこで陰陽の師に卜占をさせ、百怪書図を調べさせてみますと、あるいは家内に病者が出るとか、あるいは家内に死者が出るとか、口論や諍いが続くとか、役所関連の憂事が出来するなどと申します。避け逃れるところはなく、その災禍や祟りを解除したいと思うのみです。そこで謹んで良月吉日を選び、法のとおりに書符、清酒・雑菓、乾魚・鹿肉、銭財・米飯をお供え致します。……[35]

「百怪書図」の内容に則して語られたとみられる傍線部は、原文に「遣問陰陽師卜、検看百恠書図、或言宅中病患、或言家内死亡、或言口舌相連、或言官府事起。無処避逃、解其殃祟」とあり、そのまま(b)～(f)の書式と一致する。もちろん、この傾向は先に検討した『開元占経』禽占、『太白陰経』鳥情占、『天地瑞祥志』などにも多く類似するところがある。P. 3479も同じ系統で、字句に若干の異同はあるが、(a)(c)(d)(f)を共有している。かつて(a)～(g)をセットにした鴉鳴占卜書があり、盛んに書写されたものかもしれない。

しかしそれにしても、これら占辞には、「鴉鳴占卜」である必然性が看取できない。兆象と占辞を接続する説得的な媒介がなく、例えば前者が太陽の様子であっても雲の形であっても、後者は変更せず使用できそうである。事実、P. 3988 の(b)に当たる部分は、近年西田によって、鴉鳴占卜ではなく狐鳴占卜であったことが指摘されている。[36] 羽44「百怪図」にも「占狐鳴怪異第廿九」があり、P. 3988 が「狐」を「孤」と書き誤ったか、あるいはそのことに気づかないまま、何段階か書写されてきた可能性もあるのである。

これに対して、P. 3888, Dx. 6133 は、大きく系統を異にする。[37] まず P. 3888 は、唐・咸通一一（八七〇）年の年紀を持ち、前半が欠失しているが、現存する後半部は三つに区分できる。まず第一は、P. 3988 の(d)に似た、東・南・西北・西・北・東北の六方位での鴉鳴を扱った占辞で、日常生活に関わる物品の獲得、主に食物のそれについて記す点が特徴である。「西方に鳴けば、よい茵褥や菓子、刀剣・甘物が得られる」といった内容からすると、遊牧生活に資するための卜占かもしれない。第二・三にはそれぞれ「行路占」「軍営占」と項目名があることから、これも同様に名づけられていたのだろう。すなわち P. 3888 は、幾つかの章節からなる、鴉鳴占卜のまとまった書物であった可能性が高い。

第二の行路占では、文字どおり道行きの際に鴉鳴を聞いたらどうするか、行路の難事を察知し回避する方法を、主に先行する卜者の発言によって明らかにしている。引用されているのは郯子・管輅の二人で、P. 3988 が漢系卜占文化に連なることを証しているが、後者についてはすでに前節で触れた。前者の内容は、「およそ行路において鳥をみて、もし（鳴き声が）近くで聞こえたら、道が平安であってもなすところは成就しない。左辺ならば吉、右辺ならば凶。左より鳴き声がすれば、そのまま前の道へ向かうとよい。右辺に向かって鳴き声がしたら、失せ物がすべて戻ってくるので、吉」といったものである。郯子は春秋期の辺境郯国の君主で、ここでは『左氏伝』昭公一七（前五二四）年条が念頭に置かれている。この年、魯を訪れた郯子は、昭公から、「あなたの祖先の少皞氏が、鳥の名を官職に付けたのはなぜか」との質問を受け、受命の際に雲の祥瑞を得た黄帝が雲を守護神とし、雲を祀る首長となって百官に雲の名を付けたように、炎帝は火の名を、共工は水の名を、大皞は龍の名を用い、鳳凰の出現を得た少皞は鳥を守護神として「鳥師」となり、百官に鳥の名を付けたのだと説明した。具体的には、歴正（暦を正す）の鳳鳥氏、司分者（春分・秋分を司る）の玄鳥氏、司至者（夏至・冬至を司る）の伯趙氏、司啓者（立春・立夏を司る）の青鳥氏、司閉者（立秋・立冬を司る）の丹鳥氏、司徒の祝鳩氏、司馬の鴡鳥氏、司空の鳲鳩氏、司寇の爽鳩氏、司事の鶻鳩氏などで、これを聞いた孔子は郯子に学び、「私は、中央に正統な官制が失われたなら、四夷に学ぶべきであると聞いたことがあるが、なるほど真実である」と述べたという。[38] 郯国の王族は鳥トーテムであり、彼らの持つ官職の起源譚は、自然の諸要素を文化のそれに転換する、野生の思考そのものである。少なくともこの所伝からは、郯子が鳥を司るものであり、鳥と暦の分節・管理が結びつけられたことは分かる。同職掌は古代史官のそれとして主要なものだが、[39] 文字が鳥の足跡に起源するという蒼頡の伝承とも接続しそうである。すでにモルガンは、「郯子は戦国時代以来烏鴉の代名詞であった」とし、元・脱脱ら撰『宋史』巻二〇六 志第一五九／芸文五／子類二／五行類に「郯子占鳥経二巻」があることを挙げている。[40] 当該箇所の郯子の言が、この『占鳥経』に由来する可能性もあろう。続く軍営占は断簡で、現行は郯子の引用のみからなるが、鴉鳴を注意すべき出来事の予兆として捉え警戒を促す内容となっており、やはり同書に起源するものとも考えられる。

Dx. 6133 は、一枚の紙を四分割して折り畳み、それぞれの面に連続した文章を載せている。恐らくはあと数枚の同じような紙片が存在したと考えられるが、現存部分は一枚のみであり、「祭鳥法」と題名が書かれ、鳥の飼育方法について記載のある二頁分と、鳥の鳴き声と様態によって出来する事態を予言した二頁分とからなっている。前者は先にも掲げた郯子、孔子の弟子の子夏、そうして焦貢という人物の言を引き、郯子は烏自体が損害を受けないよう配慮すること、子夏は毎月一六日に飲食物を与えること、焦貢は大豆を用いた特別な餌の作成法を伝えている。子夏の姓名は卜商であり、卜占をよくした史官の家系に属する人物と思われる。付託説が強いが、『隋書』経籍志／経／易に「周易二巻　魏文侯師卜子夏伝、残欠」、『旧唐書』巻四六 志第二六／経籍上／甲部経録／易類に「周易二巻卜商伝」、『新唐書』巻五七 志第四七／芸文一／甲部経録／易類に「周易卜商伝二巻」とある。鈴木由次郎によれば、『孔子家語』執轡篇に易が鳥獣昆虫を生じることに関する孔子との問答があり[41]、それゆえに鳥と結びつけられているのかもしれない。

焦貢は、正式には「焦贛」に作る。前漢中期の易学者で、前節で扱った京房の師に当たり、『隋書』経籍志／子／五行に、「易林十六巻　焦贛撰、梁又本三十二巻。易林変占十六巻　焦贛撰」とみえる。真偽はともかく、『周易』の爻辞を用いず新たに作成したという、四〇九六の占辞がそれに当たろう[42]。また、少し離れて記載のある「六情鳥音内秘一巻　焦氏撰」も、伝焦贛撰とみられるが、彼はなぜ鳥占と結びつけられるのだろうか。現行『焦氏易林』には明代の四巻本・一六巻本があるが、内容的には、『左史伝』『国語』『詩経』『尚書』『周易』など多くの書物からの引用によって成り立っており、後漢の班固・劉珍ら撰『東観漢記』巻七 伝二／沛献王輔（梁・昭明太子撰『文選』巻六〇 任昉「斉竟陵文宣王行状」李善注所引）には、その成立を考えるうえで重要な記事が認められる。

沛献王の輔は、京房の易学について熟知していた。永平五（六二）年秋、帝（明帝）自身が京師での寡雨について易を立て、『周易卦林』で占断してみると、「蟻が巣穴の入り口を塞げば、必ず大雨が降る」とあった。翌日、まさに大雨となったので、帝はすぐに詔書をもって輔に訊ねた。輔は上書し、「『周易卦林』の震の蹇の繇辞、『蟻が巣穴の入り口を塞げば、必ず大雨が降る』の仕組みはこうです。蹇を八卦に分解すると、下が艮で上が坎です。艮は山を示し、坎は水を意味します。山は雲を出して、それが雨となる。蟻は穴に住んでいながら、雨のことを知っています。雲が雨を降らせようとするとき、蟻は穴の入り口を閉じる。よって、蟻のことから繇辞を作っているのです」と述べた[43]。

すでに鈴木由次郎も指摘しているとおり、沛献王輔が京房の易に造詣が深かったなら、右に出てくる『周易卦林』が、『隋書』経籍志の焦贛撰『易林』、すなわち現行の『焦氏易林』に繋がる可能性は高い。同書現行本の震之蹇（巻四 震之第五一）を確認すると、「蟻封戸穴、大雨将集。鵲起数鳴、牝鶏嘆室。相薨雄父、未到在道[44]」とあり、傍点部が右の『東観漢記』記事と一致している。永平五年には、現行本に至る本文の大要が整っていたのかもしれない[45]。

ちなみに同書の占辞には、烏のそれに関するものも複数認められる。例えば、巻一 坤之蒙には「城の上に烏がいれば、自から破家と名づく。酖毒を招き寄せ、国の患災となる」とあるが、傍点部は『左氏伝』襄公一八（前五五五）年条にみえる。ここでは、晋が、盟約を破り魯を攻めた斉を討伐する際、自軍を多勢にみせる策を用い遁走させる。そのとき斉軍を遠望した師曠の言葉に、「烏烏之声楽、斉師其遁」、また叔向の言葉に、「城上有烏、斉師其遁」とあるのである。「城上有烏」は、この『左氏伝』の時点では、人の気配がない空城ゆえに烏も警戒心を解いているという、リアルな観察の成果である。しかしそれに、「自名破家。招呼酖毒、為国患災」との言葉まで続くと、意味は烏の不吉な象徴性に及ぶ。いずれにしろ、『焦氏易林』に烏をモチーフとした占辞がみえることは、Dx. 6133に「焦貢」が登場する必然性をなす。この点も、P. 3888と並び、当該断簡における漢文化の濃厚さを証していよう。直接的に烏の心情を知ろうとするシャーマニックな要素は希薄だが、全体的に他者としての烏に向き合う内容になっており、鴉鳴を降雨や落雷などと同じ天意の記号と捉えるP. 3479, P. 3988とは異なっている。

なお後半の二頁分には、五行や干支に関わる時辰・方位などの枠組みがない。ただ兆象として、恐らくは人家周辺に観察できる烏の鳴き声と様態を比較的詳しく記し、大難・災害・人死などの災禍、財産や富貴の獲得などの福慶を占辞として結びつけている。例えば、「もし烏が一ヶ所に群集し、同時に鳴き声を挙げ、酷く驚いて土を散らし被るのをみたら、大変な災難が起きる。智慧ある者は、すぐにその地を離れるべきである」、「もしたくさんの烏が人家や畜舎に入り、羽を下ろしてばたつかせ、悪声で鳴き、床や椅子の上にいるのをみたら、人死にがある」といった内容である。兆象／占辞の形式・内容とも、これまでみてきた史資料中に類似の記載を見出せるが、日時干支を枠組みとする「百怪図」的なものではなく、『開元占経』禽占のそれに近いだろうか。

ところで、チベット文化に鳥を尊ぶ傾向のあることはよく知られている。中沢新一は、近世～近代の疑偽経と思われるチベット経典『鳥のダルマのすばらしい花環』を翻訳・紹介したが、それはカッコウに姿を変えた観音菩薩が、言葉巧みな賢者とされるオウムをはじめ、タカやハゲワシのような猛禽から地を這うウズラやニワトリに至るまで、様々なチベットの鳥たちに仏教の神髄を説いてゆく形式のものであった。疑偽経が在来の文化を濃厚に反映し、仏教の諸原理と融和させた内容を持つことはいうまでもないが、中沢は、同経がさらにロゥドーという僧により自身の前生譚『のど青鳥の物語』（一八五七年）を生み、チベットの民衆たちに受け容れられていったと推測している。[46]『鳥のダルマ…』は、冒頭に載せる「ブッダはこう言われた　神々と龍と精霊と　魔物と人間の言葉を使いすべての種類の生き物が　理解のできるあらゆる音を用い　言葉という言葉を駆使して　わたしはダルマを説いた」との偈文によれば、少なくとも内的には鳥語からなる体裁を持つ。事実、登場する鳥たちは、その特徴的な鳴き声を仏教的フレーズに変換し、悪業を戒め善業を勧める教えを説いてゆく。注目したいのは、カッコウ＝観音の説法を了解した鳥たちの態度で、ハゲワシの王は不殺を、クロライチョウは山への隠棲を、雁は湖沼のみからの捕食を、インド・チョウゲンボウは一日の食事時間の削減を、鳩は仏塔や寺院に糞をしないことを、雲雀は美しい歌による三宝の称賛を、鶏は一日の始まりを穢さないことを、ヤツガシラは冬の巣を洞窟に作り清浄にすることを、そしてみな必要以上に食物を貯蔵しないことを誓い合ったという。[47]ここには、鳥の生態を精緻に観察する視線と、その現状こそ彼らの仏道修行そのものであるとの認識が表れている。以前に論じた日本天台宗・覚運撰『草木発心修行成仏記』は、草木が成長し枯死してゆく過程を、そのまま成仏への自発的修行プロセスとする本覚論的見解を説いているが、[48]『鳥のダルマ…』にみえる現状肯定も同種のものであろう。ただし鳥については、コクマルガラスは仏教の言葉を述べるものの、ワタリガラスは貪欲なため何の誓いもしなかったと書かれており、同じ鳥でありながら異なる位置づけをされていて、近代科学的カテゴリーと民俗知の相違を窺わせる。

なお、チベットの鴉鳴占卜の一部がインドから伝来したことは、前述のとおりチベット語大蔵経（Kākajariti）などへの言及から明らかであるが、チベットの説話の世界にも、そのことを暗示する物語がある。古代インドの『屍鬼二十五話』が、一三世紀までにチベット『屍語故事』、モンゴル『喜地呼爾《シッディ・クール》』となった説話集の第一五話「アブリーシカ」では、インドの金剛国へ王子とともに留学していた宰相の息子が、帰国の途中でこれを殺してしまう。[49]注意したいのは、王子が宰相の息子にその才覚をみせる場面で、渇きに倒れた二人の頭上を飛び去る鳥の「アカレック」という鳴き声を聞き、「南の方へ五〇〇歩進めば、清浄でよく澄んだ水が流れている」と解釈する。王子は鳥の言葉を理解できたのであり、宰相の息子はそれを金剛国での勉学の成果として、自分との巨大な懸隔を実感し恐怖したのである。これはまさに鴉鳴占卜、しかも鳥語を理解する系統のものであり、その知・技がインドでの勉学の結果であるとされているわけである。敦煌文書の鴉鳴占卜書断簡は、インドからチベットを経て中国に至った鴉鳴占卜と漢系占卜のそれとが、複雑に交錯して生まれたものと考えられる。

5　おわりに――鳥をみる／鳥にみられる

以上、極めて冗長ながら、東アジアの鳥と人間との交感のありようを、鴉鳴占卜を軸に考えてきた。鳥が何らかの言葉を発し、人間には知りえない未然の出来事を語っているとの発想は、人類文化の初期の頃から存在したに違いない。列島社会では、弥生時代、水田稲作が社会を支える基本的生業に発展するに伴い、日の光や雨をもたらす天空への意識が高まり、その象徴としての鳥が注目されるようになった。縄文時代にはほとんど形象化されなかった鳥の姿が、銅鐸絵画や土器絵画に盛んに描かれ、そこには稲作の豊穣を祈った鳥装のシャーマンらしき者の姿もあった。かかる傾向は古墳時代にも受け継がれ、歴史時代の神社や村落の信仰・祭祀へも接続してゆくことになる。東アジアの祖先祭祀、農耕祭祀にも、鳥の形象が用いられる場合は少なくない。チベットと隣接する雲南省大理市のペー（白）族には、かつて同省一帯を統一した南詔国への仏教伝来を伝える絵巻『南詔図伝』があるが、その冒頭（現存写本には末尾に記載）には、建国以前の部族集団六詔が崇める、祖先象徴の主鳥を戴く鉄柱が描かれている(50)。この種の立柱文化は、中国西南少数民族から朝鮮半島、日本列島にまで及ぶ。個々の事例の意義・来歴については、それぞれ固有の説明が可能であろうが、その根本には、天空を飛翔する鳥への憧れとともに、鳥の歌や囀《さえず》りに対する知的好奇心があるのだろう。寺嶋秀明は柳田国男を引きながら、「人の近くまで飛来し、個性豊かな声で鳴くという行動特性は、きわめて自然に鳥に『告げるもの』としての性格を付与する」、「そして鳥たちが告げる『なにか』とは、多くの場合、人智のおよばないところ、すなわち未来の出来事や運命、巡る因果などである。問題は、人間の方にその意味を解読する用意があるかどうか、またどのような解読の回路があるのかという点である(51)」と述べる。事実、鳥の声を扱った人類学的研究、その囀りと人間の言語を比較する横断的研究は多くあり(52)、先に触れたように、東アジアにおいて文字が鳥に由来するとみられること、鳥語を理解しようとする文化が展開したことも関係があろう。かかる鳥への関心は、自分が鳥を対象として捉えているのではなく、実は鳥の方が自分たち人間をみて何かしら話をしている、それが自分たちの未来に関わるのではないかという不安、居心地の悪さに発しているのかもしれない（文字どおり、自然環境を他者として捉えているがゆえの感覚だろう(53)）。

本論でも述べたとおり、鳥声に関わる占いは、その後、(イ)鳥の鳴き声を言語と捉えその意味を探究しようとするもの、(ロ)鳥の鳴き声や動きを時辰・方位などに当てはめて予言の素材とするもの、に大別されてゆく。両者は混合されて用いられる場合も多かったが、後者の要素が強いほど形式化が進み、前者の要素が強いほどシャーマニックな色彩が濃厚で、時代や地域ごとの変移も大きかったと想定される。最後になるが、これらは比較的早い時代に、日本列島へももたらされたらしい。鳥の様態が凶兆として認識されることは、よく知られているように列島全域に広がっているが、これも先に述べたとおり、古い時代には神使として信仰する傾向の方が強かった。こうしたことから鈴木棠三は、『看聞御記』や『古今著聞集』を引き、「中国におけるカラス鳴きの俗信が宋代に始まったものか、さらにさかのぼるものかを明らかにしないが、わが国では、カラス鳴きの俗信が生じたのは、中世以後と思われる」と述べている。(54) 本章で分析した敦煌文書の成立年代を考えると大変重要な指摘だが、鈴木の掲げた貞成親王『看聞御記』応永三一（一四二四）年九月一八日条は、さらに注目される。

今夜丑の刻から夜明けに至るまで、村々の鳥が方々に飛び渡って何度か鳴いていた。相手のいない鳥が月夜に鳴くのは普通のことだが、これは異常事態である。おおむね一晩中鳴いていたが、これは怪異ではないか。不審に思って占文を調べてみると、「従者に口論が生じる」などとある。どんなことが起きるというのか、恐ろしい。(55)

親王の開いた「占文」は、どのようなものだったのだろうか。傍線部原文「従者口舌事云々」の形式は、明らかに本論でみた鴉鳴占卜の書式、あるいはその原型である「百怪図」の形式に準拠したものである。中国の多様な漢籍が、そのものか、あるいは類書などに引用されて列島へ伝わり、陰陽書などへの転載を経て雑書化、民間へ広がり各地で民俗化してゆくことは大いにありうる。(56) この点、山下克明の指摘した、九條兼実『玉葉』治承元（一一七七）年六月一二日条の記載も看過できない。

曇り、降雨あり。物忌をした。私の冠を鼠が囓り、昨日の戌の刻にそれを見付けた。よって占わせてみると、今日明日は謹慎すべし、などという。この件について、昨夜陰陽師の安倍泰茂に訊ねてみたところ、百怪図に記載があるので、翌朝報告するとのこと。そうして今日報告があったのだが、やはり同じく謹慎すべし、といったものだった。[57]

山下の述べるとおり、前掲敦煌文書「百怪図」に類する占書が一二世紀の日本へも伝来しており、陰陽師の安倍氏が所蔵、怪異の占断にも使われていたのである。[58]貞成親王のみた「占文」も、この種のものであったことは間違いなかろう。さらに寛平三（八九一）年頃の撰という藤原佐世『日本国見在書目録』には、前述のとおり焦贛の占辞を伝え、『開元占経』にも多くの占辞を載せる京房の撰「京房占六情百鳥鳴一巻（佚）[59]」があり、鈴木由次郎によって、「鳥の鳴き声によって吉凶を占ったものであろう」と推測されている。[60]同書に鴉鳴の占辞も含まれていた可能性は高く、鴉鳴占卜の列島伝来自体は、九世紀に遡らせることができるかもしれない。いずれにしろ、我々がカラスの鳴き声を聞いて思い浮かべる種々の印象は、時代を遡った黄土高原や、空間を隔てたチベット高原での経験と、どこかで繋がっているのであろう。

注

（1）この文献については、すでに簡単な報告を行っている。拙稿「環東シナ海の動物表象をめぐるラフ・スケッチ――東巴経典『以烏鴉叫声占卜』をめぐって」（『上智史学』五九、二〇一四年、二〇九―二一〇頁）参照。

（2）拙稿「〈負債〉の表現」（アジア遊学一四三『環境という視座――日本文学とエコクリティシズム』勉誠出版、二〇一一年）参照。
（3）『楚辞章句補注』（『文淵閣四庫全書』集部一）によった。
（4）新釈漢文大系（山田勝美訳注、明治書院、一九七九年）によった。
（5）松丸道雄「殷」（松丸道雄・池田温・斯波義信・神田信夫・濱下武志編『世界歴史大系　中国史』一／先史―後漢〈山川出版社、二〇〇三年〉所収）。
（6）新谷尚紀は、神使である烏へ神饌を供して豊穣を占う、厳島神社の烏勧請・御鳥喰神事を研究し、〈ケガレからカミへ〉という発生論的テーゼを主張した（新谷尚紀『ケガレからカミへ』木耳社、一九八七年）。しかし烏の死穢イメージは、少なくとも史料から分かる範囲では、仏教の浸透とともに構築されてきたもののように思われる。
（7）とりあえず、工藤元男「睡虎地秦簡『日書』における病因論と鬼神の関係について」（『東方学』八八、一九九四年）・『睡虎地秦簡よりみた秦代の国家と社会』（創文社／東洋学叢書、一九九八年）・「包山楚簡『卜筮祭祷簡』の構造とシステム」（『東洋史研究』五九―四、二〇〇一年）・『占いと中国古代の社会――発掘された古文献が語る』（東方書店／東方選書、二〇一一年）、池澤優『「孝」思想の宗教学的研究――古代中国における祖先崇拝の思想的発展』（東京大学出版会、二〇〇二年）・「古代中国の祭祀における〝仲介者〟の要素――戦国楚の卜筮祭祷記録竹簡・子弾庫楚帛書と「絶地天通」神話を中心に」（田中文雄・丸山宏・浅野春二編『講座　道教』二／道教の教団と儀礼、雄山閣出版、二〇〇〇年）、森和「日者の語った天地の終始」（アジア遊学一一五『縁起の東西――聖人・奇跡・巡礼』勉誠出版、二〇〇八年）・「戦国秦漢時代の簡帛資料に見る病因と対処法」（『アジア民族文化研究』一四、二〇一五年）、名和敏光「中国古代の占いと祈り」（水口幹記編『古代東アジアの「祈り」』森話社、二〇一四年）、大野裕司『戦国秦漢出土術数文献の基礎的研究』（北海道大学出版会／北海道大学大学院文学研究科研究叢書、二〇一四年）などを参照。
（8）『開元占経』（九州出版社、二〇一二年）によった。同書については、佐々木聡による詳細な解題、諸本の解説がある（同『『開元占経』閣本の資料と解説』東北大学東北アジア研究センター、二〇一三年）。
（9）拙稿「野生の論理／治病の論理――〈瘧〉治療の一呪符から」（『日本文学』六二―五、二〇一三年）参照。
（10）以下、二十五史からの引用は、とくに断らない限り、中華書局標点本より行った。
（11）山下克明「若杉家文書『雑卦法』の考察」（大東文化大学東洋研究所　小林春樹・山下克明編『「若杉家文書」中国天

文・五行占資料の研究』大東文化大学東洋研究所、二〇〇七年）、一二九頁。
(12) 呉雲・李春台校注『賈誼集校注 増訂版』（天津古籍出版社出版、二〇一〇年）、三三五―三四〇頁。
(13) 新釈漢文大系（天野静雄校注『孫子・呉子』明治書院、一九七二年）によった。
(14) 新釈漢文大系（加藤常賢校注、明治書院、一九八三年）によった。
(15) 『大正新修大蔵経』三二／論集部、三〇一b頁。
(16) 張国風会校『太平広記会校』（北京燕山出版社、二〇一一年）によった。
(17) この伝承については、金文京「公冶長解鳥語考」（『慶應義塾大学言語文化研究所紀要』二二、一九九〇年）、渋谷瑞江「公冶長故事考」（『北海道大学文学部紀要』四四―一、一九九五年）など参照。
(18) 中国思想史資料叢刊（高尚榘校点、中華書局、二〇一三年）によった。
(19) この「管輅別伝」については、坂出祥伸「風の観念と風占い――中国古代の疑似科学」（同『中国古代の占法――技術と呪術の周辺』研文出版、一九九一年、初出一九八六年）、一〇二―一〇九頁に詳しく解説されており、部分訳も掲載されている。本章の日本語訳においても参照した。
(20) とりあえず、田中有紀『中国の音楽論と平均律――儒教における楽の思想』（風響社、二〇一四年）を参照。
(21) 許兆昌『先秦史官的制度与文化』（黒竜江人民出版社、二〇〇六年）参照。
(22) 張文才「古代中国・日本の鳥占の古俗と漢字」（『同志社女子大学総合文化研究所紀要』二九、二〇一二年）、七四頁。
(23) 張文才・王隴訳注『太白陰経全解』（岳麓書社、二〇〇四年）によったが、私見を交えて修正してある。例えば、最後の文章の「四季上來、更時加四季」について、同書は春三月・夏六月・秋九月・冬一二月のこととしているが、先に列挙されている占文と同形式であるため、掲げた訳文のように解釈しなおした。
(24) 注（9）に同じ。
(25) 前田尊経閣文庫本によった。確認に際しては、紙焼本を購入している水口幹記の協力を得た。同書については、水口の詳細な解題を参照（水口幹記・田中良明「京都大学人文科学研究所蔵『天地瑞祥志』翻刻・校注――『第一』の翻刻と校注(1)」、『藤女子大学国文学雑誌』九三、二〇一五年）。
(26) Berthold Laufer, Bird divination among the Tibetans, *T'oung Pao*, 15, pp. 1-166.
(27) 茅甘（Carole Morgan）「敦煌写本中的烏鳴占凶吉書」（鄭炳林編『法国敦煌学精粋』甘粛人民出版社、二〇一一年、初出一九八七年）、陳楠「敦煌蔵漢鳥卜文書比較研究——P. T. 1045, P. 3988号与P. 3479号」（『敦煌吐魯番研究』一〇、二〇〇七年）参照。

（28）西田愛『古チベット語占い文書の研究』（神戸市外国語大学学術情報リポジトリ〈学位論文〉、二〇一二年）、第二章。

（29）陳注（27）論文を参照しつつ、国際敦煌プロジェクトの画像データより翻刻した（http://idp.afc.ryukoku.ac.jp:80/database/oo_loader.a4d?pm=Pelliot chinois 3988;img=1, 二〇一六年八月二八日最終アクセス）。

（30）陳注（27）論文、三六一—三六二頁。

（31）黄正建『敦煌占卜文書与唐五代占卜研究』（学苑出版社、二〇〇一年）、一六三—一六四頁。王晶波『敦煌占卜文献与社会生活』（甘粛教育出版社、二〇一三）、五〇一頁。

（32）岩本篤志「敦煌占怪書『百怪図』考——杏雨書屋敦煌秘笈本とフランス国立図書館蔵本の関係を中心に」（『敦煌写本研究年報』五、二〇一一年）、七一—七三頁。

（33）西田注（28）書、一二〇頁。

（34）岩本注（32）論文、七一—七三頁。

（35）岩本注（32）論文などを参照し、やはり、高精細図版より直接翻刻した（http://idp.afc.ryukoku.ac.jp:80/database/oo_loader.a4d?pm=Or.8210/S.4400;img=1, 二〇一六年八月二八日最終アクセス）。

（36）西田注（28）書、一一五—一一六頁。

（37）京都国立博物館編『シルクロード　文字を辿って——ロシア探検隊収集の文物』（同博物館、二〇〇九年）、一三五頁の写真から、直接翻刻した。

（38）新釈漢文大系（鎌田正訳注、明治書院、一九七七年）によった。

（39）許注（21）書、参照。

（40）茅注（27）論文、二九四頁。

（41）鈴木由次郎『漢易研究　増補改訂版』（明徳出版社、一九七四年）、四四—四八頁。

（42）鈴木注（41）書、二九—三〇頁。なお、鈴木は同書を焦贛の真作として、全編の詳しい分析、出典の考証などを行っている。

（43）呉樹林校注『東観漢記校注』上（中華書局、一九八七年）によった。

(44)　劉黎明校注『焦氏易林校注』下（巴蜀書社、二〇一一年）によった。
(45)　鈴木注(41)書、四四〇―四四二頁。
(46)　中沢新一『鳥の仏教』新潮文庫、二〇〇八年、初刊二〇〇五年。以下の経典の引用は、同書所収「鳥のダルマのすばらしい花環」により、必要に応じエドワード・コンゼの英訳書（Edward Conze tr., *The Buddha's Law Among the Birds*, Motilal Banarsidass Pub., 1955, 2002）にて確認した。併載されている中沢の論文「人間圏の仏教から生命圏の仏教へ」も重要。
(47)　中沢注(46)書、七九―八〇頁。Conze tr., 2002, pp. 45-46.
(48)　拙稿「草木成仏論と他者表象の力」（長町裕司・永井敦子・高山貞美編『人間の尊厳を問い直す』上智大学出版、二〇一一年）、一七〇―一七一頁。
(49)　西脇隆夫編『モンゴル説話集　シッディ・クール』（渓水社、二〇一三年）、一二八―一三四頁をもとに要約。烏力吉巴雅爾／西脇隆夫訳「『シッディ・クール』と『屍語故事』」上（『名古屋学院大学論集』人文・自然科学篇、四五―一、二〇〇八年）も参照した。
(50)　李霖燦『南詔大理国新資料的綜合研究』（国立故宮博物院、一九八二年）、一三六頁。
(51)　寺嶋秀明「鳥のお告げと獣の問いかけ――人と自然の相互交渉」（河合香吏編『生きる場の人類学――土地と自然の認識・実践・表象過程』京都大学学術出版会、二〇〇七年）、九―一〇頁。
(52)　例えば、スティーブン・フェルド／山口修・山田陽一・卜田隆嗣・藤田隆則訳『鳥になった少年――カルリ社会における音・神話・象徴』（平凡社、一九八八年、原著一九八二年）、岡ノ谷一夫『小鳥の歌からヒトの言葉へ』（岩波科学ライブラリー／岩波書店、二〇〇三年）、セオドア・ゼノフォン・バーバー／笠原敏雄訳『もの思う鳥たち――鳥類の知られざる人間性』（日本教文社、二〇〇八年、原著一九九三年）など。最近の、野田研一・奥野克巳編『鳥と人間をめぐる思考――環境文学と人類学の対話』（勉誠出版、二〇一六年）も極めて重要な成果。
(53)　もちろん、野田研一『失われるのは、ぼくらのほうだ――自然・沈黙・他者』（水声社、二〇一六年）の議論を、念頭に置いている。交感については、種を超えた精神医療のあり方を志向するブラッドショーの、〈トランス・スピーシーズ・サイコロジー（trans-species psychology）〉も重要（G. A. Bradshaw, *Elephants on the edge : What animals teach us about humanity*, Yale University Press, 2009）。

(54) 鈴木棠三『日本俗信辞典』動・植物編（角川書店、一九八二年）、一六〇―一七七頁。
(55) 『続群書類』補遺二によった。
(56) 拙稿「中国と日本を繋ぐ糸――趣旨説明・コメントにかえて（シンポジウム「病と祓――病気治療をめぐる東アジアの比較文化史」）」（『アジア民族文化研究』一四、二〇一五年）参照。
(57) 国書双書刊行会『玉葉』二（名著刊行会、一九九三年）によった。
(58) 山下注（11）論文、一四一―一四二頁。
(59) 矢島玄亮『日本国見在書目録――集証と研究』（汲古書院、一九八四年）、一七五頁。
(60) 鈴木注（41）書、三六頁。

第Ⅱ部　交感幻想

声

1

石の声は聴こえるか

崎山多美

*

当時、未開のジャングル、生物固有種の宝庫、などと喧伝された南西諸島イリオモテジマの入植集落で、一九五四〜六八年まで過ごした。東京オリンピック開催（六四年）の前年までは電気も水道も引かれず、夕方になると石油ランプのホヤ吹きの仕事は子どもたちの日々の役割で、煮炊き風呂焚きには薪を燃やし、井戸で水汲み洗濯をする、という、およそ近代文明とはかけ離れた生活環境だった。

ほんの（？）五十数年前の、そんなイリオモテジマの生活で私が触れることのできた情報網といえば、思い出してみると、学校の教科書と指定図書のほかは、『マーガレット』『少女フレンド』などの少女向け漫画や各家庭に配られていた米軍政府発行の広報誌『守礼の光』くらいのもので、電波メディアは唯一ラジオのみ、というまずしさだったが、自然はうんざりするほど豊かだった。遠くや近くの山河野原に繁茂する、ソウシジュ、アダン、ヘゴの木、ガジュマル、クワズイモ、ソテツ、ツワブキの群。季節を問わず民家の庭にしだれ道端にはびこっていた、ブッソウゲ、ゲットウ、ユウナ、チガヤ、名も知らぬ雑草。見つけるや摘み取ってしまっていた、野ユリ、グラジオラス、シマボタン、ニチニチソウ。ただっぴろいだけの空と海。浜辺を這うザリガニ、草間からにょろりとシマハブ。島影。砂浜とサバニ（刳り舟）。海の点景と化した座礁船。シマに吹き寄せる風や波の音、ヤギや牛の鳴き声、鳥のさえずり、せせらぎ……。思い浮かぶままに列挙してみたが、これら動植物や事象、風景や音の流れを、見るとも聞くともなく過ごしていたかの地での生活を、シマを離れて何年か後にふりかえったある時期、私の意識をとらえたのは、じつは、シマの生活圏にあるともなく漂っていた水と闇の記憶だった。

水と闇、というつかみどころのない茫洋たるものの存在が、シマの記憶を誘う契機として切り離しがたくある、と気付かされたのは、じつは小説を書くことを意識しだしたころだった。私が、書く、という表現行為に生きるよりどころを求め、その書くためのよりどころが、生まれ落ちて一四年間を過ごしたあのシマの生活で私の身体を四六時中満たしていた水と闇をふりかえることにあった、ということ。とりたてた意味があるというにも気の引けるありふれた発見に、以後、私は十数年くらいのあいだしばられ続けることになる。あえていうなら、私の書くためのコトバ探しへ向かう意識がシマの水と闇の記憶に支配されてしまっていた、と言えばいいだろうか。

とはいえ、あの水と闇への私のよりかかりは何だったか、と今問うてみても、答えらしきものをうまく引き出すことはできない。依頼のテーマである、「交感」というキーワードで語ることのできる文学体験であったかどうかについても、納得できる表現をみつけられるかどうか。あるいはまた、一般に語られるように、「ふるさと」のシマを離れた生活で弱った私の精神が、失われたかつてのシマの風景に慰めやら癒しやらを見いだそうとしていた、というのでもなかった気がする。むしろあのシマの自然の大部分は、私にとって敵対もしくは嫌悪すべき対象であった、と言った方がいいくらいの存在だったから。

あのころ、現実のシマの生活は、名物の台風や旱魃以外にも、自然による、ささいな、しかし私にとっては深刻な「災難」と事故にさらされることは多かった。学校帰りの畦道で蛭に吸い付かれ貧血を起こす。ハブの侵入した教室で悲鳴をあげ逃げ惑う。野ぶどうを摘みに入った林でハチに刺される。ハゼの木の枝に触れては、全身痛みとかゆみで眠れない夜を過ごすことになる。あげくに、海辺の水遊びで溺れ命の危険にさらされたことから、水ウトウルー（恐怖症）になる。先の見通せない真っ暗なシマの夜はおどろおどろしく子どもの恐怖心を煽るばかり。あんなこんなの幼少時の体験が、私の自然への敵対心や嫌悪感の元凶となっているのは自覚されていた。にもかかわらず、いやだからこそなのか、「シマ」を意識するとき、あの水や樹々や小動物が生々しくイメージされ、闇の記憶はなぜか親しい感触で私の書くコトバを刺激する、ということが起こった。その、アンビヴァレントな自身の意識のありようを、書く、という行為のうちに見いだすまでにはかなりの時を要したのではあったが。

＊

ここずっと、石の佇まいが気になってしかたがない。

道路脇で無造作にころがる石ころ。屋敷の石積み。切り立つ岩の尖り。海にせり出す岩壁。石化した珊瑚礁。波に洗われ砂上に散乱する小石。庭石。パワーストーン。墓石。石像。そして、膨大な死者の名前が刻まれた石碑の列……。これら、地球の割れ目から噴出し凝固したマグマのかたまり、砕かれ削りとられた鉱物の破片、屹立する石の塔は、沖縄にかぎらず、おそらくそこらに足を運びさえすれば目にすることのできる石の風景である。

石の佇まいが気になるといっても、今私が思い浮かべているのは、先に並べてみた具体的な石や岩の像そのものというより、沖縄の人々のあいだで歴史的に共有され語られてきた石の物語である。

沖縄の離島、石垣島の野底《のそこ》という集落のちょっとした高みに、「ヌスクマーペー」と呼ばれる岩がある。握りこぶしのような、人が首と背中を丸めているようにも遠くを仰ぎみているようにも見える、不思議な形をした岩である。次のような伝説が岩を守るヒトビトのあいだで語り継がれている。

一八世紀半ば、首里王府から税の取立てが厳しくなった時代、黒島から野底村へ、開拓地開墾のために強制移住させられたマーペーという名の娘がいた。恋仲だったカニムイと無理やり別れさせられた、泣く泣くの強制移住だった。開拓地での強制労働のつらさとカニムイ恋しさに、マーペーは、せめて恋人のいる黒島を見たいと、毎夕、集落で一番高い丘に登った。だが、目の向こうに高くそびえる於茂戸《おもと》岳に遮られ黒島を見ることができない。それでもマーペーは来る日も来る日も丘に登りつめ、見ることのできない故郷の島を眺めた。その思いの一途さが募ってマーペーは岩と化した、と語られる。

もうひとつの石の物語は、日本最西端の島、与那国島西沿岸久部良《くぶら》集落の崖上にある、「クブラバリ」と言われ、幅三メートル近く、深さ二〇メートルほどにざっくり開いた岩の裂け目にまつわるもの。

これも比較的人口に膾炙した話で、シマの人口の頭数で税金を取り立てたという、悪名高い「人頭税」に苦しんだ島民が、口減らしの策として、岩の割れ目から妊婦を飛び越えさせることで堕胎させ、体力のない妊婦には死の恐怖を覚えさせることで子どもの出生を抑制した、という残酷な由来譚が伝えられている。首里王府が先島地方に強いた税取立ての過酷さを物語るものとしてよく引き合いに出される話であるが、人頭税については、最近、このような税制度はなかったという実証的研究があって、説話の成立時期や、信憑性の如何、だれによってどこ向けに語られたものであったか、伝説化されたいきさつなど、検証すべき点は多くあるようだ。学術研究レベルの議論はさておき、シマビトが、列島最西端の島の生活のなかで日夜目にしていたであろう、シマの崖上に切り立つ荒涼とした岩の割れ目にこめたドラマからシマビトの思いを感じとるのは容易である。

一九七〇年代半ば、シマ歩きに明け暮れていた学生時代、私は、野底集落の「ヌスクマーペー」を仰ぎ、与那国島の「クブラバリ」の深い切れ目を覗いたことがあった。地上に象られた岩や石という自然物の物語を通して訴えるほかなかった、シマビトの歴史の底に流れる秘められた思いを垣間見た体験であった。

次に挙げるのは、岩や石そのものにまつわる話というより、単なる伝説やお話として片付けるわけにはいかない「いわの歌」である。

いわまくらかたくもあらむやすらかに
　ねむれぞといのるまなびのともは

沖縄の現代史の象徴、沖縄戦の犠牲者として記憶されるべき慰霊碑「ひめゆりの塔」に刻まれた、あまりにも有名な哀悼歌だ。太平洋戦争末期、「従軍看護婦」として戦場に駆り出された女子学徒隊の引率教師という立場で戦場をさまよった仲宗根政善が、戦後、戦場で失われた女学生たちを悼んで詠んだ、贖罪の歌である。

私が、この「いわまくら」の歌を気にしている理由はいくつかあるが、なにより、私は、一九七三~九〇年頃まで、歌の作者と、大学時代の師と教え子という縁で関わった時期があった。偶然の縁とはいえ、ほかにない貴重な出会いだと思っている。「仲宗根先生」のことを想うとき、言葉にできない場面ばかりが浮かんでどうしようもないが、昨今の戦争を煽る世界状況を目のあたりにするとき、仲宗根政善がもっとも危惧し、そうならないための記録として、言語学者としての研究生活の傍ら、生涯をかけて残した『ひめゆりの塔をめぐる人々の手記』や『日記』にこめた精魂を、どうしても想い起こさざるをえないのである。『ひめゆりの塔をめぐる人々の手記』に付された「ひめゆりの塔の記」には、淡々と書かれたこんな記述がある。

「六月十八日いよいよ米軍がま近にせまり、看護隊は陸軍病院から解散を命ぜられた。翌十九日、第三外科は敵襲を受け、ガス弾を投げ込まれて、地獄絵図と化し奇跡的に生き残った五名をのぞき、職員生徒四十名は岩に枕を並べた」。

米軍のガス弾にやられ「岩に枕を並べた」四〇名の命の最後のいきさつを、凄惨極まりない戦争の「事実」を、作者は、感情を押し殺し、そう「記録」した。記録からこぼれ落ちた思いが「いわまくら」の歌に託された。戦争という理不尽な異常時に学問の場を奪われた教え子たち。無惨にも絶たれてしまった同僚と若い命。その痛恨を、作者は、生き残った者の罪責感のうちに語らざるをえなかった。

痛恨の想いを刻んだ石碑は、よく見ると、枕を起こしたような形をしている。「いわまくら」はさぞかし硬くつめたかろう。つめたい石の枕で眠りに就くのは淋しかろう、悲しかろう、無念であったろう。私は貴方たちの無念を忘れない、忘れさせない。二度とこのような死を体験させないために。物言わぬ「いわまくら」の佇まいから、私は、遠い目をして呟くように語ることのあった作者、仲宗根政善の低い声の震えを聴く。

夏になると観光客が頻繁に行き交う、糸満市伊原にある第三外科壕跡が、ひめゆりの女子学生と引率教師たちの多くが最期を迎えた場所である。その壕の前に「いわまくら」の碑は立っている。

つまり私は、石の声を聴きたいと願っている。なぜ人々は、石や岩という硬質な自然物に命の物語を託すのか。時の為政者の欲望と暴走によって葬り去られた命の群。遣りどころのない悲憤慷慨のうちに理不尽に失われてしまった若い命たち。無差別殺人の殺傷の被害者となって絶たれた罪なき命。幼児の虐待死。自死。軽くなった現代人の命。失われてしまった命を想うこと。膨大な視えない命の層の一点に、己が在ることへの不可思議さ。この世もあの世もなく浮遊する魂を想像すること。この声を聴くために耳を澄ませること……。塊になって地表にへばりつく石は、なにを語ろうとしているのか。ヒトは、その声を聴くことができるのか――。

＊

「沖縄」「琉球列島」「南西諸島」、あるいは「日本のハワイ」「癒しの島」などと名指される場所で生まれ、六〇年以上も住んでいると、私をとりまく自然と生活環境は美しくもあり怖くもあるが、生きるにつらい、と感じさせられる生活圏である。地球温暖化。未曾有の大災害。原発問題。終りの見えないテロ事件。権力者の欲望によって合理化される「戦争」。それらは、経済論理が優先される現代の世界構造と複雑に絡まった世界の現実であると同時に、私にとっての沖縄の基地問題、環境問題とも、無縁ではない。いや深くつながっている。地域の生活者の意思も、民主主義の根本さえ無視され、大国の欲望の象徴、軍需産業を支える永久基地建設のため、珊瑚や保護の必要な動植物たちに対する暴力的危害はためらいなく加えつづけられる。人としての生活ばかりでなく生物そのものの存在の危機を招いているのが、沖縄の切迫した現実なのだ。

強権的にふるまわれる政治環境が、地域の人々の生活と自然環境をなし崩しにする破壊現象は、ここ沖縄だけではない。あらゆる地域、分野で暴力的に加速するグローバル化は、格差の拡大、貧困、難民、砂漠化、と同義語となりつつある。土地の匂いが失われ無機化する世界の風景の下、生物の生存そのものを脅かす環境の危機は深刻化し、そこに身を置かざるをえない生活者の感性や価値観は否応なく変質させられてゆく。その現実から私たちは逃れることはできない。文学のコトバを探し求めることも、そんな世界の環境に向き合うことから始めるほかはない、とも私は思う。

2

誰が歌ったのか?

今福龍太

風聞の身体、名もなき実在論《リアリズム》、あるいは奄美群島の宮澤賢治

風聞の物語

有史以前からの環境と人間との深い関わりについて想像しつづける宮沢賢治の物語には、火、水、土、石といったエレメンタルな自然物が非常に重要な要素として登場します。なかでも特筆すべきエレメントが「風」です。賢治が描く童話では、物語は風によって語られることが多い。つまり賢治の物語は、本質的には、ほとんどすべて《風聞》――ここでは単なる噂や伝聞という意味ではなく、文字通り「風に聞いたこと」というポジティヴな意味を込めて使います――として定位されるものなのです。

よく知られた「鹿踊りのはじまり」では、ざあざあ吹いていた風がだんだん人の言葉に変わり、鹿踊りの本当の精神を人々に伝えます。樺太を舞台にした「サガレンと八月」(未完)でも、「何の用でここへ来たの、何かしらべに来たの」と問いかける風の切れ切れの声と、賢治らしき農林学校の助手が対話をします。賢治自身のもっとも純粋な分身とも言うべきデクノボー、「虔十公園林」の虔十は、どうと吹いてブナの葉を揺らす風にいつも笑いかけ、そこから無言の智慧を授かっています。賢治の世界観では、風はつねに何かを語り伝えようとしているリアルな実在物として提示されているのです。

賢治説話の代表作である「風の又三郎」は、文字通り《風の人格化の物語》として読むことができます。「風の又三郎」には、先駆型の物語として「風野又三郎」という作品がありました。「風野又三郎」の又三郎は「風童」すなわち風の精霊として明確に描かれていますが、そこに賢治の他の童話である「さいかち淵」や「種山ヶ原」などの物語世界を組み込んでいって、最終的に現在もっともよく知られる「風の又三郎」という未刊の物語が形づくられていきました。あきらかに人間的存在からは切り離された風の精霊としてまず登場した「風野又三郎」は、物語の変換過程で、転校してきた小学生とも読める存在である「高田三郎」に変身しているのですが、いずれにせよ風の精霊のようであり子どものようでもある曖昧な存在として描かれています。

さて、「風の又三郎」には、きわめて重要な「歌」があらわれます。

どっどど　どどうど　どどうど　どどう、
青いくるみも吹きとばせ
すっぱいくゎりんもふきとばせ
どっどど　どどうど　どどうど　どどう

（「風の又三郎」『宮沢賢治全集　7』ちくま文庫、二九九頁）

冒頭から、誰の言葉ということもなくあらわれるこの歌は、いったい何者によって歌われているのでしょうか？作品の中では登場人物のひとりである一郎が又三郎から聞いた歌として説明されますが、又三郎が直接歌う場面はどこにも見あたりません。さらに、ふたたびこの歌が出てくる場面では、「先頃《せんころ》又三郎から聞いたばかりのあの歌を一郎は夢の中で又きいたのです」ともあります。とすればこれはおそらく、一郎が聴いた「風のうなり声」なのであり、それを賢治が人間の声に変換・翻訳したものが、あの「どっどど」の歌なのでしょう。ここでは自然物の中に聴き取った歌が、そのまま人間が歌う歌になっていくという考え方があります。「歌」というもののもっとも深い起源についての発想として、とても示唆的な考え方です。

「誰が歌ったのか？」

それではまず、先駆形としての「風野又三郎」から「風の又三郎」へ物語が変換される過程で説話の中に組み込まれた「さいかち淵」という、これもまた不思議な童話を見ていきましょう。「さいかち淵」という地名は賢治の命名で、岩手県の花巻にある豊沢川の流れの速い淵をモデルにしています。この作品では子どもたちが川で魚を捕ったりして遊んでいるところに突然夕立がきて雷鳴が轟き、大変な豪雨の状態になる。そこで子どもたちはみんな、淵に生えるねむの木の下に逃げ込みます。


　そのとき、あのねむの木の方かどこか、烈《はげ》しい雨のなかから、

「雨はざあざあ　ざっこざっこ、
　風はしゅうしゅう　しゅっこしゅっこ。」

といふやうに叫んだものがあった。しゅっこは、泳ぎながら、まるであわてて、何かに足をひっぱられるやうにして遁げた。ぼくもじっさいこはかった。やうやく、みんなのゐるねむのはやしについたとき、しゅっこはがたがたふるへながら、

「いま叫《さか》んだのはおまへらだか。」ときいた。

「そでない、そでない。」みんなは一しょに叫んだ。ぺ吉がまた一人出て来て、

「そでない。」と云った。しゅっこは、気味悪さうに川のはうを見た。けれどもぼくは、みんなが叫んだのだと

おもふ。　（「さいかち淵」『宮沢賢治全集　6』ちくま文庫、三六五—三六六頁、傍点原文）

「さいかち淵」は、「しゅっこ」というあだ名の舜一《しゅんいち》少年の友人である「ぼく」による一人称の物語です。ここで描かれた「しゅっこしゅっこ」という声は子どもの誰かが叫んだわけではなく、どこからともなく突然「しゅっこ」の名を呼ぶ、幻のような風の声が聞こえたのです。しかしこの物語では、「けれどもぼくは、みんなが叫んだのだとおもふ」と、幻覚や幻聴のようなものに意識が引きずられていくのを抑え込むかたちで、理性的な解決がなされています。歌は人が歌うものだという合理的なリアリズムによって、より深い実在論の侵入を防いでいるのです。

「風の又三郎」にも、まったく同じような淵で遊ぶ子どもたちがふいに夕立に遭遇するシーンがあります。ただこちらでは、一人称の語りが三人称の語りになっています。

そのうちに、いきなり上の野原のあたりで、ごろごろごろと雷が鳴り出しました。と思ふと、まるで山つなみのやうな音がして、一ぺんに夕立がやって来ました。風までひゅうひゅう吹きだしました。淵《ふち》の水には、大きなぶちぶちがたくさんできて、水だか石だかわからなくなってしまひました。みんなは河原から着物をかかへて、ねむの木の下へ遁《に》げこみました。すると又三郎も何だかはじめて怖くなったと見えてさいかちの木の下からどぼんと水へはひってみんなの方へ泳ぎだしました。すると、誰《たれ》ともなく

「雨はざっこざっこ雨三郎
風はどっこどっこ又三郎」

と叫んだものがありました。みんなもすぐ声をそろへて叫びました。

「雨はざっこざっこ雨三郎
風はどっこどっこ又三郎」
するとＸ又三郎はまるであわてて、何かに足をひっぱられるやうに淵からとびあがって一目散にみんなのところに走ってきてがたがたふるへながら
「いま叫んだのはおまへらだちかい。」とききました。
「そでない、そでない。」みんなは一しょに叫びました。ぺ吉がまた一人出て来て、
「そでない。」と云ひました。又三郎は、気味悪さうに川のはうを見ましたが、色のあせた唇《くちびる》を、いつものやうにきっと噛《か》んで
「何だい。」と云ひましたが、からだはやはりがくがくふるってゐました。

（「風の又三郎」前掲書、三四八―三四九頁）

これらの淵での雨宿りのシーンに描かれているのは、のどかな自然の風景の背後に広がる《存在の深淵》、すなわち異空間への入り口であり、人間と非人間が接する界面のあらわれです。賢治説話が語ろうとする真の主題は、この「存在の深淵」をめぐる「実在論《リアリズム》」なのです。けっして空想やファンタジーや神秘ではありません。ここでの「淵」とは、実際の川淵であるとともに、人間が知覚・感覚できる世界の臨界、あるいは超自然界と境を接するへりのことなのです。

「さいかち淵」でも「風の又三郎」でも、先ほど紹介した引用部分の最後に、どこからともなく聞こえてくる歌があらわれます。「存在の深淵」から漏れでてくる歌に、子どもたちは大いなる畏れを感じ、震えます。童話「さいかち淵」では、この歌を聞いた「ぼく」が発する「いま叫んだのはおまえらだか」という問いかけに、子どもら

は「そでない、そでない」と否定的に応えます。しかし先ほども述べたように、「ぼくはみんなが叫んだのだとおもふ」と最終的には、人間（子どもら）の歌としてこの畏れを押し隠して常識的な解釈の方に回収して安心しようとします。

ところが、ほとんど同じシーンを描きながら、「風の又三郎」はこのような認識論的な回収をすっぱりと切り捨てています。「存在の深淵」の前に立ちすくむ少年である又三郎のからだは、「誰が歌ったのか?」という答えのない問いにただひたすらがくがく震え続けているのです。こうしてみると賢治は、「淵」の世界から流れてくる風の歌の起源を、子どもたちが叫んだものと説明してみたり、まったく人間には理解できない認識の闇に突き放したり、と、その度ごとに異なった語りのモードの中で考えていることになります。そして、あきらかに賢治の物語的指向性は、存在の深淵から歌われる歌への畏怖をまるごと肯定しようとする方向に向けられていると思われるのです。

イギリスの科学哲学者ロイ・バスカーが『科学と実在論』（式部信訳、法政大学出版局、二〇〇九年。原著一九七五年）という影響力ある著作で説く《知識の自動詞的対象 intransitive objects of knowledge》という戦略概念に依拠しながら、賢治説話のリアリズムについて論じた本が、グレゴリー・ガリーの『宮澤賢治とディープエコロジー』（佐復秀樹訳、平凡社ライブラリー、二〇一四年）です。バスカーの説く「批判的実在論」によれば、「現実」には、他動詞的なものと自動詞的なものとがある。他動詞的というのは、人間の科学的な知識や経験の働きかけによって実体的に対象化される世界のあり方、たとえば理論やパラダイムに関係なく自然界に存在する磁力が、「磁力」として理論化されることで学術的に認知されるような出来事です。しかし、人間の認識活動とは独立してつねに存在しふるまうもの──潮の満干、光の伝播、風の流れ、重力の作用など、他律的な理論やパラダイム、探求の方法に関わりなく自律的に存在する「実在」のあり方を、バスカーは「知識の自動詞的対象」と呼びます。自動詞的というのはつまり、人間が働きかける指示対象をいっさい必要としない、旧来の経験主義的実在論を超えたもっとも深いところにあるリアリズムのあり様です。ガリーの議論を敷衍すれば、賢治の説話においては、こうした《ディープ・リアリズム deep realism》（深い実在論）を通じて、自動詞的な自然物やエレメンタルな存在を人間の知覚や感覚に接触・遭遇させ、人間によって代弁されることのない実在物にみずからを語らせる、という冒険的な試みがなされているわけです。「風聞」とは、そのための仕掛けでした。

「狼森と笊森、盗森」では、黒坂森のまん中の大きな岩が森の由来を語ります。この岩は岩手山がずっと昔に何回も噴火し、山から跳ね飛ばされて今のところに落ちてきた巨大な噴石です。噴火によって土地は灰でうずまり、やがて小さな草が生え、柏や松も生え、四つの森が形成されるのですが、それぞれの名もない森は「おれはおれだ」と思っているだけだった、というところから物語ははじまります。自然界の存在による「おれはおれだ」というこの言明こそ、人間による目撃や認知、すなわち「命名」や「地図への登録」といった負荷を追う以前の自動詞的存在であり、ディープ・リアリズムの基盤となる世界観です。

風の歌、あるいは石の語り。賢治説話の世界をあまねく流れる「風聞としての歌」。それは、人間の身体意識や知覚を超える「名もなき実在論《リアリズム》」からの呼びかけです。そうした世界がたしかに存在することについての信念体系を人間が感受し想像するための仕掛けとして、賢治はどこからともなく流れてくる歌を語り伝える「童話」という叙述の作法を造形していったのだと言えます。

「存在の深淵」である「知識の自動詞的な対象」の世界からの呼びかけとしての歌を人間の経験の側に取り込み、その豊饒なるリアリティを説話に変換する賢治的な方法論は、したがって言語的造話による一種の「心身変容技法」であり、古来のシャーマニスティックな実践にも通ずるものだと言えます。

奄美における島唄と《心なさ》

奄美群島におけるシマウタは、《心なさ》という、ある種の無意識状態で歌われるという特質をもっています。つまり、その歌には意図というものがありません。自己の主体性を解除し、意図や意識から離れて、自然物の存在と人間とのあいだにある「隙間」に感覚をすべりこませる。恣意的な聴取のために耳に特定のフィルターをかぶせるのとは反対に、みずからの聴覚や身体感覚を外界に放擲する、そういうところから歌がはじまる。そこで起こるのは、まさにロイ・バスカーが言う「知識の自動詞的対象」と人間の身体とのあいだの《調律 tuning》です。この点を、私自身の経験にも依りながら、さらに考えてみたいと思います。

知覚の主体と知覚されるもの、描写の行為と描写されるもの、人間の経験と人間ではない世界、これらのあいだには乗り越えがたい隙間や深淵があります。この隙間に「風聞としての歌」が宿るのであり、「存在の深淵」のむこう側にある謎にひきよせられる感覚や想像力を通じて、歌ははじめて人間によって聴き取られるのです。宮沢賢治の説話世界に展開するリアリティのあり方はまさにそのようなものでしたが、奄美群島のシマウタもまた、この「存在の深淵」をはさんだ、聴くことと歌うことの相互浸透や混淆から成り立っています。

私の奄美大島における唄の師匠が、瀬戸内町伊須《いす》の集落《シマ》に生まれ、一〇年ほど前に笠利町節田《せった》で九七歳の生涯を閉じた里栄吉《さとえいきち》さんでした。沖永良部島で「ジューテ」と呼ばれる位の高い唄者が三〇年以上弾きつづけ、さまざまな歌を歌い込めてきた三線を私はもう一人の師から譲り受けたのですが、それはまさにそれ自体の中に無限とも言える唄の魂を孕んだ、シマウタの貯蔵庫のようなおそるべき身体楽器でした。この特別の三線を、あるとき私は、奄美大島における師匠である里栄吉さんに弾いてもらったらどのようなことが起こるのだろうか、と考えました。私たちの師弟関係もある段階まで達していましたので、そのようなひそかな機知とともに、私はこの沖永良部島の霊力あるジューテに由来する三線を何の説明もなく里英吉さんに渡してみたのです。栄吉さんはその三線を受けとるや否や、何かを感じたのか、すぐさま自らの流儀で弾きはじめました。「あさばな」や「くるだんど」といった奄美大島のシマウタを自在に自らの「曲げ《ま》」（「癖＝個性」といったニュアンス）で歌う歌です。この瞬間、想像を絶するほどの感興と昂揚感が英吉さんを襲ったようです。彼は興奮して「ひきぶりじゃ！　ひきぶりじゃ！」と叫びながら、手渡された三線が出す音に陶酔的にのめり込んでいきました。ここで言われたシマコトバの「ひきぶりじゃ」とは、あえて平板に訳せば「弾いていると楽器と音に惚れ込んで、手をおくことができない」というような意味です。

栄吉師は、三線がみずから歌を歌っている、そして三線の歌に引きずられて自分の声も出てくる、と言いました。また、三線が良いと歌もナツカシューなる、とも言います。「ナツカシャ」というのは、奄美のシマウタにおけるもっとも重要なキーワードの一つで、私たちが日常的に使う「懐かしい」という意味とは異なり、人間のすべての感情が込められた、熱した高揚と冷静な集中が同居する刹那の感興、強度ある幸福感を指しています。栄吉さんがこの三線と本当に深いところで一体化している瞬間にこの言葉が発せられるので。「［いま幸福なのは］三線のおかげ、ナツカシャや、この三線は」とこのとき歌の最後につぶやいたのがとても印象的でした。

奄美大島の節田という集落に住んでいた里栄吉さんと私が偶然に出会ったのは彼が九二歳の時のことです。集落では島唄の名人として知られていましたが、およそ全島の芸能大会や島唄大会に出演したりするような人ではありませんでした。ただ自分の流儀に従って歌を歌い、興が乗ると家族や集落の人々の遊びの席で三線を弾き、踊りの伴奏をしてきた。誰かと技量を競うわけでもなく、誰かに体系的に教えるわけでもない。だからこそ非常に古い形態の奄美島唄の「テンペラメント」（＝気質・気性）が栄吉さんの身体に引き継がれていたのだと言えます。

私は弟子入りしたあと、奄美大島へと旅するたびに、師匠である里栄吉さんが汀の漂着物の木材などを巧みに組み立てて作った海辺の昼寝小屋に、ふらっと訪ねて行きました。たいてい日中は栄吉さんはそこでゴロンと寝ているのです。そして私が訪ねると、むっくりと起き上がり、おもむろに裏手の自宅から三線を取ってきて、不思議な「心なさ」の状態の中で、二人で三線をもち合ってウタアソビをするのです。ほとんど言葉はありません。風の流れ、珊瑚礁に満ちてくる潮の音、アダンの木の葉のそよぎ、それだけで二人のあいだに何かが了解されてゆくのです。その時、はじまりのささやかな儀式として、お互いの弦の調律＝チューニング（「ちんだみ」）を行います。栄吉さんは教室を構えたことも弟子を採ったこともない、まったくの市井の唄者ですから、私自身も何かを体系的に教わることはなく、ただひたすら真似ることだけしかできない。しかしそこには、学校のような制度的な教育の場における学習とはまったく違う、「まねび」つまり模倣《ミメーシス》による学びの豊饒なる時間が流れていました。だからこの時の「ちんだみ」は、楽器の調弦だけでなく、自然環境と楽器のあいだにミメティックな通路をつくることであり、さらにいえば、これから「まねび」の習いを行おうとするお互いの心のチューニングの儀式でもありました。

生態楽器としての奄美三線

三線にはいうまでもなく三本の弦があって、最初に一番太い男弦《うーじる》の音を合わせるのですが、奄美でも沖縄でも現在の三線教室では基準音を鳴らす笛（いまはクロマティック・チューナーも多い）を使ったりします。ところが、栄吉さんはそうした道具を一切使いません。その日の朝、起きた時に聴き取っているベースの音がおそらくあるのです。天候、風向き、湿度、海鳴り、あるいは自分自身の喉の調子など、自然のさまざまなエレメンタルな要素や肉体的な要素の配合の中で、その日一回限りの「固有音」によって男弦の高さを決める。そこには、近代音楽教育の中で行われているような、絶対音に合わせるという発想がそもそもありません。男弦の音程が決まったら、次にまん中の中弦《なかじる》、そして一番細い女弦《めーじる》と調弦していきます。これも通常の三線の教則本では平均率的なチューニングによってソドソと完全四度に合わせるよう書かれているでしょう。しかし栄吉さんの三線においては、耳で聞いた感じでは完全四度に近いものになっていくのですが、それでもやはり物理的なピッチを調整して調律をしているわけではありません。奄美の島唄そのものの音律的なコスモスが、自然環境と自己の身体感覚の統合によって決定された一つの基底音からはじまる、ある種の「テンペラメント」をもっていて、その中で三本の弦の固有の関係性が創られてゆくのです。チューナーで機械的に合わせる正確な調律とはちがった、ブルージーな揺れを孕んだ調弦法です。

さらに、奄美大島のシマウタではクックヮとかコッパなどと呼ばれる装飾音や雑音《ノイズ》がとても重要です。奄美の三線は、弦をおさえる指自体で弦をはじいたり、バチで弦を弾く時に蛇皮を張ってある胴《チーガ》にバチを当てたりすることで微妙な装飾音や雑音が生まれるようになっていますが、そうした音を生み出すメカニズムはおもに楽器の構造に由来します。三本の刻みが入った歌口《ウタムチ》という部位が棹の上部末端にあります。その反対側にあって、胴の上で弦を高く張るための支えである駒は「馬《マー》」といいます。この二つの装置によって弦の音程が決まるのですが、歌口の刻みを深く入れることによって棹の表面と弦とのあいだの距離が狭くなり、自在に装飾音が鳴るようになります。私たちが唄の掛け合いをする時は、二つの三線を同じような音調・音色にするために、栄吉さんは私の三線を分解して歌口を取り出し、本当に慎重に少しずつナイフで刻みを深めに入れていくこともあります。つまり、調弦とは単に弦のピッチを合わせることにとどまらないのです。

奄美の三線は、棹の黒檀、太鼓の蛇皮、歌口の水牛の角、馬の竹、バチの山羊の角など、さまざまな植物や動物の素材を統合した生態楽器です。その一つ一つの有機素材がみずから内在させる音を役割に応じて引き出して、それを共振させる装置なのです。それは、人間の知識や経験から独立して存在する自動詞的なリアリズム世界の中で生まれる音の統合体といってもいいでしょう。この時、歌とは唄者の個人的な創造物ではありえず、むしろ自然環境と三線という生態楽器との交点に出現する、ある種のマレビトのような外来の恩寵にほかなりません。

「誰が歌っているのか？」

こうしてシマウタの場には、誰が歌っているのかわからない歌がふいにやってきて、三線と唄者の声の中に宿るのです。そのどこかからやってくる歌をつかまえ、みずからその共鳴体となる唄者は、世俗的なかたちではありますが、ある種の「心身変容状態」に入り、「ディープ・リアリズム」におけるメディア＝霊媒的な存在になります。このような共鳴が達成された瞬間に、里栄吉さんの口からでたような「ナツカシャ」の感覚が漏れる。「ひきぶりじゃ！」という感興が襲う。ひきぶりの「ぶり」（＝「ふり」）という音は、「触れ」「振れ／震え」「惚れ」「気が触れる（狂う）」、古代的・呪術的所作としての「魂振《たまふ》り」、というような連続的な意味論をすべて抱え込んだ深遠な音です。賢治の物語の中でも、「存在の淵」で子どもたちの体がぶるぶるがくがく「震え」ていましたが、まさにこの震えの中で、「知識の自動詞的対象」との奇蹟的な共鳴関係が達成されるのです。そこではもはや主体的・個人的行為としての歌は消えます。

奄美のシマウタである「あさばな」（朝花）の歌詞をみてみましょう。「歌詞」という言い方は正確ではないかもしれません。その時の状況と唄者の気分に応じて、からだの中にある無尽蔵の言葉のストックから「あさばな」の節にあわせた詞としてほとんど即興的に繰り出されるからです。だから一番がどういう歌詞、二番がどういう歌詞という形式的な発想はまったくないのです。

ハレー　うちゅりよ
はいぬかじ
やまとぅやまがわでぃ
うちゅりよ

はいぬかじ

「南から風が吹いている／大和村の山の方まで／南風が吹いている」。これは奄美大島の東シナ海に面した大和《やまと》村《そん》に南風が吹いているということだけを歌った詞です。風や空気への鋭敏な感覚は、先ほど述べたように調律の時に唄者の中でどんどん研ぎすまされてゆく。そしてそうした感覚の中で、歌を風の世界にむけて投げ返してゆく。あるいは風の世界が語る言葉を聴き取ることで、「存在の深淵」である隙間にみずからの精神と身体を参入させてゆく。その前兆が、ここで表現されているわけです。次に「くるだんど」を聴いてみましょう。

くるだんど
あまごいねがたっとぅ
くるだんど
ゆるくぶぃよ
しまぬちゅんきゃや
ゆるくぶぃよ

「暗くなってきた／雨乞いしたら／空が黒ずんできた／喜べよ／島の人たち／喜べよ」。これも雨風の到来という臨界点――「さいかち淵」で空が暗くなり雨風がやってきて、風のうなり声の中に「しゅっこしゅっこ」というどこからともなく流れてくる歌が聞こえてくる状況と同じような瞬間――との遭遇を模倣的《ミメティック》に再現した歌です。そして「くるだんど」には、もうひとつ象徴的な詞があります。

うたちありょんな
くるだんどぶしがれぃ
うたちありょんな
いとどぅある
きぃひれくさきりわらぶぃんきゃぬ
いとどぅある

「歌とはいえないよ／くるだんど節など／歌とはいえないよ／掛け声だよ」。「いと」というのは、奄美の場合、畑でさとうきびを刈りとる苦しい労働をしている時に人々がかけ声を掛け、呼び合ったりする声のことです。そして「木拾い草切りの子どもたちの／呼びあう声だよ」というニュアンスの詞がつづきます。

驚くべきことですが、これはある意味で島唄自体が、みずからのことを人間の芸術的行動の所産である芸能とは呼べない、人間の作為的な意図から離れた単なる「叫び声」であると宣言しているわけです。そして労働をする子どもたちの叫び声は、あと一歩踏み出せばもう風のうなり声と見境なく混ざりあってしまうものです。これは歌ではない、とみずから証言する歌。歌が消えた歌。「意識の歌」以前の呼び声、根源的な叫び。それは、自然物が奏でるさまざまな物質音を知覚し模倣しようとする時に、いわば自己の存在証明として発する深い応答でもあるのです。すなわち「存在の淵」にもっとも接近したもう一つの「うた」なのです。

「さいかち淵」で「風はしゅうしゅう　しゅっこしゅっこ」というどこからともなく歌われる風の声を聴いて、舜一少年（＝しゅっこ）は非常な畏れを感じ、がたがた震えて、語り手の「ぼく」は何とかしてそれをほかの子どもたちが叫んだ声であると合理的に納得しようとする、というシーンがありました。まさに自分の名前が不意に呼ばれるというのが、おそらく「存在の淵」からやってくる風の呼びかけが人間のもとに届く時に起こる、はじまりの出来事だと言えます。これを奄美では、「アブグイ」（＝呼び声）といいます。島人が山の中に入って、あたりに誰もいなくて怖い感じがする。風がびゅうびゅう吹いている。遠くから海鳴りや潮騒も聞こえてくる。急に寂しくなって誰かに会いたいという気持ちも生まれる。そのような状況の中で、「しゅっこしゅっこ」などと自分の名を呼ぶ声がふと聞こえる。そういう時にはあまりにも恐ろしいから、奄美では「ほー」と高い声で呼び返すのです。そうやって自己の存在証明としての声を自然に返してやる。恐ろしさが少しだけ消えていきます。風聞として聞いた自分の名前に、叫びをもって応えるのです。この「ほー」という返答の声が、人間の側から見れば歌のはじまりだと言えるでしょう。けれども、山の中で自分の名前を呼ぶどこから来たともわからない「アブグイ」こそが、じつはほんとうの歌のはじまりなのです。

「誰が歌っているのか？」という問いに、実は答えはありません。「誰が歌っているのか？」という問いが発生する「存在の深淵」への感覚を研ぎ澄ませることこそが重要です。野生や自然物に人間の身体意識が浸透していく臨界の地点において、どこからともなく流れてくる風の歌声を聴き、その風への応答として声を出して歌うということが一つの連続した行為として生きられる。そのような心身変容的な世界が実在するのです。この深遠なる実在論《リアリズム》の世界を、私たちは探究しなければなりません。そしてそのきっかけは、たとえば「奄美群島の宮沢賢治」というような思いがけない出会いのヴィジョンを通じて、より厳密に探究される可能性があるのではないでしょうか。

3

老い・自然・詩

小池昌代

むかしのひとは、「だましだまし生きる」という面白い言い方をした。何をだますのかと思うが、自分自身をだます。体が老いてきて思うようにならず、あっちもこっちも調子が悪い。そんなとき、どうにかこうにか体をやりくりしながら、なんとか持ちこたえて生きようとする。今は辛いが、もう少しだと、実は先の見通しもたたないのに、とりあえずそう言って自分の体に言い聞かせる。そこはもう完璧な快復などない。在るのは死だけ。そういうあきらめを、ユーモラスに表現したのが「だましだまし」だ。

若い頃は、自分の体を意識しないでもすむくらいに万事がスムーズに作動していた。老いや病いが、改めて自分の体を意識させ、距離をおいて自分を眺める視線を生む。

近頃のわたしもそうだ。わたしの体は、もはやわたしのものではない。そういう実感に浸されている。化粧一つとっても、自分の顔に他人のもののように水分を与えたり、絵を描くように我が眉の端を描き足したりする。この、何か自分のものではないものを扱っている感じは、改めて考えるとなかなか面白い。自分のものではないといっても、誰か見知らぬ他者のものというわけでもない。誰のものでない。ただそこに唯一あるところの自然。自分じゃ制御できない自然なのだ。自然はうそをつかない。しかし意識は、ときには自分をだますことがある。鏡に写ったわたしの体は、昔なら初老と言われた五〇半ばのシワ・シミ・クスミ・タルミをありありと映しながら、わたしの意識のなかのわたしは、四〇代あるいは三〇代のあたりをさまよっている。「まだ若いような気がしている」というのは、どういうことなのだろう。自分自身に対するイメージと現実とが、どこかでずれてくるのであろうか。その「ずれ」こそが多分、老いなのだろう。現代人はむかしのひとより、その乖離が大きいような気がする。

『百人一首』には、こんな歌がある。

花の色はうつりにけりないたづらにわが身世にふるながめせしまに

花の色はすぐにあせてしまうものだわね。むなしいことだわ。わたしもこうして浮世の恋に身をやつしているうちに、このとおり、すっかり年老いてしまいましたよ。

作者、小野小町は相当の美女だったらしい。つまり美人が自分の容色の衰えを花の衰えに重ね、感慨深げに嘆いたというのが通釈である。「うつる」（移る）という古語は多義的だが、ここでは色がさめるとか衰えるという意味だろう。「いたづらに」（徒に）とは、「むだに」とか「むなしく」。経る＝降る、眺め＝長雨、という掛詞から、「自分があれやこれやの男たちとつきあって、この世を眺めているあいだに」と、「桜の花が長い雨に降られているあいだに」という意味が重ねられている。

花＝女は、現代人からすれば安易なメタファーだが、こうして平安時代から根強く使われてきた。調べればもっと前からあるかもしれない。気になるのは、背景に花の盛りこそが最高位なのだという多数の他者による（世間といってもいいが）価値観が透けてみえることだが、それを感じ取った小町が、先回って表現した、というふうに感じてしまうのは現代の読み方か。

作者の真意はわからない。ただ、歌の全面に出ているのは、嘆きよりも諦念、うつりゆくことのむなしさのほうで、ここには現代のアンチエイジングにいそしむ女たちのように、老いることに強く抵抗している気配はない。小町はごく自然に、自分の老いを自然現象に重ね、受け入れているように見える。

老いを認めることが、老いにも美を認めるというところにまで、一気にかけのぼるのは性急すぎるにしても、雨に降りこめられた桜の、道の上にへばりつき、踏みしだかれ、いよいよみじめにきたならしく朽ちていくさまに目をとめた、その眼差しには、興味を覚える。つまり詩のポイントは、「うつる」という現象であろう。「うつる」を色あせたとか、衰えたと書いたが、もう少し広く取れば、変化するということである。自然は変わり続けていく。生きているものは一瞬として同じ様相をとどめない。それは、自然にすれば、ただそれだけの事実にすぎないわけだが、身体という自然を抱えて生きる人間には、そのことを少なくとも「意識」する脳がある。

この、「うつろう」という事実が、改めて意識することによってなぜ「哀しみ」という感情をうむのか。そもそも、「うつろう」という現象にすぎないものに、なぜ、美しさを感じるのか。この美しさは固定した強靱なものでなく、非常に不安定な、揺れているものである。その揺れが、人間の感情を揺り動かしているとしても、それがなぜ哀しみにまで至るのかはよくわからない。人間は心の奥底で永遠に不変であるようなものを求めているのだろうか。だがそうだとしても、永遠なるものなど観念にすぎないことも、人間はよく承知している。わたしたちが必然的に死ぬからである。

かつて山形の山寺で、わたしは小町を画材に描かれたという「九相図」を観たことがある。道端に倒れ伏した美女の死体が、腐敗し骨に至るその過程が、リアルな九枚の絵に描かれている。美しい衣をまとった美女の身体が、次の段階ではもはや誰であるかもわからなくなり、その腹は青黒く膨れ、そこからにじみ出てきたらしい体液らしきものが地面を濡らし、腐乱が始まると、ウジ虫・鳥獣にたかられ、肉が解体されると、ついには骨となって土に還る。

自分は自分の「死体」を見られるはずもなく、小町は自分の死体が描かれたことなど、よもや知るよしもない。この図を念頭に、もう一度、「花の色は――」の一首を読む。すると、どうだろう、この歌の内包する「時間」が、一気に深まり遠大なものになる。九相図はいわば歌の先を生きるものだ。詩の感慨を地面にひきずりおろすものだ。しかしそのことで、歌は美しさを減じない。歌のなかの桜は、相変わらずはかなく綺麗だ。かすかに死臭が漂うものの。

『百人一首』には、桜の花との生々しい交歓を詠んだ次のような歌もある。

もろともにあはれと思へ山桜花よりほかに知るひともなし

大僧正行尊の歌で、肩書の大僧正を見ればずいぶん偉いお坊さんのようだが、この歌を詠んだときは、山にこもり、苦しい修行をしている一修験者だった。修行の内容は相当に厳しく、食事制限（断食）もあったようだから、孤独な修行僧が極限状態のなかで、女人の幻を見たのだといってもいいような歌だ。

もろともにという歌い出しが、桜をぐっと身に引き寄せる。すると、修行途中の行尊の、おそらく筋肉をつけた、たくましい腕までが幻視される。『金葉集』では「雑」のなかに入る歌だが、わたしはこの歌を、桜と人間との恋歌と読んだ。里に咲くソメイヨシノとは違う。山桜である。群れて咲いているものではなく、たった一本の桜と読みたい。樹木と人間とが「相見る」こともある。こうした歌に比べると、次の紫式部の歌は、だいぶ可愛らしい。

めぐりあひて見しやそれともわかぬまに雲がくれにし夜半の月かな

歌の前に置かれた詞書《ことばがき》から、めぐりあったのは、幼なじみの女性とわかる。再会をよろこびあったのも束の間、雲に隠されてしまった月のように、彼女もまた、姿を隠してしまったという。その心残りのようなものが綺麗に詠われている。

面白いのは、人間の行動とそれに伴う感情の変化が、月という自然物の動きの変化に重ね合わされていることだ。歌の後半を見れば、まさに月のことしか言っていない。だが、この歌は月だけの歌ではない。月の動きが物語の端緒を作り、物語を展開させている。月は一種の舞台装置で、雲は光の調整具だ。

幼なじみが姿を隠してしまった理由はあかされていない。どうしてそんなにあわただしく立ち去らなければならなかったのか。だが月が雲に隠れたという、やむを得ない自然の事情が、その理由を不問にさせた。彼女も月も隠れてしまった。あとに残るのは、さっきまでここにあったもの、いたものが、今はもうない、いないという哀しみである。

和歌に詠まれたこうした自然との交感が、今の現代詩からはほとんど姿を消した。現代の詩は、人事を書くか、身近な自然を飛ばし、いきなり宇宙に接続しているように見える。後者の場合でも、宇宙とはすなわち「脳」のなかのことであり、言葉を使ってある空間を立ち上げるという作業にほかならない。人間の身体や感情のうごきに、自然を重ね合わせて書いたり、自然そのものを描写したりという手法が、どこか旧時代に属するものとして退けられた。現代詩には、俳句的情緒、短歌的抒情から批判的に身を離す素振りが一貫してある。四季（自然）を軸に展開していた定型詩から離れたことで、題材としての自然も姿を消した。現代詩は言葉本位になった。そこには、自分の身体という自然までをも、自分の意志ひとつで制御できるという意識が、強く働いているように見える。

全体が一瞬ごとに生成しているところの世界から、或る一つの泥の固まりのようなものをちぎる。そのようなものとしての「歌のことば」をわたしは今、思い描いている。

生成途中の世界のそのひとかけらもまた、生成の途中である。古い時代の和歌がそのように、いまだ「なまもの」としてあり続けているのはどうしてなのか。もちろん厳密に言えば、わたしたちの「読み方」が、和歌を何度でも生き返らせるわけだが。

歌にはさまざまな技工がこらされている。それが披露される場も、歌合などの公の空間で、意識的な競い合いが歌を洗練させていった。しかしそれでもなお、一首を読むときには、そうしたすべての演出を一瞬忘れ、わたしたちは、詩がほとばしり出てくる、「出口」の一点を凝視する。実は、そこに着目すれば、あらゆる詩に、古いも新しいもなくなる。

和歌は定型を持っているから、年月に耐えたのだという考えがある。なぜ、5・7・5・7・7なのかはわたしにはわからないし、そうした「規則」が、ありのままの自然と相容れないのではないのか、という考えも一瞬わく。だが自然界には自然のリズムというものがあった。波動を見よ。その繰り返しを聞け。だからといって、5・7・5・7・7でなければならなかった謎はまったく解けないのであるけれども、日本の和歌・短歌が、言葉で作られながら、言葉本位でなく、一定のリズムが作る音楽とともに詠まれていることに、改めて注目したい。

二〇一五年一〇月、韓国で行われたイ・ビョンジュ文学祭に参加し、面白い経験をした。わたしは短いレクチャーのなかで日本の和歌を紹介したのだが、終わると、あるスペイン人の作家が近づいてきた。わたしは非常に乏しい英語の能力で、彼と難しい話をしなければならなくなった。

作家であり評論も書く彼は、音楽がとても好きで、ときにはステージにもあがるというし、普段はそのグループのために作曲もしているという。作曲するとき、必ず、メロディと詩（言葉）が同時にできるのだという。メロディだけということはない。歌詞だけができるということもない。なぜだかわからないが、メロディと言葉とが同時に出てくる。「わたしは音楽がなければ生きられない」と断言する彼は、定まったリズムで詠う歌人と、自分自身とが重なったようである。

ところが話はこれで終わらない。そんな彼が、ある朝、目覚めて、「初めて言葉だけが降りてくる」という経験をしたという。出てきた言葉は、The morning sounds as Sunday. 今朝はまるで日曜日のようだ。あえて直訳すれば、朝が日曜日のように鳴った。彼は驚いて、その一行を書き留めた。その日はもちろん「日曜日ではなかった」。彼は「おかしいじゃないか」とわたしに言った。朝は、鳥の声のほか、何も聞こえなかった。その朝はサイレンスそのものだったのだ。なのになぜ、sounds という言葉が出てきたのか。そのとき、何が聞こえたというのか。何が鳴っていたというのか。日曜日のようなものが響き鳴るとはどういうことか。彼は、その一行を自分が書いたというふうには感じられなかったようだが、日本人のわたしにもわかる気がした。確かに日曜日は鳴っている！　他でもない、日曜日だけが奏でる音楽がある。

「あなたは哲学者だわね」とわたしは言った。そして、sounds の下に、silennce と書いた。わたしは黙った。何も言えなかった。そして「それが詩の秘密よ」と言った。何かをごまかしたような気がしながら、それ以上をわたしは何も言えなかった。現実には何も音が鳴っていなかったのだから、彼が聞いたサウンドは、いわゆる「無の音楽」だ。けれど彼の言葉は、この世界が、この自然界が、実はリズムを、実は一つの音楽を、内包していることを証明しているもののようにわたしは感じた。広く言えば、そのなかに和歌のリズムも含まれるであろうが、この世界全体が、5・7・5・7・7だとまでは言えない。だが日本の歌人の世界は、5・7・5・7・7で作られているといっていいだろう。それはもう身体の条件として。

型などまるで無いように見える現代の口語自由詩にだって、実は見えない型があるとわたしは考える。すべての詩は型を持っている。型があるからこそ、それが波動のパターンを醸しだす。詩とは言葉で作るが、言葉とともに、言葉の出す「波動」をもって、それが詩かどうかを決めてもよいのではないかと、わたしは段々と考えるようになった。そしてそのパターン（型）なり、波動は、そもそも自然界に内在する――。

わたしが出会ったスペイン人の作家が、メロディと言葉とをかたまりとして身の内からはく人であったことを今一度、思い出してみよう。おそらく原初としての詩は、そのようなものであったのではないか。リズムあるいはメロディと言葉が分かれておらず、言葉は「意味」よりも先に音として「感情」を伝えるものであった。それはかたまりとして、あるとき、誰かの口から漏れた。そうしてまたあるとき、今度はメロディから独立し、意味を伴う言葉として、誰かのイメージのなかに降り立った。印刷の技術はそれを助けただろう。無愛想なスペイン人の作家は、一人で、詩歌の「進化」を体現してみせてくれたのだろうか。ありがとうと言ったわたしに、彼は、ありがとうはおかしいと言い、付け加えた。この先も考え続けろと。

4 木の匂いを嗅ぐ者（Tree-smeller）！

スコット・スロヴィック

訳：藤原あゆみ

環境派ではあるけれど、私は「木を抱く者」（tree-hugger：環境保護活動家）という言葉をあまり好ましく思ってこなかった。自分の腕で樹幹を抱え込むという発想に何ら反感はない――スコット・ラッセル・サンダースは樹幹のことを「大地の身体」と呼んでいる。(1) この広大な地球そのものを抱きしめることができないのなら、せめてその小さな一部たち――木や、堂々たる岩、そして人間――を抱きしめればいい。そう、私は抱くというアイデアそのものを疑っているわけではない。妻のスージーに言わせれば、私はなかなかの「抱擁上手」だそうだ。ベストの部類だそうだ。パートナーにそう言われるのは嬉しい。

けれど、私が愛する樹々というのは、非常に太い幹の古木なので、ふつうに抱きしめたのでは、抱きしめるという行為ならではの感情を十分に味わうことが難しい。つまり、それが尖塔を思わせる背の高いモミであれ、パズルのような肌をしたポンデローサマツであれ、はたまたパイナップルの香りを放つジェフリーマツであれ、友人たちが集まって輪になって囲みでもしないかぎりは無理なのだ。そんな儀式に参加したことがある。スージーや、かつての教え子と手をとりあって、レッドウッド国立公園（カリフォルニア）のセコイアの大木に、感謝をこめた抱擁を捧げたことも。

樹木との親密な出会いのあとに思うのは、抱擁の感触のことではなくて、緑の植物の匂いのことだ。エマソンは、ヘンリー・デイヴィッド・ソローへの賛辞の中で、いくぶん皮肉めいた調子のしゃれを効かせている。自分は、あわれなヘンリーを抱擁するよりさきに、オークの木を抱きしめたことだろうと。エマソンは、ヘンリーがどこか頑なで、よそよそしいところのあるやつだと言いたかったのだ。たぶん。けれど、私はソロー自身、その暮らしの中で、樹々を抱きしめたことがいくどかあると思いたい――さらに言えば、彼は樹皮に鼻をうずめ、心穏やかにする樹々の力を自身に取りこみ、地球に近づき、そして土や石や風や雨を、嗅覚を通して自分の身体に取りこんでいたのだと考えたい。

だから私は、思い返してみるに、「木を抱く者」という言葉に不満があるわけではない。私は「木を抱く者」である。が、それと同時に私は「木の匂いを嗅ぐ者」（tree-smeller）であることも強調しておきたい。また、もし私の評判が、どちらかの活動に懸かっているのだとすれば、私は抱擁よりも嗅ぐことを選びたい。もしも私が、教師の仕事や執筆活動において、そして、人々を率いてモンサント社[2]やコカ・コーラ社に立ち向かおうとするささやかな努力において一線を越えたとしたら、どこかで誰かが、きっと会社のオフィスに身を潜めたまま、「あの木を嗅ぐいまいましいやつ！」と言うだろう。これが私の願いだ。

訳注

（1）Sanders, Scott Russell, "Earth's Body." *The North American Review* Vol. 277, No. 6（Nov.-Dec. 1992）, pp. 45-49 : University of Northern Iowa.

（2）モンサント社は、世界の遺伝子組み換え作物市場の九〇％以上を占めるアグロバイオ企業。

喩

5

『源氏物語』の「交感」小考

篝火の巻、玉鬘物語をめぐって

原岡文子

はじめに

『源氏物語』の「交感」の問題の一端を、試みに篝火の巻、玉鬘物語をめぐって辿りみたい。「交通」や「交易」とも繋がる「相互行為」（今村仁司『交易する人間』）を意味する「交感」の中で、本章は「自然と人間の間に生起する」相互行為（野田研一『環境という視座』〈アジア遊学〉143）としての「交感」に大きく目を向けることとする。

篝火の巻は、光源氏の自邸六条院の庭に折しも焚かれた篝火を前に、はからずも迫り上がる光源氏と玉鬘の和歌の贈答の場面を中心に刻まれる『源氏物語』の中で最も短い巻である。源氏絵（『源氏物語』を素材とする絵画）にもしばしば描かれるこの典雅な場面の中に、季節、自然との〈交感〉はどのように立ち現れるのか。壮年の光源氏の密かに「下燃える」（密かに焦がれる）玉鬘への思いと、ほかならぬその継父光源氏の思慕に悩まされつつ、たおやかにも賢い身ごなしとともにゆくりなく拓かれる玉鬘の生の行方に、それぞれ大きく関わる「篝火」との交感の相を読みとくこととする。

1　夏と秋、篝火、「ふすぶる」恋へ

篝火の巻には「秋になりぬ。初風涼しく吹き出でて、……」（篝火③：二五六。以下『源氏物語』本文は小学館新編日本古典文学全集による。傍線引用者、以下同）とある。炎暑の夏はようやく去って秋を迎える日々、ところが一方で「夏の、月なきほどは、……」（篝火③：二五七）と、光源氏のことばに「夏」が刻まれる。篝火の巻の時間、季節は秋でもあり、同時に夏でもあるという、ある種の不思議な矛盾を湛えている。例えば『源氏物語』の古注釈が「秋もいまだあつき比は、大かた夏のこゝろあり」と記すように、これは夏とも秋ともつかぬ、二つの季節の交錯のあわいに置かれた微妙な時間を刻む表現と読むべきなのだろうか。確かにこうした精妙な季節のあわいの時間は、私どもの日常にも実感されるところだが、一方で物語がこの時間に託したものの意味を別の角度から探り辿ることはできまいか。ここで、ひとまず「夏」の篝火に着目してみよう。

いと涼しげなる遣水のほとりに、けしきことに広ごり伏したる檀の木の下に、打松おどろおどろしからぬほどに置きて、さし退きて点したれば、御前の方は、いと涼しくをかしきほどなる光に、女の御さま見るにかひあり。御髪の手当たりなど、いと冷やかにあてはかなる心地して、うちとけぬさまにものをつつましと思したる気色、いとらうたげなり。帰りうく思しやすらふ。「絶えず人さぶらひて点しつけよ。夏の、月なきほどは、庭の光なき、いとものむつかしく、おぼつかなしや」とのたまふ。（篝火③：二五七）

玉鬘は、かつての光源氏の恋人、亡き夕顔の娘である。夕顔を忘れかねる光源氏は、夕顔と親友頭中将との間に

郵 便 は が き

料金受取人払郵便

山科局承認

1447

差出有効期間
平成30年 9 月
30日まで

6 0 7 - 8 7 9 0

（受　取　人）

京都市山科区
日ノ岡堤谷町 1 番地

ミネルヴァ書房

読者アンケート係 行

◆ 以下のアンケートにお答え下さい。

お求めの
書店名＿＿＿＿＿＿＿＿市区町村＿＿＿＿＿＿＿＿＿＿＿＿＿＿書店

＊ この本をどのようにしてお知りになりましたか？ 以下の中から選び、3つま
で○をお付け下さい。

A.広告（　　　　）を見て　B.店頭で見て　C.知人・友人の薦め
D.著者ファン　E.図書館で借りて　F.教科書として
G.ミネルヴァ書房図書目録　H.ミネルヴァ通信
I.書評（　　　　）をみて　J.講演会など　K.テレビ・ラジオ
L.出版ダイジェスト　M.これから出る本　N.他の本を読んで
O.DM　P.ホームページ（　　　　　　　　）をみて
Q.書店の案内で　R.その他（　　　　　　　　）

書名　お買上の本のタイトルをご記入下さい。

◆上記の本に関するご感想、またはご意見・ご希望などをお書き下さい。
文章を採用させていただいた方には図書カードを贈呈いたします。

◆よく読む分野（ご専門）について、3つまで○をお付け下さい。

1. 哲学・思想　2. 世界史　3. 日本史　4. 政治・法律
5. 経済　6. 経営　7. 心理　8. 教育　9. 保育　10. 社会福祉
11. 社会　12. 自然科学　13. 文学・言語　14. 評論・評伝
15. 児童書　16. 資格・実用　17. その他（　　　　）

〒
ご住所

Tel　（　　）

お名前《ふりがな》　年齢　歳　性別　男・女

ご職業・学校名
（所属・専門）

Eメール

生まれた玉鬘を、奇しくも養父として自邸に引き取ることとなる。夕顔との死別から一九年、筑紫の地に流離した姫は美しく成人し、光源氏はその人を六条院に集う青年たちの憧れの的《まと》、求婚の対象としたいと目論んで迎え取った。ところがその目論みは思わぬ逆襲を受ける。見事に美しいこの姫君に当の光源氏の心が乱れ始めるという皮肉な成り行きとなったのである。七月、玉鬘への思慕を抑えかねる光源氏は、その人の許で琴を教え、やがて夕月も沈み、荻の葉風もしめやかな頃、琴を枕に玉鬘に静かに寄り添う。とはいえこれ以上の夜更かしもさすがに憚られ、立ち去ろうとしつつもなおためらう中で、彼の目を捉えたのが微かな光を放つ篝火だった。「涼しげ」「涼しく」との語の繰り返しに枠取られる篝火の風景は、例えば若紫の巻にも「涼しき水の流れ」「遣水に篝火ともし、……」と示されるように往時の組み合わせの定型ともなっている。もとより四季折々に焚かれる篝火ながら、遣水に映える篝火は、涼しさを演出する格好の小道具でもあった。

図1　「源氏物語扇面散屏風」〈篝火〉（室町時代後期　浄土寺蔵）
（出典：『豪華〔源氏絵〕の世界』学習研究社，1988年，136頁）

　玉鬘の艶姿が、篝火の仄かな光に浮かび上がり、光源氏を魅了する。さらに「いと冷やか」と語られるその人の黒髪の手触りは、夏の涼やかさを演出する篝火と共振する光源氏の感覚を一瞬鮮やかに浮上させる。夏、遣水、篝火、という定番の涼やかさの組み合わせの風景が、ここで作中人物光源氏その人と呼応、交感しつつ立ち現れる構図となった。しかもそのひんやりと「あてはか」（気品を感じさせる）な髪の手触りに打ちのめされたその人は、なおその場を去りがたい執着を拭えない。月を欠く「夏」の闇夜には、篝火の光こそ必須、とばかり火を絶やさぬよう彼は改めて促す。

その篝火に導かれるように置かれるのが以下の玉鬘との贈答である。

「篝火にたちそふ恋の煙こそ世には絶えせぬほのほなりけれ
いつまでとかや。ふすぶるならでも、苦しき下燃えなりけり」と聞こえたまふ。女君、あやしのありさまやと思すに、

「行く方なき空に消ちてよ篝火のたよりにたぐふ煙とならば
人のあやしと思ひはべらむこと」とわびたまへば、「くはや」とて出でたまふに、……。（篝火③：二五七—二五八）

胸にふすぶる光源氏その人の玉鬘への慕情が、まさに篝火の煙と二重写しに立ち上る。三六歳という分別盛りの年齢の、しかも養父という立場から「人の咎め」を憚って光源氏の恋は「下燃え」るばかりである。このままには終われまいと思い悩んだ挙げ句、実のところ彼は、彼女を自邸に置いたまま夫を迎えさせ、その傍らしかるべき折々に情を交わすというまことに「けしからぬ」思案まで胸の隅に置いていた。六条院の妻の一人として彼女を遇する道は、大切な妻、紫の上への憚り、そして今は政敵となった実父内大臣（頭中将）の婿となる事態への反発から、光源氏の選択肢には入らないのである。こうして出口を閉ざされ、抑えられた情念、行き場もなくくすぶるばかりの胸の火が、今まさに夏の篝火の煙と響き合い、交感しつつ立ち上る。下燃える恋の相は、いみじくも見事に妖しく、この上なく典雅に写し出された。

もとより「煙」や「火」には踏まえられた歌ことばの伝統がある。例えば「限りなき思ひの空に満ちぬればいくその煙雲となるらん」（『拾遺集』）とあるように、「火」は、胸の思いと重なり、「煙」もまた思い焦がれる苦しみを表現する歌ことばにほかならない。あるいは「篝火にあらぬ我が身のなぞもかく涙の川に浮きて燃ゆらむ」「篝火

の影となる身のわびしきはながれて下に燃ゆるなりけり」の二首が『古今集』の恋の部立てに並ぶように、篝火は焦がれ、燃える恋の表象でもあった。さらに詠歌に続く「いつまでとかや。……」の言葉には、「夏なれば宿にふすぶる蚊遣火のいつまで我が身下燃えをせむ」(『古今集』)が引き歌として踏まえられることも付け加えねばなるまい。夏、ふすぶる火、煙、「下燃え」る恋、という組み合わせが歌ことばの連鎖として画定される。

その意味で「篝火」や「煙」は、約束事、定型に枠取られた「二次自然」(『環境という視座』)とも言うべきものであろう。けれど同時に、消えかかる篝火を案じて「点しつけよ」と命じる光源氏、そしてまたその涼しげな遣水の辺に発する光に浮かび上がる玉鬘の艶姿、黒髪のひんやりとした手触りを、極めて濃やかな具体性をもって配する場面を迫り上げることで、『源氏物語』は定型を越えて庭の景物、環境と人物の心象が鮮やかに響き合う相を提示した。光源氏の恋、ふすぶる情念を掬い取るために、季節はひとまず「夏」と選び取られねばならなかったと言うべきだろう。

2 秋、篝火、夕顔

さて玉鬘は、光源氏の贈歌にどう応えたか。答歌に目を向けてみよう。玉鬘は「あやしのありさまや」と嘆息し、「行く方なき……」と返す。「人のあやしと」と、「あやし」の語の繰り返しが、並一通りでないその人の困惑を伝えるが、その詠歌は、新編全集頭注に「源氏の歌の「篝火」「煙」などを引き取りながらも、さりげなく恋情を退けた歌」とある通り、贈歌の語を律儀に踏まえつつ、さらりと見事に養父の恋慕をはぐらかす構図となっている。巧みに身を翻し、一方で絶妙な距離をなお保ち続ける玉鬘の身ごなしは、男のさらなる思いを掻き立てずにはおかない。

一方「行く方なき空」とは、玉鬘の歌にはじめて現れることばだった。篝火、煙、空、ことばの連鎖は極めて自然な成り行きだが、一方で例えば「行く方なき空の煙となりぬとも思ふあたりを立ちは離れじ」（柏木④：二九六―二九七）と、やがての死を意識しつつ重病の床で柏木が女三の宮への深い執着を詠んだことが想起される。つまり空と煙の組み合わせは、火葬の煙という連想を呼び込むものであった。「空の彼方にあなたの思いなど消して……」と、光源氏に訴える中で、はからずも玉鬘は死のイメージを想起させることばを口にすることとなったと言える。

改めて玉鬘の母、夕顔の死から一ヶ月少し経った九月下旬、光源氏が彼女の死を悼んで詠んだ歌を顧みたい。

見し人の煙を雲とながむれば夕の空もむつましきかな　（夕顔①：一八九）

『紫式部集』に記された夫宣孝の死を悼む作者詠「見し人の煙となりし夕べより名ぞむつまじき塩釜の浦」に重ねられるという、この夕顔挽歌には、火葬をめぐる「煙」「空」の語が置かれている。

その「煙」の語が、篝火の巻の二人の贈答に繰り返され、また玉鬘詠に「空」の語が認められる設定は、おそらく偶然ではあるまい。母、夕顔をめぐる挽歌に遙かな繋がりを負うことばに託して、玉鬘は訴え、呼びかけた。それは、光源氏の思慕を退けることばであると同時に、はからずも遙かに母に呼びかけることばともなったことを見逃すべきではなかろう。「行く方なき空に消ちてよ」と玉鬘が詠むことで、「空」の「煙」となったほかならぬ母夕顔の魂とはからずも交感する構図が浮かび上がろう。源氏の恋情を果てしない大空に消すことを念じる歌の裏側に、二重写しのように空に消えた夕顔、その魂への呼びかけが不意に見え隠れする仕掛けを読み取らねばならない。

当該巻の篝火が、「招魂の篝火」（藤井貞和『源氏物語論』）に当たることもすでに言及されている。招魂の構図は、遙かに時を隔てた夕顔の巻の「空」「煙」の語の組み合わせと響き合って象られたものと言える。迎え火の焚かれる祖霊追善の仏事として執り行われる盂蘭盆会が、七月一五日を中心とするもので、六五九年以来朝廷恒例の儀式となり、平安朝摂関期以降朝廷のみならず広く貴族社会に行われるものとなったことは、『蜻蛉日記』『栄花物語』などの記事によって知られるところである。

篝火の巻の当該場面は、「五六日の夕月夜」とあるので、一五日より早い時期だが、初秋、七月を設定することの意味は、盂蘭盆会の季節との重なりに求めねばなるまい。だからこそ「夏」の一方で「秋になりぬ」の一言が求められる必然があった。「行く方なき空に消ちてよ」とは、継子譚における、迎え取ってほしいという生母へ呼びかけを意味するとも藤井氏によって説かれるところである。くすぶる恋慕を訴える光源氏の歌を、巧みにずらし応じるその返歌の中に、はからずも玉鬘は母の霊に呼びかけることばを獲得した。夏の篝火に交感する光源氏のふすぶる慕情は、ゆくりなく玉鬘の秋の迎え火に交感する亡母への呼びかけを導いたことになる。二つの季節のあわいに二つの交感が揺れ、戯れる。だからこそ物語は秋であり、夏である時間を刻まねばならなかった。

3 玉鬘の行方、「おわりに」に代えて

妖しくも典雅なこの場面の後、玉鬘の生はどう決着することになったのか。様々な紆余曲折を経て、結局玉鬘を我がものとしたのは、必ずしも彼女の意に添わぬ男君、鬚黒と呼ばれるやや強引で無骨な人物だった。鬚黒は、ただし東宮の生母、承香殿女御の兄であって、次期政権の最有力の担い手である。不埒な目論みをものの見事に打ち砕かれ衝撃冷めやらぬ光源氏の一方で、実父内大臣はこの結婚にいたく満足の体である。

養父の恋慕、という厄介な事態を抱える玉鬘自身にとっても、おそらくこれ以上の安穏を約束する結婚は他に考えにくかろう。実際に若菜上巻、四年の歳月を経ての光源氏四十賀に若菜を献上する玉鬘のいかにも充足した風姿

は、結果的にもたらされたその人の幸福を実感させる。玉鬘はこの年二六歳、鬚黒との間にはすでに二人の男児が誕生している。玉鬘は、はからずも詠んだ歌により、祖霊との交感を獲得した。母に呼びかける娘と、篝火に招かれた夕顔の魂。もとより周到に相手との距離を慮るその人の賢さもさることながら、継子譚の定型を踏まえ、玉鬘は、このとき自ずから生母によって幸福な道筋を拓かれることとなったのであった。

密かな恋慕をふすぶらせたままに終わる光源氏と、安穏な生を拓く玉鬘と、二人の生の行方に篝火をめぐる交感の相が深い関わりを負う『源氏物語』の表現方法を確認しておきたい。

6

加藤幸子の交感世界

『池辺の棲家』の源流

山本洋平

雪解けの池　暖かな花崗岩
ぼくたちの野営の場所、
もうほかは探さない
（ゲーリー・スナイダー）

加藤幸子は芥川賞受賞作『夢の壁』（一九八三年）に始まる一連の自伝的小説「佐智シリーズ」を書き継ぐとともに、自然を主題とする作品を書いてきた。環境文学の画期的作品『ジーンとともに』（一九九九年）をめぐっては、以前拙論において環境中心主義《エコセントリズム》的な世界観を表現する言語形式を追究した「生物多様性の文学」であると論じた。そこで本章では、『ジーンとともに』以降の到達点である『池辺の棲家』（二〇〇三年）を中心に据えて、人間中心の世界観を相対化する加藤幸子の文学観の軌跡を辿ってみたい。

結論から言えば、加藤幸子の「生物多様性」という主題は、最初期の一九七〇年代から胚胎しており、その後、九〇年代の翻訳の経験を経て、『ジーン』と『池辺の棲家』という両作品に結実することになった。そのような枠組で加藤幸子の作品群を読みなおすと、人以外との関係が掘りさげられるときはいつも、日常の風景が触媒となっていることに気づく。とりわけ夫婦のやりとりが「交感世界」を際立たせる鍵となっているのである。

ここで本章のタイトルにも含まれている「世界」という言葉に注釈を施しておこう。これは評論『尾崎翠の感覚世界』のタイトルに依っている。加藤幸子は尾崎翠について、「彼女は人物よりも世界に関心があったのだ。その世界を書くために、あえて非正常の人物を『集めてみたく』なった」と評している（四六）。ここでいう「世界」とは、小説が一般に焦点をあてる個別の登場人物と対置される概念であり、複数の自己が織りなす関係性を前景化する語と理解できる。尾崎翠の『第七官界彷徨』は加藤幸子に相互関係の「世界」を描くことを後押ししたにちがいない。

『池辺の棲家』めぐって、近年、李恩善が精密な分析をしている。加藤幸子の「開かれた想像力」（二一一）は「未知」をありのままに受容する。そのような流動的な「関係」としての「世界」を描く文学の源流を探る試みである。

1　『ジーンとともに』から『池辺の棲家』へ

『ジーンとともに』は鳥の〈私〉が卵を産み落とす場面で幕を閉じるが、そこで〈私〉は、内なる自然としてのジーンの声に逆らい、都市の片隅に卵の一つを残す決断をする。この決断は、この作品が都市自然《アーバン・ネイチャー》に可能性を見出していることを示唆している。

その意味で『池辺の棲家』は都心の自然というテーマを引き継いでおり、東京都心の池のほとりで暮らす老夫婦の日常を描きだす小説である。ここで注目したいのは、夫婦のほのぼのとした関係ではない。むしろその逆である。鳥を見る眼差しをめぐって、千亜子は夫に対して違和感を抱き続けている。夫の自然観は、一見無害のように見えるが、支配と管理を指向する男性原理を露呈することがあり、千亜子の自然観を逆照射することになる。『池辺の棲家』は、自然観の男女差をひそかに照射する小説として読むことができるのだ。

夫は「脳に鳥類図鑑が入力されている」ように鳥を観察する。「入力」という機械的な表現には、千亜子の夫への異物感が刻印されている。池に集まる鳥の種名を列挙する夫を見て、千亜子は「自分が見ていたものは鳥ではなかったような気がしてしまう」（加藤 二〇〇三：四四―四五）。夫が鳥を探し求めるのに対して、千亜子は、生活の一部に舞い込む鳥を受け入れる。夫婦間で異なる自然へのアプローチは、三〇年連れ添っても交差することはない。

『池辺の棲家』の構造上の特徴は、千亜子とカラスの「クロウ」との内的対話が各章の冒頭と末尾に配されている点である。この小説的装置としてのクロウは、ジーンと同じく、人間の論理と異なる鳥の論理を代弁する役割を担っている。カラスを厄介者と見なす都市生活者と同じく、夫はその存在に無関心である。対照的に、千亜子にとってクロウは相棒であり、交感へ誘われるための触媒なのである。

千亜子にとって、カラスを駆除対象とする自治体こそ、男性原理の典型的な形象である。人間からの危害を察知して立ち去ろうとするクロウを千亜子は引き止めるが、カラスが安全性という観点から合理的な選択をすることも、彼女はよく理解している。千亜子の憤りは「一度飛びたったら止めがたい人間の想像力」（一六七）へ向けられる。「人間の」という形容は、本章の文脈では「男性原理の」と読み替えられるべきだろう。「想像力」という言葉は、一般には創造性や自由と結びつく肯定的な響きをもつが、ここでの文脈では歴史的、社会的に構築された先入観にすぎないことが暴露されている。カラスを「悪の象徴」と意味づけする「人間の想像力」は必ずしも普遍的なものではない。人間の利益を最優先させる政治的判断は、男性原理的な「想像力」に基づくものであり、自然の搾取を正当化する論理にすり替えられる。

では、千亜子の自然観とはどのようなものなのか。梨木香歩は『ジーンとともに』から『池辺の棲家』へと展開していく小説世界について、「視点移動の自在さが、他者性の喪失（病的なそれとは敷居を異にした）の境地にまで連続してゆく」と説明している（梨木 二〇〇四：三四九）。「他者性の喪失」の感覚は、『池辺の棲家』の締めくくりの場面に実に凝縮した形で表現されている。暁方の寝室で寝息をたてている夫の横で、千亜子の識閾が次のように表現されている。

千亜子は今年初めてのユリカモメの群れが池に着水する音をはっきりと聞いた。彼女は目を閉じて見ようとした。池が迎える者と迎えられる者の気配で沸騰する様を。そして手を伸ばし、夫に伝えようとした。探さなければここにいる。（加藤 二〇〇三：一九八）

ここには鳥を渉猟する夫と対置される形で、千亜子の鳥との関係が示されている。寝室にいるはずの千亜子が、啓示のように聞く「着水」の音は、現実か想像か。「ここにいる」という表現は、残像としての鳥を指すのか。それとも千亜子自身のことを指すのか。夫に千亜子の感覚は伝わるのか。このように、日常にひそむ幻想的な感覚が幻想的なまま描かれ、自己と他者との境界が曖昧になり、多くの疑問符を宙づりにした形で小説は幕を閉じる。

2　翻訳の果実

『池辺の棲家』を読みひらく補助線として、千亜子が翻訳の仕事を進めている設定をここで想起しておこう。かつて加藤は金関寿夫とともにスナイダーの詩集『ノー・ネイチャー』の翻訳を手がけている。そのときの感想が、次のように語られている。

ゲーリー・スナイダーという詩人には雄大な自然――荒野や原生林や壮大な山々や宇宙――を詠った作品が多く、それがワイルドな（男性的な？）気迫を印象づけるのかもしれない。……私はごく小さな自然、たとえば足下に生えている草花とか、身辺に出てくる鳥や昆虫に同化する場合が多い。壮大な自然と自分がつながっていても、私自身はその微小な要素であることを、ただ単純に認識し、喜んでいる。（「『亀の島』の翻訳前後」六八―六九）

「ワイルドな（男性的な？）」という括弧と疑問符が付された評言には、スナイダーの男性的自然観にたいする作家の違和感が刻印されている。

同時に、非「男性的」な自らの交感世界が自己規定されている。〈私〉は「壮大な自然」のなかの「微小な要素」にすぎない。この認識の発見こそ、翻訳の経験が作家にもたらした真の果実だったのかもしれない。

スナイダーの詩を翻訳する直前に書かれた短篇「亀の島の亀の石」（『自然連禱』所収）において、主人公の〈私〉はサカキナナオ訳で『亀の島』を読み、その後、原書『タートル・アイランド』を友人経由で手に入れて、翻訳しながら読みすすめている。興味深いのは、北米先住民の「亀の島」の世界観が、主人公の想像力の中で奈良のアスカの「亀石」の記憶と重ね合わされている点である。

主人公は、金関寿夫『アメリカ・インディアンの詩』を座右の書とし、知里幸恵『アイヌ神謡集』と知里真志保『かむい・ゆうかる』を通じてユーカラを愛読している。これらの東西の詩は「私という稀薄な物体の中で両者はしっかりと合体したような気配であった」（一七四）。この自己の「稀薄」さの感覚こそ、複数の文化の境界を越える触媒にちがいない。小説の締めくくりで〈私〉は次のように語っている。

重なりあった絶妙なタイミングの渦巻きの中心に私がいて、カワセミが十五秒間私といっしょにいた。これは証拠がなくてもほんとうだ。でもカワセミが地球に存在しえたのは、私が台所にいたからであることを忘れてはならない。(『自然連禱』一八七―一八八)

台所の窓から覗かれるカワセミとの瞬間的な邂逅こそ、自らの「稀薄な」存在を支えるものである。カワセミの存在が台所の窓から見つめている〈私〉に支えられているのと同じように、自己の存在もまた、他の何者かに認識されることで支えられている。この認識の相互関係によってのみ、我々は存在することができる。近年、文化人類学者のエドゥアルド・コーンが「諸自己」ないしは「複数種(multi-species)」の民族誌学を展開しているが、このような自己を諸関係の中の一部と捉える感覚こそ、加藤幸子の文学観と響きあうものである。そして、その認識を深める一因となったのは、スナイダーの詩の翻訳をはじめとする異文化体験であったのである。

3　鳥の命、人の命

前節まで、『池辺の棲家』の交感世界は、自然との相互関係によって醸成され、その感覚は、翻訳の経験によって磨きがかけられたと指摘してきた。ここで、一九七八年に発表された最初期の短篇「鳥たちの後に……」(『翡翠色のメッセージ』所収)を再読することで、『池辺の棲家』の交感世界の原型が、ラディカルな形で胚胎していたことを確認しておこう。

「鳥たちの後に……」は、夫婦が新居に引っ越しをすることから物語は始まる。主人公の亜弓が移り住んだ先は埋立地に建てられた団地である。近所を散策していると、草むらの中に自然発生的にできた池を発見する。池には鳥たちが舞い戻り、埋立地の片隅に第二の生態系をつくり出している。

その矢先、役所が開発計画にしたがって公営病院建設のための測量をはじめる。亜弓は、第二の生命を育みはじめた池を守るために、建設反対の署名活動を始める。鳥たちの「家」を暴力的に奪う開発に反対することは、亜弓にとってはごく自然な皮膚感覚であった。なぜならば「〈住んでいるのよ〉亜弓は心の中でくり返した。鳥だって〈家〉が必要だろう。私たちと同じだ」からだ（『翡翠色』一二九）。

しかし、署名活動は思うように進展せず、亜弓は疲弊していく。そんな中、亜弓は自らの妊娠を知る。それを聞いた夫は歓喜し、病院建設反対活動を中止して安静にするよう身重の妻に求める。しかし、亜弓は「片っぽの手で鳥たちの喉を締め、もう片っぽで赤ん坊を抱き寄せることはできない」と感じている（『翡翠色』一七九）。亜弓は隠しきれないほど大きくなった自分の腹部にむかって祈りの言葉をかける。

昔あたしは子供を産むのは、死の上に死を築くことだと思っていたの。でもあたしがおまえを肯定したとき、他の生き物たちの全てを同時に肯定したのよ。ニンゲンの最大の欠点は優位に立とうと思うことだ。（『翡翠色』一八九―一九〇）

人間の子供と「他の生き物たち」を同等と考える亜弓の、ひいては加藤幸子のこの認識は発表当時の七〇年代はおろか、環境思想が知られつつある現代においても、受け入れがたい感覚かもしれない。だが、亜弓にとって、鳥の命と人間の命は分け隔てられるものではなく、全く同一の価値をもつものなのである。

この複数種を等価とする生命観をいかにして小説に昇華させるべきか。加藤が突き当たった課題はそこだろう。亜弓の必死の請願活動もむなしく、自治体によって池の埋め立てが始まると、亜弓は「鳥たちの乱舞の下で、自分と夢の中では大きくなった子供の二人がクレーン車の前に倒れ伏し、肉片さながらフォークで突き刺され、つまみ上げられていく」ような痛みを感じる（『翡翠色』一九七）。ここには、生命に満ちた海への暴力と自らの子供への暴力が重ね合わされ、どちらの痛みも同等かつ同質であると示されている。

その意味で、この開発計画が「病院」の建設予定地であったことは示唆的だ。大気汚染や騒音を生み出す工場ではなく、人間の暮らしに関わる病院建設に亜弓は反対している。つまり、住民から同意が集まり易い構図をあえて逸脱させているのだ。問題は破壊と保護という善悪二元論ではない。そうではなく、鳥と人間の生命の等価性をこそ、この小説は前景化させているのだ。

そのように理解すると、この結末のメッセージは、環境思想の言葉で言えば、ディープ・エコロジーに基づく生物多様性の徹底した形での肯定である。鳥の生命と人間の生命とを同一に捉え、それらの生命の危機を自らの痛みと感じる「皮膚」感覚を読者に伝えるために、亜弓と池との心中というラディカルな結末を必要とした。既成の価値観を揺さぶるには、物語が必要であり、衝撃的結末が不可欠なのである。

四半世紀後に書かれた『池辺の棲家』の千亜子は、「鳥たちの後に……」の亜弓を、象徴的な意味で抱え込んでいる（二人の名が同じ漢字を含むのは文学的必然と考えたい）。千亜子の「息子」は、「皮膚呼吸が出来なくなって」帰らぬ人となるが、彼は、他者の痛みを鋭敏に感じとって自ら命を落とすという意味において、「亜弓」的存在ではなかったか。あくまで象徴的な意味だが、千亜子は数十年前の「亜弓」の死を内に抱えているのだ。

だが、千亜子は若き亜弓と異なり、老境にいたって、自らの命を生物世界の中に俯瞰するという交感世界を育むのである。野田研一が「もっとも印象的」と語る『池辺の棲家』の交感の場面、一年前に埋めたはずの鴨の遺骸が消散してしまっている一節がある。腐葉土に棲むミミズを足の裏に感じ、死後に形を変えつつある鷺に千亜子が「親近感」を覚える場面だ。

意識以外の千亜子のすべては、ほかのものたちと平等に咀嚼され、吸収され、押し出される。結果として、落葉の土、鴨の土、鷺の土、猫の土、コウモリの土、油蝉の土、千亜子の土、夫の土となり……。（『池辺の棲家』一六二）

千亜子が自身の肉体の死も、宇宙的な存在の一部として受け容れていくこの場面で、死という一点において交感が果たされると野田は指摘する。深く首肯しつつ、本章の文脈でさらに見逃すことはできないのは、最後に「夫の土」が添えられている点である。ユーモアにも皮肉にも響くこの箇所は、他者性の深さにおいて、夫も動植物も大差がないことが啓示されている。

このように考えてくると、「鳥たちの後に……」の最終場面、亜弓が胎児とともに池と心中しようというとき、夫が家で寝ているのは示唆的である。本章一節でも引用した『池辺の棲家』の終結部においても、夫が寝ていたことを思い出してみるならば、これは必然の結末でもあるだろう。夫婦間の価値観の相違をいかに乗り越えるか、という主題が、自然との交感の問題と並走している。そのように理解しなければ、二十年以上隔てて書かれた両作品の結末が同じ構造をもつことを論理的に説明することはできない。

では『池辺の棲家』が交感の主題を夫婦関係を主軸とした「家」の主題と並走させたのはなぜか。近い時期に書かれた『家のロマンス』では次のように書かれている。

〝家〟の崩壊は自然化の進路に沿っている。〝再生〟の前には〝永眠〟が必要だ。いつのまにかわたしはそれを毎晩、夢に見るようになった。無数の生き物たちが、よだれを垂らしながら待ち望んでいるように。朽ち倒れた木材や割れた窓ガラスや鉄枠が散乱する夢を。廃屋のあいだを這いまわる野苺の味は、どんなにか甘美であろう。

（『家のロマンス』一八三）

ここで引用符にくくられた〝家〟は物理的な建築物を意味するだけではない。歴史的、社会的に構築されてきた家父長制、さらには、あらゆる生命体が宿命的にもつ身体をも含意している。建築という硬質性、家制度の束縛性、そして身体の有限性。これらすべてを含みこむ「家」。その崩壊が「甘美」なものとして生き物たちに待ち望まれている。

このように考えると、『池辺の棲家』の千亜子がしきりにホームレスの男を気にかけたり、『家のロマンス』で数度にわたってポウの『アシャー家の崩壊』が言及されたりする事実が重要な意味をもってくる。「家」という概念の再定位こそ、『ジーンとともに』以降の作品に通底する重要な主題であるのだ。「棲」という漢字が「妻」が「木」と隣接している点も暗示的である。「主人」と「住む」のではなく、自然と「棲む」こと。このように読むと、男性原理としての「家」の壁をとり払い、家族の概念を押し拡げるという「家」の再定義こそ隠された主題として浮上してくるのだ。

本章では、加藤幸子の『池辺の棲家』の交感世界に肉薄するために、最初期の短篇と翻訳体験にその源流を求めた。ついで、『ジーンとともに』における人間世界を相対化する視座が、『池辺の棲家』においては、「家」の再概念化へと深化していることを分析してきた。家の内と外を区分けせず、命の価値に序列をつけない生命観こそ、加藤幸子の交感世界を成り立たせている。そして、幻想としてであれ、現実としてであれ、加藤幸子の交感世界を追体験することが可能となるのは、その衝撃的な物語的想像力の掉尾においてである。

参考文献

加藤幸子『家のロマンス』新潮社、二〇〇六年。

加藤幸子『池辺の棲家』講談社、二〇〇三年（角川文庫、二〇〇七年に所収）。

加藤幸子『尾崎翠の感覚世界』角川書店、一九九〇年。

加藤幸子「『亀の島』の翻訳前後」生田省悟・村上清敏・結城正美編『場所の詩学——環境文学とは何か』藤原書店、二〇〇八年、二六四—二六九頁。

加藤幸子『ジーンとともに』新潮社、一九九九年（『心ヲナクセ体ヲ残セ』角川文庫、二〇〇八年に所収）。

加藤幸子『自然連禱——加藤幸子短篇集』未知谷、二〇〇八年。

加藤幸子『翡翠色のメッセージ』新潮社、一九八三年。

スナイダー、ゲーリー『スナイダー詩集——ノー・ネイチャー』金関寿夫・加藤幸子訳、思潮社、一九九六年。

コーン、エドゥアルド『森は考える——人間的なものを超えた人類学』亜紀書房、二〇一六年。

梨木香歩「探さなければここにいる」『新潮』一〇一、一（二〇〇四年）、三四八—三四九頁。

野田研一『自然を感じるこころ——ネイチャーライティング入門』（ちくまプリマー新書）筑摩書房、二〇〇七年。

山本洋平「生物多様性の文学へ——加藤幸子『ジーンとともに』論」『水声通信　特集エコクリティシズム』第三三号（二〇一〇年七月）、二二一—二二七頁。

李恩善「開かれた〈想像力〉、解放される〈時間〉：〈いま・ここ〉に遭遇する物語」野田研一・奥野克巳編『鳥と人間をめぐる思考——環境文学と人類学の対話』勉誠出版、二〇一六年、一八九—二一三頁。

7

〈交感〉する詩学
『白鯨』における〈私〉と海

関根全宏

世界は意味もなければ不条理でもない。ただたんに、そこに《ある》だけである。なにはともあれ、これこそ、世界がもっているもっともいちじるしい特徴である。そして不意に、この明白な事実が、もはやわれわれの手ではどうすることもできない力で、われわれを打つ。（アラン・ロブ＝グリエ『新しい小説のために』一二）

観念的にではなく

本章は、ハーマン・メルヴィルの『白鯨』（一八五一年）を取り上げ、〈交感〉という概念を文学的、言語学的、さらには詩学的に連繫して再検討しようとする試みの一つである。

『白鯨』第三五章は、ラルフ・W・エマソンやヘンリー・D・ソローらの超越思想の系譜で読まれてきた。マストの上で波に揺られて恍惚状態に陥るイシュメールが「自然は精神の象徴である」（Emerson 17）というエマソン的超越思想をなぞる場面である。[1]「波のゆらぎ」と「思考のゆらぎ」が同期する。神秘的な海が「人をも自然をも深々とした青一色に染めるあの底無しの魂の可視の形」のメタファーとなる。そして、イシュメールの精神は「時空のかなたへと散乱」する（Melville 159）。こうして〈私〉と世界との区別が消える。実体を変容させるこのような本源的な海の作用は、W・H・オーデンやD・H・ロレンスらによってロマン主義的な海の位相として分析され（Auden 18 ; Lawrence 175）、そうした作用を内在化させるような想像力は、ガストン・バシュラールによって〈物質的想像力〉と呼ばれた。

ただし、この場面の最後には没我的な状態に対する警告のセンテンス――「心せよ、汎神論者であるものたちよ！」（Melville 159）――が続くため、この章は全体として、超越思想に対する全面的な支持ではなく、一定の保留を置くメルヴィルの両義的な態度――憧憬と棄却――を照らし出している。エマソンや彼の思想的流れを汲む詩人ウォルト・ホイットマンが「抽象化された自然を措定し、そのような自然との交感の過程で個人の内部に生気する無限の広がりや枠組みを幻視しようとした」（山里 七二―七三）一方で、ロマン主義的〈交感〉の原理に対して「断念ないし破棄」（野田 七五）の詩想で対峙したのは詩人エミリー・ディキンソンであった。そして、懐疑の人メルヴィルは、いずれか一方のみを信じることができなかった。エマソンほど自然を内部化することもできず、ディキンソンほど自然を外部化することもできなかった。これがメルヴィルの思想的位置である。

以上のようなロマン主義的自我の変容をめぐる『白鯨』第三五章は、これまで〈交感〉という用語を用いて論じられたことはないが、自然と精神との関係をめぐる〈交感〉体験の典型的な一形態である。[2] しかし、〈交感〉という概念が、「外部世界と内部世界、外面と内面、自然と精神、世界と自己などの対応・相関性をとらえる概念」（野田 四〇）として広く定義されるのであれば、それは必ずしも観念的な体験だけに限られないはずである。〈交感〉体験を超越思想の枠組みで論じる際の理論的限界、あるいは歴史的問題の一つはおそらくここにある。つまり、〈交感〉概念が、あるいは海そのものが、一九世紀アメリカにおける過剰なロマン主義のもとで、あまりにも観念的に捉えられてきたという問題である。

しかしそれでは、つねに〈私〉の目の前にあるはずの現実のリアリティをとりこぼしてしまうのではないか。以下に続くセクションでは、このリアリティを少しでも取り戻すべく、〈交感〉の場面を別の視点から読み解いてみたい。すなわち、海を、精神の隠喩として観念的に読むのではなく、〈私〉の内的風景になりえない外部の自然として措定した上で、海が記述される際の文体や言語使用の特徴の分析を手掛かりに、イシュメールにとっての海のリアリティの在り処を探ってみたい。

太平洋のサウンドスケープ

『白鯨』第三五章におけるマストヘッドの場面では、〈私〉の内面と海とが一体となり、〈見る者〉と〈外部の世界〉との距離が消滅しているため、イシュメールには風景を形成する視座はない。その一方で、第一一一章（「太平洋」）におけるイシュメールは、〈見る者〉と〈外部の世界〉との距離を保ちながら、観察者として海を〈私〉の外側にある風景としても記述する。

従来、この二つの章が〈交感〉体験というコンテクストで並べて読まれることはなかったが、以上の点に留意して読み比べてみると、海に対するイシュメールの反応の本質的な差異が浮かび上がってくるように思われる。以下は、ナンタケットを出た捕鯨船ピークォッド号が喜望峰、インド洋を経て、長い船旅の終盤、太平洋に漸く出た時の一節、第一一一章の第二段落である。少し長くなるが、議論の便宜上、段落全体を二つに分け、日本語訳と原文を併記して引用する。

この海にいかなる美しい神秘が秘められているのかは、分からない。しかし、おそろしいほどのやさしさを湛えた海の波動の深奥には、何か隠された魂がひそみ、波の声はそれを伝えようとしているかのように耳に付いて離れない。聖ヨハネ、あのエペソの地に埋葬された福音書記者、伝説によれば、かれが埋められた地面は、このように波動していたという。大きくなだらかな起伏がどこまでもつづく水の大草原、この水のまきば、これが四大陸すべてを呑み込む共同の墓地なのであろうか。波は大きく盛り上がり深く沈んで行く。潮は満ち、潮は退いて、また満ちてひとときも静かになることがない。

There is, one knows not what sweet mystery about this sea, whose gently awful stirrings seem to speak of some hidden soul beneath; like those fabled undulations of the Ephesian sod over the buried Evangelist St. John. And meet it is, that over these sea-pastures, wide-rolling watery prairies and Potters' Fields of all four continents, the waves should rise and fall, and ebb and flow unceasingly; (Melville 482)

この場面は、先述したマストヘッドの場面のような超越論的な〈交感〉体験を誘発することがない。もちろん、波の「やさしさ」が、イシュメールの心的状況と呼応していると読むことは可能かもしれない。しかし、ここでの海は〈私〉の精神の象徴とはなりえない。〈私〉の内面とも同期しない。形而下から形而上に向かうロマン主義的志向性も認められない。「波の声」があるからだ。

イシュメールは、一方で、海を視覚的に描写する――「大きくなだらかな起伏がどこまでもつづく水の大草原」。こうした静的な描写がまずあって、動的な描写がそれに続く――「波は大きくもりあがり深くしずんで行く」(rise and fall)。「潮は満ち、潮は退いて、また満ちて」(ebb and flow)。この対照的な動詞の並列の反復が、波の動きと潮の満干のリズムを明確に伝えている。つまり、この場面は、静的でもあり、また動的でもある。

このような視覚に基づく描写がある一方で、イシュメールの意識は太平洋の「波の声」に向けられる。その声はどうしても彼の「耳に付いて離れない」からだ。それゆえ、この段落はこの身体感覚（聴覚）の処理を主題とし、後述するように、イシュメールは海の「神秘」あるいは「何か隠された魂」を伝える「波の声」を、生と死をめぐるサウンドスケープとして段落後半で展開していくことになる。

しかし段落前半で何よりも興味深いのは、「波の声」がイシュメールの言語使用に実質的な変化を与えている点である。とりわけ、〈s〉音の反復に注目したい。"sweet" "mystery" "sea" "stirrings" "seem" "speak" "some" "soul" "sod" "sea-pastures"——波と潮の動きを伝える動詞の詩的なリズムに加えて、これらの語における〈s〉音の重なりに、「当時構想していた詩」（Melville 451）があったことを打ち明けていたイシュメールが無自覚であるとは考えにくい。長い船旅を経てこれから訪れる白い鯨との対決を前に感じる穏やかな太平洋の「おそろしいほどのやさしさ」——それがもたらす一時の安らぎが、〈s〉音に反復されて現れていると解釈できようか。そうした海景にそなわる詩情が、「波の声」をめぐるサウンドスケープとして展開されているのである。

「波の声」と海の音

この〈s〉音と海との関係について考える上で、セナ・ジーター・ナスランドが『白鯨』に触発されて書いた小説『エイハブの妻』（一九九九年）に、次のような興味深い一節がある。

〈s〉は海の音。上げ潮に引き潮、飛沫に白波。時々逆巻き。彼女は静寂も奏でる。〈s〉によって、海と海岸は結び付き、その疾走は砂の中へ滑り込む。湾曲した〈s〉の高らかな波の一撃が上へ向かえば、空、飛沫となった愛を待ち構えて、液体と気体の中で放卵する。

S is the sound of the sea. Her surge and suck, her spray and surf. Sometimes she seethes. She knows the sound of smooth. With her *s*, the sea marries the shore, and then there is scamper and slush in the sand. With curling *s*'s the sea rises to stroke the side of her superior, the sky, who loves and meets her in the *s* of spray, spawned in liquid and air.（Naslund 560）

「上げ潮（surge）」に「引き潮（suck）」、「飛沫（spray）」に「白波（surf）」、「逆巻き（seethes）」と「静寂（smooth）」——〈s〉を頭韻に使用して、海のあらゆる場面を表象し、海を耳で感じさせる詩的な一節である。音と意味との間には「図像的（類似）関係」があり、「それがある状況下では顕在化してくる」と、言語学の領域からの指摘があるが（ヤコブソン 二六八）、ナスランドの小説が、『白鯨』への文学的応答の一つとして書かれたという点においても、〈s〉音が海の音として存在することを例証するこの引用は、太平洋におけるイシュメールの詩的な〈交感〉体験を逆照射する形で言語学、あるいは詩学の領域から再検討することを少なからず促してくれる。

海の「美しい神秘（sweet mystery）」——イシュメールは、段落後半でも引き続き「波の声」が伝えるその神秘を〈s〉の反復に託し、聴覚に訴える形で記述する。ただし、その詩的言語は僅かに変化する。

ここに溺死した夢がいくつあるのだろうか。溺死した瞑想、溺死した夢遊病がいくつあるのだろか。それは幾百万の影となり、先に逝った幾百万の影と重なり、その影を我々は生と呼び、魂と呼んでいる。それが、いまも、夢を見ているのだ。いまもなお夢を見ている。ベッドの上で身もだえし、寝返りをうちながら夢を見ている。その波打つ夢の不安が、静まることを知らぬこの海の波動となっているのだ。

for here, millions of mixed shades and shadows, drowned dreams, somnambulisms, reveries; all that we call lives and souls, lie dreaming, dreaming, still; tossing like slumberers in their beds; the ever-rolling waves but made so by their restlessness.（Melville 482）

段落後半では、前半の「共同墓地（Potters' Fields）」の死をめぐる音景が広がっている。むろん、ここでの海も〈私〉の内面とは同期しない。ただ目の前にある海は、無数の死が集積し、得体の知れないぞっとする恐ろしささえ感じさせる。注目すべき点は、一つには、この死をめぐる音景の前景化に伴い、段落前半では濁らない〈s〉音の響きに現れていた海の安らぎが翳り、〈s〉音が濁っている点である。“millions”“shades”“shadows”“dreams”“somnambulisms”“reveries”“lives”“souls”“slumberers”“beds”“waves”などの語は、いずれも太平洋に沈んだ死と意味的に関連づけて読むべき語で、その無数の死の数を意味する複数形の〈s〉に濁音は集約されている。

もう一つは、〈d〉音の響きと視覚韻が追加されている点である。“shades”“shadows”“drowned”“dreams”“dreaming”“beds”などの語も、死と関連する意味合いを含む語として読むべきだろう。とりわけ、〈s〉と〈d〉の両方を含む“shades”“shadows”には、段落全体で最も重要な死のイメージとサウンドを伝える語と読むのが妥当だと思われる。“dreams”も同様である。ここでの夢は「溺死した（drowned）」夢であるため、やはり意味的にも音韻的にも死に関連する語として選択されていると考えるべきだろう。このように、「波の声」が詩的な響きを奏でる太平洋の音景には、イシュメールの生と死をめぐる情感が深く刻みこまれている。

「ただたんに、そこに《ある》」世界

海におけるイシュメール的〈交感〉体験のこうした記述の特徴を考える補助線の一つとして、エリック・J・

リードの『旅の思想史』（一九九三年）が有益な視座を提供してくれるかもしれない。第二章「『かくも心地よき旅路』——旅路の誘惑」において、移動が及ぼす知覚的・心的影響について論じるリードは、旅人は移動に伴い「流れるように過ぎ去る世界、広げられた巻物のように次々と展開する世界の『見物人』『観察者』としての自分を強く意識するようになる」（リード 七七）と指摘する。

この観点からすると、第三五章を機にイシュメールが〈行為者〉（登場人物）から〈観察者〉（全知の語り手）へと変容し、物語終盤の第一一一章で〈観察者〉として海の音景を形成する視座が前景化されているのは、いずれも単なる構造的な問題ではなく、航海の移動がもたらす内在的な変化として説明することができる。

しかし、それ以上に重要なのは、観察対象である「流れるように過ぎ去る世界」に対するイシュメールの反応の方だろう。『白鯨』は、自分以外のもの全てが消え去ってしまう世界だからだ。思えば、陸での文明社会に絶望したイシュメールが船旅に出る理由は「拳銃と実弾のかわり」（Melville 3）、つまり、自殺の代替行為であった。死ぬ覚悟をもって出た船旅で、イシュメールはたった一人生き残ってしまった。その時そこにあるのは、エピローグにある「おだやかに葬送歌をくちずさむような大海原」（Melville 573）だけだった。〈私〉以外の全てが、そうして過去に流れ去る。イシュメールは言っていた——「海はいかなる足跡も残すことを許さぬ存在」（Melville 60）であると。「野蛮な海」（Melville 233）とも呼んでいた。彼は、その流れ去ってしまった過去の世界を、ただ一人生き残ってしまった宿命を背負って語る。その物語をつき動かすのは、流れ去りゆく世界への情感なのではないのか。

太平洋のサウンドスケープを形成するイシュメールの詩的な〈交感〉体験は、以上の文脈に照らし合わせて読まれるべきかもしれない。そこにある死は、海に見え隠れするたんなる比喩でもイメージでもなければ、海を意味付けるための概念でもない。それはむしろ、イシュメールの体験的にも海と分かち難く結ばれているリアルなものであり、海を見つめる彼の現実のヴィジョンそのものなのではないか。つまり、イシュメールにとっての死とは、海の彼方にあるものではなく、目の前の海に《ある》ものなのだ。それが「波の声」にのせられてイシュメールの耳に纏わりつく。あまりにも生々しい身体感覚である。その生々しさは、海が死の隠喩でもなければイシュメールの精神の象徴でもなく、「なにものかである前にまず厳然として存在する」（ロブ＝グリエ 二三）ものに他ならないことの証左でもある。人がどれだけ海に沈もうが、それでも世界（海）は変わらずそこに《ある》。それは、ロブ＝グリエが見つめた不条理以前の「ただたんに、そこに《ある》」ような世界である。

目の前の海から聞こえる「波の声」が伝えるのは、無数の死が沈んだ太平洋のそうした現前性である。観念などでは到底和解することなどできないリアリティをイシュメールが詩的な言語体験として伝える時、死はイシュメールの詩情の源となる。死に触れる時、あるいは「流れるように過ぎ去る世界」を現在に引き寄せようとする時、散文が詩に変わり、〈私〉の深い情感が描かれる。これはたしかに、メルヴィル後期の詩作品の中核をなす一連の水夫の詩《セイラー・ポエム》の特徴でもあった。そうして、イシュメール的水夫の詩人《セイラー・ポエット》は、晩年に至るまでメルヴィルの主要な関心の一つであり続け、韻文に寄り添う形で海と死を謳い続けるのだ。

注

（1） 本章における引用は全て、日本語訳がある場合はそれを使用し、下線は全て引用者による。

（2） 〈交感〉というキーワードを用いた希少な論考の一つに、メルヴィルの長編第一作『タイピー』（一八四六年）における南海の未開の自然（＝鳥）について論じる藤江啓子「メルヴィルと南海――三位一体をこえて」がある。

参考文献

エマソン、ラルフ『エマソン論文集』（上・下）、酒本雅之訳、岩波書店、一九七二年、一九七三年。
野田研一『交感と表象――ネイチャーライティングとは何か』松柏社、二〇〇三年。

バシュラール、ガストン『水と夢――物質的想像力試論』及川馥訳、法政大学出版局、二〇〇八年。
藤江啓子「メルヴィルと南海――三位一体をこえて」伊藤詔子ほか編著『新しい風景のアメリカ』南雲堂、二〇〇三年、一〇五―一二六頁。
メルヴィル、ハーマン『白鯨』（上・下）、千石英世訳、講談社、二〇〇〇年。
ヤコブソン、ロマン『言語芸術・言語記号・言語の時間』浅川順子訳、法政大学出版局、一九九五年。
山里勝己「アメリカン・サブライムとエコロジカル・サブライム――エマソン、ホイットマン、スナイダーの〈交感〉表象」『交感のポエティクス』水声社、二〇〇八年、六六―七五頁。
リード、エリック『旅の思想史』伊藤誓訳、法政大学出版局、一九九三年。
ロブ＝グリエ、アラン『新しい小説のために』平岡篤頼訳、新潮社、一九六七年。
Auden, W. H. *The Enchafèd Flood ; or the Romantic Iconography of the Sea.* London : Faber and Faber, 1950.
Emerson, Ralph Waldo. *The Collected Works of Ralph Waldo Emerson. Volume I : Nature, Address, and Lectures.* Ed. Alfred R. Ferguson et al. Cambridge : Belknap Press of Harvard UP, 1971.
Lawrence, D. H. *The Symbolic Meaning : The Uncollected Versions of Studies in Classic American Literature.* 1961. Ed. Armin Arnold. London : Centaur Press, 1962.
Melville, Herman. *Moby-Dick ; or, The Whale.* 1851. Ed. Harrison Hayford et al. Evanston and Chicago : Northwestern UP and the Newberry Library, 1988.
Naslund, Sena Jeter. *Ahab's Wife ; or, The Star-Gazer.* New York : William Morrow, 1999.

8 交感のチャネル

高野孝子

はじめに——生きている／生かされている

子どもの頃はずっと、樹々や花や、風や石でさえも、私に話しかけてくれた。少なくともそう思っていた。それは「人間の言語」によるものではなく、「意識」と言っていいような気がする。

自然との「交感」の中で、私たちは生きている、生かされている。それを直接意識できる環境にある時と、ない時とあるのだろうし、そういう人とそうでない人とがあるのだろう。そうでない時、そうでない人もしかし、間接的であっても自然との「交感」によって、この地球の上で生きているのではないだろうか。

1 「つながる」意識

家の裏にある小さな祠を覗き込むとセラミックの白いお狐さまが鎮座していた。子ども心に、見透かされているようで少し怖かった。お稲荷さまにお供えをして、ハナおばあちゃんと一緒に手を合わせた。草木や昆虫を含めて、生き物をいじめるとバチがあたると言われた。

周り中にカミサマがいた。いろいろなことを司る神さまがたくさんいて、家の中にも祀られていた。山も大岩も滝も神さまであり、もしくはそこに神さまがいるとされた。家から徒歩三分以内に、修験のお堂が二つあり、時折太鼓や錫杖の音が聞こえていた。自然の中にいる神さまと地域の人たちは、直接間接的に常に交流をしていた。それは祈禱や祭り、お参りなど、外に見える行為はもちろん、時には内的なものもあっただろう。そうした中で私は育った。

周囲の自然界のもろもろが話しかけてくる……その感覚は、中高校生でほぼ意識しなくなり、それ以降、国内外の都市部で暮らしている時はまったく忘れていた。けれど後述する二三歳の頃の経験をきっかけに、つながりの感覚が意識化され、今でも命あふれる空間に身を置くと、突然「つながる」意識がやってくる。

「交感」は、人が生きものである以上、どちらの方向からも、すなわち、人間から自然への応答も、自然から人への応答も、あるのではないだろうか。

2　自然に合わせて

人は自然に合わせて行動する。思ったより寒ければ、暖かい服を重ねるし、日差しが強ければ帽子を持ち出す。サクラが誘えば、その下で立ち止まる。誘われているのに気づくかどうか、それに応えるかどうかはその人次第だ。私は野外・環境教育の実践として、幅広い年齢の人たちと山を歩いたり、川辺でキャンプをしたりする。個人でも、地球上の多様な場所で旅をする。そんな時、自然からのメッセージを受けて予定を変更し、行動するのは言うまでもない。例えば、嵐が来ると風が伝えてくれれば、目的地までたどり着いていなくても、ただちに退避場所と方法を考える。自然の中にいれば、自然と常に対話することになるし、そこからのメッセージに敏感になる。ある意味、そうした資質が開発されてくる。

一方人間の働きかけを受けて、自然は変化する。何人もの人が同じ場所を歩くことで、草が倒れ道ができる。そこでマイクロエコシステムに変化が生じる。山あいの雑木林に穴を掘って水を入れれば、モリアオガエルが産卵にやってくる。斜面で大規模な伐採をすれば、山が崩れ、川が変わる。今、人類の文明を脅かすレベルになっている気候変動は、人間の活動が引きおこした結果であると、ＩＰＣＣ（気候変動に関する政府間パネル）の報告にもある。

3　火をおこす

火をおこすのは、「交感」のいい例だと思う。生きていく上でとても大切な、火。マッチやライターを使っても、自然の中で火をおこすには、生まれ始めた火そのものとの真摯な対話が欠かせない。ちなみに管理されているキャンプ場での火おこしには、対話はほぼ無用だ。掃除され、乾燥したコンクリートの床の上に、すでに細く割られ、乾ききった薪で火をつけるのは、台所でスイッチをひねるのとほぼ同じくらい機械的な作業となる。

でもとても乾燥した地域を除き、人為的に整備されていない場所で、その環境で探せる材料を使って火をつけ、育てるのは容易ではない。特に雨のあとなどは。

毎年三月後半、私は春の残雪の中で小中学生の子どもたちとキャンプをする。キャンプでは一斗缶で作ったコンロの中で、火をつける。最初の材料は、森の中から探してくる。杉の枯れた葉っぱや皮がそうだ。他にも、秋から立ち枯れて残っているスゲの草など、少し経験を積んだ子どもたちは材料を見定めながらあれこれ集めてくる。杉の皮の表面の毛羽立った繊維状のものを、剝ぎ取って、濡れないように慎重に丸める。次に表皮そのものを割り箸より細く割り、さきほどの、丸めてふかふかの杉の皮の繊維を囲むように、潰さないように静かに置いていく。最後にマッチの火を真ん中の丸まった繊維にそっと近づける。

その火が中央の杉の繊維に移り、それからどう広がっていくか。祈りの時だ。

集中して火と対話を試みると、何が足りないか、酸素か小さな枝か、もっと太い木が欲しいのか、火のほうから様々な形でちゃんと伝えてくれる。安定する前に対話をやめ、気を散らしてしまうと、火はすぐに小さくなってしまう。子どもたちは徐々に、火と対話ができるようになっていく。

4　食

過去二〇年以上にわたってほぼ毎年、ミクロネシアのヤップ島に二〇歳前後の若い人たちと一緒に滞在してきた。ヤップ島の社会も大きな変化の中にあるが、自然に近い、自給自足経済が大きな位置を占めるシンプルな暮らしが基盤だ。

現地の食べ物は、海からの魚と、完全無農薬有機栽培のイモや果物と野菜各種、ココナツベースの調味料だ。水は地下水か雨水。

こうしたものを体内に入れ、生活のために体を使っていると、みなとても元気になっていく。精神が覚醒し、体と心が快調になっていくことが自分で実感できると彼らは話す。

二週間ほどして帰国すると、これまでなんとも思わなかった食事の塩気や化学調味料の味がよくわかるようになる。私は日常でも、可能な時は自然に近いものを食べるようにしている。もちろん外食も多いが、素朴な食を知っているからか、体に悪いものを口に入れるとわかるようになった。腐っているとか、お腹をこわしそうとか、そういうことではない。健康にすぐに影響が出ないとしても、「良くない」ものかどうか、だ。

体は正直だし、これも「交感」ではないだろうか。自然と交感するためには、それなりの身体でいなくてはならないということだ。

5 「交感」のためのチャネル

日本の民話では人が動物になったり、動物が人の姿で現れたり、人が人間以外の世界に入っていくことは珍しくない。自然の中に神さまがいて人間の暮らしと関わってきているとする世界観は、少なくとも私には身近だった。地震や雷、台風や津波など、人間が自然をコントロールできないことも、長い歴史の中で理解していない人はいないだろう。

私は、人間は生き物であり、他の動物と同様自然の一部であると考え、そしてそれは、地球が丸いのと同じくらい誰も疑うことのない事実だと思ってきた。ところが、かつて英国で暮らし始めた際、そこでは「人間は自然の一部ではなく、上位に立って管理する存在」という考えが一般的だと言われて、衝撃を受けた。

「人は自然の一部だと思いますか、それとも独立した存在ですか」という問いは、私の大学院での研究調査項目の一つだった。「別なもの。時に自然は人間にとってじゃまものです」「学校は、人は自然の一部だと教えている」というのが、英国の一二歳から一六歳の回答。「一緒になっているべきだけれど、だんだん離れて行っている」と答えたアラスカで暮らす白人の少年。「悪いけど、一体何を聞いているのかわからない」と、申し訳なさそうに言ったのが、カナダ北部ヌナブート自治区の先住民族イヌイットの青年。

この問い自体が、人間と自然を別々に捉えてのことなので、両者の区別がないイヌイットの青年には、意味不明なものになったのだろう。自然界のスピリットと人間が様々に関わる世界観を持つ北方先住民族たちにおいて、学校で教わる欧米の科学を土台にした主流の考え方は、個々人の価値観にも社会の中でも軋轢を生んできた。これは、民族宗教や土着の信心だけでなく、世界宗教と西洋科学の間でも同様だ。近年は、それぞれ固有の文化的世界観の中における「科学」も認知される流れにあるけれど、世界の主流は変わらない。

日本で人々は、たくさんの神さまと交感しながら生きてきた。今はそうした記憶や記録を認知しながらも、身体知がないのかもしれない。けれどきっかけがあれば、閉じている「交感」のためのチャネルを開けることができるのではないか。

6　光の中の自分と動物たち

二三歳の時、自分が自然の一部になったかのような強烈な感覚に包まれた時があった。その時、私はオーストラリア北東部にいた。英国に本部を置く団体のプログラムで、多国籍の同世代の若者たちと一緒に、電気も水道もガスもない場所で暮らし、歴史的建造物を再建するなど幾つかのプロジェクトに携わっていた。

これまで経験のないレベルで自然に依存しながらの暮らしだった。朝起きて、テントを出ると、霞の中にカンガルーが立ってこちらを見ていた。乾季で干上がった川底を、明るい月光のもとで散歩すると、白々とした牛の頭蓋骨が転がっていた。月のない夜は、無数の星で影ができることも知った。

「動物を見に行こう」とある日スタッフが言って、私たち十数人は車で少し行ったところの林の中に身を潜めた。そこは坂になっていて、下には大きな湖があった。一〇〇メートルは離れていたと思う。乾季だったこともあり、夕方になると様々な動物が水を求めて集まってくるのが見えた。

一頭、また一頭、ゆったりと歩きながら、四方八方から野牛がやってくる。小型の生きものもいる。ちょうど陽が傾き、オレンジ色の強い光が林の中に差し込み、私の目をくらませた。いきなり全身が橙色に包まれた感覚に囚われた。そしてその同じ光が、眼下の湖とその動物たちを含むあたり一帯を覆った。

その時だった。「あそこに今、私が歩いて行ったら」。

なぜだか無性に、集まってくる生きものたちの群れに入りたかった。同じ感覚で水を飲めそうな気がした。動物たちは私を同じ生きものとして扱ってくれるだろうか、それとも逃げてしまうのだろうか。

あの光の中の自分と動物たち、それを全く一つとして外から捉えた意識を、私は今でも覚えている。そのオーストラリアでの滞在は約三カ月。人は自然に命を支えられている、健全な自然があれば生きていけることを、物理的にも精神的にも実感した時間だった。ここでの時間はまさに自然との対話で成り立っていた。この経験を通して、私は自然と「交感」するチャネルが開いたと感じている。

7　集中する中で

集中する中で生まれる「交感」が、理屈ではない結果につながることがある。

スコットランドの西側に数多くの島々がある。取り囲む海は荒く、風も強く、高緯度の厳しい気候の中、それに耐えられる動植物が暮らす。ある島はミズナギドリがコロニーを作って営巣することで知られている。それらの様子をそっと見に行こうと、何人かで山に入った。彼らが活動するのは夜。私たちは夜更けを待って出発した。山頂近く、空には雲もなく星が輝いていた。冷たい空気が体を包む。私たちは目的地付近で座り、しばらくその場に自分たちをなじませた。

しばらくすると、すぐ近くにミズナギドリが一羽、もっと近くにも一羽、うずくまっているのに気づいた。そして、急に大きな声が周囲一帯のあちこちから響いてきた。そして最初は一羽、二羽だったミズナギドリが、だんだんと数を増してあちこちから舞い上がり、舞い降り、目の前を飛行して行く。ものすごい数とその近さで、飛ぶ鳥が起こす風を感じることができるほどだ。数百ではすまない、数千を数える鳥たちだった。

無数のミズナギドリの群れの中にすわっていること自体、信じられない体験だった。そしてその声の大きさ。圧倒されて何も考えられない。さらにこの時、斜め上空にオーロラが現れた。冷たい、緑色の光が帯のようにゆらめき、たなびいた。まさに夢の中にいるような気持ちだった。

こうした感動的な体験のあと、みな興奮気味に山を降り始めた。真夜中はとっくに過ぎていた。すると先ほどの澄み切った空はどこへやら、急に霧が出てきて、まったくどこにいるかわからなくなった。地図とコンパスを使って、考えられるだけ考えて探りながら歩くのだが、それなら出てくるはずの地形にあたらない。私も仲間も焦り出し、それぞれ誰の言葉も信じられず、バラバラに散り始めていた。

仕方がないので、私は大きく息をつき、考えていたコンパスワークとともに一度自分を放り出した。頭を空っぽにし、目を閉じ、その時とその場に集中した。息を吐ききってそっと目を開けると、不思議なことに、霧の中で道のようなものが見えている。そもそも道はついていない一帯なので、道ではないはずだが、進むべき場所のように思えた。集中したままその方向に慎重に足を運んだ。しばらくすると霧の下部に出た。方角は正しく、戻るべき場所に戻ることができた。

この時だけでなく、これまで知識を元に頭で考えたことよりも直感が正しいことがよくあった。自分と自然の交感を信じられる時もある。

8　ガラスの上を歩く

集中する中での「交感」を、人間と自然だけでなく、「自然としての自分」との間、または自分を取り巻く環境との「交感」と捉えてみるとすれば、何年も前のアメリカでのできごとがいい例だと思う。

私は「アドベンチャーセラピー」の終日ワークショップに参加し、アリゾナ州ツーソンから一時間半ほど行った砂漠の中にいた。見渡す限り平らで、遠くにとがった山脈が見える。広い空は抜けるように青い。乾燥した空気を突き抜けて、強烈な日差しが射るように辺りを支配する。

その強烈な日差しが夜に取って代わられ、真っ青だった空に無数の星が力強く輝く頃、最後のプログラム「火渡り」が始まろうとしていた。

先述したように、私が生まれ育った地域には山伏が多くいて、お経を唱えながらの山行も身近な話だったし、霊山での火渡りも幾つかの神社で毎年やるものだった。一般の人たちも参加して普通に火の上を歩くではないか。それまで自分で火の上を歩いたことはなかったが、アリゾナでの火渡りワークショップには比較的軽い気持ちで参加することにした。

しかしここでは、火を渡る前に、踏むべき段階があるという。指導役であるブライアンが最初にやることとして目の前でしてみせたことに私は目を疑った。

ブライアンは私たちの前に、布を広げ、そこに割ったガラス瓶のかけらをばらまいたのだ。ガラスの破片の集合体は、幅は一メートルより少しあり、長さは二メートルちょっと。すでにあたりは薄明かりだったが、茶色や緑、透明のガラスもまじっていた。

この上を歩くという、しかも素足で。

「これはホンモノだよ」と言って、ブライアンは大きめの破片を投げ上げた。それはそのまま下に落ち、ガチャーンと音を立てて小さく砕け散った。細かな破片が一つ布からこぼれ落ち、補助をしていた男性が注意深く拾い上げてまた布の上に戻した。

なぜか火は渡れると思っていた私だったが、これにはひるんだ。割れたガラスの上に足を乗せて体重をかければどうなるかは考えなくてもわかる。ガラスが足の肉と骨をぶすりと突き刺し、出血する様子が脳裏に浮かんだ。

「冗談じゃない。私、この上は歩かない、歩けない」と思った。

ブライアンはゆっくりと私たちに語りかけた。

「今に集中し、自分の意識に集中し、エネルギーレベルを高めなさい」と何度か言った。そして「準備ができたと思う人は歩いてみてください」と。

沈黙が続いた。もしかしたら誰も渡らないんじゃないかと思った。しかし、しばらくして一人、背の高い男性が歩みを進めた。ガラスの前でバランスを取るように両手を肩の高さまで広げ、大きく深呼吸し、片足をそっとまっすぐに上げた。平均台に踏み出す時のようだ。

みんな息を飲んで彼の歩を見つめた。

右足が置かれた。ガチャッと音がした。彼は左足を進めた。一歩、二歩、慎重に歩き、三歩で渡り終えた。歓声と拍手。本人も笑顔で叫び、飛び上がっている。ケガをした様子はない。

続いて他の人たちが歩き始めた。私は信じられなかったし、歩きたいとは思わなかった。けれど、ここを歩かなくては次のステップに進めないし、今見ていることが本当なのか試してみなくてはと思った。何かの理由で自分には無事に歩けないということもあるだろう。けれど言われた通り、神経を集中し、自分が今ここに存在することを意識しよう、と言い聞かせながらガラスの破片の道の前に立った。

ゆっくり足を置いた。ここでガラスが突き刺さることなんて想像してはいけないのだ、と思った。一歩目は無事だった。二歩目、足に体重を移動したら、バキバキっと下でガラスが割れる音と感触があった。冷や汗が出そうだったが三歩目、足の裏の感触を確かめながら進んだ。

痛いと思ったらそこの加重を緩めればいい、とブライアンは言っていて、まさにそうだった。自分の身体と対話をしながら、順に反応していくことだった。

歩ききった。不思議なことにケガはない。まさにキツネにつままれた気分、だった。私の足の下でガラスが砕けた感触は本物だった。

これも自分という自然、自分を取り巻く自然との「交感」ではないかと私は思う。

これまで私が経験してきた自然の中での体験は間違いなく、頭ではなく体を通した世界の理解を促した。自然の中で身体を使うことで無意識が刺激され、そのうち自然のメッセージが意識の中に入ってくる。自然としての自分の体を通して、取り巻く自然との「交感」のチャネルが開いていく。

森

9

新約、日光山。

一本の木を巡る交感風景

宮嶋康彦

かわたれ時の空がハルニレの茂りの隙間に見えた。携帯電話のアラームを消して簡易テントから顔を出せば、ゆうべ煌々と輝いていた星の光が虚ろになっている。林床を埋めつくすミヤコザサは薄い闇をまとっている。

この森に暮らしていた三十余年前とは趣の異なる夜明けであった。

いつも薄暗い景色の中から射るような強さで見返してきた鹿の視線がない。私は躰を起こして周囲を見渡してみる。動物が立てる音が聞かれない。気配すらしない。奥日光と俗称される地域に生息するニホンジカは、過去には、日光の豊かな動物相の象徴として存在していた。ところが、一九八〇年代から数を増やし、やがて生息密度が過剰とされて「害獣駆除」されるようになった。二〇〇一年に総延長一七キロメートルにおよぶ鹿除けの電気柵が、小《お》田代原《だしろがはら》の植物を保護する目的で設置されて以来、小田代原は動物園の様相を呈し、鹿が見られない湿原となった。銃による間引きも行われた。二〇〇六年からおよそ一五〇頭が捕獲された。鹿の気配が希薄になればなるほど、鹿への幻想は高まっていく。想念の鹿は森に斃れ、湖に沈んでいき、脳裏に屍を重ねていく。

二〇一一年三月には、福島第一原子力発電所の事故で放射性物質が一帯の山に降り注いだ。あの日からおよそ六年が経つけれど、それは今も森林に埋もれ、湖沼に沈んでいる。放射性物質を抱き込んだ景色は以前と変わらないように見える。鹿が阻害され、湿原が動物園のように管理されるようになっても、私と日光の自然との交感の自由を遮る障害は、さほど大きくはないと思いこんできた。だが、自然界には存在しない放射性物質に汚染された森や湖と対峙するとき、まるで私の体内で放射線が暴れでもするかのようで、火照りを感じないではいられない。初めて、放射線線量計のスイッチを入れたときの躰の震えは決して忘れるものではない。

ながく日光の撮影を続けてきた。視覚の特権化を果たしてきた森と湖だったが、これまでとは異なる自然の解釈が求められている。分厚く堆積した枯葉の下で、それは爆ぜている。水底で淹留を決め込んでいる。風景は変容した。眼前に広がっている景色は、もはや放射能に汚染される前の景色ではない。三・一一以降の自然を、改めて問い直さなければならないだろう。新しい神話を構築しなければならない。

二〇一五年八月二三日午前四時。生き物の気配がしないミズナラの洞《うろ》に目覚めた。いつものように腐葉土の匂いが頭の奥深くへ浸透して、弥が上に撮影行動を促してくる。躰の内なる自然と外なる自然が触れ合い、溶け合っていくのが解る。

行動中に日が暮れて、止むなくツェルトで夜を明かした私は、やおら、朝の儀式にとりかかる。敷物にした寝袋をめくって、頬を土に圧着する。ひんやりした森の体温が頬に移り、生きものの誕生と死の堆積からくる黴のような匂いが鼻孔に侵入すると、私はすっかり正気づいて、これから撮影に向かう湿原の風景が眼の奥に顕れる。都市で暮らしている今は肌が土に触れることがない。アスファルトの街では、時代を超えて鎮座するかにみえた産土の神はとおに去ってしまい、土俗の神を感じることもなくなった。

大地は単に生死の転換の場としてではなく、盛衰する命の記憶をとどめている。人の発生以前の生物が刻印された石が、人類にこうも懐かしいのは、人と同様に、化石となった生物が誕生と同時に死を宿していたからに他ならない。こうして森で眼を瞑り頬を土に圧しつけるときの、内なる自然と外なる自然の交感は、命の終焉に展開する景色を眼の裡に映じてみせる。心は森を抜けて高層湿原を走り、川床を、滝を遡り、山塊の起伏をなぞりながら、私とは異なる原理で生き、しかし、生まれて死ぬという共通の宿命を負った動植物を、懐かしく、そして、いったん覗いてしまえば語ることが許されない情景を見下ろしながら、天に昇っていく。

この森に引っ越したのは一九八一年六月であった。ふたたび東京に戻るまでの六年の間、そこで暮らしを結んだ。栃木県日光市湯元官有無番地、標高一五〇〇メートル。日本海型気候に由来するチシマザサと太平洋型気候にみられるミヤコザサが混在する林間に住まいがあった。第二次世界大戦の戦中から戦後にかけて、周辺の森では燃料にする木が大規模に伐られたらしいが、家の周囲では伐採から免れたミズナラが大木となって森を成し、山の家の北側の部屋を暗くするほどの繁りをみせていた。東京の生活を絶って山間に居を移したのは身内の死が原因であった。一歳を目前にして亡くなった娘の、遺骨の一部を懐に潜ませた、いうならば、哀惜を背負った逃避行だった。日光は、かつて関東地方に雄飛した修験道の根本道場であった。中心に聳える男体山は、ふるくは補陀落山と尊称され、観世音菩薩が顕現する霊峰といわれた時代があったという。死者が行く山、その魂が救済される霊山であるなら、亡きものに近づくことができるかもしれない、と結界を超えて異界に入ったのだった。

わずかな荷物を降ろしてしまえば、すぐに、森の生活は始まった。

初めて体験する静寂の夜にひどくとまどった。音がない。聴覚に触れる文明のノイズがなく、生き物の存在を明かす密やかな音も、寒冷地特有の二重窓に遮られていた。耳の奥からきこえてくる耳鳴りともつかない音を聴くばかりで、そのうちに、私をこの場に生かしている搏動が、躰を離れて部屋の空気を脈動させる。窓に月明かりもない夜は手の動きも感覚だけの深い闇夜がおとずれた。どこからともなく滲み込んだ闇は、人よりも自然界の万物が優位である、と主客の転倒を伝えていた。夜という自然現象はめくるめく想像力をかきたてた。眼底に映された闇の絵巻が、自然との最初の交感だったかもしれない。

引っ越しをして数日後のことだった。初めて小田代原を歩いた。

雨もよいの湯の湖の西岸を行き、湯滝の滝の落ち口に立ってコメツガやオオシラビソといった針葉樹の、木の間隠れの果ての湿原を遠望した。風景は茫乎として雨雲に霞み、湯ノ湖から落水する水の質量と瀑音が畏れを感じさせた。ゆっくりとした動きで滝を昇ってくる乳白色の冷気が全身を通過していくときの浮遊感や、説明のつかない慰安に包まれたことを思い出す。

小田代原は戦場ヶ原の西にひろがる高層湿原である。乾燥が進んで草原への遷移期にあることが一見して判る湿原である。標高はおおむね一四〇〇メートル。遠い日には隣接する戦場ヶ原と一つの湖であったらしい。やがて水が干上がり、山から流入する土砂の侵攻を受けて草原化してきたといわれている。戦場ヶ原の四分の一程度の広さで、三方向を落葉広葉樹の山に囲まれている。

湿原の中ほどに一本のシラカンバが生育していた。

その白い木肌が視界に飛び込んできた。この日から三五年にわたって撮影を続けることになる木との邂逅である。初対面の存在感は際立っていた。周囲に同じ樹種が見当たらないことから、平板な湿原の景色を引き締めている。樹勢のよい木という印象だったが、むしろ孤高の雰囲気を漂わせて眼を惹いた。夏至を過ぎた下界では櫻も欅も濃緑の葉を茂らせていたが、高山とあって、ようやく新緑を迎えている。シラカンバの後方には自然発芽したカラマツの幼い木が、林を形成しようとでもするように、整然と並んでいた。その背後では広葉樹に被われた山肌が、芽吹きの色を滲ませている。しばらく景色を眺めているとホザキシモツケの大群落の中を動くものがあった。大小五、六頭のニホンジカであった。人の管理を受けない、大型野生動物との初めての出会いだった。これから、身近で共存していくのかと思えば、異界が現実味を帯びてくる。

シラカンバの撮影は一晩の夢が端緒となった。

夢はこうだった。なにかに追われて仄暗い湿原を逃げていた。場面が変わり、一本のシラカンバの主幹に背中をあずけて視界のない天を仰いでいた。すぐ傍で動物の呼気がきこえた。鹿のようだった。足元から見上げる視線があった。ふっくらした頬が浮きあがり顔の輪郭が明瞭になる。閉じた唇が怜悧にみえた。私らしい男が話しかけている。「きみにちかうよ、だからちからをかしてもらいたい。これをかえして、ちかう」。足元の顔は応えない代わりに優しい眼差しで男を見返している。私とおぼしき男は右の手で右耳の孔をとんとんと叩いた。白い骨片が出てきた。男はシラカンバの根元を掘った。山から風が降りてきてホザキシモツケの群落に鈴のような音をたてている。ノアザミのひと叢がてんでに揺れた。シラカンバの枝という枝にカラスがとまってざわついている。鹿に違いない動物の腹が温かい。掘り進んだ穴に、骨片はあたかも蝶が飛翔するようにゆっくり落ちていった。からん、と乾いた音がした。男は走り出す。全裸の男が草っ原を走っている。ホザキシモツケの枝が折れて小気味の良い音を立てた。男は「ぼひょうぼひょう」と叫んでいた。シラカンバの周囲にケモノが群がり、男が掘った穴を埋め戻している。男は慌てた。骨片を取り戻そうとした。土を掘り返そうと駆けよれば湿原は水を湛えて夜になっている。にわかに出現した湖の沖合に白い木は立っていた。

シラカンバは一九八五年ころから、多くの見物客を集めるようになった。特にアマチュアカメラマンが押しかけた。八〇年代の後半頃から私のシラカンバにまつわる作品が新聞や雑誌に紹介され始めたことも一因になったかもしれない。平日であっても、カメラマンが遊歩道を占拠して、男体山の稜線から昇ってくる太陽を待つ光景が話題になった。湿原に湧いた霧にその日の処女光が射しこむ瞬間を狙って、一斉にシャッターが切られた。やがて、一般の団体客まで訪れるようになったころから、シラカンバは「貴婦人」という愛称で呼ばれるようになり、その名を冠した土産物や地酒が登場、観光資源として成長してきた。一九九一年には、国立公園の特別保護区内の一本の木でありながら、例外的に樹木医を頼んで延命の処置が施された。虫喰いとなっていたらしい主幹に薬剤が投入され、空洞は樹脂で固められた。人の手が入った分だけ野性が削がれてしまったことは否めない。倒れることを恐れた措置であり、つまるところ観光資源の保護が目的だった。

小田代原の一本のシラカンバは、私には擬人化も名づけることも許さなかった。そこには圧倒的な自立があるばかりで、世間の礼賛にも無縁であった。出会いのたびに「やあ」と声をかけるのが習いだが、木が私に枝を振って応えるはずもない。一方的な交感幻想を抱いてきたにすぎない。この木が、いつどのように、その場所に根付いたのかを私は知らない。木の奥深いところに抱えているはずの年輪の数などさらに知る由もなく、シラカンバは他者であり続けている。

三脚を立ててカメラをセットし、ピントを合わせて構図を決め、シャッターボタンを押す。一〇〇分の一秒の速さでシラカンバがレンズを突き抜けて私の体内に入り込む。シラカンバとの最もリアルな交感を感じる瞬間である。そうなのだ、私はこの一瞬の交感に支えられてもきたのだ。夜という自然現象が、めくるめく想像力をかきたてたように、あの一本のシラカンバは、私の血肉の内なる自然の領域にしっかりと根を張っている。都会で暮らすようになった今でも、風雨に曝されている様子や月光に浮き立つ光景を目の当たりにすることができる。幻想と実景の差異は、さほど大きくはない。元来、幻想は実在をはらんでいるのだ。

シラカンバはそして、私が自然を被写体とする写真家であることを自覚させた。写真表現を日々の柱に据えてきた私にとって、当初、シラカンバを立たせた高層湿原は風景以前の景色の広がりに過ぎなかった。やがて私的な視点で随所に景観を創造していき、表現としての風景に昇華させていく。写真は初めから交感と幻想を内包している。芸術を基調とする写真表現は報道や科学写真とは異なり、イメージ通りの写真、つまり、想像力を駆使しながら幻想領域を広げ、交感を視覚化し、写真固有のリアリティーを創造することだ。そのために写真家は、自然界と多様な呼応関係を結ばなければならない。

図 2

2015年 9 月23日，最初の撮影から34年を経た小田代原のシラカンバ。背後のカラマツは成長して林を成し，こぼれた実生がシラカンバの傍らで成長する。湿原は草原化が進み，遠くない日に一本のシラカンバは木々に埋もれてしまうだろう。

図 1

1981年 6 月 9 日，小田代原の一本のシラカンバを初めて撮影した午後。標高1400メートルの高層湿原は新緑の季節を迎えていた。

二〇一一年の原発事故の後、見渡す景色に異変は認められない。シラカンバがどれほどの放射線に曝されたのかは判断がつかない。望遠レンズでのぞき見る木はいつもと変わらず、朝霧をまとい、相変わらず多くのカメラマンや観光客の視線を集めている。

いつかシラカンバは、立つ、ことから解き放たれるだろう。二〇一三年の秋には樹形を特徴づけていた太い枝が折れて姿を変えてしまった。一九八一年に初めて撮影したときには、近傍に同じ樹種がなく、湿原の風景を引き締めるほど目立っていたものだ。今は、周囲の木々が成長して、すでに根元が見えなくなっている。近い将来、カラマツやズミに埋もれてしまうことが容易に想像できる。たとえ樹木に隠れても撮影は続けよう。見透かすことができるはずだ。夢の男が骨片を埋めた墓標の木を、リアルに幻想する力が私には備わっているのだから。

放射性物質による汚染は、写真撮影することによって視覚の特権化を果たしてきた風景を根底から覆した。景色は見た目には何も変わらない。ツキノワグマもニホンジカも、キノコや苔の類まで、姿形や色彩の変化を、今のところ、見極めることはできない。しかし、私たちの先祖が、草木や石にさえ、活きいきと神を感じてきた自然信仰を思えば、放射性物質に汚染された森や湖は、一面において、新しい神性をまとったといえる。それを、ときに神がもたらす非情な行いと解釈すれば、痛切にも、半減期が三〇年といわれるセシウム１３７にでさえ、神らしき宿りを感得しなくてはならない。

招かれざる神が降臨した日光の森と湖が新約に基づく交感を索めてくる。三・一一以降の自然界の諸相について、改めて問い直す必要がある。新しい神話を構築しなければならない。

10

森との〈交感〉

フォークナーの「熊」、近代以前のまなざし

竹内理矢

序

ウィリアム・フォークナーの中篇小説「熊」は、大森林に生息する大熊の狩猟と製材会社による荒野破壊の物語であるが、森の終焉と近代の侵蝕を前にした白人少年アイザック（アイク）・マッキャスリンの自然をめぐる心情も描いている。本章はまずアイクが大熊との対面を果たす過程をたどり、大森林の襞に分け入り身体を感応させていく姿に、アメリカ南部における近代以前の自然と人間の関係性を読み解きたい。母なる森のなかで文明の教えを放棄する少年の身体に培われていく自然との調和と一体感、森の深奥で開示され彼が体得する自然や他者との共生共存の精神を分析し、そうした〈交感〉の体験がどのように彼を大地崇拝と文明批判へと導いたのか明らかにする。

1　大熊との出遭い――森との〈交感〉

ミシシッピ州の三角州にある大森林には、人々のあいだでくり返しその存在と伝説が語られてきた「不屈不撓の時代錯誤」オールド・ベンが生息していた。町の猟師たちは毎年、太古以来の大自然の「神格」でもあった大熊の

も「不滅性」を祭るかのように野営キャンプを張り大熊を追跡するのだった。一八七七年一一月、少年アイクは一〇歳ではじめて野営キャンプに同行し、チカソー族の酋長と黒人奴隷との息子である老齢のサム・ファーザーズのもとで修業し、狩猟の心構え――謙譲と忍耐の精神――を学んでいく。翌年六月には、大熊を見るべく銃を持たずにひとり大森林に分け入り、さらに磁石と時計も捨てその身を「完全に荒野に委ね」る。深い森のなかで道に迷うののの、サムの教え通りに輪を描くように歩きつづけ、ついに巨熊に対面する。

……彼は、強くすばやくうつ小さな心臓の動悸を胸にちょっと喘ぎながら、疲れも知らず、熱心に、疑いも恐怖もなしに歩きつづけていたが、突然、小さな空地に入りこんだかと思うと、荒野が一つに合体した。それは音もなくさっと集まり凝縮して――あの木と、あの灌木と、磁石と時計が、一筋の日光にふれてきらきらと輝いているのだった。そのとき、彼は熊を見た。出てきたのでもなく、あらわれたのでもなかった――ただそこにいたのだ、緑の、風もない正午の暑い斑の光線のなかに据えつけられたようにじっと動かずに、夢に見たほどに大きくはなかったが、予期していたとおりに大きく、いや、それよりも大きく、光の斑点の降りそそいでいる薄暗がりにすかして見れば、むしろ大きさをもたぬがごとく、彼を見ているのだった。やがてそれは動いた。ゆっくりと空地を横切り、ちょっとの間太陽の赤裸々なきらめきのなかに踏みこんだかと思うと、またその光のなかを出て、再び立ちどまると、片方の肩ごしに彼の方を振り返った。それから、消えていった。森のなかに踏みこんだというのではなかった。すっと薄れて、何の動きもなしに荒野のなかに沈みこんでいったのだ、ちょうど、かつて見た魚が、大きな年老いたすずきが、おぐらい淵の深みにすっと沈みこんで、ひれ一つ動かすこともなしに消えていったように。（Faulkner 1942：200-201、傍線引用者）

この作品は一人称の語り手ではなく三人称の語り手あるいは作者の視点から描き出されているため、この場面でもアイクの大熊との出遭いを説明し分析し理解しようとする第三者の声が入っている。ドナルド・カーティゲイナーが指摘するように、アイクの文明具を放棄する「儀式」が大熊を「呼び出す」のだとしても、その「奇跡的」な「出現」の仕方は「自然現象」というより「人間の神話的なあるいは宗教的な想像の産物」を連想させる（Kartiganer 1999：xii）。つまりアイクの決断と行動が大熊との邂逅を引き起こしたとする〈交感〉の思考が働いている。

アイクは銃を持たないことで人間優位の否定と動物との対等の関係の回復を目論み、磁石と時計を置くことで人間による空間と時間の支配の放棄と自然のリズムへの同調を果たす。そうしていわば近代以前の古代の時空間を創出する。中沢新一によれば、近代は人間が鉄の道具で動物を一方的に狩猟し搾取する非対称的関係を構築したが、古代の狩人は自然界の神である熊に対して丁重に敬意を払い、狩猟後はその霊に祈りを捧げ熊の祖先のもとに送り届ける祭儀を行っていた。森の精神を継承するサムを通してアイクは、先住民の熊をめぐる「対称性」の思想——人間は熊を狩猟し肉や毛皮を得る一方で、熊に農作物を差し出し、両者のあいだで物質的にも精神的にも豊かな交流が成立した対称的関係——を学びとったのである（中沢 二〇〇二）。つまり穢れた文明具を放棄し古来の謙譲と忍耐の精神を荒野に捧げた結果、アイクは森に融解し、大熊が光のなかで神々しく現前したのである。こうしたアイクの森の鼓動との共鳴、それが喚起し招来した（かに思われる）森の精霊オールド・ベンの出現とは、三人称の語り手または作者の〈交感〉の思考にほかならない。

しかしそうした第三者の声をとり払ってアイク個人の〈交感〉を分析するならば、アイクはここで巨熊の現前そのものを目にしていると言ってよい。「夢に見た」姿、「予期していた」姿とは異なる実物の大熊を見ているからである。しかも事物を見るとは光を見ることでもある以上、アイクの光への繊細な意識は、彼の眼が森を光源に浮かび上がる大熊の動きを映写していることを意味する。そして重要なことに、その光景を目にするとき、アイクは大熊の意思をもった視線（look at）を強く意識している。野田研一が分析するように、ある事物の「現存」にはじめて出遭うとき、人は「見る」というより「見られる」のであり、見る主体と見られる客体の「顚倒」の瞬間にこそ事物との本源的な〈交感〉が生起する（野田 二〇〇八：四六）。アイクは「野生の世界からの鋭い逆照射を浴びる位置、すなわちノンヒューマンの視線に一個の目的物として」（山里 二〇〇八：七二）捕捉され、多様な動植物が共生共存する大森林の一部として自己をとらえるのである。大熊は「見る」ことで少年を「森の住人」として受け入れ、アイクは「見られる」ことで森の深奥とのつながりを自覚し森との融解・合一を果たすのである。

2　近代の隠蔽——生命の起源

しかしこうしたアイクの森との〈交感〉を、近代を生きる他の白人狩猟メンバー、老コンプソン将軍やド・スペイン少佐やマッキャスリン（キャス）・エドモンズは忘失している、あるいは、見出しえない（ただし、ド・スペイン少佐の森と近代のあいだでの葛藤と逡巡には留意したい）。一八八三年一二月にオールド・ベンを追いこみついに狩猟したその夜、アイクの一六歳年上の従兄キャスはアイクの勉学の遅れを案じ、ド・スペイン少佐たちと一緒に今夜中に家に帰り学校に戻るよう指示するが、サムの容体を気にするアイクはあと数日、森に留まることを懇願する。その会話を聞いていたコンプソン将軍は次のようにキャスに言う。

「おまえはひろげた片方の足を農場につっこみ、もう片方の足を銀行につっこんどるんじゃ、おまえは、いわばおまえたちみたいなろくでもないサートリス家とかエドモンズ家とかの人間どもが農場とか銀行とかを発明するずっと以前から、この少年がもう一人前の老人になっておったようなところでは、一人前になれる手がかりさえもっておらんし、おまえたちは、農場や銀行を発明したおかげで、この子が生まれながらにして知っておったものを見つけだすことができんじゃった──この子は、その知っておるものをおそらく怖れているかもしれんが、こわがってはおらんし、そのおかげで、この子は、わしらのうちのだれもがまだ弾丸が撃ちこめるほど近くにいったこともなかった熊を見たいからというて、磁石で十マイルも出かけてゆくことができたんじゃし、その熊を見てから、また暗闇のなかを磁石でその十マイルを戻ってきおったんじゃわい。たぶんそんなあんばいじゃからこそ、きっと、農場とか銀行とかいうものがでけおったにちがいないわい。……」（Faulkner 1942：240、傍線引用者）

一七世紀初頭に欧州からアメリカ南部に入植した白人は、先住民から土地を収奪し、やがて黒人奴隷を酷使するプランテーションを経営した。それは白人の経営者に利潤の大部分が還元され一族の内部で増大していくシステムであり、そこでは農作物という恵みをもたらす母なる大地を崇拝する宗教的な農耕文化、農作物の純粋贈与が自然発生する牧歌的な共同体意識が培われることはなく、むしろ苛酷な労使関係を基盤とする資本主義体制が確立された。そして銀行は貨幣を媒体に資本を社会に流通させ円滑な商売取引を可能にしたが、同時に、貨幣の背後にひそむ不均衡な労使関係の隠蔽をうながしたのである。炎天下で畑に鍬をおろす農民の汗、種を一粒ずつ蒔く農民の足腰の痛み、収穫時に綿花を赤く染め上げる農民の指先の血、そうした農奴の労苦を閑却する姿勢を銀行の利便的な金銭取引と流通システムは助長したのである。事実、この作品の時代は一八七〇年代から一八八〇年代であり、戦後も地主階級は分益小作人を搾取し、再建期時代の南部白人の多くが北部主導の近代化に内面では抵抗しても、歴史的な洗礼に晒されつつ資本主義体制を強化せざるをえなかった。

それゆえコンプソン将軍の示唆するアイクの知とは、そのような資本主義の確立とともに抑圧され破壊された世界である。つまり先住民が育て上げた世界、人間と動物・自然との対称性が成立する原初的世界のありかたである。サムがアイクに「窮地に追いつめたり、相手がおめえのおびえていることをかぎつけさえしなければ、この森にゃ、おめえに害を加える者はなんにもいねえだからな」と教えたように、木々と草花が大地に接種し生成された森においては、生命と生命のあいだで純粋贈与がくり返されるのであって、特定の存在が富を専横し他の存在を一方的に搾取し支配する非対称的な構造が生起することはない。アイクがおびえることなく、しかし、畏怖の念を抱きつつ大熊に邂逅したとき、すなわち、彼の身体が森の襞にこまやかに感応し共振したとき、森の深奥はおし開かれ、そこに秘匿されていた生命の起源＝母胎があらわとなり、豊饒な生命との連関――近代人の喪失した自然・動物との共生共存――がアイクには感得されたのである。

3　近代の侵蝕――森の聖所

しかし自然との〈交感〉の場としての森は、大熊の狩猟後に大森林の所有者ド・スペイン少佐が材木伐採権をメンフィス市の製材会社に売却した結果、次第に侵蝕され壊されていく。材木を運搬する列車が「破壊の影」を「呪われた運命」の森に侵入させていくのだが、その有様を目撃した少年は二度と森に戻ることはないと思う。しかしそれでも森の奥へと入っていき「森は変わりはしない――時間を絶していて、これからも変わることはないのだ、夏の緑や　秋の火のような色と雨や　鉄のような寒さが　いやときには雪でさえ　変わることがないのと同じように」と考え、森の生命が「不滅の順序」で続き四季のように循環していくことを信じる。この信念は森の破壊の現実を前にした少年の切なる祈り――森の精神の永遠性への希求――が自然の景色に投影された〈交感〉の産物、つまり、彼の心象風景であるだろう。

アイクがこのような〈交感〉を行うのは、サムの教え、森での生活、大熊との出遭いを通して古代の眼――自己を自然の一部とし自己の内面と身体を自然全体と連関させるまなざし――を獲得したからである。とすれば、彼のまなざしは近代以降に生まれた「風景」という西洋中心の概念を内破しているのではないか。彼の身体内部で、美的対象、自己の内面の投影としての西洋近代の風景は打ち崩され、畏怖すべき自然との〈交感〉に貫かれた古代の風景への転倒が起こっている。この内破と転倒の瞬間にこそ、「熊」というテクストの発する近代批判――近代が抑圧した自然との対称的共生関係の回帰――がある。

語り手が評するように、アイクを「今の大人である彼に向って作りあげてくれた母がかりにあるとすれば」、彼にとって森とは「母の死滅することのない、太古のままの様相そのもの」である。アイクの心のふるさとは「母」なる森にあり、そこには「太古」からの原初的風景、自然との共生の精神が生き永らえている。しかし近代に浸された成人の男たちには、その精神はもはや見えず感得しえない。女のいない男たちだけの狩りが森という大いなる「母」の胎内に入りこみ、「エゴの固い鎧を解体し」自己を「他者に向かっておおらかに開いていく」修練であるとすれば（中沢 一九九五：一六〇）、アイクはただひとり他者の異質性を認めつつ他者と共存する方途を探りあてたのである。そして彼の「恋人」「妻」ともなる森に自らの心情を投影し、情感豊かな古代の風景を描き出していくのである。

森を愛しながらも森を売却したド・スペイン少佐は売地のなかから一区画を保留したが、その塚には大熊の死を見届け荒野の精神に殉じたサムと大熊を追いつめ喉元に喰らいついた勇敢な犬ライオンの墓があり、大熊の傷ついた前足の入ったブリキの罐が埋められている。アイクは「文明の象徴である騒々しい製材所を逃れて死者たちを再訪」するのだが（Utley 1971：172）、そこはいわば「母」を傷つけ破壊していく近代の拡充のなかでわずかに囲繞された古代の神聖な空間である。二つの墓場はすでに跡かたもなく自然のなかに融解しており、「解体自体」が「射精、膨張、受胎、誕生の湧きたつような混合」であって「死」など存在していない。自然界の万物は何かの所有物ではなく大地に還元され生まれ変わる「無数の生命」の一部であり、かつ、相互に連関し合い全体で生命の円環を織りなしている。この森羅万象、万物の大地への回帰と再生の認識こそ、アイクの土地と農園の相続拒否の大きな要因となる。人種混淆をめぐる祖先の罪業のみならず、森という母胎との〈交感〉がもたらした万物流転と非‐所有の思想もまた、彼の相続拒否に深く関わっているのだ（Millgate 1966：209）。そうして彼は自然との親和を切り崩す近代の触手と化さない道を選びとったのである。

4　森との共振——近代の内破

フォークナーの「熊」は、アイクの反近代的成長と森の叡智との共振を描出し、動植物を包容し一体化をうながしながら個々の異種性を許容する大自然と、異種を認めず均質な世界をつくり出す近代資本主義とのはざまに立たされた人間の思念と葛藤を浮き彫りにしている。大熊を見つめ森と共振したアイクは自然との共生関係を深く自覚しそれを実践していくのだが、それは近代の侵蝕のなかでわずかに残された人間のふるさとへの回帰であるばかりでなく、ふるさとから逆に近代を突き破り超えていく原始的生命力の持続的運動でもある。「熊」の読者は、そうしたアイクの姿に共感し自然との共存の重要性を認識するが、同時に、森との〈交感〉以後の彼の人生を思い返すとき、生の起源としての自然との関わりにおいて、人が生きるとは何か、人が生きるのに要するモラルとは何かを今一度自問し見つめなおすことになるだろう。つまり、近代を受容した自己への内省と批判を重ねながら、森とともに世界を生きることになるだろう。その意味で文学とは、森への遡行であり、森からの歩みでもあるのだ。

＊「熊」の翻訳は『フォークナー全集16　行け、モーセ』（大橋健三郎訳）を使用させて頂いた。

参考文献

中沢新一『哲学の東北』青土社、一九九五年。

中沢新一『熊から王へ』講談社、二〇〇二年。

野田研一「世界は残る。……失われるのはぼくらのほうだ――〈いま／ここ〉の詩学へ」『水声通信』（「特集　交感のポリティクス」）第四巻、第三号、二〇〇八年、四二―五〇頁。

山里勝己「アメリカン・サブライムとエコロジカル・サブライム――エマソン、ホイットマン、スナイダーの〈交感〉表象」『水声通信』（「特集　交感のポリティクス」）第四巻、第三号、二〇〇八年、六六―七五頁。

Faulkner, William. "The Bear." *Go Down, Moses.* 1942. New York : Vintage, 1990. 183-315.

Kartiganer, Donald M. "Introduction." *Faulkner and the Natural World.* Jackson : UP of Mississippi, 1999. vii-xix.

Millgate, Michael. *The Achievement of William Faulkner.* New York : Random House, 1966.

Utley, Francis Lee. "Pride and Humility : The Cultural Roots of Ike McCaslin." *Bear, Man, and God: Eight Approaches to William Faulkner's "The Bear."* Eds. Francis Lee Utley, Lynn Z. Bloom, and Arthur F. Kinney. New York : Random House, 1971. 167-87.

11 森のなかで「インタープリター」という仕事をしながら考えた「交感」

川嶋　直

インタープリターという役割

インタープリターという仕事をしています。自然の意味をヒトに伝える仕事です。自然とヒトとの仲立ち役とも言います。「人々を森や海など自然の中にお連れして、様々な体験を通した学びを提供する」教育的な仕事です。インタープリテーションとはインタープリターが行う行為や機能のことを言います。

インタープリターという言葉は一般には「通訳」として知られています。私たちは言語の通訳ではなく、自然とヒトの間の通訳のようなことをしているのです。米国の国立公園で百数十年前に始まったインタープリテーション（インタープリター）は、良い日本語訳が見つからないまま一九八〇年代から日本でも使われるようになりました。勿論それ以前から「自然の情報をヒトに伝える」という役割はありました。通称「〇〇ガイド」と呼ばれ、今でもバスガイド、登山ガイド、ツアーガイドなどは「インタープリター」よりは遥かに多くの人に知られている役割でしょう。

ガイドとインタープリターの違い

ガイドとインタープリターの違いは「○○という傾向がある」位の違いしかないと思います。インタープリター的なガイドもいますし、ガイド的なインタープリターもいます。ただその傾向としてガイドは伝えるべき対象（自然や歴史的建造物など）についての情報を口頭で伝えることが多いのに対して、インタープリターは口頭で伝えることと同じくらい（あるいはそれ以上に）様々な体験を参加者に促し、参加者自らが感じる・気づく機会を提供することが多いと言えるでしょう。ただ、バスガイドさんと一緒に「見る」、登山ガイドさんと一緒に「登る」、ダイビングガイドさんと一緒に「潜る」、この「見る・登る・潜る」も体験なのですから右記の傾向を断定するのはなかなか難しいですね。

もうひとつの違いはインタープリターの背景には教育的意図があることが多い、特に環境教育的意図を意識しているインタープリターが多いという点でしょうか。これもそうした傾向があるというだけで、環境教育的意図を持ったガイドさんなどもいますから一概には言えません。

森のなかでのインタープリテーション体験

私は一九八〇年代中頃から標高一四〇〇メートルの八ヶ岳の麓・清里高原で主に大人を対象にしたインタープリテーションを行ってきました。最初の頃は見よう見まねでバードウォッチングや自然観察会をやっていましたが、数年やっていくうちに、こちらから自然の情報を伝えるだけでは学びも感動も決して多くは得られないことがわかってきました。そして徐々に参加者自らが五感を使って自然と触れ、様々な方法で感じたことを表現し、参加者同士の感じ方の多様性から、自然と自分を複眼的に見る新たな視点が得られることに気付いていきたのです。

それではここで森のなかで私と一緒に数時間過ごすことを紙上体験していただきましょう。最初にその日のテーマを参加者の皆さんにお示しします。例えば「今日のテーマは二つあります」「ひとつは『自然を良く見る』（図1）こと、もうひとつは『視点を変えて見る』（図2）ことです」「そうすることによって、きっと今まで見ていた自然とは違う姿が見えてくるはずです」と、こんな感じです。

森のなかでは、ちょっとした小道具を使って「良く見る・視点を変えて見る」体験を重ねます。小道具とは、一○センチ四方の鏡、ダンボールの短冊、小さな丸いシールと黒いペンなどなど。

図1　「良く見てみよう」

図2　「視点を変えよう」

森を見上げて歩く「スキヤキハイク」

森を楽しむ小道具のうち、鏡は空に向けて地面と水平に鼻の頭につけて森を歩く道具として使います（図3）。鏡面には空と枝や葉が映ります（図4）。歩きながら見ているとまるで、海の底から海面を見上げて泳いでいるような不思議な感覚に襲われます。低い枝の下を通る時には枝が顔にぶつかってくるようで、思わず身を避けたりしてしまいます。枝の低い葉っぱの下は枝の動きも早くスピーディーでなかなかスリリングです。森のなかでただ上を見上げて歩くことと何が違うのかと思われるかもしれませんが、鏡に写る梢と空は、直接上を見上げて見るそれと比べて遥かに鮮やかで美しいのです。身体を屈めて暗い地面を向いている時に、一〇センチ四方の空と梢を写した明るい景色が切り取られて輝いているのです。この鏡の体験には私が命名した名前があります「スキヤキハイク」わかりますか？　坂本九さんが歌ってアメリカでヒットした歌は『スキヤキソング』という名前でした。そう『上を向いて歩こう』です。イギリスの国立公園のレンジャー

図3　スキヤキハイク①

図4　スキヤキハイク②

図５　めだまっち①

図６　めだまっち②

の訓練所で「ミラーハイク」として行われていたものを参考にして一九九〇年頃からやっています。

木々を顔に見立てて「めだまっち」

視点を変えて見るだけではなく、見て感じたことを表現する創造的な体験もします。用意するのは丸い白いシールと黒いペン。樹の幹や枝を見ていると、「ここに目玉を付けたら顔になるかも」と思ってしまう幹や枝に出合うことがあります（って、普通はそんなこと思わないでしょう。そういう目で見てみましょうと言われて初めてそう見えてくるのです）。シールの大きさは直径五〜一五ミリ位まで何種類か用意します。目玉の書き方ひとつで表情も変わりますね。まずは写真を見てください。どうですか？　顔に見えてきませんか？　十数人でこの活動をすると、数分で森中が顔だらけになります。それぞれの作った顔を見て歩くと、その視点の多様さに驚きます。ついさっきまで全く意識していなかった木の幹や枝の姿に目がいくようになります。この目玉の体験の名前は「めだまっち」（図５、図６）です。これも僕のオリジナルアクティビティではありません。

体験の最後には「一筆入魂」

他にも、俳句を詠んだり、家紋をデザインしたり、一人になって森のなかで寝転んだり「感じる・表現する・分かち合う」ことを繰り返しながら、いくつかの体験を続けていきます。そして最後には「いろいろ体験してきて、今の感じはどんなカンジ（感じ、漢字）でした？」と、森の体験で感じたことを漢字一文字で表現してもらいます。このアクティビティを「一筆入魂」と呼んでいます。当用漢字・常用漢字にないオリジナルの漢字を作るのもOKとします（図7）。森のなかで輪になって座り、自分が書いた漢字を披露しながらなぜその漢字を書いた（選んだ・作った）のかを話します（図8）。

図7　一筆入魂①

図8　一筆入魂②

森のなかでの体験の最後には「一筆入魂」のように漢字に表現したり、俳句を詠んだりします。文字に文章にして言語化することで、より記憶に残りやすくなります。また、十数人の体験なのでお互いの文字や文章を見聞きすると、自分の体験が立体的に豊かな体験として浮かび上がってくるのです。

自然との交感

交感という言葉を僕はほとんど使ったことがありませんでした。交感が「通じ合うこと」と言うならば、僕が森のなかでやっていることは「交感」なのかもしれません。一人ではなく、同時に十数人で行う「交感」です。ただ五感を開いて自然からのメッセージを待っているのではなく「探したり、表現したり、小道具を使ったり」等の仕掛けをしてです。

自然は実に退屈なものです。森のなかに数時間座って待っていても何の変化もありません。例えば清里の森だったら、運が良ければ、鳥たちがやってくるか、鹿が歩いてくるか、風が吹くか、光が射し込むか、雨が降るか、流れ星が見えるか……運が良ければね。劇的な変化なんて普段はないんです。自然写真家たちの「スゴイ！」ショットは、何千何万枚の撮影から、何百時間の辛抱から、本当に稀な瞬間を切り取っているのだと思います。もう一度言います、自然は退屈なのです。

だから、私たちはいろいろ道具を使ったり、仕掛けてるというのもある面本当です。大きなお世話と言われりゃその通りなのですが、でも、そのちょっとしたお世話（仕掛け）で見えなかったものが見えてきたり、感じることができなかったものを感じられようになるのです。

森のなかに住んで三〇年

清里の森には一九八〇年から住んでいます。自宅は四方森に囲まれています。今では東京の仕事が週の半分以上になっていますが、それでも東京に引っ越すつもりはありません。この住処に戻れるから東京でも各地への出張でも頑張れるのだと思います。

自然のなかに住んでいると（いくら週の半分以上東京といっても、一番寝ているベッドは自宅のベッドです）、二〇代まで東京で住んでいた頃に丹沢や八ヶ岳に来る度に感激したようなことはもうありません。自然の変化はゆっくりとしています。

自然は自分を映しだす鏡のようなもの

「自然との交感」というキーワードの原稿依頼を受けてから「自然との交感……自然との交感……」と呪文のように唱えながら、これは一体何なのだろうと考えていました。今朝森のなかを犬と一緒に散歩しながら「これは鏡のようなものなのではないか？」と思い始めました。その時その時の自分の状態を映しだす鏡、先にも「自然は退屈」と書きましたが、退屈な自然のなかにいても、たまに「呼ばれる」時があります。僕を呼んでいるのは満月だったり、花の蕾だったり、道に落ちた枯れ枝だったりします。勿論呼ばれないこともあります。むしろその方が多いでしょう。呼ばれる時……それは自分を映しだす鏡を僕が探している時。呼ばれているかもしれないけど気付いていない時は、自分にそんな余裕がない時なのかもしれません。

何かが見えたり、感じたり、感動したり……それは要するに見たり、感じたり、感動したりする側（つまり自分）のその時の状態次第なのではないかと思うのです。そう思ったのは、たぶん以下の昔の自分の経験が下敷きにあるのだと思います。

東京から清里の山のなかに移り住んだのが二六歳の時、三〇代に入ってから月に一回位、用事で東京に出かけるようになりました。その頃、僕はやたらと東京の道端で知り合いと出会ったのです。その時は本当に不思議なことだと思いました。急に僕が知り合いを増やしたわけでもないし、僕には群衆から知り合いを見つける特別な能力が急に備わったのではないのに、どうしてこんなにたくさん知り合いと出会うのだろう？　本当に不思議でなりませんでした。でも、間もなくこの疑問は解けたのです。それはとても簡単なことでした。僕はキョロキョロして人の顔を見ながら東京を歩いていたのです。東京から清里に移り住んで数年、自然のなかでの暮らしに慣れてきた頃に毎日数千もの人とすれ違う東京に出てくると、とにかく人が珍しくってキョロキョロしながら道を歩いていたのです。

最近は週の半分以上は東京を中心にアチコチに出かけています。もう三〇代の頃のようにキョロキョロして歩くことはないようです。三〇代の頃に比べて遥かに知り合いは増えていると思うのですが、道端で知り合いに出会うことはほとんどなくなりました。目を伏せて下を向いて歩いているからなのかもしれません。

自分の状態を映し出したい、映しだす鏡が欲しい、そう思った時、そんな状態に自分がなった時に、無意識に自然の鏡を探しはじめるのではないかと思い始めたのです。

12

森を抜ける

中村邦生

空洞小譚

1

信州の蓼科高原での研究合宿を終えた日、私は白駒池山荘の「室内楽の夕べ」に出かけた。〈山奥のしじまに響くモーツァルトの室内楽〉と、ホテルのロビーの隅に貼られた手作りの簡素なポスターに心惹かれたからだ。八ヶ岳の原生林の奥でひっそりと湖面に鈍い光を広げている白駒池の情景が思い浮かび、湖畔にある山小屋が丸ごと共鳴体となって空気をふるわせ、モーツアルトのフルートとオーボエの四重奏のまろやかな旋律が夜の森を渡る、そんな小さな音楽会に期待がふくらんだ。

「この演奏会、誰かいっしょに行く人はいない?」と誘ってみたが、学生たちはそろって同じ特急列車で帰るという。同僚のS先生は宿泊代の清算を済ますと慌ただしく先に立ち去った。私は駅前でレンタカーを準備し、夕暮れの峠を越えて八ヶ岳に向かった。

シラビソとトウヒの密集する原生林の道は、すでに闇が樹間を浸している。地表は四〇〇種にのぼるという苔が黝く這い、巨石や朽ちた幹を持ち上げて、今にもうごめきだす気配に満ちていた。それでも空を見上げると、かすかに朱色に染まった雲が木々の間から覗く。

山道が下りになって、私は足を滑らせた。瞬間、側頭部に鈍い衝撃を受けると同時に何かの幻影が、閃光のように脳裏を走った。

気がつくと灰色に広がる水面が目の前にある。湖畔の右手には山荘の明かりが人々の賑わいを集めていた。ホテルで見た同じポスターが玄関口に貼ってあるだけで、音楽会の案内が大書してあるわけではない。会場の食堂には座布団が敷かれ、最前列と後の数列にすこし空席を残していた。私は最後列の席に座り、壁に寄りかかりながら会場を見渡した。五〇人ほどの観客が集まっていたが、皆一様に黙りこんで開演を待っている。

その不動の姿に幽鬼めいたものを感じたのは、一瞬の気分の戯れだったのだろうか。直後、廊下から四、五人の男女のグループの笑い声が近づいてきたものの、食堂に入ると神妙に声を潜めた。

作務衣を着た初老の男が定刻どおり現われ、ヴァイオリン、ヴィオラの女性奏者に続き、チェロ、フルート、オーボエの男性奏者が席についた。男は観客を一瞥してから、開演の挨拶を始めた。

――みなさん、こんばんは、当山荘のあるじの篠田です。夏の恒例のコンサートも、ほそぼそと続けてきましたが、おかげさまで来年は四〇周年になります。いろいろな思い出がよみがえってきますが、第一回から昨年まで毎年欠かさずにお見えになった写真家の波多野さんが、ご承知のように、先月お亡くなりになりました。

弦楽器の演奏者たちが小さくうなずき、会場から溜息がもれたとき、私は見当違いなところに紛れ込んだような気分になった。それから、調理場と食堂を仕切る狭いカウンターにのった傘を広げたほどの巨大な南瓜に目がいき、その不安定な置き場所がわけもなく気になりはじめた。

視線をオーナーに戻すと、話題は先祖から伝わる自然の知恵に及んでいた。

――今年の夏は大雨が多かったですね。実は私のじいさんからの言い伝えで、朝に虹を見たら川を渡るな、というのがあるんです。朝の虹はたいてい大雨の予兆ですから、みなさん覚えておいてください。そういえば、今年の冬は大雪が降りましたが、これも私は予測していました。去年の夏、カマキリの巣の高さが二メートルになりましたから。これも言い伝えがあります。カマキリの巣の高い夏は、次の冬に大雪が降る、と。

音楽会とは関係ない話だと思った。ところが、しだいに不思議な心の調律を受けた気分に私は浸された。

演奏が始まった。

アレグロ、ト長調、ソナタ形式。アダージョ、ロ短調、愛らしいメロディの舞うカンティレーネ。アレグレット、ニ長調、軽快なテンポでフルート疾走するロンド。

モーツアルトのフルート四重奏が終わり、休憩時間になったとき、「毎年いらっしゃるのですか？」と薄紫色のスカーフを品よく巻いた中年の女性が話しかけてきた。その澄んだ細い声は、何か切実なことを尋ねるような調子があった。

楽器をなだめすかす、演奏者たちのチューニングの表情に私は惹きつけられていたので、「いいえ、ちがいます」とだけ答えた。ところがその後、女性はそっと席を立ったきり、戻ってこなかった。

ふたたび演奏が始まり、オーボエが軽快なテンポで歌いだす。それにつれて、私はゆるやかに眠りへと誘われた。目覚めているのか、眠っているのか、その意識のはざまのようなところで聞く音楽の愉楽。オーボエの音階がゆるやかに天空へ上昇し始め，その旋律をバイオリンが追い、ビオラとチェロは基調音を支え、地上に留まる。覚醒と眠りのおぼろげな領域で響く演奏に身をゆだねながら、第二楽章の短調のアダージョに入ったとき、明るさにこそ存在する神秘が深淵の口を開けたようで、私は目を開いた。同時に、今夜の演奏会に関心を向けた理由らしきものに思い及んだ。

家に旧式の再生装置はないが、古いＬＰレコードが何枚か保管してあった。その中に、ドレスデンの名手たちの合奏によるモーツアルトの小品集が残っていた。音楽好きの叔父の遺した数少ない懐かしいコレクションの一つで、山荘の音楽会のチラシを見たとき、たぶんそのことが私の心の奥にあったに違いない。

2

夜の森の帰り道、足元を小さな懐中電燈が照らす。その小さな光の輪は、地面を明るく浮き出させ、ほのかに白い空洞ができているようにも見えた。

明かりを消すと闇が身に貼りつき、暗い梢をわたっていく風の音が聞こえる。ふたたび電燈を点けると、その沢の流れのようなざわめきが、なぜか消えた。

山小屋で聞いた室内楽の余韻が脳裏に漂う。しかし、心の中でメロディを反芻するというより、現実感の薄れた断片的な音の記憶を引き寄せている。

懐中電燈を点滅させ、闇と明かりの交替とを楽しみながら歩くうちに、駐車場に向かう分岐路にさしかかり、木々の間から月明かりが広がった。つま先から長く私の影が伸びている。前に進んではいても、歩行の動きに逆らい、影がもつれて足に絡みついてくる感じだ。

私は影を蹴り上げた。瞬間、影は身をかわして背後に回り、人形《ひとがた》の輪郭を崩し、丸く固まったまま動かなくなった。よく見れば、足先から伸びているはずの影が、身体から遊離し地面に暗い淵となって口を開けている。

身を乗り出して穴を覗いたが、底は見えない。そのとき、「毎年いらっしゃるのですか？」と細く尖った女の声が空洞の闇を震わせた。声に気を奪われて私の身体は重心を失い、暗い宙を舞った。落下の時間はどれほどだったか判らない。一瞬のようにも、長い回想をゆるすほど持続した時間のようにも感じられた。

底なしの穴をどこまで落ちていく。

あのとき、私は足に絡みついてきた自分の影を蹴り上げただけだ。しかし、戯れにしては力が入り過ぎていたかもしれない。影は衝撃で歪み、形を崩して丸く固まった。

私は影を労わるように身を寄せた。瞬間、幻聴のように聞こえたあの女の声の正体を確かめようと身体をひねり、反動で影の中に倒れたらしい。

影が穴になっているだけでなく、そこに吸い込まれるとは思わなかった。少し前まで私は八ヶ岳の月明かりの山道を歩いていたはずではなかったか。

長い時間にも短い時間にも思える。身体が浮いている感覚が残っているところをみると、たしかに落下したにちがいない。湿っぽい泥土のようなにおいも空気に交じっていた。

不安な思いが一度に脳裏をかすめたのだが、夢の中の出来事のように、ちぐはぐな現実感がまとわりついた。でも、そのちぐはぐな感覚もまた、もう一つ外側の夢に包まれているようで、私はいったいどこにいるのかますます判らなくなった。

しばらくすると、私の横を何か白っぽい生き物が通り過ぎ、どこかで聞いた覚えのある英語をつぶやきながら遠ざかった。

Oh dear!　I shall be too late!

（たいへん、たいへん、遅刻しっちゃう！）

白い生き物はウサギにちがいない。すると私はワンダーランドに行ったあの世界一有名な少女と同じ穴に飛び込んだのだろうか。物語の登場人物や動物たちが、頭の中に溢れ出てくる気がした。

ピーター・ラビットほど知られてはいないけれど、やはりチョッキを着ている白ウサギは、懐中時計を取り出して時間を確かめ、あわてて、私の前を走っていった。

「待て、待て、うさぎ、出口はどこにあるんだい？」

私は大声で叫んだつもりだったけど、その声は外に出すというよりも、くぐもったひとかたまりの音となって身体の中を反響するだけだった。

下へ、下へ、また下へ。読んだ物語のとおりだとすれば、落ちていく先がどこか予測がついた。天井の低い広間なのだ。テーブルの上には薬の入ったビンがあって、それを飲むと身体が一〇インチほどに縮んでしまう。箱の中のケーキを食べると、とてつもなく大きな体に変わり、足先も見えないくらいになって、私は号泣することになるはずだ。それから、キノコのかじり方を教えてくれる芋虫、シャシャ猫、いかれた帽子屋に三月ウサギ、ハートの女王……。私は懐かしい面々に再会するような気になった。

しかし物語を辿るより先に、行く手に穴の出口が明るく見えた。それが上にあるのか下にあるのか曖昧のまま、勢いよく外に吸い出された。

私は両側にビルの建つ狭い路地のようなところに横たわっていた。足もとには抜け出してきた暗い淵のような空洞がある。息を整えてから気づいたのだが、そこはビルの谷間なのではなく、両側に本棚の立ち並ぶ図書館の地下書庫だった。

意識はまだ霞がかかっている。換気孔から風の動く音が伝わってくるが、そこからかすかに授業開始のチャイムも流れてきた。「たいへん、たいへん、遅刻しちゃう！」と私は書庫の薄闇の中で呟いた。

3

授業の始まりではなく、終りのチャイムだったらしい。さわさわと人の声が空気のかたまりとなって換気孔から入ってくる。

図書館の地下書庫の薄闇の中で耳を澄ますと、書棚に並ぶ本がふいの闖入者に眠りを破られて、一瞬ざわめいたように感じられた。腕時計は一二時半を指しているので、昼休みの賑わい時間に入ったところだろう。

しかし、夏休み中なのに授業時間を知らせるチャイムがなぜか聞こえた。足もとに私の抜け出てきた黒い穴があるはずだけど、うずくまって目をこらし、床を手探りしても、それらしい窪みはどこにも見つからない。

「たいへん、たいへん、遅刻しちゃう！」というあのワンダーランドのウサギと同じ思いを私はまだ引きずっていたが、本当のところ何に対する遅れなのか判らなかった。誰かを待たせている？　私の時間意識が混乱していて思いだせないが、ことによると学生との面談の約束があったのかもしれなかった。

私は冷静に振り返った。ゼミ合宿を終えた夜、八ヶ岳の湖畔のコンサートに出かけ、帰りの月明かりの山道で、自分の影と戯れているうち穴に落ちた。それから長く暗い井戸のような空洞を通り抜け、この場所に放り出された。

八ヶ岳の夜の森の穴から、この埼玉県東松山の大学図書館の地下書庫に辿り着いた出来事こそ、夢のマジックの作りだしたものだったかもしれない。それでも、あの闇を落下していくときの遊泳感覚がはっきりと全身の肌に貼りついていた。

落下の速度が早くなるにつれ、肺に吸い込む酸素の量が少なくなっていく感じがつのり、息苦しく、必死に呼吸を深くしたが、逆に息を強く吐き出したときに似て、意識がぼうっと朦朧となり、顔の周りに濃い霧が立ちこめたみたいに昏くなった。

それでいて、足を先にしているのか、頭を下にしているのか、重心を欠いた五体がばらばらに回転しながら落下している感覚があり、内臓のよじれと血の逆流が、苦痛をこえた奇妙に生々しい愉悦のようなものを呼んだ。擬似的な死の陶酔だったのだろうか。でも、私はそんなものに心惹かれたりしない。身体にひりつくような火照りを残す時空のゆがみの秘密のほうに好奇の気分はふくらんだ。

遠くからふたたびチャイムが聞こえてきたのとほぼ同時に、地下倉庫に明かりがつき、話し声が中央の通路を進んできた。

「人から見れば、何の価値もないものだけど、私にとっては大事な秘密の資料なんだ」

笑いを含んだ聞き覚えのあるようでないような、しかし何かしら違和感を覚える声だった。書棚の隙間から覗くと、スーツ姿の男がダンボールをかかえて中央の通路を進んでいくのが見えた。

「じゃ、研究室の整理の終わる来月末までということですね。ただ、保管の責任は持てませんので、よろしくお願いします。それでは、ぼくはここで失礼します」

若い図書館員は先に帰り、男が通路の突き当りを右に曲がると、続けて重い鉄のドアの軋む音が地下に響いた。瞬間、脳裏に浮かんだ映像は、獲物を捕らえた獣のように身をかがめ、ひそかに秘密の箱を開ける私自身の後姿だった。

4

他人の影のように、私の後姿が見えるとはどういうことだろう？　その人影は私であって私でない。いや、後ろめたさから、そう思いたいだけかもしれない。

図書館の地下書庫の暗がりに身を潜めながら、非常灯の青白い薄明かりを頼りに、もう一人の私が、私物らしきものが入った箱に手を添えた。〈開封禁。一時保管。事務方へ連絡済み〉と几帳面な字が浮かんでいる。慎重に手を動かしているのに、ダンボール箱からガムテープがはがれる耳障りな音が地下室に響く。

箱の梱包を解くと、手紙や書類に交じって、『カメラキメラ』というタイトルの写真集が出てきた。五人の男たちの横顔が、ハレーションしたような滲んだモノトーンの画像に浮かんでいる。

見覚えのある本であるような気がして、記憶をたどったが、どれも曖昧な靄となって消えた。

地下倉庫の暗闇の中で息を殺してうずくまっていると、左手から光の帯が伸びてきて顔に触れた。

私は目覚めに引き戻されて、顔をあげた。厚手のカーテンの合わせ目から、日差しが漏れている。右を見ると、ゼミ長のYさんの真剣な横顔が見え、前の列には副ゼミ長のT君の大きな丸い背中があった。

中村の講義の声が聞こえる。おかしな夢を見たものだ、と私は思った。そう考えながらも、微睡から覚めて、今こうして教室にいることの方が、夢ではないのだろうか、という疑いも脳裏をよぎった。

板書には、「オノデラユキの仕事／『カメラキメラ』／オルフェウスの下方へ／ある失踪事件」といつものスラッシュを多用する消し残しの字があった。

「その写真のタイトル、どうしてオルフェウスという名前が入っているんですか?」

T君が質問をはさんだ。

「それはこれから話すところです。迷宮入りになったある失踪事件に関係した写真でね」

中村の話は盛りだくさんで、講義の流れが錯綜している気配があった。

「オノデラユキって、どういう写真家なんですか」

とＹさんが話を戻しにかかったが、すでに説明済みのことらしく、中村は簡単に触れただけで先を進めた。

「たぶん、海外でもっともよく知られた日本人女性かもしれない。パリを拠点に活動している実験性に富んだ写真家で、『オルフェウスの下方へ』は、代表作の一つと言っていいでしょう。ギリシャ神話のオルフェウスは死んだ妻を連れ戻しに、冥府下りをしたわけだけど、その地下世界への道行のイメージを重ねた作品なんです」

話を聞きながら、私はつい先ほど抜け出てきた底なしの穴のことを連想し、胸が騒いだ。

オノデラユキは、失踪事件が起こったホテルの同じ部屋に泊まり、脚立を組んで天井から部屋を撮影して、真相を推理したという。男はどうやって姿を消したのか。窓も閉め切り、ドアの鍵は中から掛かっていたし、しかもその鍵だって、テーブルの上にあった。

5

ヨーロッパのあるホテルの失踪事件の写真をめぐり、中村は言葉を少しずつ手繰り寄せるように話を続けた。

――私たちは誰でも、水平線や地平線など、遥かなものに目を凝らします。彼方への憧れです。でも、オノデラユキが関心を持ったのは、自分の足下だった。下方へのひたすらな眼差し。視線は地表から深い岩盤へ、どんどん進んで地軸を貫き、地球の反対側の地点にいたったのです。地下一万二〇〇〇メートルを下りて。まさしく地の涯ですね。いわば想像力が視線となって進んでいったということかもしれません。

「どういうこと？　想像力が視線となるって」と聴講生のＮさんが隣のＹに囁いた。

「何となくわかる感じだけど……」

Ｙがそう応じると、中村には聞こえていたらしく、「なんとなくわかれば、それでいい。簡単に言ってしまえば、想像力によって見えないものまで見てしまうということです」と言葉をはさんだ。

中村は改めて写真集を掲げ、「オルフェウスの下方へ」とタイトルの入ったページを広げた。内側から鍵をかけ、荷物もそのままにして消え去った男のホテルの一室。天井の高さから部屋を見下ろすアングルで撮影されている。

左の写真は、花模様のベッドカバーに、丸いサイドテーブルと電気スタンドのありふれたホテルの室内をモノクロで撮ったものだ。写真の下に、この部屋の緯度経度が小さく示されている。北緯49度25分51秒、西経3度28秒。右はジャングルのカラー写真。ポラロイドカメラで撮影したもので、南緯40度25分51秒、東経176度17分32秒と数字が見える。

——行方不明の男は、どこに消えたのか？　オノデラユキはこの密室で起きた謎の失踪事件に大胆な推理をしたのです。一八世紀のイギリスの航海日誌に、ニュージーランドの先住民マオリの長の口述として残されていた文がヒントになったのです。一七二六年に地下世界から予言者が現われ、西洋人の登場を告げたというのです。オノデラの仮説によれば、この男こそホテルから失踪した人物です。地下一万二七〇〇メートルの地下を貫き、時を二八〇年さかのぼって、ホテルの部屋の真反対のマオリの住む森に抜け出た。さっきの緯度経度の文字は、あえて写真が生まれる以前の一八世紀の活字で印刷して、時間の移動を暗示しています。オノデラは、この密室の失踪事件を写真という表現手段に想像的飛躍を加え、時空を越境する物語を作り出してみせたのかもしれません。

ホテルの部屋で起こった失踪事件の謎を私が解けるような気になったのは束の間のことにすぎず、もはやオノデラユキの大胆に推理した真相に付け加えることは何もないように思えた。

「先生、その1726と入っている数字も、同じ一八世紀の活字ですね」とTが声をあげた。「それ、スウィフトの例の『ガリヴァー旅行記』が刊行された年じゃないですか？」

中村は少し躊躇の顔を見せて、「なるほど、そうだったね」と呟いた。「ガリヴァーという名前には、〈だまされやすい〉という字義が込められています。だとすると……」

この架空の旅の記録が発表された年号であることを配慮すると、さらに虚実の結び目が巧みに隠されているように思えた。

虚実の結び目？　緩いにせよ固いにせよ、私たちは日々こうした結び目を結んだり解いたりしている、と本人に確かめたわけではないが、中村にそんな想念が走ったかもしれない。その結び目からもまた、小さな空洞が覗く。

や 行

ら・わ 行

な　行

は　行

ま　行

さ　行

た　行

索　引

あ　行

か　行

中 村 邦 生（なかむら・くにお） 第Ⅱ部12

大東文化大学文学部教授／作家

著書 『〈虚言〉の領域——反人生処方としての文学』ミネルヴァ書房，2004年

『月の川を渡る』〈小説集〉作品社，2004年

『生の深みを覗く』（編著）岩波書店，2010年

『転落譚』〈小説〉水声社，2011年

『書き出しは誘惑する』岩波書店，2014年

『風の湧くところ』〈小説集〉風濤社，2015年

宮嶋康彦（みやじま・やすひこ）　第Ⅱ部9

写真家／作家

著書　『河馬の方舟』朝日新聞社，1987年
『一本の木』草思社，1991年
『日の湖　月の森』草思社，1991年
『だからカバの話』朝日新聞社，1999年
『汎自然　自然から副詞的自然へ』かんげき屋，2002年
『たい焼きの魚拓』JTB，2002年
『蛍を見に行く』文藝春秋，2004年
『写真家の旅』日経 BP 社，2006年
『脱「風景写真」宣言　二〇一〇年の花鳥風月』岩波書店，2006年
『地名　ぢな　妣の國から』Office Hippo，2016年

竹内理矢（たけうち・まさや）　第Ⅱ部10

東洋大学文学部准教授

著書　『アメリカ文化 55のキーワード』（共著）ミネルヴァ書房，2013年
『〈日本幻想〉表象と反表象の比較文化論』（共著）ミネルヴァ書房，2015年
論文　「フォークナーと「近代」――「エミリーへの薔薇」，憧憬と回帰」日本ウィリアム・フォークナー協会『フォークナー』(17) 135-147，2015年
「フォークナーと太宰治――近代と育ての〈母〉」日本ウィリアム・フォークナー協会『フォークナー』(18) 146-159，2016年
「『響きと怒り』，「聖家族」の崩壊――近代の顕現」日本アメリカ文学会『アメリカ文学研究』(53) 2017年

川嶋　直（かわしま・ただし）　第Ⅱ部11

公益社団法人日本環境教育フォーラム理事長

著書　『就職先は森の中――インタープリターという仕事』小学館，1998年
『KP 法――シンプルに伝える紙芝居プレゼンテーション』みくに出版，2013年
『日本型環境教育の提案』（共著）小学館，1992年
『ESD 拠点としての自然学校――持続可能な社会づくりに果たす自然学校の役割』（共著）みくに出版，2012年
『インタープリター・トレーニング』（共著）ナカニシヤ出版，2014年
『アクティブラーニングに導く KP 法実践――教室で活用できる紙芝居プレゼンテーション法』（共編著）みくに出版，2016年

原岡文子（はらおか・ふみこ）　第Ⅱ部5

聖心女子大学名誉教授

著書　『源氏物語の人物と表現——その両義的展開』翰林書房，2003年

『『源氏物語』に仕掛けられた謎——「若紫」からのメッセージ』角川学芸出版，2008年

『『源氏物語』とその展開——交感・子ども・源氏絵』竹林舎，2014年

『源氏物語事典』（共編著）大和書房，2002年

『更級日記　現代語訳付き』（訳注）角川ソフィア文庫，2003年

山本洋平（やまもと・ようへい）　第Ⅱ部6

明治大学理工学部専任講師

著書　『水声通信33 特集エコクリティシズム』（共著）水声社，2010年

『ソローとアメリカ精神——米文学の源流を求めて』（共著）金星堂，2012年

『鳥と人間をめぐる思考——環境文学と人類学の対話』（共著）勉誠出版，2016年

『環境人文学Ⅰ　文化のなかの自然』（共編著）勉誠出版，2017年

『環境人文学Ⅱ　他者としての自然』（共編著）勉誠出版，2017年

関根全宏（せきね・まさひろ）　第Ⅰ部第4章（訳），第Ⅱ部7

戸板女子短期大学国際コミュニケーション学科専任講師

論文　"Ishmael, the Poet : *Moby-Dick* as a Romance, the Second Voyage." *The Journal of the American Literature Society of Japan* (11) 23-40, 2013.

"Epic and Lyric : Melville's Use of the Folk Ballad in *Billy Budd*." *Sky-Hawk : The Journal of the Melville Society of Japan* (2) 64-78, 2014.

"Pathos in the Civil War : Melville's "The Scout toward Aldie" as a Ballad." *Sky-Hawk : The Journal of the Melville Society of Japan* (4) 25-40, 2016.

髙野孝子（たかの・たかこ）　第Ⅱ部8

早稲田大学留学センター教授／（特活）エコプラス代表理事

著書　『てっぺんから見た真っ白い地球』The Japan Times, 1993年

『野外で変わる子どもたち』情報センター出版，1996年

『世界遺産のいま』（共著）朝日新聞社，1998年

『ホワイトアウトの世界で』国土社，1998年

『地球の笑顔に魅せられて』海象社，2010年

『場の教育——「土地に根ざす学び」の水脈』（共著）農文協，2010年

小池昌代（こいけ・まさよ） 第Ⅱ部3

詩人／小説家

著書 『コルカタ』思潮社，2010年

『弦と響』光文社，2012年

『産屋』清流出版，2013年

『たまもの』講談社，2014年

『詩についての小さなスケッチ』五柳書院，2014年

『恋愛詩集』編著アンソロジー／NHK 出版，2016年

スコット・スロヴィック（Scott Slovic） 第Ⅱ部4

アメリカ合衆国・アイダホ大学(University of Idaho)教授

著書 *Seeking Awareness in American Nature Writing : Henry Thoreau, Annie Dillard, Edward Abbey, Wendell Berry, Barry Lopez,* Salt Lake City : University of Utah Press, 1992.

Going Away to Think : Engagement, Retreat, and Ecocritical Responsibility, Reno : University of Nevada Press, 2008.

Numbers and Nerves : Information, Emotion, and Meaning in a World of Data. (Co-editor). Corvallis : Oregon State University Press, 2015.

Ecocritical Aesthetics : Language, Beauty, and the Environment. (Co-editor). Bloomington : Indiana University Press, 2017.

論文 "1879. John Muir's First Trip to Alaska." *A New Literary History of America.* Edited by Greil Marcus and Werner Sollars. Cambridge, MA : Harvard University Press, 2009.

"Narrative Scholarship as an American Contribution to Global Ecocriticism." *Handbook of Ecocriticism and Cultural Ecology.* Edited by Hubert Zapf. Berlin, Germany : De Gruyter, 2016.

藤原あゆみ（ふじわら・あゆみ） 第Ⅱ部4（訳）

立教大学大学院文学研究科博士課程前期課程

論文 「『青い眼』が映す新生のヴィジョン――Toni Morrison の *The Bluest Eye* にみる混血と性」『立教大学ジェンダーフォーラム年報』第17号，2016年

「不在と実在の逆説――Edith Wharton のゴシック短篇にみるジェンダーとセクシュアリティ」『立教レヴュー』第45号，2016年

奥野克巳（おくの・かつみ）　第Ⅰ部第10章

立教大学異文化コミュニケーション学部教授

著書　『「精霊の仕業」と「人の仕業」――ボルネオ島カリス社会における笑い解釈と対処法』春風社，2004年
『帝国医療と人類学』春風社，2006年
『文化人類学のレッスン――フィールドからの出発 増補版』（共編著）学陽書房，2011年
『人と動物の人類学』（共編著）春風社，2012年
『文化人類学 改訂新版』（共編著）放送大学教育振興会，2013年
『動物殺しの民族誌』（共編著）昭和堂，2016年
『鳥と人間をめぐる思考――環境文学と人類学の対話』（共編著）勉誠出版，2016年

北條勝貴（ほうじょう・かつたか）　第Ⅰ部第11章

上智大学文学部准教授

著書　『環境と心性の文化史』（共編著）上・下，勉誠出版，2003年
『日本歴史災害事典』（共著）吉川弘文館，2012年
『寺院縁起の古層――注釈と研究』（共編著）法藏館，2015年
『環境に挑む歴史学』（共著）勉誠出版，2016年

崎山多美（さきやま・たみ）　第Ⅱ部1

小説家

著書　『くりかえしがえし』砂子屋書房，1994年
『ムイアニ由来記』砂子屋書房，1999年
『ゆらてぃくゆりてぃく』講談社，2003年
『月や，あらん』なんよう文庫，2012年
『うんじゅが，ナサキ』花書院，2015年
エッセイ集　『南島小景』砂子屋書房，1996年
『コトバの生まれる場所』砂子屋書房，2004年

今福龍太（いまふく・りゅうた）　第Ⅱ部2

東京外国語大学総合国際学研究院教授

著書　『ミニマ・グラシア――歴史と希求』岩波書店，2008年
『群島-世界論』岩波書店，2008年
『レヴィ=ストロース　夜と音楽』みすず書房，2011年
『薄墨色の文法』岩波書店，2011年
『ジェロニモたちの方舟』岩波書店，2015年
『ヘンリー・ソロー　野生の学舎』みすず書房，2016年

山田悠介（やまだ・ゆうすけ）　第Ⅰ部第7章

立教大学大学院異文化コミュニケーション研究科博士後期課程

著書　『鳥と人間をめぐる思考——環境文学と人類学の対話』（共著）勉誠出版，2016年

『環境人文学Ⅰ　文化のなかの自然』（共著）勉誠出版，2017年

論文　「交感の文体をめぐって——吉本ばなな『アムリタ』の反復」『文学と環境』第14号，ASLE-Japan／文学・環境学会，2011年

「動物変身譚における反復と類像性」『文学と環境』第15号，ASLE-Japan／文学・環境学会，2012年

「『反復』というふるまい——石牟礼道子の言葉」『共生学』第10号，上智大学共生学研究会，2015年

浅井優一（あさい・ゆういち）　第Ⅰ部第8章

順天堂大学国際教養学部助教

著書　『儀礼のセミオティクス』三元社，2017年

論文　「行為の詩，あるいは，儀礼としての自然インタープリテーション——環境ディスコースの言語人類学的考察」『社会言語科学』11巻2号，2009年

「フィジー——環境保護，コミュニティ，文化的多様性」『アジア・太平洋地域のESD——〈持続可能な開発のための教育〉の新展開』明石書店，2012年

「首長再生と悪魔排除——フィジーにおける神話化過程としての首長制」『アジア・アフリカ言語文化研究』85号，2013年

“Intercultural learning for sustainability: At the ‘nexus’ of the environment, communication and socioculture in Fiji.” *Intergenerational learning and transformative leadership for sustainable futures,* Wageningen Academic Publishers, 2014.

“Environmentalism and its ritualized fakeness: A semiotic analysis of onomatopoeic discourse on nature.” *RASK: International Journal of Language and Communication, 42,* 2015.

翻訳　「自然記述の多様性——ネイチャーライティングから環境文学まで（スコット・スロヴィック・著）」『異文化コミュニケーション学への招待』みすず書房，2011年。

河野哲也（こうの・てつや）　第Ⅰ部第9章

立教大学文学部教授

著書　『意識は実在しない——心・知覚・自由』講談社メチエ，2011年

『「こども哲学」で対話力と思考力を育てる』河出書房新社，2014年

『境界の現象学——始原の海から流体の存在論へ』筑摩選書，2014年

『現象学的身体論と特別支援教育』北大路書房，2015年

『いつかはみんな野生にもどる』水声社，2016年　ほか

フランソワ・スペック（François Specq） 第I部第4章
フランス・リヨン高等師範学校，フランス国立科学研究センター（École Normale Supérieure de Lyon-CNRS IHRIM）教授

著書 *Transcendence : Seekers and Seers in the Age of Thoreau.* Higganum, CT : Higganum Hill Books, 2006.

Thoreauvian Modernities : Transatlantic Conversations on an American Icon. (Co-editor). Athens : University of Georgia Press, 2013.

Walking and the Aesthetics of Modernity : Pedestrian Mobility in Literature and the Arts. (Co-editor). New York : Palgrave-Macmillan, 2016.

Environmental Awareness and the Design of Literature. (Co-editor). Leiden/Boston : Brill, 2016.

論文 "(Un)Framing the Mind : Where on Earth is Walden?," *ESQ : A Journal of the American Renaissance,* Vol. 52, n° 4 : December 2006.

"Thoreau's Journal or the Workshop of Being," *Criticism : A Quarterly for Literature and the Arts.* Vol. 58, No. 3 : Summer 2016.

矢野智司（やの・さとじ） 第I部第5章
京都大学大学院教育学研究科教授

著書 『ソクラテスのダブル・バインド――意味生成の教育人間学』世織書房，1996年

『自己変容という物語――生成・贈与・教育』金子書房，2000年

『動物絵本をめぐる冒険――動物－人間学のレッスン』勁草書房，2002年

『意味が躍動する生とは何か――遊ぶ子どもの人間学』世織書房，2006年

『贈与と交換の教育学――漱石，賢治と純粋贈与のレッスン』東京大学出版会，2008年

『幼児理解の現象学――メディアが開く子どもの生命世界』萌文書林，2014年

『大人が子どもにおくりとどける40の物語――自己形成のためのレッスン』ミネルヴァ書房，2014年

北川扶生子（きたがわ・ふきこ） 第I部第6章
天理大学文学部教授

著書 『近世と近代の通廊――十九世紀日本の文学』（共著）双文社出版，2001年

『都市の異文化交流――大阪と世界を結ぶ』（共著）清文堂出版，2004年

『コレクション・モダン文化都市 第53巻 結核』ゆまに書房，2009年

『漱石の文法』水声社，2012年

『〈日本幻想〉表象と反表象の比較文化論』（共著）ミネルヴァ書房，2015年

「『やまと新聞』投稿欄にみるハワイ日系日本語文学の草創期」『日本近代文学』第89集，2013年

執筆者紹介（執筆順，＊印は編著者；執筆分担）

＊野 田 研 一（のだ・けんいち） 序論

奥付編著者紹介参照

結 城 正 美（ゆうき・まさみ） 第Ⅰ部第１章

金沢大学人間社会研究域教授

著書 『水の音の記憶――エコクリティシズムの試み』水声社，2010年
　『他火のほうへ――食と文学のインターフェイス』水声社，2012年
　『文学から環境を考える――エコクリティシズムガイドブック』（共編著）勉誠出版，2014年
　The Oxford Handbook of Ecocriticism, Oxford University Press, 2014.（共著）
　A Global History of Literature and the Environment, Cambridge University Press, 2017.（共著）
　The Routledge Companion to the Environmental Humanities, Routledge, 2017.（共著）

喜 納 育 江（きな・いくえ） 第Ⅰ部第２章

琉球大学法文学部教授

著書 『沖縄・ハワイ，コンタクト・ゾーン』（共著）彩流社，2010年
　『〈移動〉のアメリカ文化学』（共著）ミネルヴァ書房，2011年
　『〈故郷〉のトポロジー』水声社，2011年
　『アメリカ文化 55のキーワード』（共著）ミネルヴァ書房，2013年

訳書 Tami Sakiyama, “Passing into Twilight Alley.” Elizabeth McKenzie, ed. *My Postwar Life : New Writings from Japan and Okinawa.* Chicago : Chicago Quarterly Review Books, 2012.

中 川 僚 子（なかがわ・ともこ） 第Ⅰ部第３章

聖心女子大学文学部教授

著書 『〈インテリア〉で読むイギリス小説――室内空間の変容』（共編著）ミネルヴァ書房，2003年
　『〈食〉で読むイギリス小説――欲望の変容』（共編著）ミネルヴァ書房，2004年
　『フランケンシュタイン』〈もっと知りたい名作の世界⑦〉（共編著）ミネルヴァ書房，2006年
　『日常の相貌――イギリス小説を読む』水声社，2011年
　『〈日本幻想〉表象と反表象の比較文化論』（共著）ミネルヴァ書房，2015年

論文 “Naming the Unnameable: Monstrosity and Personification in the First Japanese Translation of *Frankenstein* and its Illustrations.” *POETICA : An International Journal of Linguistic-Literary Studies,* 82 Tokyo : Yushodo, 2014.

《編著者紹介》

野田研一（のだ・けんいち）

立教大学名誉教授

著　書『交感と表象――ネイチャーライティングとは何か』松柏社，2003年
『岩波講座　文学 7　つくられた自然』（共著）岩波書店，2003年
『越境するトポス――環境文学論序説』（共編著）彩流社，2004年
『ウォールデン』〈もっと知りたい名作の世界③〉（共著）ミネルヴァ書房，2006年
『自然を感じるこころ』筑摩書房，2007年
『英語文学事典』（共編著）ミネルヴァ書房，2007年
『〈風景〉のアメリカ文化学』〈シリーズ・アメリカ文化を読む②〉（編著）ミネルヴァ書房，2011年
『〈都市〉のアメリカ文化学』〈シリーズ・アメリカ文化を読む③〉（共著）ミネルヴァ書房，2011年
『異文化コミュニケーション学への招待』（共編著）みすず書房，2011年
『アメリカ文化 55のキーワード』〈世界文化シリーズ③〉（共編著）ミネルヴァ書房，2013年
『〈日本幻想〉表象と反表象の比較文化論』（編著）ミネルヴァ書房，2015年
『失われるのは，ぼくらのほうだ――自然・沈黙・他者』水声社，2016年
『鳥と人間をめぐる思考――環境文学と人類学の対話』（共編著）勉誠出版，2016年
『環境人文学Ⅰ　文化のなかの自然』（共編著）勉誠出版，2017年
『環境人文学Ⅱ　他者としての自然』（共編著）勉誠出版，2017年

〈交感〉自然・環境に呼応する心

2017年 3 月31日　初版第 1 刷発行　〈検印省略〉

定価はカバーに
表示しています

編著者　野田研一
発行者　杉田啓三
印刷者　坂本喜杏

発行所　株式会社　ミネルヴァ書房
607-8494　京都市山科区日ノ岡堤谷町 1
電話代表　(075)581-5191
振替口座　01020-0-8076

冨山房インターナショナル・新生製本

ISBN 978-4-623-07993-3

Printed in Japan